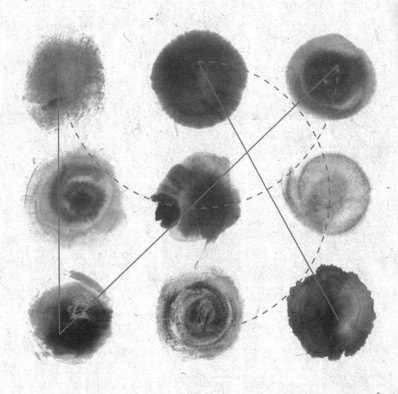

華人文化主體性研究叢書

Dan Zahavi
丹‧扎哈維——著

羅麗君等——譯

自我與他人

對主體性、
移情同感和羞恥的探究

Self and Other
Exploring Subjectivity, Empathy, and Shame

國家圖書館出版品預行編目(CIP)資料

自我與他人：對主體性、移情同感和羞恥的探究 /
丹.扎哈維（Dan Zahavi）著；羅麗君, 王尚, 王華, 向富
緯, 吳俊業, 汪文聖, 林淑芬, 劉育兆, 鄭喜恒翻譯. -- 初
版. -- 臺北市：國立政治大學政大出版社，國立政治大
學華人文化主體性研究中心出版：國立政治大學發行，
2021.10
　　面；　公分. --（華人文化主體性研究叢書；A2002）
譯自：Self and other: exploring subjectivity, empathy,
and shame.
ISBN　978-626-96532-3-2（精裝）

1.CST: 現象論　2.CST: 自我　3.CST: 移情作用

143.67　　　　　　　　　　　　　　　111020493

華人文化主體性研究叢書 A2002

自我與他人：
對主體性、移情同感和羞恥的探究

作　　者｜丹・扎哈維（Dan Zahavi）
翻　　譯｜王尚、王華、向富緯、吳俊業、汪文聖、
　　　　　林淑芬、劉育兆、鄭喜恒、羅麗君
主　　編｜羅麗君、王華
審　　訂｜陳貴正、羅麗君

發 行 人　李蔡彥
發 行 所　國立政治大學
出 版 者　國立政治大學政大出版社
合作出版　國立政治大學華人文化主體性研究中心
執行編輯　林淑禎
地　　址　116011臺北市文山區指南路二段64號
電　　話　886-2-82375669
傳　　真　886-2-82375663
網　　址　http://nccupress.nccu.edu.tw

經　　銷　元照出版公司
地　　址　100007臺北市中正區館前路28號7樓
網　　址　http://www.angle.com.tw
電　　話　886-2-23756688
傳　　真　886-2-23318496
郵撥帳號　19246890
戶　　名　元照出版有限公司

法律顧問　黃旭田律師
電　　話　886-2-23913808

初版一刷　2022年12月
定　　價　500元
I S B N　9786269653232
G P N　1011102187

政府出版品展售處
• 國家書店松江門市：104472臺北市松江路209號1樓
　電話：886-2-25180207
• 五南文化廣場臺中總店：400002臺中市中山路6號
　電話：886-4-22260330

目　次

譯者序.. i

《自我與他人》臺灣版序 v

導論：起源與結構 001

第一部分：體驗自我

1　看待自我的幾個相衝突視角 013

2　意識、自我意識與自我性 025

3　透明性與匿名性 049

4　主體性或自我性 075

5　自我與歷時統一性................................... 111

6 純粹與貧乏 135

7 一個多元維度的說明 151

第二部分：同感理解

8 主體性和主體際性 161

9 移情同感與投射 167

10 移情同感現象學 187

11 移情同感與社會認知 251

12 主體性與他者性 305

第三部分：人際自我

13 作為社會對象的自我 319

14 羞恥 337

15 你、我和我們 387

西文與中文人名對照表 403

西文與中文專有名詞對照表 409

譯者序

　　國際著名的現象學家扎哈維（Dan Zahavi）於 2019 年春天接受
「政治大學華人文化主體性研究中心」的邀請來臺灣主持一系列的專
題演講與工作坊。為了能在演講活動正式進行之前初步掌握他的思
想，華人文化主體性中心暨政大哲學系即於 107 學年度第一學期間舉
辦六次讀書會，廣約學者和研究生共同研讀扎哈維教授的重要著作
《自我與他人：對主體性、移情同感和羞恥的探究》（*Self and Other:
Exploring Subjectivity, Empathy, and Shame*）。在讀書會的討論過程中，
提出了共同翻譯此書的構想。爾後有幸獲得扎哈維教授的授權，此書
的中譯工作就此展開。

　　參與此書翻譯工作的學者包括：國立政治大學哲學系汪文聖教授
（導論與第一至三章）、國立清華大學哲學研究所鄭喜恒教授（第四、
五章）、國立政治大學哲學系羅麗君副教授（第八、九章至第十章第
二節）、國立清華大學哲學研究所吳俊業副教授（第十章第三節起至此
章結束）、國立政治大學哲學系王華副教授（第十四章）、政大華人文
化主體性研究中心林淑芬博士後研究員（第十一章）、國立政治大學哲
學系劉育兆博士（導論、第一至第三章、第六及第七章、第十五最終
章）、國立政治大學哲學系博士生向富緯（第十二、十三章）、國立政
治大學哲學系博士生王尚（臺灣版序言）。所有譯者並協助修訂彼此稿

件，再由國立政治大學哲學系博士後研究員陳貴正統一潤稿，最後由羅麗君完成審訂。

翻譯本書的挑戰至少有二。首先，雖然本書的論述奠基於作者對現象學傳統的深厚理解，但其對話的對象亦包含英美或甚至印度的哲學傳統。不同的哲學傳統習慣使用的術語不同，而這點也反映在漢語學界之中；即便是相同的外文詞語，在不同傳統的學術領域中也可能以不同的表述翻譯。而既然本書的對話對象十分多元，挑選譯詞時的考量也就十分複雜。其次，雖然作者使用嚴謹的文句結構進行論述，但亦力求以清晰易讀的方式表達想法。為兼顧本書的嚴謹與易讀，翻譯時既要尊重原本的文句結構、又要顧及中文的語言習慣，此為翻譯上的一大挑戰。

有關重要術語所採用的中文譯詞將列於本書末的「西文與中文專有名詞對照表」。於此針對特定譯詞的採用，作一簡單說明：

- 將 "other" 譯為「他人」或「他者」。書名中與 "self" 對應的主要概念 "other" 一詞譯為「他人」，是基於考量到作者的主要論述並不兼及非人的存在者。此一翻譯的決定亦經作者本人的認可。然而，內文中對該字的翻譯，則會視上下文脈絡而決定採用「他人」或「他者」。

- 將 "ego" 譯為「自我」或「本我」。"ego" 一般被譯為「自我」，若譯為「本我」似乎易使人聯想到精神分析中的概念。然而，因為在本書中，作者於部分段落同時使用 "self"、"ego" 或 "I" 等概念，而 "self" 已固定譯為「自我」，有鑑於此，為免混淆 "self" 與 "ego" 於同一段落中的意義，則將該段落中的 "ego" 譯作「本我」以為區分。其他部分則仍譯為「自我」。

- 將 "ownership" 譯為「擁有者地位」或「擁有」。由於「擁

有者地位」的意義較為明確，原則上譯作此詞。但作者常以
"ownership" 建構更為複雜的術語，如 "personal ownership" 或
"sense of personal ownership"。後者或可譯為「人格擁有者地位
感」，但這種譯法一來未必符合書中部分段落對該概念的描述，二來
則冗長且不易理解。在這類情況中，則將 "ownership" 譯為「擁有」。

- 將 "original" 譯為「本源」，"primordial" 譯為「原初」，"primal" 譯
為「原」、「原初」或「初始」，"primitive" 譯為「原始」。另一相關詞
語 "primary" 則視脈絡譯為「初階」或「原初」。

- 此外，書中出現若干同義並列的德文和英文術語，比如 "Ur-Ich, or
primal I" 或 "Urbewusstsein, or primal consciousness"，則採用原德文
術語的慣用中文表述，不再為英文術語另擇中譯名詞。

　　最後，謹為扎哈維教授的翻譯授權致上謝意。希望此譯書的出版
能引起讀者對「自我與他人」此議題的興趣和回應。

《自我與他人》臺灣版序

丹・扎哈維

　　我已經鑽研自我與他人這方面的議題將近三十年了。我於 1994 年的博士論文聚焦在現象學對於主體際性的論述。而我於 1999 年的教授資格論文則探討反思性自我覺察與前反思自我覺察之間的關係，並為以下觀點辯護：經驗的第一人稱特性或主觀性構成了自我性的基本形式。針對主體性和主體際性的相關主題，我曾撰寫過四部專著，而《自我與他人》則是一本將這兩條研究取向結合在一起的書。

　　《自我與他人》是我的傾心之作。完成這本書所花費的時間，遠遠超過我所寫的其他任何書。非常感謝我的臺灣同事聯手完成這份譯事。

　　《自我與他人》被譯為中文令我格外興奮，原因之一是，我期望它的出版有助於促進關於自我與社群之間關係的跨文化論辯。本書中，除了簡短討論了佛教的無我觀，上述的跨文化論辯並不是討論核心；不過，我後來在這個領域有更深入的耕耘，也相信《自我與他人》提出的部分分析與區辨，能為這個領域提供助益。

　　長年來，不少傑出的人類學家與文化心理學家勾勒了以下對比：一邊是西方**自我中心的**自我觀，即把自我當成一種獨立、自足且自律的存在者；另一邊是非西方的、**社會中心的**、關係性的與有

機的自我觀，據之，自我依附於社會脈絡，若無集體就什麼也不是。在這類文獻中有一種宣稱反覆出現：比起西方的自我，非西方的自我既沒那麼個體化，也較無差異性。儘管這種宣稱乍聽之下奪人耳目，我們卻常常搞不清楚到底該如何理解它。它所針對的到底是自我性的概念、經驗，抑或是其本性？西歐人可能比較會用獨特的或有鑑別性的特徵與性格來描述自己，而東亞人則可能更傾向於用社會紐帶與團體歸屬來界定自己。這樣的不同是否指出了西歐人與東亞人之間有趣的文化差異？或許是這樣沒錯。但是，我們能否也立下這樣的結論：東亞人並不是個別的經驗主體，而且主觀經驗的基礎結構會隨著文化而有所不同？相關論辯經常沒有清楚界定它們所討論的自我，這點讓討論變得十分困難。

避免將文化的意識形態與社會、心理的現實混為一談，這點非常重要。我們不能因為一個文化是社會中心的，就推斷它並不倡導個體主義；亦即，不能因為一個文化將個體利益視為從屬於集體善之下，就斷定其中沒有個別主體。然而，這些課題經常被攪和在一起，乃至作者們給出的證據與論證遠遠無法支持他們最後的主張。思考一下我在本書中著墨不少的一種情緒，也就是「羞恥」。羞恥可以說既是自覺情緒，也是社會情緒。替代性羞恥（vicarious shame）或許是一個很清楚的例證，請想像以下的情境：你出生於你目前居住的國家，但你的雙親都是移民。而在大學課堂上，當老師闡釋移民如何是系統性地濫用社會福利機制的害蟲時，你感到羞恥。為何你會在這樣的情況中感到羞恥呢？我相信，關鍵在於你自身與受到貶損、批評的對象之間的關係。作為一種自覺情緒，羞恥關係到你自身的身分認同。若你在上述的情境中要有受羞辱的反應，就要預設團體認同（group-identification）機制之運作，同時你

要認定自己與雙親的關係（在一定程度上）構成了你的身分，是你之所以為你的原因之一。這種團體認同顯然不只限定於家庭成員，這也說明了，為什麼有些人出國時見到同國籍的人的不良行徑會感到羞恥。我們不只是獨立的個體、擁有單一的身分，同時也是團體的成員，共享著集體的身分。倘若以上分析正確，或許可以主張「丟臉」同時是個人與集體的機制；但我們無法以對替代性羞恥的分析為由，廣泛地宣稱所有的經驗都同時是社會的與主體的、集體的與個體的。換句話說，儘管上述替代性羞恥的案例或可作為一個好例子，說明他人被含括在自我的界限之中的一種情況，但把同樣的主張放到其他脈絡就未必那麼有道理了。試想尋常的知覺經驗，例如，看見一顆融化的冰塊，或者胃痛的經驗。如果我們說「非西方的自我無法區分自己與他人的知覺經驗」或「非西方的自我經歷他人的身體感覺一如經歷自己的身體感覺」，那麼我們將難以理解非西方的自我究竟如何能以在心理與生理上可行的方式運作。

　　正如我在《自我與他人》中論證的，自我是個多面向的現象，而想對其複雜性質有全盤瞭解，就必須作概念的區辨與闡明，最終再收納、整合諸多不同層次的分析。「自我沒有集體便什麼也不是、自我無法與社會脈絡區分開來，並且能夠化約為文化界定的各種社會角色的交織」這類宣稱，在沒有進一步說明與界定「自我」的情況下，是站不住腳的。當然，這完全不是在否定社會性根本上的重要意義。一如我在本書中所論證的，我們是藉由擁抱與投身於一套特定價值、依循某些特定規範來生活，才獲得更加堅實的屬己的觀點與聲音。而且，如果不是參與到社會關係之中，我們也不會抱持我們現有的規範性承諾（與資格）。在此意義上，他人的確可說是構成性地涉入到我們的生活之中。但即便承認這點，承認他人

的態度、其尊敬與支持對一個人的生活品質、對我們的社會地位與作為個體的自我發展有著核心重要性，也並不表示體驗性的自我感（experiential sense of self）、經驗本身的主體性、作為覺察之所在的自我是社會建構且文化相對的。

　　我的背景是傳統現象學，但我一直深信：現象學迫切地需要與其他哲學及經驗立場對話。正是透過參與對備受關注議題之辯論，透過直面、批判、學習其他觀點，現象學才能夠展現其生命力與當代意義。《自我與他人》就是在這樣的精神下寫成的。也因此，願本書的翻譯不僅能對跨文化橋梁的搭建有所貢獻，也能夠促進不同哲學傳統之間，以及哲學與經驗科學之間的溝通。

導論
起源與結構

　　我致力於自我與他人（other）方面的主題已經超過二十年了。在我始於 1992 年進行的博士論文《胡塞爾與超越論主體際性》（*Husserl und die transzendentale Intersubjektivität*）中，我提出了關於胡塞爾主體際性（intersubjectivity）理論的一個新詮釋。我論證胡塞爾之所以如此在意主體際性的主要動機之一，是他關注特定的超越論哲學問題，即：事物在什麼意義上可謂真實的（real）和我們如何能夠把事物經驗為真實的？根據胡塞爾的說法，如果要闡明這些問題，我們就必須要轉向超越論主體際性。我也討論了沙特（Sartre）、梅洛龐蒂（Merleau-Ponty）與海德格（Heidegger）對主體際性現象學理論的貢獻，並在比較於哈伯瑪斯（Habermas）和阿佩爾（Apel）著作中以語言取向為進路而針對主體際性的分析時，強調以上諸哲學家之分析的共同特性和優點。

　　在我於 1999 年出版的教授資格論文《自我覺察與他異性》（*Self-Awareness and Alterity*）中，我繼續檢視前反思的自我意識概念（the notion of pre-reflective self-consciousness），並且為如下的觀點辯護：我們的體驗生活（experiential life）所特有之自我意識形式，比起見於內省（introspection）之中的那種自我意識的反思形式（the reflective form of self-consciousness）更為原初和基本。

我對胡塞爾有關自我意識與內時間意識（inner time-consciousness）的分析提出了一個新的詮釋，並且也藉由梅洛龐蒂、沙特、昂希（Henry）和德希達（Derrida）的著作，展示了自我意識概念在現象學哲學中如何扮演一個核心且基本的角色。現象學不只對意識如何涉及對象（objects）顯現的問題有興趣，也必須處理如何理解意識的自我顯現的問題。

　　從那時開始，我的研究就持續在這些基本主題上來回遊走。一方面，我致力於經驗、自我和自我意識之間的關係。我論證，這三個概念都是相互連結的，而且任何意識理論若要能認真看待我們體驗生活的主體（subjective）面向，就必須運用一個（極小的）（minimal）自我概念。這一方向的早期研究成果可見於我在2000年發表的〈自我和意識〉（Self and Consciousness）一文。另一方面，我繼續撰寫關於主體際性、移情同感（empathy）與社會認知（social cognition）的文章。我替現象學式的移情同感理論辯護，論證人際理解（interpersonal understanding）具有身體與脈絡特性，並批評所謂「心靈理論」（theory of mind）爭論內的幾個優勢立場，包括模擬理論（simulation theory）和理論理論（theory-theory）。我於2001年的論文〈超越移情同感：對主體際性的現象學進路〉（Beyond Empathy: Phenomenological Approaches to Intersubjectivity）即是一具代表性的發表。

　　2005年出版的《主體性與自我性》（Subjectivity and Selfhood）收集了我前數年的許多著作。雖然我後來持續致力於研究主體性（subjectivity）和主體際性，但我原先並沒有想要寫一本關於該主題的新書。然而，我在2008年開始思考如何進一步發展我的核心想法、如何回應我所遭遇到的若干批評，尤其是我如何可能更有系

統地整合我的兩個研究方向。我在 2009 年終於開始致力於現在這本書，花了很長的時間完成它——比任何我之前的那些書都還更長。

本書乍看之下像是分為三個不同的部分，然而，隨後將顯明，一些相互扣連的主題貫穿全書，使之成為一個相互連結的整體。為了對本書的整體結構有更好的掌握，讓我對論證的步驟提供一個快速的概覽：

1. 第一章比較某些哲學家所捍衛的反實在論（anti-realist）立場與我們在各種認知心理學家、發展心理學家、精神病學家和神經科學家之著作中見到的關於自我的實在論。就如這個初步比較所釐清的，一些哲學家所拒絕的自我與許多經驗科學家所認可的自我之間存在著顯著的落差。這個發現不只讓區分不同的自我概念成為當務之急，也說明了去正確掌握「如何理解針對自我之經驗的和理論的兩條進路之間關係」的重要性。

2. 第二章介紹兩種迥異的對自我的構想。根據社會建構論（social constructivism）的說法，我們不能獨自成為自我，而必須與他人一道才有可能。根據更立基於經驗的進路，自我性（selfhood）則是體驗生活的一個內建特色。重要的是，這兩條進路都反對許多反實在論者所擁護的自我定義，亦即：若自我存在，它必是不變動的、在存有論上獨立的存在物。因此這章的絕大部分將著手於更仔細地檢視基於經驗的現象學方案。第一步是檢視現象意識（phenomenal consciousness）和自我意識之間的關係，接著是區分和討論對不同之體驗層次的擁有（experiential ownership）的構想，繼而以經驗的第一人稱特性（the first-personal character）來界定體驗自我（experiential self）

這個概念。

3. 第二章概述了前述方案的核心部分後，接下來的兩章則思考各種對該方案曾有的或可能的反對意見。第三章介紹與評估可稱為**匿名性反對意見**（*anonymity objection*）的這一批評的不同版本；這個反對意見否定經驗本身蘊涵主體性、第一人稱被給與性（first-personal givenness）和對我性（for-me-ness）。此反對意見的一種版本意圖論證，前反思層次上的意識是如此全然沈浸於世界，以致它遺忘了自身。在那個階段與那個層次，任何自我意識、對我性或屬我性（mineness）都沒有容身之處。按照這個觀點，體驗層次的擁有是由一種涉及概念及語言資源的後設認知的（meta-cognitive）運作所造就。另一種版本否定我們在任何時候都能直接認識我們自己的經驗；也就是說，我們既無法透過前反思的方式、也無法在進行反思和內省時如此認識自己的經驗。根據**透明性論點**（*transparency thesis*）的辯護者們的說法，現象意識在嚴格意義上全然是呈現世界的活動。在回應過這兩種反對意見後，這章最後討論的是，神經的和心理的病理學對於「經驗事件（experiential episodes）是第一人稱的」這個宣稱是否提出適當的例外，亦即提出以完全缺乏屬我性和對我性的匿名經驗為特色的病理學案例。

4. 第四章涉及一個迥然不同的抨擊；其目標不再是體驗的主體性（experiential subjectivity）之存在或遍在，而是主體性與自我性的同一化。按照其中一個批評，雖然經驗的確可能具備主體性這一特徵，但這完全無法證明統一的（unified）自我存在之說法是有根據的。事實上，按照某些持佛學觀點的批評者的說法，把根本上具有自我反身性的（self-reflexive）意識流

詮釋為一個持存的自我實體（self-entity），即是虛幻地進行實物化（reification）。這裡對此反對意見的評估再次表明，由於幾個迥異的自我概念並存，現今的爭論變得十分複雜；同時，這些批評者所否定的自我，顯然不同於體驗自我。這即是第二個反對意見接手之處。它反對體驗自我的極小化（minimalist）概念，論證自我並不簡單等同於意識的一種內建特色，而必須被定位以及設置（situated）於一個規範性的空間（space of normativity）之內。換句話說，作為自我的必要條件比作為有意識者的必要條件更為嚴格。這章分析了此方案一種有影響力的版本，即所謂的敘事自我理論（narrative account of self），最後並討論此一理論是否能夠獨立地解釋自我，抑或它必然預設立基於經驗的進路所意圖闡明的自我維度。

5. 敘事自我理論突顯出自我性的時間維度，主要處理長期的歷時同一性（diachronic identity）和持續存在性（persistency）的問題。但體驗的自我又是如何的？它是在缺乏時間延展（temporally non-extended）的意義上為極小的嗎？第五章討論時間性（temporality）和自我性的關係，論證體驗的自我必須擁有某些程度的歷時統一性（diachronic unity）。然而，它如何在時間上延展？這仍是一個懸而未決的問題。本章討論的方案將與其他兩個立基於經驗的理論進行比較和對照，而根據後面這些理論的說法，要不自我僅能非常短暫地存在，要不只有在特定的理解方式下，自我才能經歷無夢的睡眠而依舊存在——自我必須透過其成為有意識者的能力（capacity to be conscious）來理解，而不該被界定為根本上即有意識者。這章最後結束於討論體驗自我之概念在多大程度上能夠處理人格同一性（personal

identity）的傳統問題。

6. 第六章主要採詮釋取向，因此稍微偏離前面的論述軌道。它討論梅洛龐蒂和胡塞爾對自我與他人關係的觀點間一個乍看之下似乎頗為重要的差異。自我和他人的差別是基本的，抑或衍生且植根於某些未分化的先前階段？這個討論既突顯了體驗自我之概念有多麼極小，也突顯了為什麼有必要運用更複雜形式的自我，包括由社會所建構的那幾種。接著有一個決定性的問題是，堅持體驗自我之優先性是危害或是允許對主體際性的適當說明。這個問題將是第二部分的主題。

7. 前幾章對照了體驗自我之概念和一種更嵌入規範脈絡的自我概念。第七章總結關於前者的種種論證，並辯護自我的多元維度模型，從而替第一部分作結；在此多維度模型中，自我的兩個概念被視為互補的、而非互斥的選項。然而，本章也會提及，我們可能必須思考一個目前尚未探究的自我的人際維度，它可以用來彌合與連結其他兩個概念。這個提議將在第三部分進一步發展。

8. 第八章透過指出下列挑戰來開始第二部分：體驗自我之概念豈不是太過笛卡兒式（Cartesian）了？此外，極力強調意識的第一人稱特性難道不會妨礙我們對主體際性提出令人滿意的說明？若要能真正恰當地說明主體際性，我們該做的難道不是嘗試論證自我和他人是共同構成的（co-constitution）、或者宣稱唯有透過社會化進入眾人共享的規範性空間之後，我們才能立於構成自我性的自我關係（self-relation）之中？

9. 第九章著手處理我們如何開始理解和認識他人的問題。本章在提供了對心靈理論爭論的簡短介紹之後，直接聚焦於移情同

感。本章也說明當代模擬論者所提出的一些核心提議——尤其是移情同感涉及某種模擬與投射（projection）的結合這個觀點——是如何可回溯到利普斯（Theodor Lipps）在二十世紀初具影響力的說法。利普斯的理論先於、並且影響了後續現象學家們的分析，但他們都對利普斯的說法有諸多批判。因此，我們可以提出一個顯而易見的問題：他們對利普斯的批判和對移情同感更積極的探究，對於現今的爭論是否仍有所助益？

10. 本書最長的第十章針對謝勒（Scheler）、胡塞爾、史坦茵（Stein）與舒茲（Schutz）之著作中對於移情同感的多層次分析提供了詳細研究。本章討論他們賦予具身性（embodiment）和表達性（expressivity）的重要性，並澄清了移情同感與諸如情緒感染（emotional contagion）、同情（sympathy）和情緒分享（emotional sharing）等相關現象間的關係。雖然這些思想家的看法不完全一致，但他們各自理論間充分的重疊足以使我們有正當理由談論有關移情同感的現象學理論；這種理論迥異於以鏡映（mirroring）、擬態（mimicry）、模仿（imitation）、情緒感染、想像投射或推理歸屬（inferential attribution）來解釋移情同感的近期嘗試。更具體地說，現象學家認為移情同感是一種指向他人的獨特意向性；透過它，他人的經驗得以揭露自身為屬於他人的。他們的方案有個值得注意的特色：此方案既堅持意識的第一人稱特性，也強調並尊重他人被給與性（givenness of others）的特殊之處。

11. 第十一章討論與評估現象學式的移情同感理論最近所面對的一些反對意見，藉以進一步對之加以闡述，在什麼意義上移情同感提供接觸他人心靈的直接途徑？這樣的宣稱與社會理解總是

依賴於脈絡的想法，在多大程度上是相容的？堅持他人心靈是
可透過經驗接觸到的，這在多大程度上會使人必須接受一種站
不住腳的行為主義？現象學的方案在多大程度上真正有別於
現存的模擬理論式與理論理論式的社會認知理論？這章也討論
了，現象學的分析是否相容於對社會理解早期形式的發展視角
研究成果？

12. 第十二章總結第二部分，論證了對移情同感的檢視可以用於闡
　　明他我（self-other）關係，且移情同感並不蘊含克服或消除他
　　我之別，而是蘊含保存此差別。這正是為什麼對意識堅持採取
　　任何無己論的（non-egological）理論將無法令人信服地說明移
　　情同感，這也是為什麼強調體驗生活的固有（inherent）與根本
　　（essential）的第一人稱特性必須被當作對主體際性令人滿意說
　　明的先決條件，而非阻礙。不過進一步來說，我們要注意前面
　　的分析有個重要限制：若在他人未加回應的狀態下，我們也能
　　產生對他人的同感理解（empathic understanding），那前述分析
　　豈不是忽略了他我關係的一個重要特性？其他進行體驗活動的
　　主體之獨有特色之一豈不是這個事實，即他們有自己的視角，
　　且不只對著客體世界，也對著我們？本書的最後部分將不只思
　　考由社會所中介與構成的那些自我（經驗）類型的若干例子，
　　亦思考更加相互的那種自我與他人間的彼此依賴性，藉以嘗試
　　部分解決這種不平衡。

13. 第三部分的首章第十三章討論關於臉部自我辨識的研究。辨識
　　自己臉部的能力——比如通過鏡子標記測試——常常被視為自
　　我覺察（self-awareness）存在的經驗證明。同時，在這類測試
　　中的失敗也被視為自我覺察不存在的證據。有些人甚至論證，

不能通過這樣測試的生物也完全缺乏有意識的經驗（conscious experiences）。本章批評這些詮釋，也評估對鏡像自我經驗（mirror self-experience）的另一種詮釋的合理性；此詮釋把臉部自我辨識視為一種特殊自我意識在場的證明，亦即證明就人類而言，自我意識通常具有獨特的社會維度。

14. 第十四章是第三部分的核心章節，它涉及羞愧（shame）這個主題。我們感到羞愧的這個事實告訴我們什麼有關自我本性（nature）的事情？羞愧是否證明一個自我概念、一個（缺失的）自我理念，以及一個批判性自我評價能力的出現？或者應如某些人所建言的，它指出自我有部分是由社會所建構的這個事實？羞愧是否應該主要被歸類為一種自覺情緒（self-conscious emotion）？或者不如說它是一種獨特的社會情緒（social emotion）？又或者是否這個選項本身即有誤導之虞？這章探究這些問題，並討論羞愧經驗是否預設了擁有第一人稱視角（first-person perspective）和移情同感的能力，以及它是否是一種以他人為中介形式的自我經驗的例子，從而在那個程度上涉及一個比單薄（thin）的體驗自我更複雜的自我？

15. 本書結尾的第十五章所探究的問題是，對自我與他人的前述研究是否有助於闡明我群的結構（the structure of the we）？有個初步的問題是：我群意向性（we-intentionality）是否預設且包含自我意識與對他人的意識（other-consciousness）？抑或它取消了自我與他人間的差別？另一個核心問題則涉及第二人稱單數（second person singular）與第一人稱複數（fisrt-person plural）間的關係。即使自我意識在我群經驗（we-experience）中得到保留，後者也必會改變前者。但我們若在此採第二人稱

視角，我們將能夠在覺察到他人的同時，也隱然覺察到他人所
關注或以言語交流的、作為直接受格的自我；那麼，在此第二
人稱視角是否扮演了重要角色？

第一部分

體驗自我

第一章
看待自我的幾個相衝突視角

　　關於自我的本性、結構和實在（reality），曾經有且持續存在著許多爭論。例如，我們可以想到最近談論這個主題的兩本書，也就是麥琴格（Thomas Meztinger）的《不是任何人》（*Being No One*）和阿爾巴赫瑞（Miri Albahari）的《分析的佛教：自我之兩階層錯覺》（*Analytical Buddhism: The Two-Tiered Illusion of Self*）。兩位哲學家都贊同一種關於自我的懷疑論（scepticism）：他們都認為自我是不存在的，只不過阿爾巴赫瑞的懷疑論是採用佛教哲學中的經典思考方式，而麥琴格的懷疑論則主要是受到當代神經科學的發現所激發的。

　　麥琴格和阿爾巴赫瑞為他們基進的宣稱提供了哪些論證？麥琴格承認，我們大多數人的確有作為一個自我的經驗，但他主張，從我們的自我經驗（self-experience）之內容推導出有一個內在的非物理對象存在，這是一個謬誤。永恆不變的靈魂實體並不存在。不如說，自我實際上是由腦中許多相互關聯的認知模組（modules）所創造出的一個持久錯覺（illusion）。我們的自我經驗、我們對於作為一個有意識的自我的感受（feeling），絕不是真實的；它只證明了這個事實，即我們傾向於混淆一個表象的建構物（representational construct）與一個真實存在的存在物（Metzinger

2003: 370, 385, 390）。

　　阿爾巴赫瑞把自我定義為同一的、不變的同一性原理；它是
種種經驗、思想和感受的擁有者。這也就是為什麼她認為自我不同
於、且獨立於許多心理活動片段（mental episodes）的理由。我們
大多數人應該有作為這樣一個自我的經驗，但就如麥琴格那樣，阿
爾巴赫瑞堅持現象學與形上學的差別。我們必須區分經驗和實在。
我們的自我感（our sense of self）無法保證這樣一個自我的存在。
對阿爾巴赫瑞來說，自我感並非奠基於任何被聲稱為我們經驗起源
者的實際（actual）自我；反之，自我感是由許多思想、感受和感
覺所產生和形塑的。但為什麼它就因此是一個錯覺？這是因為顯象
（appearance）和實在有出入。自我看來好像擁有一種特定的性質
（property）——即存有論上的獨立性，但於實在之中自我並不擁有
此性質（Albahari 2006: 72）。

　　麥琴格和阿爾巴赫瑞關於自我在存有論上的反實在論有一個顯
著特色，那就是他們都贊同一個相當實物化的自我性概念。他們都
宣稱，如果自我存在的話，它必須是一個不變的、在存有論上獨立
的存在物。他們都否認有這樣一個存在物，因而主張自我不存在。
但唯有當他們對自我的定義是唯一可被接受的，這個結論才成立，
而實際情況並非如此。事實上，大多數熟悉二十世紀德國和法國哲
學的哲學家、或者現今探究自我的發展、結構、功能和病理學的經
驗研究者，都已經拋棄了麥琴格和阿爾巴赫瑞所使用與批評的自我
概念。雖然我們原先或許會以為，唯有哲學家才有興趣研究像自我
那樣難以捉摸的事物的本性和存在，這個假設顯然是錯的。在諸如
認知科學、發展心理學、社會學、神經心理學和精神病學的各種科
學領域之中，關於自我的主題都受到深入討論。近年來，對這個主

題的興趣甚至更顯著地增加。

舉例來說，在心理學中，奈瑟（Ulric Neisser）於 1993 年一篇頗有影響力的論文裡區分了五種不同的自我概念：**生態學的自我**（*ecological self*）、**人際的自我**（*interpersonal self*）、**概念的自我**（*conceptual self*）、**時間中延展的自我**（*temporally extended self*），以及**私有的自我**（*private self*）。[1] 奈瑟參考吉布森（James Gibson）的說法，主張最基礎和原始的自我是他稱為生態學自我的那一種（Neisser 1993）；它指涉作為主動探索環境者的個人，且其內涵涉及對自己作為一個已分化的（differentiated）、身處於環境的、能動的（agentive）存在物的感知。我們在何時、又如何意識到這種自我？對奈瑟來說，每個知覺（perception）都包含關於知覺者和環境間關係的資訊；在每個知覺中都有一種對自我和環境的共同知覺。舉例來說，我們可以想想嬰兒早期伸出手的行為。一個幾週大的嬰兒可以辨別出他能搆得到的對象與他搆不到的對象；嬰兒不太會想伸手去拿他搆不到的對象。但這個辨別能力不僅預設了嬰兒知覺到對象在哪裡，它也需要嬰兒知覺到對象相對於他自己的位置。這不應被理解為嬰兒已經擁有一種明確的自我表徵（self-representation），而是如有人宣稱的，嬰兒必須能知覺到一種獨特的「承擔能力」（affordance）；這種承擔能力關涉到自我指明（self-specifying）的資訊。因此，即使非常幼小的嬰兒對於指明出生態學自我的資訊也很敏感。他們回應「光流」（optical flow），辨別他們

---

[1] 我們應當注意的是，奈瑟明確區分其觀點和一種內在自我（inner self）的傳統概念。如他所明確表示的，他所提出的這五種自我並不是任何種類的腦內小人（homunculi）。按照他的說法，自我不是人（或腦）的一個特殊內在部分，而是從特定觀點檢視的人之整體（Neisser 1993: 3-4）。

自己和其他對象，並且輕易把他們自己的行動和從其他種種事件造成的直接結果區分開來。他們經驗他們自己——他們在哪裡、他們如何移動、他們在做什麼，以及是否某個被給出的行動是他們自己的？這些成就已經在生命的前幾週和前幾個月顯露出來，根據奈瑟的說法，它們也證明了有一種原始卻基本的自我經驗形式（Neisser 1993: 4）。

　　如果我們開始說到對情緒（emotion）的研究，它通常區分初階（primary）的情緒，像是快樂、害怕、憤怒和悲傷，以及更複雜的情緒，像是羞恥、內疚和嫉妒；第二組情緒經常被歸類為自覺情緒（self-conscious emotions）。關於這些更複雜的情緒在發展過程中多早會出現，現今有一個持續進行的爭論，就像那些情緒涉及哪種認知過程的爭論一樣。但廣為人所同意的是，對這些情緒的適當分析也將需要對自我的分析。如坎波斯（J. J. Campos）在一本教科書對此主題的導言中所寫的：「不試著概念化自我及其許多層次，以及它在產生情緒中的角色，我們就無法研究自覺情緒」（Campos 2007, p.xi）。例如按照一種廣泛接受的觀點，羞恥（shame）與內疚（guilt）的差別在於，羞恥涉及對自己總體或整個自我的一種負面評價，而內疚則意味對某個特定行為的一種負面評價。關於支持與反對這個構想還有更多東西可以說，但我目前的論點只是，許多心理學家會主張，為了理解羞恥與內疚的差別，我們必須使用自我的概念。

　　1913 年雅斯培（Karl Jaspers）在他對思覺失調症（schizophrenia）的說明中使用了**自我失調**（*Ichstörungen*; self-disorders）的概念（Jaspers 1959）。現今廣為接受的共識是，最顯著的思覺失調症狀關涉到人對他自己的思想、行為、感覺和情緒的關係有根本的改

變。就如法國精神病學家閔考斯基（E. Minkowski）所提出的：「瘋狂……不源自於判斷、知覺或意志的失調，而是源自於自我最深內在結構的混亂。」（Minkowski 1997: 114）在現今的爭論中，這個研究進路已得到帕那斯（Josef Parnas）和薩斯（Louis Sass）的辯護。他們都宣稱，在病狀前驅期已經呈現出的各種自我失調具有成為病源的作用，且對於後續的精神病症狀學（symptomatology）可以提供部分的解釋（Sass and Parnas 2003）。

提到最後一個例子，思考一下阿茲海默症（Alzheimer's disease）的案例。這是一個逐漸退化的大腦失調，因而導致記憶完全喪失，且行為、思想和推理活動有所改變，在整體功能運作上也有明顯衰退。但我們通常也以自我逐漸喪失來描述這種疾病。如希利（Seeley）和米樂（Miller）所寫的：

> 儘管自我的結構一度被交託給哲學家和神秘主義者，但它很快就成為神經學、精神病學與神經科學實習生的必修課。對失智症（dementia）的專家來說，對這項進展的需求是顯而易見的，畢竟各種形式的破碎的自我仍是臨床實踐的一個日常部分。（Seeley and Miller 2005: 160）

我們不得不對希利和米樂可能會如何回應麥琴格有關「沒人**曾是**或**曾擁有**一個自我」（Metzinger 2003: 1）此一宣稱感到好奇。

概括一下現在的論證思路：我開頭略述了兩種關於自我的哲學觀點，接著我舉例說明自我如何在經驗研究中被討論和分析。應該很清楚的是，它通常以截然不同於我開頭說的兩位哲學家的方式來被處理和討論，且大多經驗研究者可能難以接受麥琴格和阿爾巴赫瑞所運用的自我性定義和概念。但我們應可得出什麼結論？我們是

否應該總結說，當哲學涉及對自我的研究時，它就不再派上用場，而現今真正的進展卻發生在經驗科學的領域中？

如果我們重新思考希利和米樂的觀察，它顯然能以截然不同的兩種方式來詮釋：是經驗研究者應該要熟悉哲學對自我的討論，因為後者對於經驗研究是相當重要的？或是經驗研究者自己應該負起分析和解釋自我的任務？我們確實不難發現後一種觀點的代言人。像是我們可以想到《刺胳針》（*The Lancet*）前編輯瓦克利（Thomas Wakley）的如下評論：

> 經由「人類心靈的哲學已被最適合從事它的那些人幾乎全部荒廢了」的這個事實，該研究已步入歧途，且成為律師、詭辯家和抽象推論者的細緻習作，而不是科學觀察的有用場域。因此，我們發現這些觀點——即使是最有能力且頭腦清楚的那些形上學家的觀點——都與生理學和病理學已知的事實經常牴觸。（引自 Hacking 1995: 221）

此評論於 1843 年 3 月 25 日出版。然而，瓦克利不是主張最好不要把關於自我與意識的研究留給哲學家的第一個與最後一個人。對這種觀點的一個更晚近的捍衛者克里克（Francis Crick）在 1990 年代中期寫道：「藉由一般哲學論證來試圖解決意識的種種問題是毫無希望的；我們需要的是能闡明這些問題的新實驗之建議。」（Crick 1995: 19）事實上，按照克里克的觀點，「關於意識的研究是一個科學問題……唯有哲學家才能處理它的這個觀點毫無根據。」（Crick 1995: 257-8）事實上，恰恰相反的是，由於哲學家「在過去兩千年已有如此貧乏的紀錄，他們最好顯露一些謙虛，而不是他們常表現的高傲優越感」（Crick 1995: 258）。這不是說哲學家不能有所

貢獻，而是當科學證據不利於其理論時，他們必須「學會如何放棄其寵愛的理論，否則他們將只自我暴露於嘲笑中」（Crick 1995: 258）。簡言之，他們歡迎哲學家參加這共同的事業，但只能作為資淺的夥伴。當然，我們懷疑，按照克里克的觀點，（心靈的）哲學最終將是可有可無的。無論它能有什麼貢獻都是預備入門的，且終究必須由一個適合的科學說明取而代之。

這些有爭論的斷言確實引發了一個根本問題：當哲學分析與經驗研究的關係涉及對自我的研究時，去設想此關係的正確方式是什麼？一個誘人的答案可能是，哲學的任務僅剩下提出問題，經驗科學則可以接著提供答案。如果哲學家想被認真看待的話，他們需要擬出經驗科學隨後能證實或否證的假說。

不過，這個說法不太可能成立。原因之一，是那些所謂的經驗性答案常常急需概念釐清。我不想否認檢驗理論假說是重要的——儘管我認為，把理論的論證轉換為能以實際的與可靠的實驗加以檢驗的假說，這個任務是一個需要跨學科合作的任務，而不是只應留給哲學家的事情；他們大概很少具有必需的專業知識。不，我的論點確切來說是，哲學和理論的反思角色不能被化約或侷限到這個特定任務。哲學可以完成的事情遠多於那些。例如，它也可以詳細檢查在經驗科學中多少默默起作用的那些理論假定的一致性和合理性而有所貢獻——這些假定顯然不只影響對經驗發現的詮釋，也正影響對實驗的設計。

當我們閱讀那些實驗主義者所寫的關於自我的研究時，明顯可以看出許多努力是花在解釋實驗的設置，以及討論和詮釋實驗的結果。很少時間是特別用來討論和釐清被使用的自我性概念。然而，所使用的概念不清楚將導致所提出的問題不清楚，那麼理當為問題

提供解答的實驗設計也就不清楚。所以我認為，斷言對自我的經驗探究沒有哲學的投入與理論的反思也能應付得來，這是不成熟的。我們藉由實例來思考一下對自閉症（autism）的研究。

對一般大眾來說，雖然自閉症類群障礙症（autism spectrum disorder）或許主要似乎與社會障礙（social impairments）有關，但有一個存在已久的傳統也把它想成是自我和自我理解的失調——這反映在「自閉症」這個詞上，它源於表示自我的希臘語詞 "*autos*"。然而，如果我們檢視關於這些方面所做出的一些宣稱，我們卻會發現彼此衝突的觀點——即使是由同一作者所做的宣稱。於是有人宣稱，有自閉症的兒童是心靈盲目的（mind-blind），而無法覺察到他們自己的心靈狀態（Baron-Cohen 1989），但也宣稱，傳統自閉症涉及對自我全然的關注（Baron-Cohen 2005）。有人主張，有自閉症的人只能藉由他們的行為來判斷他們自己內在狀態（Frith and Happé 1999），但也主張，有自閉症的個人能鉅細靡遺地陳述他們的種種內在感受和經驗（Frith 2003）。有人說他們缺乏內省和自我覺察（Frith and Happé 1999），但也說他們擁有自我知識（self-knowledge）（Frith 2003）；說他們對物理的、心理學的和敘事的自我有適當的表徵，但也說自閉症是被一個缺席的自我所刻劃（Frith 2003）。

我認為這一切讓人十分困惑，而我也認為，只要「自我」和「自我意識」這樣的語詞仍未被界定、且被當作一些單調的與呆板的概念來處理，困惑會揮之不去。一個十分明顯的例子可以在 2005 年巴倫 - 柯恩（Simon Baron-Cohen）的文章裡找到。在他稿子的開頭，巴倫 - 柯恩如下寫道：

以下的想法在科學上是重要的：由於神經學的因素，人們
可能會喪失自我的部分面向。此想法的重要性在於它可能
進一步告訴我們究竟何謂自我。在本章我不處理如何界定
自我的棘手問題……，毋寧接受這個字指的是某種我們都
能辨認的事物，並反而提出這個問題：有自閉症的人是否
因為神經學的理由而陷入全然自我專注（self-focused）？
（Baron-Cohen 2005: 166）

但是如果我們不花時間討論和界定所使用的自我概念，而去討論自
閉症是否涉及一種對自我專注的干擾，這是否真有意義呢？或許
有人會反對說，自我概念如此單義與明顯，以至於提供一個更顯題
（thematic）的劃分和釐清是多餘的；但這個反駁很容易被打消。就
如我們已經了解到的，說得委婉一點，現今對自我的討論就是相當
多樣。

　　然而，這個事實也引起一種哲學懷疑論；在某些解讀方式下，
它可能比麥琴格和阿爾巴赫瑞的主張更為基進。相對於這兩位哲學
家否認自我的實在性，歐森（Eric Olson）則更為極端地否定自我
概念的真正存在，因此他發現自己無法充分理解關於自我的存在
或不存在的那些主張，以致無法知道他是否贊成或不贊成（Olson
1998: 653）。於是歐森將許多衝突之自我定義的存在視為爭論退化
的徵兆（Olson 1998: 646）。在他看來，以「自我」為標題所討論
的事情最終過於多樣，以致沒人能認真說它們是關於同一個東西。
因此，「並不存在作為『自我觀念』如此的觀念，從而『自我問題』
也不成問題。」（Olson 1998: 651）

有趣的是，歐森沒有否定像是與人格同一性、歷時持續存在性、第一人稱代名詞的語意學、意識的統一性、自我意識的本性、第一人稱知識的型態、範圍與限制等有關而完全合法的問題與難題。雖然他承認這些問題與所謂的自我的問題不全然無關，但他會認為上列這一切問題可以、且應該無須使用「自我」這個詞而被表述（與處理）。於是不再像傳統一樣，現在就沒有理由去繼續說到自我。

然而，已經很清楚的是，自我不只是（某些）哲學家有興趣的一個主題。許多經驗科學家也研究它，而我們很難把在發展心理學、社會神經科學、精神病學等經驗研究的突然激增，視為主要出於對哲學傳統的尊敬而被促成的。再者，所有上列問題真的無須指涉到自我就能得到解決嗎？任何談及自我、且說的是某種融貫之事的人，一定真的是在說完全不同的東西嗎（Olson 1998: 651）？我沒有被這些毫無掩飾的直接主張所說服，並且對禁止使用「自我」這個詞的建議也抱持懷疑。如果我們要禁止使用一切不被廣為接納之定義的概念，哲學就會十分貧瘠。我不僅認為對自我的分析和研究在哲學和科學方面是有助益的──希望以下研究將能證實這個主張，我也不把不同定義的並存當成難題本身。它只反映了這個事實，即自我是一個多維度的和複雜的現象。這在自閉症研究中也似乎逐漸得到認可。如克萊因（Klein）所說的：

> 我們可合理宣稱的是，自我知識的**某些**方面可能會被自閉症失調所損壞，而其他方面則可能不受影響。自我……不是受制於非全有即全無的分析的一個**物體**。雖然自閉症者的自我知識在若干方面可能出現損壞，但我們並不能

　　從此合理得出任何關於「自閉症中的自我」的一般結論。
（Klein 2010: 178）

當然，接下來的任務是指明在自閉症類群障礙症中受到影響的那些方面。許多研究者現在專注於關係到自我的人際維度的特定缺陷。就這個維度被拿來指涉到在構成上有賴於（constitutively dependent upon）他人的自我維度，以及指涉到透過他人來中介的一種自我經驗之形式而言，這正是我們應該預期到的在有自閉症類群障礙症的個人身上受損壞之處。例如，這類損壞會顯現在協同專注（joint attention）的能力上、策略性自我呈現的管理上、某些自覺情緒的表現上，以及充分發展的自身反思性關係的擁有上。

　　這些是我將在後面回來談論的幾個主題。現在讓我簡單指出，如果我們最終發現有必要區分不同類型的自我經驗和自我的不同面向的話，那麼僅僅整合各種互補的理論和分析，也可能無法充分說明我們正在討論的複雜現象。因此，這些現象的複雜性使得概念的釐清和理論的分析也成為必要的：它不會使其中任何一個成為多餘。

第二章
意識、自我意識與自我性

　　哲學中有一個長久傳統的宣稱：自我性是社會建構而成的，而自我經驗是主體際中介而產生的。這是眾說紛紜的一種觀點。根據一種標準的解讀，黑格爾（Hegel）主張自我性是只能在一個社會脈絡內、在一個眾多心靈的共同體內得到實現的某種東西，它植根於一種主體際的承認（recognition）過程，而非根植於某種直接的自我熟識（self-familiarity）。在十九世紀末與二十世紀初，相關的觀點在美國被羅益斯（Royce）和米德（Mead）所捍衛。按照羅益斯的說法，「自我意識的種種功能——在它們有限的、人性的和原初的方面——全都是社會功能，都是由社交活動的習慣所造成的。」（Royce 1898: 196）米德主張，自我不是那種首先存在，然後進入與他人的關係的東西；不如說，它更好被刻畫為一種社會潮流中的漩渦（Mead 1962:182），他明確把自我意識定義為「憑藉人與其他個體的社會關係而對人自己來說成為一個對象」的問題（Mead 1962: 172）。

　　相關的想法也能在德國和法國戰後思想中找到，在其中有人主張——在某種程度上是對胡塞爾現象學的最後攤牌——主體性不是一個被給與的、某種與生俱來（innate）和基礎的東西，而是文化和語言的建構物。也就是說，主體性被當作是一種言說或敘

事實踐的結果；它是某種只能藉由參與一個語言共同體而獲得的東西（參見 Benveniste 1966: 258-66）。傅柯（Foucault）在某種程度上玩弄「主體」（subject）這個術語的語源學出處（人總是從屬於〔subject to〕或是主宰〔subject of〕某物），他宣稱，在主宰與從屬的脈絡之中，人們開始與他們自身產生連結，從而成為自我，也開始致力於自我評估（self-evaluation）和自我規約（self-regulation）的實踐。按照他的觀點，形成主體與使它們從屬於權威是一個銅板的兩面。他寫道：「被構成為主體的主體——『從屬』的主體——即是服從者。」（Foucault 1990: 85）按照這種說法，主體性和個體性（individuality）並不植根於某種自由與自發的內部性（interiority），我們所處理的其實是在社會組織的體系中所產生的意識形態範疇：透過強迫與愚弄我們，以可能支持道德範疇的語詞如內疚和責任來思考我們自身，導致該體系將更能掌控我們。在阿圖塞（Althusser）那裡有一個例子很好地說明了這個想法；當一個警察對街上的某人大喊時，「被呼叫的那個人將會轉身」，阿圖塞接著說，「藉由這個一百八十度的物理轉變，他變成一個**主體**（*subject*）。」（Althusser 1971: 174）

　　我不否認這種種提議之間有重大的差別，但我認為我們可以中肯地說：它們都否定「主體性和自我性（基於後面將變得明顯的理由，我將交換使用這兩個概念）是與生俱來的和自然而然的」此想法。作為一個自我是一項成就而非一個被給與的事實，因此我們有時也可能無法成為自我。自我不是天生的，而是在社會經驗與互相交流的過程中產生的。確實，許多人會認為自我是一個建構物，且比起屬於科學和自然，而更屬於政治和文化的事。

　　我（在本書）第一部分的目標不是去爭辯在這樣的宣稱中可

被發現的一些重要洞見。然而，若它們被視為對自我的**完整**（*tout court*）理論，而不是對自我的某些維度或面向的理論，我覺得它們都不具說服力。我認為，它們都沒有考慮到自我有一個基本的、但重要的維度，更遑論對之加以說明。接下來我將批評以下的宣稱：自我完全源自社會與文化，或說自我只不過是一個社會建構。我也將反駁社會化約論（reductionism），而為了達到這一點，我將替一種更屬極小化的（minimalist）、立基於經驗的自我性概念辯護；就我看來，這種自我性是任何被社會建構之自我的必要先決條件。這個更為基本的概念具有可敬的來歷；它曾受到現象學傳統中幾位知名人物所捍衛，包括沙特和胡塞爾。

我們可以想到下列出自沙特《存有與虛無》（*L'Être et le néant*）的三個引文，皆共同表達出在現象學家之間廣為流傳、且為我所贊同的一個觀點：

> 顯露出反思自身的意識並非反思。恰恰相反，它是使反思得以可能的非反思意識（the non-reflective consciousness）；有一個前反思的我思，它是笛卡兒式我思（Cartesian cogito）的條件。（Sartre 2003: 9）

> 我們不應把這個自我意識想成是一種新的意識，而應想成**是使關於某事物的一個意識得以可能的唯一存在模式**。（Sartre 2003: 10）

> 前反思的意識是自我意識。要加以研究的正是這個相同的**自我**概念，因為它界定了意識的真正存有。（Sartre 2003: 100）

沙特在這裡說出了什麼？首先，在他看來，一個經驗並不簡單地存在，而是以隱然地自我被給與的方式而存在著，或者如沙特所說的，它是「為己的」（for itself）。經驗的這種自我被給與性不是簡單地附加於經驗上、只是塗上漆的一個性質；應該說，對沙特而言，意向的（intentional）意識的**存有模式**就是**為己的**（*pour-soi*），也就是自我意識的（Sartre 2003: 10）。此外，沙特很明白地強調，他所討論的自我意識**不是**一個新的意識；它不是附加於經驗的某種東西，也不是一個附加的經驗狀態，而是經驗的一個內在（intrinsic）特性。[1] 當說到自我意識作為意識的一個恆常特性時，沙特因而不是指所謂的反思的自我意識；反思（或高階的表象）是意識把其意向性的目標指向自己的過程，因此把自身當作自己的對象。對照之下，沙特認為，他所討論的自我意識是前反思的；它不是原初意向經驗的附加物，而是它的一個構成環節（constitutive moment）。換句話說，按照他的說法，意識有兩種不同的被給與性模式：一是前反思的，一是反思的。第一種有優先性，因為它能獨立於後者而佔上風，反思的自我意識則總是預設前反思的自我意識。

　　接下來沙特主張，正是由於無所不在的前反思自我意識，意識因而必然擁有自我性的基本維度，沙特稱之為 *"ipseity"*（源自於拉

1　讓我強調一下，選擇「內在的」一詞只是想強調，這個觀點有別於對自我意識之高階的（higher-order）或基於反思的理論；後者是就兩種心靈狀態（mental states）的關係來設想自我意識。這個詞不是為了要指出，我們處理的是我們的經驗擁有全然獨立於任何其他事物的一個特性。談到自我意識是經驗的一個內在特性，並不否定被討論的（自我意識的）經驗也是具有意向性的和指向世界的。

丁文表示自我〔*ipse*〕一詞）（Sartre 2003: 126）。當沙特說到自我時，他因此指的是非常基本的、刻畫（現象的）意識本身特徵的某種東西。雖然我有可能無法表述這種自我，但我卻不可能不作為這種自我。

在《關於時間意識的貝瑙爾手稿》（*Bernauer Manuskripte über das Zeitbewusstsein*）的開頭，胡塞爾註記著：意識存在，它作為一條流而存在，且它對自身顯現為一條流。但意識流如何能意識到自身，這條流的真正存有是一種自我意識的形式，這又如何是可能的與可理解的，這個問題對他來說是歷久不衰的（Husserl 2001: 44, 46）。胡塞爾對時間意識的詳細研究很大程度是由他對回答此問題的興趣所促成的，他在其著作到處都主張，自我意識並不只在特殊狀況中出現；換句話說，自我意識並不只在我們把注意力放在我們的意識生活上時才出現，反之，體驗維度本身總是擁有自我意識這種特性，無論我們的意向性指向世界中的哪些存在物（Husserl 1959: 189, 412; 1973b: 316）。用胡塞爾的話來說：「每個經驗都是『意識』，而意識是對於……的意識。但每個經驗皆是**自身被體驗的**（*erlebt*），而在**那種意義上**也是『**被意識的**』（*bewußt*）。」（Husserl 1966a: 291）胡塞爾使用多種語詞來刻畫這個前反思的自我意識，但最常見的那些是「內意識」（inner consciousness）、**原意識**（*Urbewußtsein*）或「印象意識」（impressional consciousness）（參見 Zahavi 1999）。最終，胡塞爾強調自我意識在體驗生活中是無所不在的，且屢次在各處把（1）意識的第一人稱特性、（2）自我意識的原始形式，以及（3）自我性的某種基本形式等同起來。就如他在註記為 1922 年的研究手稿中所寫的：「我在其中意識到我自身的（myself; *meiner*）意識是我的意識，而對於我自身之我的意

識和我自身在具體上是被當成同一的。作為一個主體而存有即是在覺察到自身的模式中存有。」（Husserl 1973b: 151）[2]

可能正開始變得清楚的是，我想表述和捍衛的思考是去論證體驗的自我性和自我意識間有一種很緊密的連結。然而，在我直接處理前者之前，需要對後者，尤其是對自我意識和意識之間的關係多說一些。

在討論這些主題時，一個持續存在的困難是「自我意識」（以及「自我覺察」）的概念是惡名昭彰地具有歧義的。[3]在日常生活中，自我意識通常被想成是「一個人想到他自己」這一件事。但即使那個看來簡單的定義卻能夠涵蓋各種非常不同的認知成就；比方考量到以下不同的成就：內省地檢視我們正在發生的經驗，想起我們過去的表現，以我們履行所選擇的社會職責的能力為傲，或是焦慮地評估他人如何看待我們。如果我們冒險進入理論的爭論，複雜性只會倍增，因為哲學的、心理學的、精神病學的與神經科學的文獻充斥著競爭的、相衝突的和互補的種種定義。

讓我在此只提一些重要的方案：

- 在發展和社會心理學中，一些著名的理論把自我意識理解為辨認自己是一個具身（embodied）個體的明確作行（act）。例如，蓋洛普（Gallup）曾主張，所謂的鏡像辨識測驗（mirror-recognition task）對自我意識來說是決定性的測試（Gallup 1977）。

2　相關的主張也可以在其他現象學家那裡找到。例如，參見史坦茵（2000: 17, 100）、梅洛龐蒂（2012: 424, 450），以及昂希（1963: 581-5）。更廣泛的討論可參見扎哈維（1999）。

3　接下來，我會視這兩個概念為同義來使用它們。

- 在精神病理學中，有人不時主張，自我覺察需要我們擁有一個能應用到自身的心靈理論。例如，巴倫-柯恩、弗里斯（Frith）和哈普（Happé）都主張，我們能藉由使用經典的心靈理論測驗來測試自閉症者的自我覺察的存在，如錯誤信念測驗（false-belief task）以及顯象—實在測驗（appearance-reality task）等（Baron-Cohen 1989: 581, 591; Frith and Happé 1999: 1, 5）。

- 在哲學中，有時會有人主張，自我意識需要把自己設想**為**自己的能力。這就是說，某人必須能把自己和非自己的區別概念化（Baker 2000: 67-8）。同樣地，有些人宣稱，若一個生物要擁有自我意識，該生物不能僅僅在個體的基礎上將經驗歸給自己，而不去辨認經驗所歸屬對象的同一性。相反地，該生物必須能把被歸給自己的經驗想成是屬於單一且相同的自我（Cassam 1997）。

儘管我同意這些定義都有其正確之處——它們都捕捉到相關現象的不同重要面向，但我認為我們需要承認有一種在邏輯上與存有起源上（ontogenetically）更為原始的自我意識形式，這是在掌握語言、在有能力形成成熟的合理判斷與命題態度（propositional attitudes）之前的一種自我意識形式。在種種先前的出版著作中，我替可被視為極小化的自我意識定義辯護，根據這種定義，現象意識本身包含了一種自我意識的單薄的或極小的形式（Zahavi 1999, 2005）。按照這個觀點，自我意識不是只在我們聚精會神地檢視我們的經驗時才出現的某種東西，更不是只在我們辨認出我們自己的鏡像、使用第一人稱代名詞來指自己，或是擁有足以辨識我們自己性格特質的知識時才出現的某種東西。應該說，自我意識是一種多

層的現象，它出現在很多的形式與程度上。其中最進階的形式之一可能包含我們對生命整體的省思，以及對我們是哪種人與我們珍視什麼價值的反省，而自我意識的最原始形式則是關涉到我們自己的體驗生活持續以第一人稱顯現的這一回事。這種自我意識不是成人獨有或特有的某種東西，而是所有能進行現象意識的生物都擁有的某種東西。

　　這樣的想法絕非現象學所特有。例如，弗拉納根（Flanagan）就曾替一個相關的觀點辯護，他不只主張，意識涉及弱意義上的自我意識，即主體在經歷經驗時會經歷到一些感覺（there is something it is like），他也說到，包含在把我的體驗作為我的而體驗時所涉及到的那種低階自我意識（Flanagan 1992: 194）。最近克里格（Uriah Kriegel）沿著有點相似的論辯路線而宣稱，我們應該區分兩種類型的自我意識，也就是，**及物的**（*transitive*）與**不及物的**（*intransitive*）自我意識。及物的自我意識指的是一個主體自覺到他想到 p（或自覺到他知覺到 x），而不及物的自我意識則可被形容為主體自覺地想到 p（或知覺到 x）。這兩個類型的自我意識有何差別？克里格先列出了四種差別，並宣稱第一種類型是內省的、罕見的、意願的（voluntary）與費力的（effortful），而第二種則以上皆非。不過，他接著指出另一種重要差別：及物的自我意識是一個次階（second-order）狀態，它在個數上（numerically）不同於其對象，亦即各自的初階（first-order）狀態，而不及物的自我意識則是正在發生的初階狀態的一個性質（Kriegel 2003a: 104-5）。再者，既然主體處於其無所覺察的心靈狀態時並不會似乎感覺到些什麼，那麼不及物的自我意識就必須被當成是現象意識的一個必要條件（Kriegel 2003a: 106）。

「現象意識和自我意識之間有一種緊密連結」的這一宣稱事實上比我們預期的更廣為流傳。它不只受到現象學家如沙特、胡塞爾，與自我表象論者（self-representationalists）如克里格，也受到高階表象論者（higher-order representationalists）所廣泛共享。對後者來說，有意識和非意識的心靈狀態之間的差別取決於一個相關的後設心靈狀態（meta-mental state）存在或不存在。一種闡明此進路主要想法的方式是把意識比擬為一個聚光燈。某些心靈狀態被照亮，其他則在黑暗中進行它們的工作。使心靈狀態有意識的（被照亮的）是如下的事實：它被一個相關的高階狀態當成一個對象。正是此高階表象使得我們意識到初階的心靈狀態。簡言之，一個有意識的狀態是一個我們意識到的狀態（Rosenthal 1997: 739）。一些高階理論因此通常透過心靈的自我指向性，亦即透過某種自我意識來解釋現象意識。如卡拉瑟斯（Carruthers）所說的：「若一個有機體要成為現象感受的主體，或者要在經驗中經歷到任何感覺，這樣的自我覺察是它們一個在概念上地必要的條件」（Carruthers 1996a: 152; compare Carruthers 1996a: 154）。

　　在高階表象論、自我表象論與對於前反思自我意識的現象學說明之間有相似之處，也有重要差異。簡言之，它們可能共享這個觀點，即現象意識與自我意識間有一個密切連結，卻仍對這個連結的本性有不同的看法。高階表象論者把這種自我意識視為存在於兩個不同的非意識心靈狀態間，在那裡後設狀態把初階狀態當作其意向對象（intentional object），而現象學家則堅持，相關的自我意識是心靈狀態不可或缺、且內在於心靈狀態的自我意識。克里格對及物的和不及物的自我意識的區分因而顯然相似於現象學對反思的和前反思的自我意識的區分（Zahavi 2004a）。不過，有一個重要的差別

是，克里格最終堅持把自我意識（即使在其不及物的形式）當作一種對象意識（object-consciousness）。如克里格所主張的，說一個主體有一個自我意識到的心靈狀態，即是說該主體隱然地或邊緣地覺察到他擁有那個狀態，或是覺察到該狀態是屬於他自己的。因此，對他來說，藉由對焦點和邊緣的覺察的區分，不及物和及物的自我意識的區分也得到兌現。當主體聚焦地覺察到處於一個特定的心靈狀態時，我們就面對到及物的自我意識，而當主體只是邊緣地覺察到處於該心靈狀態時，我們處理的是不及物的自我意識（Kriegel 2004）。藉由如此主張，克里格接受羅森泰（Rosenthal）的及物性原則（Transitivity Principle），亦即一個「有意識的狀態涉及某人非推論地（noninferentially）意識到該狀態」這個原則（Rosenthal 2002: 409）。

雖然克里格的自我表象論顯然試圖為各種形式的高階表象論開出一個同階的替代選項，我們不應因此忽略某些明顯的相似性出現（參見 Kriegel 2003b: 486-9）。兩個立場都主張，意識狀態包含兩個表象的內容。在對一個音調有意識知覺的情況中，有一個往外指向的初階內容（它把音調當作其對象），以及一個往內指向的次階內容（它把知覺當作其對象），而它們的主要不一致是在這個問題上：是有兩個不同的心靈狀態存在，而每一個都有其自己的表象內容，還是只有一個心靈狀態，卻有雙重的表象內容。後者就是克里格的觀點（2003b）。簡言之，兩種類型的理論都主張，心靈狀態若是有意識的，這意味著它被表象；兩者的差別只在於它是由自己或是由另一個狀態所表象。

一個有意識的狀態是經驗性的，且在這個意義上是在我們的覺察中成為要素的東西。若它不是經驗性的話，它可以是一個**屬於**主

體或在主體**之中**的狀態，但這將**對於**主體像是空無一物一樣。藉由去說一個狀態是現象地有意識的，我們正是堅持如下的想法：意識狀態的在場或缺席對該狀態的主體性層面有著顯著的影響。不過，問題是我們是否只有下列兩個選項：我們的那些心靈狀態被給與為對象，或者它們是非意識的。按照現象學的正統說法，我的經驗不是前反思地被給與為我的對象。簡言之，我不佔有這些經驗的一個觀察者、旁觀者或內省者（檢查者）的立場或視角。某東西「**被經驗**，且在此意義上被意識到，它並非且不能意味著這是一個意識活動的**對象**，這是就一個知覺、一個呈現（presentation）或一個判斷指著它的意義而言」（Husserl 1984a: 165 [273]）。在前反思或非觀察性的自我意識中，經驗是被給與的，但不是作為一個對象，而恰恰是主體性地被體驗的（lived through; *erlebt*）。按照這個觀點，我的意向經驗是被體驗的，但它不以一個被對象化的方式而顯現；它既不被看到、不被聽到，也不被想到（Husserl 1984a: 399; Sartre 1957: 44-5）。曾被人提出的更一般的宣稱是，對象意識必然包含一種知識劃分，即區分顯現的東西與它所顯現給的人，區分對象與經驗主體，而這就是為什麼對象意識（與及物性原則）或許格外不適於作為正確意義上的**自我**意識的模型（Zahavi 1999; Legrand 2011: 207）。[4]

4　克里格曾明確考慮並反對一種非對象化的自我意識的概念。是什麼使他這麼做的？部分是他試圖提供一種訊息豐富的化約式（reductive）理論。他提出的合理宣稱是，由於方法論的理由，我們應在探究的開始放棄對任何事物採取一種原初論式的（primitivist）說明，當然，儘管若一切可能的選項都失敗，我們最終可能被迫接受它（Kriegel 2009: 102）。按照他最終反對的觀點，經驗的主體特性（subjective character）是一種**自成一格**（*sui generis*）的內在光輝（Kriegel 2009: 102），而他則提供新布倫塔諾式（neo-Brentanian）的自我

　　我們應該留意高階表象論、自我表象論與對前反思自我意識的
現象學說明之間的差別——我已在其他地方**廣泛地**討論過這些差別
（Zahavi 1999, 2004a, 2005）；儘管這些差別可能與在其他脈絡中的
差別同樣重要，但我們在這裡無需關心它們。對現在的目的來說，
重要的應該更是這個被共享的觀點：「一個主體 S 的一個心靈狀態
M 在時間點 t 是有意識的，若且唯若 S 在 t 處於 M 中時會經歷到一
些感覺」（Janzen 2008: 34）；且該觀點蘊含著自我意識是現象意識
的一個構成性特色。但這一切和主體性與自我性有什麼關係？事實
上，大有關係。

　　如史卓森（Galen Strawson）所主張的，如果我們想理解成為
一個自我是什麼意思，我們應該檢視自我經驗，因為自我經驗是首
先藉由給與我們一種生動的感知——即存在著像是自我的東西——
從而引起問題者（Strawson 2000: 40）。在他的《自我：修正式形上
學的論述》（*Selves: An Essay in Revisionary Metaphysics*）中，史卓
森進一步發展這個觀念，並且提出下面作為自我性的必要條件的論
述：如果有自我這樣的東西，那麼它必須具有這樣的性質，即表現

表象論來取而代之。然而，我們應該注意克里格自己承認，自我表象本身對
主體性來說並不夠。自我指涉語句的存在與功能上相同的僵屍的可能性可以
構成適當的反例。為了避免這些反駁，克里格最終選擇的觀點是，只有非衍
生的、特定的、根本的自我表象對意識來說才足夠（Kriegel 2009: 162）。當
在表述自我表象要成為足夠特定且根本的所必須滿足的那些條件時，他承認
主體與其意識狀態的知識關係是特別的（Kriegel 2009: 106），且內在意識和
它所覺察到的東西的關係遠比一個表象和它所表象的東西的一般關係更為密
切（Kriegel 2009: 107-8）。藉由提出所有這些條件，克里格承認自我表象的相
關類型構成了一種極為不尋常的對象意識。但在這一點上，我們或許會想知
道，一種高度不尋常的對象覺察（object-awareness）與一種非對象化的覺察之
間是否有那麼大的差別。

出自我經驗的任何本真（genuine）形式的特色。簡言之，除非擁有這樣的性質，沒有東西能被當成一個自我。此外，他還提出下面作為自我性的充分條件的論述：如果有一個存在物，它具有的性質是表現出自我經驗的任何本真形式的特色，那麼這個存在物就是自我。簡言之，如果擁有這樣的性質，沒有東西不被當成一個自我。在接受這兩個條件下，我們要回拒以下兩個形上學的反對意見：（1）雖然有些存在物擁有在自我經驗中被歸給自我的那些性質，但這並不代表它們是自我、或者有自我存在；（2）雖然可能有自我的存在，但我們並不理解它們的基本本性（Strawson 2009: 56-7）。

　　現象學家會同意史卓森提出的必要與充分條件。事實上，我們在《觀念二》（*Ideen II*）找到一個十分相似的論點，胡塞爾在那裡主張，對單一經驗的反思將顯露出純粹自我（pure ego）的本性（亦參見本書 6.2），而宣稱這個自我不真正存在或說它最終與它所顯露出來的樣子完全不同，則是荒謬的（Husserl 1952: 104）。但他們（現象學家）終究更往前進了一步；他們宣稱，就這個自我的最基本形式而言，它是在自我經驗中、且由自我經驗所構成，這也就是說，那種自我的現象學正是那種關涉自我的形上學。[5]

　　現象學的方案可被視為在兩種對立的觀點間所佔有的中間立場。按照第一種觀點，自我是某種不變的靈魂實體（soul-substance），它不同於、且存有論上獨立於這世上（worldly）的對象與意識事件（conscious episodes），這些是它（自我）所指向的、

5　讓我強調一下，當我在此與後面談到自我的形上學時，我指的是關於自我性的存在與實在性（reality）的問題。我不關心自我究竟是由何種「材料」做成的，且我並不提議，對自我的現象學研究能獨自解決後面那個問題。

且以它作為主體的。按照第二種觀點，意識並不脫離多種或一束變化著的經驗；有經驗和知覺存在，但經驗者或知覺者卻不存在。然而，當我們了解到，理解「一個自我意味著什麼」是需要檢視經驗的結構、且反之亦然時，才可進入第三個選項。因此，現在所思考的自我（讓我們簡單地稱它為**體驗自我**）並非一個分離地存在的存在物——它不是獨立於、分隔於或對立於意識流的某種東西，但它也不可簡單地化約為一個特定經驗或一（次）組經驗；對此問題而言，它也不是一個僅會隨著時間進化的社會建構物。應該說，它被當成是我們意識生活的一個不可或缺的部分。更確切地說，這個宣稱是：（極小的或核心的）自我擁有經驗實在性，且它可以等同於經驗現象中無所不在的第一人稱特性。丹麥哲學家克拉翁（Erich Klawonn）（1991）與法國現象學家昂希曾明確替類似的觀點辯護，後者聲稱自我性的最基本形式是由經驗的自我顯現所構成（Henry 1963: 581; 1965: 53）。

為了解釋這個主導的觀念，假設你首先看一個綠色蘋果，然後看一個黃色檸檬。你對黃色檸檬的視覺隨後被一個對黃色檸檬的回憶所接續。我們應如何描述這個現象的複雜性？一個十分自然的執行方式如下：首先，我們有一個特定類型（一個知覺）的意向活動，它指向一個特定對象（一個蘋果）。接著我們保留那個意向活動類型（那個知覺），但以另一個對象（一個檸檬）取代蘋果。最後的步驟是，我們以另一種活動類型（一個回憶）來取代那個知覺，同時保留第二個對象。藉由經歷這些變動，我們成功建立的是，對我們體驗生活的研究不應只專注於我們所指向的各種意向對象，而也必須考量我們能採取的不同活動類型或意向態度。這些都很瑣碎。但接著思考下列問題。如果我們比較我們知覺到一個綠色

蘋果的起初情況與我們回憶一個黃色檸檬的最後情況，對象和意向性的類型都已改變。這樣的改變是否在體驗流中沒有留下不變的東西？不，它有。不僅最後的經驗保留了起初的經驗，且不同經驗——無論其類型為何，無論其對象為何——都有某種相同的東西。關於我們擁有的每個可能經驗，我們每個人都可以說：對我來說，無論經歷此經驗有著什麼樣的感覺，它**對我**就是那樣的感覺。「經驗像是什麼樣的感覺」（What-it-is-like-ness），恰當地說，就是「它**對我**來說像是什麼樣的感覺」（what-it-is-like-*for-me-ness*）。雖然我體驗過種種不同的經驗，結果有某些體驗性的東西——也就是它們的第一人稱特性——仍然是保持不變的。一切不同的經驗都以一個**屬我性**或**對我性**的維度而被刻劃，而且我們應將變化經驗的複多性與其持續**揭示為屬格狀態**（*dative of manifestation*）區分開來。

　　相關的觀念也可在當代的分析心靈哲學中找到。根據李維（Levine）的說法，心靈現象有三個突出的特色：理性（rationality）、意向性和意識（或經驗）（Levine 2001: 4）。然而，當在分析後者時，我們需要了解，它有比其質性特性（qualitative character）更多的東西，也就是「經驗是痛苦的或愉快的」這個事實。應該說，我們也需要記住，我們在經歷這邊談到的經驗時是會經歷到一些感覺的，且意識經驗因此包含一個體驗的視角或觀點（Levine 2001: 7）。沿著十分相似的路線，克里格主張現象特性包括質性特性，例如藍色的成分，以及主觀特性，就是這為我（for-me）的成分（Kriegel 2009: 8）。克里格還把主觀特性描述為在一切現象特性中仍然保持不變的特性，他並且主張，正是一個具現象意識的狀態所擁有的質性特性使得該狀態具有其實際具有的現象意識，而該狀態的主觀特性則使該狀態能夠具有現象意識（Kriegel 2009: 2,

58）。

　　李維和克里格都不特別關心主體性和自我性的關係；應該說，對他們而言重要的問題是：主體性是否可以被自然化（naturalized）？如李維在《紫霧》（*Purple Haze*）的一開頭所問的（因此幾乎重複布倫塔諾在《經驗觀點下的心理學》〔*Psychologie vom empirischen Standpunkte*〕所提出的一個問題）：是否「使心靈與自然中其他東西區別開來的那些特色標記著自然的或物理的、與非自然的或非物質的東西之間的一個基本區分？我們和構成我們心靈生活的現象是自然、物理世界一個不可或缺的部分，或者不是？」（Levine 2001: 4）。對李維來說，主體性涉及通達意識經驗內容的一種特定第一人稱的途徑，而他明確主張，依他之見，主體性依舊難以被解釋（尤其是以物理的或非心靈的語詞）的部分原因即在於它的**自我暗示**（*self-intimating*）特性（Levine 2001: 24, 109）。對意識進行一個令人滿意的說明應重視和認識這個特色；此說明必須認真看待意識的第一人稱的或主體特性，因為意識的全然根本特色即是它被主體經驗的方式。6 如休梅克（Shoemaker）曾說的：

> 就哲學對心靈的理解來說根本的是，我們體認到**有**一種針
> 對它的第一人稱視角，這是心靈狀態呈現自身給主體的
> 一種特殊方式，這些主體的狀態即是那些心靈狀態；而且
> 哲學任務的一個根本部分是對於心靈做說明，致使有不

6　重要的是，不要把關於存在這種不對稱的宣稱與涉及無誤性（infallibility）（若 x 相信他在做某事 ρ，則他事實上在做某事 ρ）或不可糾正性（incorrigibility）（若 x 相信他在做某事 ρ，則他人不能表明那是錯誤的）之相關的、但更有力的宣稱混為一談。

同視角的諸心靈主體在擁有自己的心靈生活下得到理解。
（Shoemaker 1996: 157）

雖然這就如關於主體性的可自然化（naturalizability）問題一樣吸引人，但這不是我接下來將討論的問題（不過可參見 Zahavi 2004b, 2010b）。但藉由論述現象意識、經驗的主體性、對我性和某種自我經驗形式之間的連繫，李維和克里格的立場與我自己的立場非常接近。

然而，近來有多位作者批評以下方案：有某種單一的現象特色出現在屬於同樣主體的一切經驗中，且因而標記出那些經驗是屬於我的、且只屬於我的。一個據稱支持這種觀點的人是霍普金斯（Hopkins），他寫到：

我的自我存有（selfbeing）、我的意識，以及對我自己的感受、對於我自己、在所有事物之上與之中的**我**（*I*）和**與格我**（*me*）的那種品味（taste），這是比麥芽酒或明礬的味道更特出，比胡桃葉或樟腦的味道更特出的，且無法以任何方式傳達給另一個人。（Hopkins 1959: 123）

丹頓（Dainton）反對霍普金斯的描述，認為其在現象學上並不令人信服，因為主張我的每一個經驗都擁有同樣的現象性質、一個戳記或標籤或我的感質（I-qualia），並藉以清楚明白地確認它們是我的，這是很不合理的（Dainton 2004: 380; 2008: 150; 對照 Strawson 2009: 184; Bayne 2010: 286; Bermudez 2011: 162, 165）。在反對霍普金斯的同時，丹頓也自認反對我的方案，亦即反對經驗是被屬我性或對我性所刻劃（Dainton 2008: 242）。

　　理解丹頓批評的一種方法是鑒於其堅持一種區分的必要。我們可以完全接受這種主張，即每一個經驗就概念和形上學的必要性預設了一個經驗的主體，而同時否認這個自我自身以任何方式可在經驗上被給與。這種觀點的各種版本可以在康德（Kant）那裡找到，且更晚近已受到瑟爾（Searle）和普林斯（Jesse Prinz）的捍衛。

　　根據瑟爾的說法，自我不是一個分離的與明顯可區別的存在物，而是意識場域的一個形式特色。瑟爾宣稱，如果我們把意識場域想成是只由其內容和由這些內容排列所構成的場域，我們就誤述了它。那些內容需要一個統一性原則，但那個原則，亦即自我，並不是一個分離的東西或存在物。然而，瑟爾也堅持自我的設定就像是視覺中一個觀點的設定。正如我們無法理解我們的種種知覺，除非我們假定它們是從一個觀點而來的，即使這個觀點自身沒有被知覺到；按照瑟爾的說法，我們無法理解我們的意識經驗，或是已經有意義地結構出經驗，除非我們假定它們是對一個自我而發生，即使自我不是有意識地被經驗到。自我不是意識的對象，也不是意識內容的部分。按照瑟爾的說法，我們的確沒有對自我的經驗，但由於一切（非病理學的）意識必由一個自我所擁有，我們可以推論它必然存在（Searle 2005: 16-18）。因此理解瑟爾論證的一種方式是，去了解他對「一個經驗是否必定由一個自我所擁有這個問題」與「自我是否必定顯現在經驗中這個問題」所做的區分。由於瑟爾否定後者而肯定前者，因而把經驗層次上的擁有（ownership of experience）當成是一種非體驗性的、且只是形上學的關連，而非體驗性的或現象學式的某種東西。

　　普林斯沿著有些類似的路線提出論述，否定有一個現象的我（a phenomenal I）存在。重要的是，他不否定一個現象的**與格我**（a phenomenal *me*）存在。自我可以是意識經驗的對象，但他否定它現象地呈現為經驗的主體。同樣的，他不否認我們可以形成關於體驗層次上的擁有之判斷，或者我們可能在某些經驗的基礎上推導出此種擁有，但按照他的觀點，對此種擁有的經驗並不存在，經驗的屬我性並不存在（Prinz 2012: 140）。在論述這個觀點時，普林斯要求我們專注於構成一個具體經驗的那些真正性質，繼而建議三個選項：第一個可能性是宣稱在這些經驗性質中，有一個我們可標示為「我」（the I）的特定項目。若我們反對這項方案——正如我們應該的那樣，我們就剩下兩個其他的可能性；它們都有一個獨特休謨式的（Humean）風味。我們可能會堅稱有一個我的感質存在，但接著主張，它可以化約為其他種類的感質，也就是說，它不是高於或超出知覺、感覺和情感的性質之上的東西。最後的可能性是普林斯所偏好的那種，即選擇取消論（eliminativism）和直截了當地反對有任何我的感質存在（Prinz 2012: 123-4）。有趣的是，普林斯的取消論不應被當作對一個關於自我的存有論的反實在論的辯護。他不是主張意識是沒有自我的。意識毋寧是——如他所言——「完全由自我所滲透」（Prinz 2012: 149）。我們總是從一個視角或觀點經驗世界。我們是誰——我們的目標、興趣和歷史——在很大程度上過濾和限制了我們所經驗的東西。因此，自我可以說不是作為一個經驗項目、而是作為一種限制而出現的（Prinz 2012: 149）。

　　不過，這種種批評的問題是，它們都沒有窮盡可使用的選項。它們都沒有了解到，自我可以是可被給與的，可以是實在的且擁有經驗的實在性，即使它不顯現為經驗的一個對象或經驗中的項目。體驗自我——亦即體驗的主體性——並不指稱一個經驗的項目或對象，而毋寧是指稱經驗活動的第一人稱模式。更明確地說，相反於

那些批評所似乎認定的，經驗的屬我性不是某種特定感受或確定的感質。譬如說，它不是與壓碎的薄荷葉氣味或巧克力的味道（這也就是為什麼我們不應把我的方案與霍普金斯的混為一談）相當的經驗性質或與料（datum）。事實上，對我性或屬我性不涉及一個特定的經驗內容，一個特定的**什麼**；它也不涉及這樣內容的歷時或共時的總和，或相關的內容間可能成立的某些其他關係。應該說，屬我性指涉到經驗活動的特出方式或是它的**如何**。它指涉著第一人稱出現在一切我的經驗內容中；它指涉現象意識的經驗視角性（experiential perspectivalness）。它指涉這個事實，即我正在體驗的經驗對我呈現它們自身乃不同於（但不必然是更好地）呈現給任何他人。當我擁有經驗時，我可以說屬我地（minely）擁有它們。用羅蘭茲（Mark Rowlands）的一個有所幫助的表述來說，它們的屬我性是活動的一個副詞修飾，而非該活動對象的一個性質（Rowlands 2013）。否定這樣的特色出現在我們的體驗生活中，否定經驗的對我性或屬我性，就是沒有認清經驗的一個根本的構成面相。它忽略經驗的主體性，等於宣稱我自己的心靈要不是根本不被給與我（而我將是對心靈或自我盲目的），就是以與他人的心靈完全相同的方式呈現給我。[7]

　　或許下列的思想實驗會使主導的觀念更加清楚些。想像兩個完美的雙胞胎，米克和麥克，他們在身體和心理性質方面是類型相同

---

[7]　當我使用「自我盲目」（self-blindness）這一詞時，它不應該與自我暗示（self-intimation）形成對比，如果自我暗示意味著宣稱，在一個現象狀態的一個主體也會自動地相信他處在那個狀態的話（對照 Byrne 2012: 166）。我不認為你可以處於一個現象狀態而那個狀態未必是對你來說像某種東西，但我認為這種情況發生時未必會引起相關的信念。

的。現在他們都注視著一面白牆。就內容來說，兩個意識流是類型相同的。從一個第三人稱的視角來看，兩者之間沒有值得一提的質性差異（qualitative difference）。但設想當我們離開第三人稱的視角而採取第一人稱的視角時，會發生什麼事情？讓我們假定我是米克。雖然我的心靈和身體特徵仍持續與麥克的那些特徵是類型相同的，但對我來說，我們各自的個別經驗（tokens of experience）之間將有一個關鍵性的差異，這些經驗因而不會以任何方式被混淆。那個差異會是基於什麼呢？它顯然與在被給與性方面的一個差異有關。唯有我的諸個別經驗是以第一人稱的方式被給與我，而正是這使得它們屬於我；麥克之類型相同的經驗則全然不是第一人稱地被給與我，從而不是我的體驗生活的部分。假設我開始和某個他人有同樣的經驗、但不成為他人，就像某個他人和我有完全同樣類型的經驗而不是我，我們似乎很自然會做出以下結論，即最基本區分我的體驗生活與他人的體驗生活的，並不是經驗的特定內容，而是經驗活動的對我性或經驗活動的方式。換句話說，且重複先前提出的一個要點（例如在檸檬與蘋果的例子中），若我們想公正對待我們體驗生活的現象特性，光去描述被經驗的對象與意向活動的類型是不夠的；我們不應忽略經驗的第一人稱特性，後者相當於一種特出的、但形式的經驗個體化（individuation）。當然，這就是為什麼（**反駁**各種批評）我認為經驗的真正主體性、其第一人稱特性，儘管全然是形式的，卻相當於一種自我。事實上，思想實驗的一個好處就是，它可以確切使自我的體驗性概念所試圖針對的意識的那方面變得非常生動。它確切針對區分米克和麥克的東西，但不關注像是人格、特性、喜好和歷史這些議題。

但等等，批評者可能會反駁：還不十分清楚的是，第一人稱特

性如何足以作為一個個體化原則？因為按照你自己的方案，它被假設為可刻劃一切經驗──無論是你自己的或是他人的。一切進行經驗活動的存有者所擁有的某某東西如何能將你凸顯與區別於他人？如果每個人的體驗生活都被對我性所刻劃，這也適用於你自己的體驗生活，那麼這個事實如何能告訴你關於你自己的任何訊息？我們不是就終結於一個立場，在此自我概念是如此形式的，以至於──引用威廉斯（Bernard Williams）的話來說──「絕無東西可以區分任何笛卡兒式的『我』與任何他人」，以及在此「『去除**我**（*me*）會使得宇宙少些什麼』就成了完全不明朗的一件事」（Williams 1973: 42）？因此令人懷疑的是，這個思想實驗是否成功顯示了任何超出平凡無奇的事，也就是米克和麥克在個數上不同，因此是不等同的。

　　讓我們思考這個例子的一個變形。想像米克和麥克陷入無夢的沉睡裡。就這個狀態來思考──處在他們都缺乏任何一種現象意識的情境，他們的差別就像是兩個質性上等同，但個數上不同的水滴之間的差別。然後米克和麥克醒來。他們現在各自對同一面白牆有持續的知覺經驗。把米克和麥克的體驗生活間的差別描述為僅是個數上不同、但在質性上是相同的表現，亦即僅是這個與那個體驗生活的不同，這仍然是適當的嗎？只要我們略去第一人稱的視角，而考量從第三人稱視角可獲得什麼，自然會得到答案。反之，如果我們認真看待第一人稱視角，明顯的是，米克和麥克以完全不同於水滴的方式而有差別，後者顯然缺少任何一種自我顯現。雖然米克和麥克每個人對於白牆有一種類型同一的經驗，但每一經驗將有其自己不同的前反思自我顯現。對米克來說，他的經驗將迥異於麥克的經驗（反之亦然）。正是這個基本的反身性（reflexivity），而不是

某種單獨的本質（essence）或不可複製的性質，提供給米克和麥克一種迥異於任何水滴所擁有的個體性。這也就是為什麼威廉斯的結論有些令人困惑。如克拉翁已指出的，當從我的視角出發來看，去掉我怎麼會毫無影響呢（Klawonn 1990a: 50）？

　　但批評者可能會堅持，若這是那個例子意在表明的，那麼它豈非僅僅強調這個（我們希望是）不爭的事實，即現象意識的理論（相照於水滴的理論）必定需要認真看待主體性和第一人稱視角？而為什麼接受這個平凡無奇的事實應該會讓我們致力於任何更實質的、關於一個體驗自我之出現和實在性的宣稱？當然，對這個問題的回答是：引進關於自我的極小化概念背後的整個重點是，強調對提出意識主體性的任何嘗試所不可或缺的某種東西，但它很常（遺憾的是包括最近談論自我的著作）不受注意且受到忽略。贊同主體性的實在性、但拒絕自我的存在，是錯失了主體性所真正等同的東西，這是對我們應該認真看待第一人稱視角的想法的口頭上支持，換個方式用馬戈利斯（Margolis）的話來說：「唯有經驗的完全消除才可能表明自我的消除。」（Margolis 1988: 41）

　　現在應該已經夠清楚的是，強調經驗的對我性不僅是提出了一個語法的或邏輯的或形上學的論點。此論點不只是說，一個經驗必然需要一個經驗者，這是真正經驗概念的構件。不，所提出的論點更是現象學式的。談論經驗的對我性，就是對主體的整體現象學做細節的查明。經驗的對我性指涉到經驗的第一人稱特性，指涉到這個事實，即我們對自己的體驗生活的親知（acquaintance）不同於我們對於他人之體驗生活的親知，反之亦然。這個在親知或途徑方面的差異，不只在我們反思或內省的時候成立，更在每當我們前反思地體驗經驗時成立。在最原始的情況下，自我經驗就只是關涉前

反思地覺察到自己意識這回事；在此，體驗的自我可以被毫無問題地定義為經驗的真正主體性。

　　現在這個方案的基本想法應該是明白的。我在接下來兩章想更進一步釐清它。我藉由仔細思考兩種類型的反對意見來進行。根據第一個反對意見，對於經驗本身蘊含著主體性、第一人稱的被給與性和對我性的主張就是完全錯誤的。按照第二個反對意見，經驗很可能蘊含主體性、第一人稱的被給與性和對我性；不過，問題是當談到理解自我的本性時，這完全是無關緊要的。這兩個反對意見都需要加以思考和回應。

第三章
透明性與匿名性

　　儘管有其他種種差別，高階表象論、自我表象論以及現象學的思考共享了「現象意識蘊含某種自我意識」這個觀點。然而，有些人把這點當作一個有高度爭議的觀點。

　　德雷弗斯（Hubert Dreyfus）在許多地方指責我們的具身應對（embodied coping）被心思（mindedness）所滲透的想法，他認為這是心靈主義式的神話（mentalistic myth），而對於現象來說是不真實的。他宣告，心思是我們不費心力去因應的敵人（Dreyfus 2007a: 353），並且將正處於巔峰狀態的奧運游泳選手和夢遊者相比擬（Dreyfus 2013: 38）。[1] 德雷弗斯也談到主體性作為心靈徘徊不去的幽靈，並且否定在全神貫注的因應中有任何沉浸的或隱含的

1　我們可以在德雷弗斯的說明中發現一個張力。一方面，當他舉例子說明不費心思的因應（mindless coping）時，他經常提到像是以色列王牌飛行員、奧運運動員或西洋棋大師之類的專家，但他也主張，他的思考的優點之一是可以照顧到我們與前語言的嬰兒和高等動物所共享的那些非概念性的因應技巧。因此這個張力與以下問題有關，即：是否德雷弗斯想要引人注意的那種不費心思的因應是概念在其中無用武之地的那種——雖然最初學會技巧時，概念扮演了某種角色？或者是否他想要提出一個更徹底的宣稱，即有技巧的因應比概念性的理性更為基本——且最終構成了後者的基礎？我認為兩者都是他想要宣稱的，但使用從下棋或航空術拿來的例子來支持該更徹底宣稱是有困難的。

自我。事實上，我們在全神貫注中全然不再是一個主體（Dreyfus
2007b: 373）。因此，根據他的思考，我們所沉浸的身體生命是如
此完全投入於世界，以至於它完全忘了自身。唯有當這個身體的全
神貫注中斷時，某種像是自我意識的東西才會出現。德雷弗斯不否
定自我意識存在，但他肯定想要把它視為只在特殊情況下被行使或
實現的一種能力。當那種情況發生時，我以回溯的方式把一個「我
思」附加在那個因應之上。再者，雖然德雷弗斯不否定我們有退
一步而反思的能力，但按照他的觀點，若沒有中斷我們的因應活
動，繼而沒有徹底轉換它被給予的種種，我們就無法行使這個能力
（Dreyfus 2005: 61; 2007a: 354）。[2]

　　按照這種種考量，我們不難去構想一個對於這個觀點的直接挑
戰，即是對於「自我意識是於我們體驗生活中遍在的一個特色」此
觀點的挑戰。根據可被稱為**匿名性反對意見**的說法，在前反思的層
次上並沒有對我性或屬我性，也沒有任何我或自我。否定這個宣稱
就是進行一種事後的構作。應該說，前反思層次是被某種匿名性
所刻劃。提議經驗總是具有前反思自我意識的特徵，將淪為所謂
的**冰箱謬誤**（*refrigerator fallacy*），也就是說，會認為燈光總是亮
著，只是因為當我們打開冰箱門的時候它總是亮著。實際上，燈
光只是潛在地隨時亮著。簡言之，我們應該避免把自我意識的一

---

2 這樣的一種立場不免引起下列的問題：如果不費心思的因應全然無意識的
　話，我們如何能有意義地談論關於這種因應的現象學，就像德雷弗斯一再
　談論的那樣？當然，一個可能的反駁是，它全然取決於我們心目中的現象
　學的類型。德雷弗斯一度建議，丹奈特（Daniel Dennett）的**異質現象學**
　（*heterophenomenology*）可以是對於胡塞爾和沙特現象學的改進與更佳的替
　代；這或許不是巧合（Dreyfus and Kelly 2007: 47）。

種**能力**（*capacity*）的存在與該能力的**實現**（*actualization*）混為一談。「那麼，根據現象學的理由，自我意識更適當地被解釋為，能夠有第一人稱思想的某個人沈浸於世界經驗的一種潛能——它通常是未實現的，但總是可以實現」（Schear 2009: 99）。因此對薛爾（Schear）來說，自我意識是只在特殊情況被行使或實現的一種能力——它僅在我們反思時被行使。再者，這種實現需要第一人稱思想的能力。的確，薛爾建議，擁有第一人稱的概念能力，正使我們能立即知道我們自己有意識的心靈生活是我們自己的。這正是達致我們意識經驗之這般獨特第一人稱關係的可達致性（而不是前反思自我意識的某些虛假概念）；如果我們要理解和解釋經驗的屬我性和像真正的自我知識那樣的東西，那個可達致性是需要的（Schear 2009: 98）。唯有當第一人稱思想的能力得以行使，我們經驗的一個發生著（occurrent）的意識才出現**作為**我們自己的（Schear 2009: 101）。按照薛爾的說法，這不意味著經驗之流是在該能力行使之前的一個非人稱之流。正因為（且只要）它是能進行第一人稱思想的某個人之流，它就不是非人稱的。因此，與其在實現的反思自我意識與實現的前反思自我意識之間做抉擇，不如訴諸某種可達致性（availability）和傾向性（dispositionality）的形式，並且主張意識的和非意識的意向狀態的差別在於，當前者發生在我們這樣有能力形成高階思想的存有者時，它們就能達致反思性的省察。然而，這點有一個直接的、且極為反直覺的含意是，它把意識心靈狀態限制在能反思的生物，從而否定嬰兒和（大多數）不是人類的動物有這些心靈狀態。[3]

3　薛爾自己並沒有明確地贊同這樣的觀點，但確實有其他人曾替現象意識需

　　按照薛爾的說法，堅持自我意識存在於前反思的層次，就是曲解現象學（Schear 2009: 99）。其他批評者曾主張，只要前反思的被給與性被認為是蘊含了覺察性而非可達致性上來說是難以置信的（Lyyra 2009: 68）。根據這個替代方案，真正的自我覺察需要高階的概念能力。唯有如此，我們的經驗事件才可以說是有意識地被給與的（Lyyra 2009: 80-1）。只要嬰兒缺少區分內與外、顯象與實在的能力，對它來說，心靈與世界就仍是不可區分的。且就嬰兒尚未覺察到他或她的經驗**作為**內在私有的存在物，嬰兒就尚未享有對於經驗的任何覺察（Lyyra 2009: 79）。唯有當兒童開始了解到，她的經驗是從該兒童獨有的、他人沒有途徑接觸的第一人稱視角而發生的，也就是唯有當她了解到，她享有接觸她自己經驗的獨有途徑，而其他人則享有進入他們經驗的獨有通路，她的經驗才**被給與為**主體的經驗，從而處於一個第一人稱的被給與模式中。若是按照這種思路，有人會否定關於經驗的主體性有任何原始的東西存在，

要思想、概念和語言這個想法辯護。例如，我們可以想到卡拉瑟斯（Peter Carruthers）在《語言、思想與意識》（*Language, Thought and Consciousness*）中的立場。對卡拉瑟斯來說，談到一個經驗像什麼，或談到該經驗的現象感受（phenomenal feel），即是嘗試刻劃經驗的這些主觀（subjective）面向。但談到經驗的主觀面向就是談到主體可達致的（available）那些面向。按照卡拉瑟斯的說法，這就意味著它們必須是主體覺察到的狀態，且這正包括一定程度的自我覺察。事實上，按照卡拉瑟斯，它要求對我們自身心靈狀態進行反思、思考和概念化的能力（Carruthers 1996a: 155, 157）。有鑒於這個概念的要求，他主張，唯有擁有一個**心靈理論**的生物能享有意識經驗，或是能擁有具有現象感受的心靈狀態（Carruthers 1996a: 158）。因此他抱持的觀點是，大多數動物、三歲以下的兒童和有自閉症的個體缺乏主體性，並且仍未注意到他們自己的心靈狀態。他們缺乏有現象意識的心靈狀態，且對他們來說，沒有像是感到痛苦或愉快這樣的事（Carruthers 1996b: 262; 1998: 216; 2000: 203）。卡拉瑟斯的立場或許是極端的，但並不是只有他一個人抱持這樣的觀點。

就幾乎不令人感到意外了；應該說，只要經驗的主體性預設了對某人自己經驗與他人經驗是有差別的理解，以及對有複數之觀點存在的理解，主體際性就成為基本範疇（Praetorius 2009: 329）。就如崔狄克（Suzanne Zeedyk）所寫的：「主體性從主體際性的親密關係誕生」，且正是後者引起諸如「自我覺察、表象、語言，甚至意識」這些能力（Zeedyk 2006: 326）。[4] 在這樣思慮的背景之下，也在順便涉及到我們應十分謹慎地把主體性歸給患有嚴重自閉症的個體，前反思自我意識和屬我性的真正概念已經被當作不只是理論的偏差，更是多餘的且在解釋上空洞的（Praetorius 2009: 332）。

我們要如何回應這樣的批評？第一個必要步驟是區分術語上的與實質上的意見分歧（與誤解）。對有些人來說，成為自我意識的，就是把自己**當作**自己來思考，或將自己的狀態或是成分或是特色**當作**自己所有的來覺察。有些人據此要求我們將自己的同一性當作不同經驗的主體、承擔者或擁有者來意識。同樣地，對有些人來

4　哥格里（G. Gergely）贊成一個相關的觀點，他明確捍衛著自我的主體感的社會起源（Gergely 2007: 71）。不詳談他的說明的所有具體內容，其基本的想法是：「對我們當下內在狀態的經驗，透過嬰兒協調（infant-attuned）的那些對情感環境（the attachment environment）的偶然社會回應，外在地『鏡映』或『反映』回來，這使發展一種主體感，以及覺察到我們原初情感性的（affective）自我狀態成為可能。」（Gergely 2007: 60）換個方式說，當照顧者投入情感—鏡映的行為時，嬰兒將尋找此表現有意所指涉的東西，且將把他的注意力指向他自己。如此，一個敏感的照顧者可以藉由為狀態建立能透過認知方式接觸到的次階表象，教導嬰兒他自己原初情感狀態的存在（Gergely 2007: 68, 81）。在某種意義上，照顧者彷彿嬰兒已經擁有主體經驗般地去表現，這個事實使嬰兒獲得主體經驗。因為父母把兒童當作比他們實際上更有見識的來對待，他們最終就會成為如此。這就是為什麼哥格里的結論是，以內省可看見的主體自我的建構是透過情感環境而發生的（Gergely 2007: 59）。

說，自我經驗相當於對「一個人是誰」有一種感知，也就是對自己的特性或人格有一種感知。根據這些對於語詞的理解，去建議自我意識和自我經驗都在我們作為成人每當於現象上意識到某物時即應該出現的，這是非常難以置信的，遑論那些已經刻劃出嬰兒心理學生命的某種東西。同樣地，對有些人來說，這些

> 皆還未發生，直到兒童能理解他的或她的「觀點」可能不同於他人的，進而理解到他或她有接觸他或她的經驗的**獨有**途徑──反之對他人來說亦是如此，這樣把經驗的第一人稱被給與性、從而把帶有內建的經驗自我指涉的經驗主體性歸於兒童，這才是很合理的。（Praetorius 2009: 329）

根據這樣的一個定義，把主體性和一個第一人稱視角歸給嬰兒、非人類的動物，甚至是普通的專注應對者，也再次是難以相信的。然而，如我希望前章已經充分釐清的，這絕不是我使用這些術語的方式。因此我認為，一部分爭議是在術語上的。當談到第一人稱特性或經驗的對我性時，目標不是藉由第一人稱代名詞而自我指涉；事實上，這裡所討論的絕不是語言學的自我指涉。它也不是關於一種顯題的自我認識的問題；這種認識涉及覺察自己是一個突出的個體，不同於其他個體。當涉及現象意識的第一人稱特性、前反思的自我意識、體驗的自我性，以及對我性時，我指的是經驗的自我呈現特性（self-presentational character）和它所蘊含的經驗視角性。我所宣稱的是，我們有與對他人體驗生活截然不同的一種對我們自己體驗生活的親知（且反之亦然），且不只當我們內省或反思時，也在擁有經驗時就已經獲取這個差別。當我說「截然不同」時，這個宣稱不是說我們必然明顯地覺察到問題中的差別性，而僅僅是

說：痛苦或飢餓的感覺（sensation）或像是喜悅和苦惱這樣的情緒有一種經驗的被給與性的特性，這使得它們非常不像山頂、柳樹與搖椅一樣，而甚至發生在例如嬰兒明顯地覺察到這個差別之前。它們（那些經驗）有這個主體特性，遠在主體獲得把經驗歸類為他或她自己的那些概念的和語言的技能之前。換句話說，我們應該尊重擁有或體現一種第一人稱視角和能用語言表述它這兩者的區別。

　　眾所周知，史卓生（P. F. Strawson）曾替下面這個觀點辯護，即我們不能說有一個主觀視角，除非我們對客觀性境況有一些理解，亦即理解到種種環境對象獨立於我們藉以與它們有關聯的經驗視角而持續存在（Strawson 1959）。不過，顯然需要探問的是，為了將經驗**辨認為**主體的經驗，或是將它**歸類為**內在的經驗所必須滿足的這些必要條件，是否等同於只為了擁有經驗所必須滿足的那些條件——這些經驗在本質上且必然地被刻劃為不同作者所稱的「前反思的自我意識」、「第一人稱被給與性」、「對我性」、「主觀呈現」、「自我呈現的覺察」、「不及物的自我意識」或「反身性」[5]。

―――――
5　在此爭論中稍微讓人困惑的一個因素是，「反身的」（reflexive）和「反身性」（reflexivity）這些術語的相衝突使用。儘管許多作者以差不多同樣的方式使用「反思」（reflection）一詞，「反身性」（reflexivity）一詞卻決不是不含糊的，且事實上被一些人用來指稱截然不同的現象。有些人把「反思的」與「反身的」這兩個術語當作同義詞來使用。其他人則用「反身性」一詞——而顯然這是讓人困惑之處，尤其是因為反思在德文是稱為 *Reflexion* ——來指稱前反思的面向。例如我們可以在莫漢帝（Mohanty）那裡發現這種用法，他把反身性定義為意識的前反思的透明性，並且把它和反思區分開來，他把反思當成是一高階的意向行動（Mohanty 1972: 159, 164, 168）。在更晚近，賽格（Seigel）主張，反身性與某種自動的東西、某種無意願（involuntary）的東西、某種像是一種反射的東西有關，反思則通常被認為是某種意向性的和有意的東西（某種也可以確立意識和其內容間的距離的東西）。因此，在他看來，這兩個術語

再次思考這個宣稱，即堅持自我意識遍在的經驗實在性並沒有得到現象學的保證。理解這個顧慮的一個方式是考慮下列各種經驗：沈浸於一部電影；受到同儕羞辱；費力地試圖解讀以你不太認識的語言所寫的菜單；被一個雪球擊中臉；站在十公尺的跳水臺上試著說服自己跳下去；考慮選擇以從軍為職業是否是明智的決定。當我們比較這些經驗時，對大多數人來說，它們顯然以不同的方式是自我牽連與自覺的。否定這點確實就是扭曲了現象學。然而，主張我們的體驗生活就是被對我性所刻劃，並不是否定我們需要認可在質性上有差別的自我經驗的多樣性。認可這一點其實與這些多樣的經驗間也有共通點這個觀點完全相容。

薛爾、里拉（P. Lyyra）和普雷托里亞斯（N. Praetorius）都強調，體驗層次的擁有和自我意識有賴於種種第一人稱的思想和概念。言外之意是，缺少這種第一人稱思想的那些生物——而這大概包括嬰兒和非人類的動物——也缺少自我意識。有人可能會認為，這個言外之意算是支持而非反對那個觀點。但我們需要回想起的不只是我使用的自我意識概念是多麼單薄和基本的，也要回想起前面替自我意識和現象意識之間的構成性連結辯護的那些論證。依循哲學中一個長久且可敬的傳統，我使用「自我意識」一詞指的是意識有能接觸其自身的途徑或能親知其自身的情況。[6] 對許多思想

指的是兩種不同的自我指涉，一個是被動的，而一個是主動的（Seigel 2005: 12-13）。我發覺賽格的評論是有幫助的，但對於這個議題最終似乎沒有達成共識。在某種程度上，我們只必須覺察到該術語的歧義。

6　如提爾（Udo Thiel）在他的權威之作《早期近代主體：從笛卡兒到休謨之自我意識與人格同一性》（*The Early Modern Subject: Self-Consciousness and Personal Identity from Descartes to Hume*）所指出的，起初英文的「意識」或「有意識的」這些詞意指某人與其他某人分享的關於某事物的一個知覺

家（包括亞里斯多德、笛卡兒、阿諾德〔Arnauld〕、洛克、布倫塔諾、胡塞爾、沙特、顧爾維奇〔Gurwitsch〕、梅洛龐蒂、昂希和亨瑞希〔Henrich〕）來說，自我意識在該術語的這個特定意義上是經驗的一個不可或缺的部分；因為一切意識狀態必然在經驗上顯現，或者換個方式說，缺少這種自我意識的心靈狀態將會是一個非意識的狀態，故自我意識是一切有意識的心靈狀態所擁有的東西。這種自我意識的確切本性和結構顯然是曾經且持續受到爭論的某種東西。在西方哲學中，它受到現象學家、高階表象論者和自我表象論者所爭論。在古典印度哲學中，它是反思論者（reflectionist）或他照論（other-illumination; *paraprakāśa*），與反身論者（reflexivist）或自照（self-illumination; *svaprakāśa*）論之間的一個爭論議題（MacKenzie 2007）。第一組立場主張，自我意識是次階意識把一個分立的初階意識當作其意向對象而產生，第二組立場則主張，意識狀態同時揭露意識對象和意識狀態自身（MacKenzie 2008）。後面的觀點似乎並非普遍為人所接受，但如果我們想批評它的話，我們必須參與心靈哲學中的相關爭論。不這麼做，而如有些人那樣把我們的反駁奠基在發展心理學關於兒童區分諸多視角的能力之發現上，就是未切中論證的目標和重點。此外，主體際性應引起主體性這個想法必須被駁斥為概念上的混淆。主體際性指的是各個主體（性）之間的一種關係，而前者因此不能先於後者（參見第二部分；Zahavi 1996）。如果我們想追求那種想法，我們應該選擇

或知識。不過到了 17 世紀，這就不再是通行的意義。應該說，像希臘文 *"syneidesis"* 與拉丁文 *"conscientia"* 一樣，「意識」的意義從「與其他人一起認識」轉變為「與自己一起認識某物」。它開始在一種自我關聯的意義上來而得到理解（Thiel 2011: 8）。

宣稱主體性是社會所建構的，或者主體性和主體際性是同等原初（equiprimordial）的。儘管我不同意後面這兩個宣稱，但是它們至少不是不融貫的。

到目前為止，我已經仔細考慮了體驗生活經常缺少對我性與第一人稱特性的這個宣稱。現在讓我繼續再去面對另一個版本的匿名性反駁，按照這個反駁，我們絕沒有直接覺察到我們自己的經驗，即使當我們在反思或內省時都沒有。按照此論證，經驗沒有自己內在的與非意向的性質；應該說，經驗的質性特性正如崔斯基（Dretske）所寫的，完全由「事物被表象為對之擁有的性質」所構成（Dretske 1995: 1）。如果你想知道擁有某種經驗像是什麼，你必須注意被意向地表象的是什麼。因此，「在經驗藍色的時候，我們經驗的性質沒有多於藍色，因為藍色**即是**我們經驗到的顏色」（Dretske 1995: 85）。一個聲音的音量、一個表面的光滑、一個味道的甜、一個氣味的刺激，都不是經驗的內在性質，而是事物被表象為對之擁有的性質。因此關於一個紅色蘋果的經驗不同於關於一個黃色向日葵的經驗的理由正在於，不同種類的對象被表象。

泰（Michael Tye）在替著名的**透明性宣稱**（*the transparency claim*）辯護時，把視覺經驗比作透明玻璃：

> 如你所想那般盡力透過內省凝視，以任何你高興的方式集中你的注意力，你將只遇見地面、書籍、膠捲和它們明顯的性質。視覺經驗對它們的主體是透明的。我們不是以內省的方式覺察到我們的視覺經驗，就如同我們不是以知覺的方式覺察到透明玻璃。如果我們試著專注於我們的經驗，我們穿透它們「看見」外面的世界。藉由覺察到地

面、書籍等所顯然擁有的種種性質，我們就開始覺察到我
們正在經歷視覺經驗。但我們沒有覺察到經驗自身。（Tye
2003: 24）

就如泰所堅持的，這種透明性所教導的是「現象學不在腦中」（Tye
1995: 151）。因此說經驗有現象特性會有點誤導。事實上，現象特
性（在真實〔veridical〕的情況中）是某種屬於經驗對象的東西。
同理，現象意識並不將我自己意識的面向或維度呈現給我；反之，
現象意識嚴格地說就是呈現世界。所以即使當我們內省時，我們
也沒有意識或覺察到經驗自身。主體的內容不會以內省的方式被
發現；毋寧是，我們內省覺察到的那些性質依舊是外在事物那些
眾人都能接觸到的性質——如果它們真的是任何事物的性質的話
（Tye 2009, p. xiii）。藉由覺察到外在事物，我們會間接開始**覺察到**
我們擁有這樣那樣的經驗，但我們絕沒有直接覺察到這些經驗自
身（Tye 2003: 24, 96-7; 2009: 145）。因此，唯有透過世界被表象
的方式進行推論，我們才能知道我們正進行知覺活動（而非想像）
（Dretske 1999; Byrne 2005）。7 此外，唯有我們把經驗置於概念之
下，我們才獲得對我們經驗的間接覺察。只要我們不應用這些概
念，我們就仍然對那些經驗一無所知（Tye 1995: 115）。

---

7 雖然泰否定我們對於經驗的「感受」有任何直接覺察，他也否定，他忠於
「我們是從我們對外在性質的覺察推論出我們的經驗所具有的現象特性」這個
觀點。就他看來，內省不涉及推理，從而沒有任何推論（Tye 2003: 33）。應該
說，他視內省為「把（在知覺感覺的情況中）**對**外在性質的覺察當作輸入和
產生覺察到一個狀態有某種現象特性**這件事**作為輸出的一種**可靠**過程」（Tye
2003: 38）。然而，如先前已經指出的，根據一個通行的定義，這樣的觀點恰
好是一種推論主義式的（Aydede 2003: 62）。

　　我認為現象外在論（phenomenal externalism）說對了一些事情。例如，它對現象性質的說明有很大的優點是，避免了任何種類的感覺與料（sense-data）理論。它甚至與現象學中的一些觀點有某種相似之處。如梅洛龐蒂所指出的，顏色「不是感覺，它們是可感覺的東西，而性質不是意識的一個要素，而是對象的一個性質」（Merleau-Ponty 2012: 5）。當我們反思地試圖分辨聞到丁香和嚐到巧克力、或聽到一聲牛鈴和看到一回日出之間的經驗差別時，我們沒有藉由把某些鬼魅般的凝視轉向內心而斷絕我們與世界的意向連結。反之，我們發現這些差別，且我們藉由專注於世界中的種種對象和種種事態（states of affairs）是如何顯現給我們的，去描述地分析它們。

　　然而，許多被拿來支持現象外在論的標準例子是取自於知覺領域，但知覺狀態幾乎窮盡不了現象性（phenomenality）的維度，而且雖然宣稱的是那些透明性規則，以及所有情況中的現象特性只與表象內容有關，[8]但試圖捕捉例如性高潮的現象特性，藉由宣稱它是一件擁有「在生殖器部位某些身體改變的感覺表象」（Tye 1995: 118），以及堅持這個模型可以被普遍化而涵蓋一切感受到的情感與心情的現象特性（Tye 2003: 36），比起試圖以外在論的術語來說明聞到海風或嚐到甘草是怎麼一回事，就有著較少的直覺訴求。不明顯的是，現象外在論如何可以說明悲傷、絕望、無望、如釋重

8　泰在最近的發表中，不再贊同現象特性與表象內容相同這個宣稱。這個改變的一個理由是幻覺（hallucinations）的情況。如泰所主張的，雖然真確的和幻覺的經驗並不共享相同的表象內容，某些真確的和幻覺的經驗卻有相同的現象特性；因此後者不能直截了當地等同於前者。但儘管改變了心意，泰仍然堅持透明性宣稱（Tye 2009, p. xiii）。

負、滿足等這些感受的現象特性，或者說明像是「努力回想起某事物」或「對某事物雖不確定、但仍感到自信」這些情況。用湯普森（Evan Thompson）的一個例子來說，首先看到一個紅色立方體，然後將同樣的紅色立方體在心中形象化（visualizing），這兩者間有一個清楚的現象學的差別，但這個差別（比方說，它可能包括視覺被感受為不由自主的與不費力的，而形象化則覺得刻意的與費力的）不能只藉由指涉兩個經驗表象出的對象所擁有的特色或性質的差別來加以說明，因為它們都認為該對象有同樣的性質（Thompson 2007: 285）。

　　然而，我們需要區分「某些類型的現象性不符合外在論思考」與「即使現象外在論於談到最直接知覺的情況中也會遺漏某些東西」這兩個宣稱。當現象外在論宣稱，我們絕未直接覺察到我們的經驗，而只覺察到對象及那些經驗所表象的性質時，它忽略了某些重要的區別。大多數人都願意承認，當一個主體經歷一段有意識的經驗時（品嚐一杯雅柏烏嘎爹威士忌或回憶起到京都遊覽），該主體會經歷到一些感覺。但我們需要區分兩個問題：（1）對象對主體來說像是什麼，以及（2）有關對象的經驗對主體來說像是什麼。畢竟我們從未意識到一個**純然的**（*simpliciter*）對象，而總是意識到以某種方式呈現的對象，例如所判斷的、所看見的、所希望的、所害怕的、所記得的、所聞到的、所預期的或所品嚐的對象。相同對象——帶著完全相同的世界性質——可以以各式各樣的方式呈現自身。它可以作為被知覺的、被想像的或被回憶的等等方式而被給與。我們需要如胡塞爾那樣區分意向對象的「被規定性方式」（*im Wie seiner Bestimmtheiten*）和「被給與的方式」（*im Wie seiner Gegebenheitsweisen*）（Husserl 1976: 303-4）。不僅知覺到一個藍色

方塊像是什麼不同於知覺到一個橘色三角形像是什麼，且知覺到一個藍色方塊像是什麼也不同於回想起或想像一個藍色方塊像是什麼。簡言之，問關於對象被經驗而擁有的性質（一張桌子的表面如何感覺起來不同於一個冰塊的表面？），與問關於對象的經驗之性質（知覺和想像一個冰塊在經驗上有何不同？），二者是有差別的。當檢驗我們經驗的現象特性時，我們不應忽略諸心靈活動的主觀本性，它們使我們能經驗到我們所經驗的東西。若我們想正確了解經驗的現象特性，我們必須研究經驗對象的特性與意向活動的特性。如胡塞爾曾評論的：

> 我看出現象學的差別，尤其是意向性的差別，我也看出作
> 為顏色的純粹與料的這個白與那個紅的差別。如果某人完
> 全沒看到後面那種差別，我們就會說他是盲目的；如果某
> 人無法看到前面那種差別，我不得不再次說他是盲目的，
> 即使那是一種更廣義的盲目。（Husserl 2002a: 321）

當我有意識地想像一個半人半馬的怪物，渴望一杯義大利雞尾酒，盼望我下次的假期，或回想我高中同學會，所有這些不同的意向對象都相互關聯於不同的主體經驗而被給與。因此不只有各種對象與對象性質呈現給我；不如說，這些對象和性質更以不同的被給與模式（如被想像、被渴望、被預期、被回憶等）被呈現，而這會造成例如品嚐咖啡的現象特性之不同，即咖啡的味道是被知覺的、被回想的、被想像的或被預期的。再者，我們顯然不應忘記前面章節所做出的論點。如果我們想正確了解我們體驗生活的現象特性，只考慮意向對象和意向態度是不夠的，因為它像是什麼（what-it-is-likeness），適當來說，是它對我來說像是什麼（what-it-is-like-for-me-ness）。有現象意識的狀態不是碰巧發生**在我心中的**那些狀態——無論我是否覺察到它們的發生；它們也是**對我**而言是如此的，而正是在這種意義之下：對擁有那些狀態的我而言存在著像是某某的東西。這就是為什麼強現象外在論對經驗的現象特性提供一個詳盡說明的嘗試必定會失敗。畢竟，經驗的第一人稱特性、經驗的對我性被認為是被表象對象的一種質性特色，這是相當不合理的（see Zahavi 2005: 119-24; Kriegel 2009: 72, 75）。

但是這個反駁豈不完全是丐題，因為像崔斯基那樣的現象外在論者不正是會質疑對這種描述性發現的訴求嗎？畢竟就他們的觀點看來，有意識的心靈狀態是使我們意識到其他事物的狀態。這就是說，有意識的心靈狀態是我們藉以意識的狀態，而不是我們意識到的狀態（Dretske 1995: 100-1）。然而，這個觀點付出一個很大的代價。一個相當明顯的問題是，我們完全不清楚這樣的觀點如何讓我們區分意識和非意識的意向狀態，這些狀態都被認為表象了環境中的對象。如崔斯基所寫的，我們所意識到的東西完全是客觀的。若我們沒有覺察到它，它會是完全相同的。的確，「如果你是一個殭屍，你所覺察到的任何事物會是相同的」（Dretske 2003: 1）。這點似乎來自現象外在論的核心宣稱，即經驗只呈現給我們外在對象及其性質。但若是如此，且若對崔斯基來說，意識意向性與非意識意向性間沒有顯著差別，那麼不清楚的是，他的理論是否真的說明了現象意識，或者它是否不如說，相當於一種關於經驗的取消論（eliminativism）。[9] 當崔斯基承認他的觀點引起下列挑戰時，更增加

---

9 肯定不是巧合的是，透明性觀點的某些捍衛者認真考慮「沒有經驗」的假設，亦即起初就沒有經驗存在（參見 Byrne 2009: 434-5）。

了這種懷疑：若我只覺察到由我的心靈狀態所表象的性質，而沒有覺察到心靈狀態本身，我如何能知道我確實有具現象意識的狀態？如他所言，我覺察到的任何東西都沒有告訴我，我覺察到它，且由於我所覺察到的一切、我所經驗到的世界都與我是一個殭屍時完全相同，故我無法，至少無法以任何直接方式知道我不是一個殭屍（Dretske 2003: 1）。有人會建議說，關鍵在於內省。在使用內省之下，我們可以知道我們正擁有著經驗，且因此我們不是殭屍，但崔斯基拒絕這種建議，因為按照他的看法，內省只告訴我們，我們覺察到**什麼**，而不是我們有覺察**這件事**（Dretske 2003: 8）。按照他的說法，透過內省除了能分辨我們經驗為 x 的特色之外，的確不能分辨關於 x 的經驗的任何特色。因此，我們沒有辦法直接接觸到我們有意識而不是非意識這個事實，且根據崔斯基，我們確實有意識的信念很可能建立在一種混淆之上（Dretske 2003: 9）。然而，問題是這個結論是否並非如此反直覺，以至於它可能被用作是那些前提所導出的一個**歸謬論證**，或是至少促使我們尋求更合理的其他選項。

　　我認為我們應該選擇的思考是讓我們保留且尊重下列幾種情況是有差別的：一個主體（非意識地）知覺一個對象的情況，主體意識到她知覺到**什麼的情況**，以及他意識到她在知覺的**這個**事實的情況。例如，一個盲視（blindsight）的主體可能（非意識地）知覺到在她視覺場域的盲區中的某物，就像從她在強迫選擇測試中的表現可看出來的那樣，但她沒有意識到她所知覺的東西。將此和我指向一輛車，並說「那是一輛車」的情況相比較。我似乎說出我所見到的東西，而除非我意識到我所知覺的東西，否則我怎麼能說？但儘管我可能意識到我所見的**什麼**，亦即我的一個特定知覺是關於什麼（而如果那個知覺是無意識的，我如何能意識到？），不明顯的是，

我同時也必須意識到我知覺著某物**這個**事實（見 Lurz 2003）。

　　根據現在的提議，我們無法意識到一個對象（一顆嚐到的蘋果、一張看到的椅子、一塊觸碰到的大理石、一樁回想到的事件、一個想像的生物等等），除非我們覺察到讓該對象顯現的經驗（品嚐、看、觸摸、回想、想像）。不過，這不需要該經驗對主體來說是突顯的；也就是說，主體似乎不必覺察到經驗狀態**作為**一個經驗狀態，也不必以其他方式注意或關注或思考到該狀態。這也不意味著我們接觸（譬如說）蘋果的途徑是**間接的**，或那種途徑是由我們對該經驗的覺察而中介的、汙染的或封鎖的，因為經驗本身不是與蘋果同等的對象，而是構成了接觸顯現著的蘋果的途徑。這正是為什麼下面這個觀點頗有誤導之虞：我們覺察經驗的唯一方式是藉由某些心靈鍛鍊將我們的注意力轉向內心，並且把日常的經驗對象由一個心靈對象──也就是經驗自身──所取代。這個方案忽略的不僅是經驗的對象指向與對象呈現的特性，也忽略了若對象不對經驗顯現，它就根本不會顯現的這個事實。若視覺經驗事件是非意識的，對象根本不會視覺地顯現；這是說，在經驗缺席時，就根本沒有現象性或現象特性。

　　在我的日常生活中，我沈浸於且全神貫注於世界中的種種計畫與對象，因此我沒有關注我的體驗生活；我傾向於忽略它，而偏好經驗的對象。然而，我可以反思且關注我的種種經驗，我可以使它們成為我注意的主題或對象。但若我要仔細考量和評估我的種種信念和意向，我光擁有它們還不夠；我必須也已經覺察到它們；也就是說，我不可能在反思之前是「心靈盲目」（mind-blind）的。反思是由前反思所經歷的東西所限制的。它受限於關於經驗的事實，且在構成上不是自我實現的。要把信念反思性地歸給自己，我們多少

需要一些來自經驗的證據；否定這一點是非常不合理的。否定這一點就是否認如此把信念歸給自己是一個認知上的成就；如柏格西安（Boghossian）所說，這是否定了這樣的能力是一種對資訊敏感、且可以被培養或被忽視的能力（Boghossian 2003: 76）。

　　自我意識不是只出現在我們聚精會神地細查我們經驗的時刻；不如說，在其前反思的形式中，在我有意識地經驗某事物時，它就是呈現的。它不脫離經驗，而是作為一個附加的經驗狀態存在著。它不是藉由某種反思或內省或更高階的監視而產生，而是初階經驗的一個內在特色。這也就是為什麼相關的觀點並不相當於一種**探測論**（*detectivism*）──如果用芬克爾斯坦（Finkelstein）所發明的標籤來說的話。也就是說，這個觀點是不被接受的，即第一人稱的權威根植於我們察探我們自己心靈狀態的能力，即藉由某種向內的觀察，從而意識到它們（Finkelstein 2003: 2, 9）。應該說，那些意識狀態本身──而不是對它們的某些內在觀察──為我們隨後將那些狀態歸給自己而提供了部分的證成。簡言之，現象地被意識的狀態已經對主體來說像是某種東西，此事實使得這些狀態能夠在關涉其存在的高階信念中扮演證成的角色。相反於更高階的表象論者和自我表象論者所提出的方案，現象學的宣稱不是說，經驗是我們持續知覺或表象的東西，也不是說，經驗和其第一人稱被給與性（主觀呈現）的關係是要按照一個活動─對象的結構來兌現的。其論點毋寧說是，經驗性的過程本質上是自我揭示的。這也就是為什麼更好的說法是，我們**有意識地**（*consciously*）看到、聽到或感覺到，而不是說，有一個對於對象的知覺，且在此之上有一個對該知覺的一個覺察（Thomasson 2000: 203）。（對於意識）副詞措辭的優點是，避免把次要的覺察詮釋為一種對象意識的形式，而可與我對從街上或

我鞋底發出聲音的附帶覺察相提並論。只要我們持續談論的意識狀態是我們意識**到**（*of*）的狀態，這個誘惑將會一直存在。

有些人反駁說，即使像是一種非對象化的與非推論的自我意識的某種東西是可能的，它仍太不充分與含糊，以致無法允許或解釋我們第一人稱知識的特性（Caston 2006:4; Thomasson 2006: 6）。我覺得這是一個有點令人困惑的反駁。我不認為前反思的自我意識就其自身和對自身而言（in and of itself）相當於具有權威性的第一人稱認識（或批判性的自我思慮）──這也是為什麼例如沙特非常明顯地區分了**自我意識**（*conscience de soi*）與**自我認識**（*connaissance de soi*），而且我也沒有試著抹去兩者的差異。為了獲得對我們經驗的適當知識，的確是需要比前反思的自我意識更多的某些東西的確是需要的。反思並非僅僅再造了未經改變的體驗；毋寧是，被反思到的經驗在過程中被轉換了──以不同的程度和在各種不同的方式下，這取決於進行反思的類型。正是這個轉換使得反思在認知上成為有價值的。但從前反思的自我意識並非第一人稱認識之充分條件的這個事實，我們顯然不能下結論說：它因而也非獲取如此認識的必要條件。前者提供一個經驗基礎給任何後續的自我歸屬、反思的挪用，以及顯題的自我認同，而在此意義上是有助於知識獲取的（epistemically enabling）。換個方式說，只要否定或忽略我們體驗生活的第一人稱特性，對第一人稱認識的任何說明就是行不通的。我們需要說明我如何能把一個經驗挪用為**我的**經驗。若經驗起初被體驗時，已經是全然匿名的與非個人的，若它全然缺少第一人稱被給與性，這樣的挪用就會相當難以說明。這也就是為什麼回應基於冰箱謬誤之反駁的方式十分顯而易見：提出該反駁者完全無法說明我們的反思性凝視或監視視角如何能夠造成前述的效

果——即提供對經驗的光照。

　　讓我藉由概述我所認為的一些主要選項，來試著總結前面的分析。（1）我們可以否定現象意識涉及自我意識，而贊同透明性論點的一種極端版本。我們繼而可以論證，現象性完全且僅僅是呈現著世界；也就是，當有意識地細看樂透優惠券或有意識地欣賞一幅肖像時，我們事實上是對自我和心靈盲目的。若我們否定（1）而接受現象意識的確涉及自我意識的宣稱，則我們有一些不同的選擇（見圖一）。我們可以（2）採取一種高階表象論，並論證現象性與我們經驗狀態的「像是什麼」是由一個伴隨著的高階表象所構成的。我們也可以否定這點而（3）宣稱，作為現象意識的構成性特色的自我意識必須被理解為初階經驗的內在特色。若我們接受（3），則我們可以（3a）贊同傳遞性（transitivity）原則和論證，經驗事件作為次要的邊緣對象被給與它自身，或是（3b）宣稱經驗片段以一種非對象化的方式而前反思地展現自身。

　　然而，在繼續前進之前，有個版本的匿名性反駁仍需要加以考慮和處理。按照這個反駁，自我和意識通常伴隨發生，但兩者的關係不是根本的與必然的，因為病理學提供我們一些重要的例外，也就是，在一些案例中，由於經驗完全缺少屬我性與對我性而是匿名的。

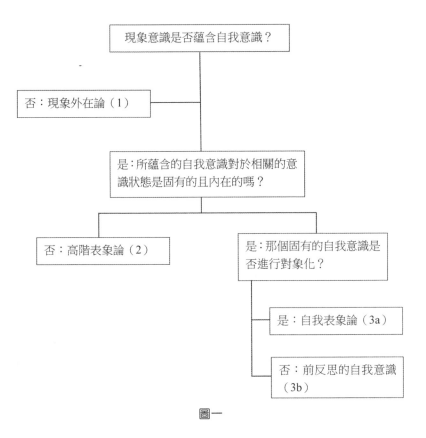

圖一

舉例來說，想想思覺失調症的思想介入（thought-insertion）的案例，據說會讓我們面對一些處境，在其中，病人內省地經驗陌異的（alienated）有意識思想，他們對之沒有能身為行動者（agency）或擁有者的感覺。至少，麥琴格是如此詮釋這個病理學現象的。他用這樣的案例明示，屬我性的現象性質不是經驗的一個必要成分（Metzinger 2003: 334, 382, 445-6）。一個介於內省的途徑與感受到擁有自我之間類似的分離最近被報導出現在一個罹患基礎代謝

率減退（hypometabolism）的病人那裡，雖然他能正常看到每個事物，卻無法立即辨認出他自己是知覺主體。為了覺察到知覺者是他自己，他必須進行一個後續的推論步驟。藍亭（Timothy Lane）主張，在此推論步驟之前，該病人的經驗缺少任何屬我性的性質，因此在現象學上來說，它是不屬於任何人的。更一般來說，藍亭論證：

> 有機體的心靈狀態可以是意識狀態，即使它們不被當成是屬於自我的。現象意識不蘊含自我覺察；它並未被貼上一種**與格我**的（*meish*）性質；且對我性在其構成中並不扮演一個決定性的角色。不管表面上看來如何，對一個心靈狀態存在的覺察，最多就是有條件地關係到該狀態之歸屬到一個被給與的主體。之所以事情看起來不是這樣，只不過因為在所有日常處境中，自我和意識是緊密交織的。（Lane 2012: 281）

這個結論合理嗎？我認為並非如此。部分問題在於，藍亭像許多之前提到的批評者一樣，對比於他所批評之某些作者所青睞的立場，他以一種更堅實的意義去解釋自我覺察與對我性的概念。

　　讓我們暫且回到思覺失調症的思想介入。坎貝爾（John Campbell）曾在談論該主題的一篇有影響力的論文中，做了如下的觀察：

> 介入主體心靈的思想確實在某種意義上是他的，恰好因為它已經成功介入他的心靈；它與他有某些特殊關係。例如，他對於它有某些特別直接的知識。另一方面，病人堅

持有一種該思想不是他的、而是屬於其他人的感覺存在，
且不只因為該思想源於其他人，然後被傳達給主體……
（Campbell 1999: 610）

儘管有其他各種意見不一，坎貝爾的論文激起的後續討論思想介入的許多文章，大多都接受兩種擁有者地位（ownership）的區分：一是連結到這個事實，即我體驗的那些經驗以不同方式被給與我和被給與其他任何人，另一則牽涉到這個問題，即該思想的思想者是否承認他自己為該思想的行為者或作者。當說到後面形式的擁有者地位（或作者地位）（authorship）而可否認是自己的思想時，大多數人會提出論證，第一種擁有者地位在思想介入的案例中並沒有喪失。該論證是什麼？當一個經驗到思想介入或控制妄想的主體報導著，某些思想不是他的思想，某個他人正產生這些思想時，他也在表示這些思想是在場的，不是在某個他人腦中「那裡」，而是在**他自己的**意識流──在他宣稱為他所有的一個意識流之內。即使被介入的思想或陌異的活動被覺察為是侵入的和陌生的，它們也不能完全沒有自我擁有性，因為受折磨的那個主體覺察到，是他自己而非某個他人正在經驗這些陌異的思想和活動（Zahavi 1999）。如蓋勒格（Gallagher）所評論，「基於那個理由，思覺失調症患者應該對以下他可能正視為無意義的問題提供正面的回答：你確定**你**是正在經驗著這些思想的那個人嗎？畢竟，這正是他的症狀。**他**正在經驗著似乎由他人產生的思想。」（Gallagher 2000: 231）簡言之，某種擁有感仍得到保存，而這是他症狀的基礎。不過，宣稱一個病人遭受思想介入的經驗不盡然缺少第一人稱特性，且這樣的現象不涉及完全抹去屬我性或對我性，這個宣稱並不否定臨床醫生應該承認

思覺失調症事實上涉及一個脆弱的、不穩定的第一人稱視角。但宣稱思想介入是沒有對我性的心靈狀態的例子，以及說保持下來的對我性是脆弱的，兩者間有一個重要的差別（參見 Parnas and Sass 2011: 532）。在什麼意義上是脆弱的？在病人不再簡單地把對我性視為理所當然的意義上；它失去了它的某些正常明顯性、熟悉性，以及毋庸置疑性，且並非毫不費力地引起或容許反思性的自我歸屬（Sass and Parnas 2003: 430）。換句話說，我們確實在處理一種自我陌異化（self-alienation）或被陌異化的自我意識，但如這些說法所釐清的那樣，自我與自我意識的某些維度仍然完好如初。

現在，藍亭承認，即使在病理學的案例中第一人稱視角得到保留，這也是在一個十分不重要的意義上；但他認為這與屬我性的議題無關。藍亭提到布蘭克（Blanke）和麥琴格提出的一個定義，按照這定義，一個弱的第一人稱視角只相當於我們對實在之視覺空間呈現（visuo-spatial presentation）的「一個純粹幾何學的特色」。當我們知覺對象時，我們把對象看成在右邊或左邊，在遠處或附近。按照這個說法，弱的第一人稱視角只是往外投射的原點，而「進行觀看活動」（seeing）的有機體之具身化視角以該點作為幾何起源（Blanke and Metzinger 2009）。我同意這個第一人稱視角之弱的概念與主體性、屬我性和對我性無關。事實上，我認為我們應該完全避免用「第一人稱視角」當作這個特色的標籤，因為這個特色可能也刻劃著攝影機所接收的輸入訊號。但是，當然對經歷這種視角性表象的攝影機（或稍微升級的例子是機器人）並沒有像是什麼東西。即使在病理學案例中仍保有的經驗視角性也是某種截然不同的東西。病理學的那些經驗是有意識的，且它們都可能涉及一個隱然的前反思的、非及物的自我意識。這就是為什麼這些經驗依舊以主

觀呈現及像是什麼為特色，且就此而言，完全不同於複多數主體原則上能以相同方式接觸到的公共對象。簡言之，不管病人覺得與經驗有多麼陌異或遙遠，經驗也不在公共領域中完全顯現自身；它們持續以原則上不能達致他人的方式現象地呈現給病人。這就是他們的第一人稱特性所意味的東西，且這就是為什麼連我們考慮的病理學經驗都保有其屬我性和對我性的理由。

　　藍亭建議我們應該區分**作主的**（*hosting*）與**擁有的**（*owning*）（Lane 2012: 260）。諸經驗可以被一個主體來作主，且該主體可以是唯一直接意識到它們的人，而無需經驗被體驗為該主體自己的。或者用另一種方式說，一個經驗在被我而非某個他人所體驗的意義上可以是**對我的**，但該經驗可以──甚至前反思地──不被給與為**屬我的**。然而，這個區分的問題是，只有當一個人使用比我的用法更為堅實的屬我性概念來操作時，才具有意義。而若經驗的屬我性僅是指第一人稱的被給與性和主觀呈現層次的擁有，這個區分就會失效。

　　儘管如此，這不是說從我已考量的各種反對意見學不到什麼東西。一個可學到的教訓是，當說到經驗的屬我性和對我性時，我們需要十分的小心。我們已經了解，區分一個僅是形上學的宣稱與那種同時也是一個現象學的宣稱是必要的。按照一個緊縮（deflationary）的詮釋，經驗的對我性僅僅就是經驗**發生**在某人（一個「與格我」）身上的這個事實。按照這個觀點，對我性是心靈生活的一個非經驗的面相。反之，一個非緊縮的詮釋則把對我性解釋為心靈生活的一個經驗性的特色，它對主體的整體現象學有顯著影響。按照這個觀點，說經驗是**對我的**，就確實比說經驗**在我之中**有更多的東西。它是陳述一個現象學的事實，不僅是一個形上

學的事實。然而，此外我認為我們需要區分兩種不同的現象學宣稱：一個極小化的和一個更強碩的。按照極小化的解讀，經驗的對我性和屬我性只涉及經驗的主體性，涉及這個事實：經驗是前反思地自我意識的，從而以一種獨特主體的方式、一種不能達致其他任何人的方式呈現。我認為，我討論過的所有例子都保有這種特色。按照一種稍微更強碩的解讀，經驗的對我性和屬我性可以指涉到一種認可和自我熟悉性的感覺，涉及詹姆斯（William James）所宣稱的，刻劃我們自己現前思想的「溫暖與親近」的性質（James 1890: 239）。如果這是對我性和屬我性所意指的東西，我認為它可以被擾亂，而或許甚至可以是全然缺席的。

第四章
主體性或自我性

　　要是已接受了無心無我（mindlessness）之想法，那會如何呢？要是已接受我們有時或甚至絕大多數時候都缺乏任何類型的自我意識，那會如何呢？那必然會使得存在有極小的體驗自我存在這個宣稱變得無效嗎？並非必然如此。畢竟，上述宣稱所說的是，體驗自我可以被等同於體驗生活的主體性與第一人稱特性。我們的心靈生活（偶爾或甚至絕大多數時候）缺乏這個第一人稱特性之論述，就其本身而言，並不是在質疑這個等同，而只是侷限了這個等同的可應用範圍與出現之頻繁度。如果想要拒斥體驗自我的概念，那麼就必須使用不同路線的論證。人們可能會承認說，有像是經驗所具有之基本的主體性這樣的東西存在，但是仍堅持說，我們需要保存住主體性與自我性之間的區別；後者無法被化約為前者。這個主張有許多支持者，但是，雖然這些支持者共享這個反面主張，當一講到正面看法時，他們大略區分為兩個非常不同的陣營。我們發現到，在其中一個陣營裡，有人最終論證自我是虛幻的；而在另一個陣營裡，有人為自我之實在性辯護，但是宣稱說：自我性的真實核心必定是位於它處，換言之，是位於規範性空間中。讓我依序來討論這每個看法，而且讓我先從無我（no-self）之挑戰來開始進行。

4.1 虛幻的自我

　　阿爾巴赫瑞在她的書《分析的佛教：自我之兩階層錯覺》中論證自我是錯覺。她是在否定哪個自我性概念呢？她起初提供了下列定義：自我應該被理解為統合的、追求幸福的、無間斷地持續著、存有論上分明可區別的意識主體，這主體是經驗的擁有者、思想的思維者與行動的致動者。阿爾巴赫瑞的提議的一個有趣面向是：雖然無我論的許多擁護者已經否定意識的特點是統合為一、無間斷（unbrokenness）與不可變異（invariability），而且已經將否定這些特點當作是否定自我之實在性，但是阿爾巴赫瑞仍將這三個特點視為是意識所具有的真實特點，儘管她將自我視為是虛幻的（Albahari 2006: 3）。

　　為了更明白為何她如此認為，讓我們更仔細地來考察她所引入的一組區分；她區分了三種擁有：**財物的擁有**（*possessive ownership*）、**主觀呈現層次的擁有**（*perspectival ownership*）與**人格層次的擁有**（*personal ownership*）。我們可以忽略財物的擁有，在此脈絡下我們不關心這種擁有，因為它只是指稱下列事實：某些事物（一輛車、一件褲子）可由於社會約定而被認定為屬於我。但是人格層次的擁有與主觀呈現層次的擁有之間的差別為何呢？人格層次的擁有是關於指認出自己是某個經驗、思想、行動的人格層次擁有者；那是關於佔有某些經驗、思想、行動等為自己所有，也就是關於將之思想為**屬於我**、或將之領會為是**我**的一部分（而且這可以發生在前反思層次，也可以發生在反思層次）。相對而言，主體在主觀呈現之意義下擁有某東西，就只是該經驗、思想或行動以某個特定方式呈現其自身給擁有它的主體。所以我可以被說成是主觀

呈現地擁有我的思想或知覺，其理由是我的思想或知覺以一種不同於它們呈現給任何其他人的方式來呈現給我（Albahari 2006: 53-4）。

阿爾巴赫瑞論證，感到人格層次的擁有與感到自我之間有緊密連結。當主體認同某些項目就是他自己或他自己的一部分時，主體就會針對這些項目感到人格層次的擁有。但是就正是這個認同過程產生出了對於自我與他人的區分感；對於屬我者與不屬我者之間的界線的感受，就是由這種區分感所構成的。自我從而被形塑為一個統合的、存有論上分明可區別的存有物——截然有別於其它諸事物（Albahari 2006: 73, 90）。主體原本只是被了解為一個觀點，如今以此方式被轉變成實體的人格化存有物（Albahari 2006: 94）。根據阿爾巴赫瑞，結果是：成為自我不只是採取一個觀點而已，也不只是擁有主觀呈現層次的擁有。

說出主觀呈現層次的擁有與人格層次的擁有之間的差別的一種方式是指出這兩者有可能彼此解離。病理學似乎提供了一些這樣的案例。在人格解體（depersonalization）的諸案例中，我們能夠遭遇到：在主觀呈現層次上擁有的思想與情感等等，持續以獨一無二的方式呈現其自身給主體，卻並未被感受為是主體所擁有的（Albahari 2006: 55）。如此一來，根據阿爾巴赫瑞的解讀，這個認同的過程在人格解離的諸案例中是失敗的，而且結果是：對於這些經驗而言，並沒有人格層次的擁有感被產生出來（Albahari 2006: 61）。

讓我們現在來考慮阿爾巴赫瑞所提出之對於自我的懷疑論。自我缺乏實在性的意義是什麼呢？自我是虛幻的是什麼意思呢？根據阿爾巴赫瑞的說明，錯覺牽涉到顯象與實在之間的衝突：如果 x 並未擁有獨立於顯象的實在性，但是仍聲稱擁有這樣的實在性，

則 x 是虛幻的；也就是說，如果 x 經由其顯象聲稱乃是以一種特殊的方式存在著，然而並不是真的如此的話，則我們所面對的是錯覺（Albahari 2006: 122）。然而，有個明顯的問題是：當這個定義應用到自我之上時，是否真的有道理？自我真的據稱存在於它自己的顯象之外嗎？這個顧慮使得阿爾巴赫瑞去稍微重新定義了錯覺的概念。如果自我據稱是她所說的非被建構的（unconstructed），也就是獨立於以它作為主體的諸經驗，以及獨立於它所針對的諸對象之外，而且如果事實乃是它實際上依賴於（即使只是部分地）可被主觀呈現地擁有的諸對象（包括各種經驗事件）的話，那麼自我就必須被當作是虛幻的（Albahari 2006: 130）。

　　阿爾巴赫瑞也強調有需要區分自我與自我感。擁有對於 x 的感知並不蘊含 x 存在。實際上，雖然阿爾巴赫瑞認為自我感存在，而且是實在的，但是她認定自我本身是虛幻的（Albahari 2006: 17）。出乎意料的是：我們的自我感並未在底層由一個實際上存在著的、存有論上獨立的自我實體（self-entity）所支撐。相反地，真正存在的就只有雜多的思想、情感、知覺等等，以及一個進行著領會的純粹場所（pure locus of apprehension）；阿爾巴赫瑞稱後者為**見證意識**（*witness-consciousness*）。正是這個體驗流再加上這個進行著領會的場所一起產生出自我感。但是如果真是如此，那麼自我就缺乏作為自我性所必須具備的根本性質，也就是缺乏存有論上的獨立性（Albahari 2006: 72）。簡言之，自我之所以是虛幻的，乃是由於下列事實所致：自我並未擁有它據稱所擁有的存有論地位。諸思想表面上看來是被一個獨立存在的統合自我所擁有與啟動的，然而並不是這個自我先於這些經驗而存在，也不是這個自我在思考著這些思想，實際情況乃是反過來的。並不是自我在統合我們的諸

思想與諸經驗；它們是在相伴隨的見證意識的幫助之下自行統合的（Albahari 2006: 130-2）。再重複說一次：雖然對主體而言，似乎有一個先行存在的自我在認同著眾多意向狀態，但是真實的情況是：自我是經由這些不斷重複進行的認同活動而被創生與建構的（Albahari 2006: 58）。

　　我先前曾提過，阿爾巴赫瑞的提議的一個有趣面向是：在傳統指定給自我的那些特點中，她認為有些特點確實是實在的；只不過在她看來，這些特點若是被當成是自我所擁有的特點，就會變成是被扭曲與虛幻的（Albahari 2006: 74）。例如，阿爾巴赫瑞將我們的意識生活當成具有下列特徵：本有但難以捉摸的主觀呈現感（sense of subjective presence）；所有的覺察模式（像是看、聽、思考、感受、內省等等）都共享這個特徵（Albahari 2006: 112, 144, 156）。這個主觀呈現是什麼呢？它包含身為諸多經驗之在主觀呈現層次上的擁有者的那種經驗。它也包含有歷時性與共時性的統合。雖然我們經驗到諸多對象，而且雖然我們經驗到的這些對象可能隨著時間而改變，但是似乎仍然有一個不間斷的意識在觀察著這改變，不過這意識本身並未改變（Albahari 2006: 155）。從第一人稱的視角來看，確實有道理去說我擁有諸多經驗；我們自動地感受到這些經驗屬於單一與相同意識。對阿爾巴赫瑞而言，所有這些特點都可恰當地歸屬給見證意識，而且她堅持我們必須將見證意識與自我區別開來。根據她的定義，雖然後者包含被感受到的自我與非自我之間的界線，然而前者並非如此。

　　讓我來做個摘要。對阿爾巴赫瑞而言，人可以是有意識的，但卻並未對自己呈現為帶有將**我**與世界的其餘部分區分開來的人格化界線之存有論上獨一無二的主體。人可以是有意識的，卻並未將自

已覺察為人格層次的擁有者、思想的思維者、行動的致動者。她所想到的例子仍然是病理學的例子。阿爾巴赫瑞要求我們去考慮癲癇自動症（epileptic automatism）的實際案例和全面人格解體（global depersonalization）的假想情況。在這兩種情況中，個人或病人是清醒的，對環境有反應，所以他們是有覺察的。但是他們不會感知到被界線所圍出的個體自我；他們會完全沒有人格層次的擁有；不會感知到我（me）或屬我的（mine）（Albahari 2006: 171, 177）。阿爾巴赫瑞提議，這樣的心靈狀態也許不僅可見於病理學案例中，也可見於新生兒和比較原始的生物體。而且，如同她在她的書的結論中所指出的（她的佛教傾向在這裡變得很明顯），如果我們得到開悟，那麼我們會是從有意識加上自我錯覺（consciousness-plus-self-illusion）進展到有意識但**沒有**自我錯覺（consciousness-*sans*-self-illusion），而且後者那種境界雖然嚴格來說並不等同於全面人格解離（畢竟那種境界連結到非常高階的認知能力），但卻可與之相比擬（Albahari 2006: 161, 207）。

　　有我論的擁護者與無我論的擁護者之間的爭論變得更為複雜，因為他們對於到底自我是什麼並沒有太多共識，而且對於無我論蘊含什麼也沒有太多共識。阿爾巴赫瑞在《分析的佛教》中的說明就是個可用來指出這一點的好例子。如我們所見，阿爾巴赫瑞否認自我的實在性，並且論證自我是虛幻的。就此意義而言，她應該明顯算是無我論的擁護者。然而，在此同時，她將許多特點歸諸她所說的見證意識，這些特點包括不可變異性、非被建構性和存有論上的獨立性；傳統自我概念的許多擁護者會將這些特點當作是用以定義自我性的根本特點。事實上，雖然我偏好把「經驗的主體」這個傳統概念用「經驗之主體性」概念來取代（鑑於第一個語詞可能暗

示說自我乃是有別於經驗、或超出於經驗的存在物，以及暗示自我因此可以分離於經驗而被遭遇到、或者甚至有時候經驗可以欠缺自我，第二個語詞則比較不可能被如此誤解），但是阿爾巴赫瑞想要保留住第一個概念，因為她認為主體乃是在存有論上分明有別於諸經驗的。有些人可能會因此宣稱說：雖然阿爾巴赫瑞的正式立場是擁護無我論，但是她實質上支持的自我性觀念比許多當代為自我辯護的辯護者（包括我在內）所支持的自我性觀念都要更為堅實。[1]但是當然也可能有人選擇從相反方向來論述。我所辯護的是自我的實在性，但是根據阿爾巴赫瑞，我所操作的自我性概念是如此地緊縮的，而且終究在本質上是如此修正式的（revisionary），以致於她曾宣稱說：我所抱持的立場最後非常相近於我所批評之無我論者的立場（Albahari 2006: 80）。當我過去第一次遇到這個批評時，我感到有點困惑，但是我後來了解到，阿爾巴赫瑞在一個明顯的意義下是對的。這一切都歸結到無我論到底所言為何之問題上。況且，

1　讓我們來考慮這一點：雖然阿爾巴赫瑞否認自我的非被建構性（unconstructedness），但是她卻將這個特點歸諸見證意識。她曾經一度如此寫道：「覺察（awareness）必須被顯示為以它所聲稱的存在方式存在著。覺察聲稱作為一個被統合、不間斷、但難以直接觀察到的見證著的在場而存在。由於覺察作為現象學據稱並非借自意識對象的某種東西，如果它存在的話，就必須**完全不是被**任何可在主觀呈現的層次上擁有之對象（諸如思想、情感或知覺）的內容**所建構的**。如果**看似存在著的**覺察……結果變成是仰賴於這種對象內容而存在，而不是仰賴於（未被建構的）**覺察本身**而存在的話，那麼那將會使得覺察成為被建構的與虛幻的，並且因此缺少獨立的實在性。」（Albahari 2006: 162）這似乎是允諾將覺察看成是存有論上獨立的場域。然而，我不是很了解為何起初會有人想要支持與擁護這種意識觀。讀者可閱讀法勳（Fasching 2011）對於阿爾巴赫瑞的見證意識概念所做的進一步現象學反思。

如同蓋納瑞（Jonardon Ganeri）已經指出過的，針對下列這個問題並沒有簡單的答案：無我論的目的（就無我論可以被說成單一論點而言）究竟是去指認與拒絕某個對於自我的錯誤理解——這個錯誤理解使得人的苦難無法結束而持續下去，還是說其要點是在於拒絕與驅除所有的自我概念（Ganeri 2007: 185-6）？ [2]

　　例如，雖然傑弗斯（Georges Dreyfus）不同意阿爾巴赫瑞的許多正面主張，但是他曾經明白地論證說：雖然無我論的確蘊含否定有自我這樣的存在物，但是它不可被解讀為否定了主體性的存在。在他看來，沒有一直持續著的經驗主體，沒有內在的控制者或腦內小人（homunculus）。相反地，我們所發現到的是不斷在變動中的意識流。然而，這個意識流應該被設想為一個進行著自我覺察的過程。傑弗斯因此論證說：意識所具有的一個特點是遍在各處的反身性（reflexivity），是基本的呈現給自我；這特點被包含在我們的體驗生活之中，而不可被設想為是由外加或分離的認知作行所生成的。但是，雖然傑弗斯暗示他準備要接受主體性具有實在性，但是他堅持說：一旦我們將這個主體性詮釋為被界線所包圍的統合自我，那麼就會產生扭曲（Dreyfus 2011: 123）。簡言之，川流不息的經驗之流的呈現乃是不可否認的，在這經驗之流中的每個經驗都是反身地自我覺察的，但是這並不蘊含存在著一個一直持續著的自我實體；相反地，在傑弗斯看來，後者是源於虛幻的實物化（Dreyfus 2011: 131）。

　　傑弗斯與阿爾巴赫瑞在闡明何謂自我上非常有自信，而且針

2　不消說，下列兩個宣稱有顯著的差別：宣稱經驗基本上是無我的，以及宣稱消解或消除自我乃是我們能夠（而且應該）試圖獲致的終極狀態。

對自我提出了一個明確的定義，然後又接著去否定這種意義下的自我的存在。然而，他們所提出的定義是過度簡化的。雖然懷疑論者們經常準備要承認：無我之選項有各種不同的風味與強度可供選擇（Metzinger 2011: 293），但是懷疑論者們往往沒有了解到：同樣的情況也發生在非無我這個選項上。現在，的確有些人所辯護的自我概念相近於阿爾巴赫瑞與傑弗斯所操作的自我概念，但是我會質疑他們的下列宣稱：這個自我概念是**預設的觀念**（*the default notion*），也就是說，它若不是特別經典的自我概念，就是特別常識性的、包含在我們的常民心理學（folk psychology）中的概念。讓我們再度來考慮下列宣稱：自我如果存在的話，乃是某種存有論上獨立的、不可變異的同一原則，這樣的自我乃是分離於、而且超出於由不斷變動的諸經驗所組成的經驗之流；這樣的自我從生到死都維持不變，完全不受語言之習得、社會關係、重大生命事件、個人的允諾、計畫與價值所影響；這樣的自我不會發展或繁盛，也不會遭受干擾與瓦解。坦白說，我看不出來這樣的自我概念如何會符合於我們對於我們自己的前哲學的日常理解。至於這個定義捕捉到了**唯一那個**（而不只是**某一個**）傳統哲學對於自我的理解之宣稱也是很可質疑的。考慮一下亞里斯多德、蒙田（Montaigne）或海德格的理論；舉這三個哲學家為例並非完全是任意的選擇（請閱讀 Seigel 2005 與 Sorabji 2006 以獲知更多相關的歷史綜述）。海德格明白地論證說，如果我們希望研究何謂自我的話，我們應該去檢視我們的意向經驗。根據他的說明，我們的體驗生活是連結到世界的，而且當我們在應對世界的時候，是有自我呈現的；也就是說，自我經驗乃是沉浸在世界之中的自我對於自我的經驗（Heidegger 1993: 258; 1994: 95）。由此可見，他不僅堅持說，自我經驗不應該

被理解為相對於或對立於對於世界的經驗（擁有自我經驗，經驗到自我，並不牽涉到：中斷所體驗到之與世界的互動，以便將其注視轉為朝內），而且也很難把他看成贊同下列宣稱：非被建構性與被界線所包圍乃是自我之本質特點；這些特點是任何可行之自我概念都必須包含在內的。我們有可能為自我的實在性辯護，但是又不同意：自我是在存有論上獨立於諸經驗與周遭世界的。無論如何，當比較阿爾巴赫瑞與傑弗斯所提出之對於自我性的定義和當代對於自我的各種討論所給出的諸多定義時，應該可以很明確地看見：後者這些討論是更為複雜和有更多面向的，而且有更多自我概念被操作著，包括生態學的、體驗的、溝通對話的、敘事的、關係性的、具身的與社會建構的自我。這個複雜性被阿爾巴赫瑞與傑弗斯所忽視，他們因而未能了解到：許多當代的自我概念相當不同於他們所批評的那個自我概念。若要提出一個能夠例示這一點的學科，可考慮發展心理學和諸如以下這些發展心理學家的研究成果：Stern（1985）、Neisser（1988）、Rochat（2001）、Hobson（2002）　或Reddy（2008）。因此，我認為，與其宣稱自我並不存在，懷疑論者們應該退而求其次地安於更為審慎的宣稱。他們應該限定他們的陳述，而只去否定有某一特定類型的自我存在。

　　然而，阿爾巴赫瑞與傑弗斯仍然可以堅持說：這個爭議並不是個形上學的實質議題，而其實是個語意學與用詞上的議題。何時才能夠恰當地將某種東西稱為自我呢？他們可能會繼續堅持說：體驗的自我性之極小化的概念是無法被接受地緊縮的，以及過於極小而不能算是真正的自我（請參看 Ganeri 2012: 154），而且會因而否定經驗的主體性等於或算是一種形式的自我性。我在第二章已經考慮過這種反對意見，而且已經提出理由來說明為何我偏好採取這樣的

術語。然而，除此之外，他們可能會堅持說：我們需要區分開自我意識與對於一個自我的意識。意識可能是自我揭露與自我顯現的，但這只是蘊含意識覺察到**它自己**，而不是蘊含意識覺察到**一個進行著經驗的自我**。並不讓人訝異的是，這一點已經有人提出過。這個區分相當符合顧爾維奇所做的下列經典區分：有己論的（自我）意識理論與無己論的（自我）意識理論之區分（Gurwitsch 1941）。**有己論的**（*egological*）理論會宣稱說：當我觀看一部法國導演梅爾維爾（Melville）的電影時，我不只是意向地指向**這部電影**，不只是覺察到這部電影正在**被觀看**，我也覺察到它是**被我**所觀看，但是**無己論的**（*non-egological*）理論會刪去對於經驗主體的指涉，而僅說存在有一個對於正觀看著電影的覺察。或者，就如同利希登堡（Lichtenberg）在他對於笛卡兒的經典反對意見中所說的：我們只知道我們的感覺、觀念與思想的存在。諸經驗就只是發生出來，就只有這樣而已。說有**我思**和肯定有個我存在著，就已經是說得太多了（Lichtenberg 2000: 190）。

　　然而問題是，推動這條思想路線的動力是來自一個對於何謂自我性的太過狹窄的定義。顧爾維奇所做的區分可見於他的文章〈無己論的意識概念〉（A Non-Egological Conception of Consciousness），而這篇文章是對於沙特的《自我的超越性》（*La Transcendance de l'Égo*）之比較清晰易懂的解讀（而且剛好是第一篇以英文出版之闡釋沙特的文章）。但是甚至沙特自己後來都看出這個區分是過於粗糙的。沙特在 1936 年出版的這部著作中將無己論的意識說成是非人格化的（impersonal），但是他在後來的《存有與虛無》和 1948 年的重要文章〈自我意識與自我認識〉（Conscience de soi et connaissance de soi）中說這個想法是錯誤的。在這兩部著作中，

沙特的關鍵做法是區分自我（self）與本我（ego）（Sartre 2003: 263）。雖然在前反思層次上並不存在本我，但是意識仍然保持有自我性的基本維度，這正是因為這個基本維度遍在於意識之中。這正是為何沙特能寫道：「前反思的意識就是自我意識。就是這同一個**自我**概念必須得到研究，因為正是它界定了意識的存有。」（Sartre 2003: 100）如此一來，沙特的想法並不是在預先設定之自我概念的基礎上來界定自我意識，而是讓我們的自我概念從對於自我意識的正確了解中產生出來。前反思的自我意識的確不應該被了解為意識到某個分離與分明有別的**自我**。但是前反思的自我意識乃是不可消除地第一人稱的，也就是說，它具有對我性之特點。而這就足以作為體驗自我之概念的依據。

　　另一個得出相同論點的做法是去論證，下述這種描寫前反思的自我意識的方式是不精確的：一個有意識的意向經驗事件乃是意識到某個對象，而且這個經驗事件在此同時也是前反思地被給與或顯現的。這個描寫之所以不適當的一個理由是：它無法解釋我們為何有能力以我們的經驗為基礎來進行行動。如果當我看見我面前的一把叉子時，我所全部意識到的就只有那把叉子和某個（未被擁有之）對於叉子的知覺，那麼我將不會覺察到我就是那個正在知覺著此叉子的人，而結果是我未能了解到我是能夠去抓取那把叉子的。在君森（Greg Janzen）辯護意識具有反身性時，他部分以此理由來論證說：我們應該放棄「主體 S 在 t 時刻有意識地知覺著 x，惟若 S 在 t 時刻隱含地覺察到正在知覺著 x」，改為採納「主體 S 在 t 時刻有意識地知覺著 x，惟若 S 在 t 時刻隱含地察覺到**她自己正在知覺著 x**」（Janzen 2008: 120-1）。我認為君森是對的。但是問題是，我們應該從這裡得出什麼結論來。君森自己偏好虛構論

（fictionalism）。他寫道：

> 有意識的生物擁有諸多物理與心理的性質，而其中一項心
> 理性質即是自我感。但是我們並未擁有自我，擁有自我在
> 此意指擁有某種**內在的心理對象**。我認為，這種所謂的存
> 有物乃是個哲學上的虛構。（Janzen 2008: 131）

虛構論不會是我們應該在此得出的正確結論。更好的描述是：就其
乃是第一人稱的經驗事件而言，意識經驗不會是無自我的；但是這
並不使得我們必須接受自我是某種內在對象。[3]

我要在此承認，體驗自我之概念的確是個極小的概念，而且它
無法容納或捕捉到「自我」一詞的所有通常意義。首先讓我們來考
慮我們已經觸及的自我的其中一個意義：在某些說法中，自我具有
或擁有經驗；我們將經驗歸屬給自我，自我因而必須在存有論上分
明有別於諸經驗本身。這個關於自我的想法迥異於我所提出之體驗
自我概念，但是，就如同我已指出的，有可能對於何謂擁有提出下
列這另一個體驗性的或現象學式的詮釋：經驗之屬我性或對我性，
並不是關乎經驗與某個分明有別的擁有者之間的非體驗性的關連，
而是關乎經驗之第一人稱的被給與性模式。

接著讓我們來考慮第一人稱的信念，像是「我的手臂骨折」或

3　這裡的關鍵點在於：當把某個東西說成是一個對象時，我們到底所指為何？
現象學家的典型定義是，將對象界定為以一種特定方式出現的東西。更確切
而言，x 是個對象，也就是 x 顯現為一個對立於對 x 的主觀經驗的東西（相
當於德文字 Gegenstand）。相對地，強力捍衛自我是對象的史卓森（Galen
Strawson）選擇了採取一個相當不同的定義。他寫道：「成為一個對象（如果
有對象存在的話）就是成為『堅固的統合體』（"strong unity"）。」（Strawson
2009: 298）

「我贏得比賽」。我們大概會近乎無法了解，這兩個案例中的「我」如何可能會是體驗的自我，也就是如何可能是經驗中的對我性或第一人稱特性。然而，這並不明顯算是對於我的主張的反對意見。為了進行比較，讓我們來考慮下列兩者之間的關連：構成現象意識的那種在邏輯上和存有起源上原始的自我覺察，以及個人在評估自己如何被他人所知覺時所進行的那種更為複雜的自我意識。前一種自我覺察可能是後一種自我覺察的必要條件，但的確並不是後者的充分條件。同樣地，雖然作為一個人類自我的確比作為一個體驗自我要包含更多，但我所宣稱的是：意識的第一人稱特性乃是諸如自覺思考和第一人稱的自我指涉之必要的先決條件（請參看 Zahavi 1999；Grünbaum 與 Zahavi 2013）。

　　然而最終而言──而且這會隨著我們的推進而變得越來越清晰，我並不認為我們應該只採用這個單薄的體驗自我概念。這個概念雖然很基本，但是具有一些明顯的侷限，而必須用許多比較厚實（thicker）的、恰當地對待自我的其它重要面向的自我概念來予以輔助。更確切而言，我們對於人類自我性的說明依然會是不適當的，只要我們沒有考慮到那個擬訂計畫、做出承諾與承擔責任的自我，以及那個被它的價值、理想、目標、堅定信念與決定所界定與形塑的自我。為了說明這一點，讓我們來考慮情感上的投入（emotional investment）這個議題：我們在情感上回應對我們視為重要者、我們所關心者、我們並非毫不在乎者的回應。在那個意義下，我們可以論證說：情感牽涉到評估出什麼對自己有重要性、意義、價值與相干性。想一下羞恥、罪惡感、自負、希望與後悔等情感在多麼大的程度上有助於形構出我們關涉自己作為一個在時間中延展開來的自我的感知。讓我們也考慮一下，在這個脈絡中，界限

（boundaries）與極限（limits）所扮演的角色。你的極限表達出了你所遵循的規範與規則，以及你可以接受什麼與無法接受什麼。界限與極限構成了你的人格整全性（integrity）。要求別人尊重你的界限，也就是要求他們把你認真地看待為一個人（person）。違反或侵犯這些界限，會被感受為發起攻擊，而且在某些情況下被感受為羞辱。當談到自我的這些面向時，我因而認為（而這是我將在本書第三部分進一步詳細闡釋的）界限、價值與情感是非常重要的，但是我不認為：對於界限的強調會密切關連到贊同存在有一個從生到死都持續維持同一的靈魂實體存在。而且我看不出來，為何反對後者會必然也要拒斥前者。就前者而言，我們所處理的是鑲嵌在文化、社會與語言中而不斷建構著的自我。但是這是宣稱這個自我是虛幻的一個理由嗎？我看不出來為何這可以作為理由，除非個人原先已接受的形上學信念有這樣的規定。

　　近年來，有相當多人強調，西方現象學與佛教有共通的想法。有人宣稱說，這兩個傳統都認真努力想要培育出對於意識之有系統的第一人稱研究進路（Verela and Shear 1999），而且有些人甚至已經開始談及佛教現象學了（Lusthaus 2002）。我並不否定這裡面可能有些真理，但是當我們在評估佛教對於自我之本性與地位的主張時，我們不應該忽略掉：那些主張也是被強大的形上學關懷與對於救贖的關懷所驅動與激發的，而這有時會導向與現象學相隔甚遠的宣稱與結論。針對這一點，這裡有一個例子：根據阿毗達摩論（Abhidharmic view），在一眨眼間，已出現有超過十億個分明有別的心識剎那（mind-moments）（Bodhi 1993: 156）。

　　丹奈特（Dennett, 1992）與麥琴格（2003）都否定自我的實在性，而他們之所以如此宣稱的部分理由，他們之所以認為自我乃是

虛構的部分理由是：根據他們的想法，對於實在之真正根本的說明是可以排除掉自我的。許多佛教形上學家會共享這個主張，因為他們贊同一種徹底的**關係還原論**（*mereological reductionism*）；根據後者，沒有任何複合（composite）存在物會是究極地實在的（MacKenzie 2008; Siderits 2011）。我認為上述主張太過嚴苛（austere），雖然我同情下列想法：我們不應該在不必要的情況下增加存在物的數量。根據他們抱持的相同理由，我們將必須宣稱說，我們所棲居、認知與關懷的這個世界（包含日常事物，諸如椅子、歌劇、結婚典禮與公民權）乃是虛幻的。這樣的看法會是相當不同於現象學所要做的復返（rehabilitate）我們的生活世界（life-world）之嘗試。

4.2 規範性與敘事性

現在讓我來檢視另一個版本的批評：這個版本的批評像我一樣都接受自我的實在論，而拒絕佛教批評者所抱持之極其嚴苛的形上學，但是強調自我性之基礎是規範的、而不是體驗性的。

柯斯嘉（Korsgaard）在她的《自我構成：能動性、同一性與整全性》（*Self-Constitution: Agency, Identity, and Integrity*）中論證說：人類作為理性存有者，擁有特殊形式的同一性；這種特殊的同一性是由規範所規約的，而且是我們自己必須為之負起責任的（Korsgaard 2009, p. xii）。很重要的是，她並未拒絕將自我意識歸屬給人以外的動物。如她所毫不遲疑地承認的，自我意識有程度之分，而且有多種形式。當一隻老虎站在牠所欲捕獵之獵物的下風處時，牠是在物理空間中相對於牠的獵物的位置來擺放牠自己的位

置，而這就構成了一種初級形式的自我意識。同樣地，在看見一隻更高階級的同類走近而做出馴服姿勢的這隻動物，乃是將自己定位在社會空間之中，這也是一種形式的自我意識。但是，對柯斯嘉來說，人有能力以一種非常特殊的方式具有自我意識，這種特殊形態的自我意識甚至可能被當作理智的獨特標誌。我們不僅能夠覺察到我們自己欲求或恐懼某些事物，而且能夠覺察到我們在這些欲求或恐懼的基礎上傾向於以某些方式來行動。也就是說，我們能夠意識到我們的行動的潛在根據、我們的行動所依據的原則（Korsgaard 2009: 115）。此外，我們能夠讓我們的信念與行動（以及情感反應）接受批判性的評估。柯斯嘉論證說：這種形式的自我意識所造成的結果是從本能（instincts）的控制中解放出來。本能仍然在我們之中運作著，亦即這些本能乃是我們的許多刺激的源頭。但是本能不再**決定**我們如何回應那些刺激，也就是不再**決定**我們在面對這些刺激時會做些什麼。本能**提議出**回應，但是我們既可以依據其提議來行動，也可以不那樣做。至此程度而言，自我意識在刺激與回應之間開啟出了一個空間；柯斯嘉將這個空間稱為「反思距離」（reflective distance）（Korsgaard 2009: 116）。柯斯嘉甚至談論說這個反思的自我意識包含有自我區分（self-division），因為它區分開知覺和知覺所自動具有的規範力量（Korsgaard 2009: 213）。的確，如果我們要使我們的信念與欲望接受批判性與規範性的評價，那麼僅僅對這些狀態擁有直接的第一人稱接觸途徑是不夠的。相反地，當我們進行反思時，我們是從我們正在進行的心靈活動中後退一步，而且就如莫倫（Richard Moran）所指出的，這個後退一步乃是象徵著拉開距離與分離開來，但是也象徵著觀察與面對。這個反思的拉開距離讓我們得以用批判的方式來連結到我們的心靈狀態，

而且去加以質疑（Moran 2001: 142-3）。柯斯嘉現在藉由下述宣稱把這個分析連結到自我同一性的議題上：正是當我根據規範性原則來行動時，正是當我允許這些原則來支配我的意願，當我認可、接受與肯定這些原則時，我使這些原則成為我所擁有的原則，而且從而決定我要成為什麼樣的人（Korsgaard 2009: 43）。這裡所說的自我同一性因此實際上乃是自我構成（self-constitution）的過程；這個自我同一性是被我們的選擇與行動所構成的（Korsgaard 2009: 19）。柯斯嘉進一步談到這個過程包含挑選出某些社會角色，並且忠實且投入地實現這些角色。這過程也包含有下列任務：將這些角色整合到單一身分之中、整合到一個融貫生命之中（Korsgaard 2009: 25）。

　　就像柯斯嘉一樣，法蘭克福（Harry Frankfurt）並未完全否定經驗的主體性。事實上，他毫不遲疑地接受說，意識蘊含一種基本形式的自我意識。此外，他雖然如此主張，卻並未贊同某個版本的意識的高階理論。他寫道：

> 這裡所說的自我意識是一種**內在的反身性**（*immanent reflexivity*），藉由這種反身性，在有所意識的每個案例中，所掌握到的不只是所覺察的東西，對於這個東西的覺察也被掌握到。自我意識就像是個光源，除了照亮落在其範圍內的任何其它事物，也使得它自己成為可見的。（Frankfurt 1988: 162）

然而，根據法蘭克福，這個事實不應該使得我們忽略掉一個重要的差別：只發生在我的心靈生活歷史中的經驗，跟以更深遠之意義為我所擁有的經驗之間的差別。換言之，即使可以證明說，一個經驗

——也就是一個有意識的思想、知覺、欲望、情感等等——無法在
沒有經驗者的情況下發生，因為每個經驗都必然是由某人經歷的經
驗，然而這個自明之理卻遮蔽住了許多至關重要的區分。例如，考
慮一下那些不管我們願意與否都經過我們的頭腦的思想，那些出乎
意料地出現在我們腦海中的思想；考慮一下那些從第一人稱視角看
來像是闖入我們心中的激情與欲望——就像當某人陳述說，當他被
怒氣所擺佈與控制時，他不再擁有他自己；或者以由於催眠或藥
物之作用而在我們之中激發出來的經驗為例，並且拿上述這些案例
跟我們所歡迎或接受之當下發生的經驗、思想與欲望來做比較。如
法蘭克福所論證的，雖然在前面這些案例中的經驗可能的確是發生
在我們之中的有意識事件，雖然它們是發生在個人心靈歷史中的事
件，但它們並不是那個人的經驗、思想或欲望（Frankfurt 1988: 59-
61）。它們變成那個人的經驗、思想或欲望，只就那個人贊同它們的
程度有多高來決定。個人因此並非直接等同於發生於其心靈中的種
種。不贊同或拒絕所感受到的激情或欲望，意指從它們之中撤離、
或將它們與自己拉開距離。接受激情或欲望、並將它們看成在自己
的經驗中擁有自然的位置，意指認同它們（Frankfurt 1988: 68）。法
蘭克福承認很難將這裡所說的認同（identification）用令人滿意的
方式來清晰刻劃出來，但是他最終提議，當某人毫無保留地做出某
個決斷時：

> 這個決斷藉由使得位在他的決斷之底層的欲望完全為他所
> 擁有，而決定了他真正所想要的。就此而言，這個人在做
> 出這樣一個他藉以認同某個欲望的決斷中**構成了他自己**。
> 該欲望不再外在於他。該欲望不只是剛好發生在該主體的

歷史中而為他所「擁有」而已，就如同某人可以「擁有」
一陣不由自主的、發生在他身體歷史上的痙攣抽搐那樣。
由於他是**出於他自己的意願**而擁有該欲望之事實，該欲望
變成被整併到他之中……即使他不必為這個欲望**發生出來**
之事實負起責任，在一個重要意義上他仍為擁有此欲望之
事實負起了責任──這事實是：該欲望是在最充分的意義
上為他所擁有的，而且該欲望構成了他真正所要的，當他
自己認同於該欲望時。（Frankfurt 1988: 170）

法蘭克福的基本論點因此是：這裡所說的認同等於是一種特殊形式
的擁有者地位，這種擁有者地位構成了自我。或者毋寧說（而且這
是很重要的一點）：他所強調的可說是**作者地位**，而不僅僅是**擁有
者地位**。這一點相當符合於阿爾巴赫瑞對於人格層次的擁有之關
注，而且也符合她的下列提議：自我感之構成密切地連結到情感
上的投入之議題（不過這裡當然並未暗示說，法蘭克福會同意阿爾
巴赫瑞的形上學結論，亦即她對於自我的懷疑論）（Albahari 2006:
171, 178-9）。他們兩人也共有這個想法：經驗的主體性並不足以算
是自我性。根據他們的想法，我們需要對僅僅有意識或有感覺和作
為一個自我進行區分。後者所必須滿足的條件是比較高的。

　　到底我們應該如何來了解下列想法：成為自我乃是一項成就，
而不是被給定的；是關乎採取作為，而不是關乎既定事實？當前有
項很有影響力的嘗試，想要強調自我性是規範性地被建構而成的，
這項嘗試被稱為**敘事自我理論**（*narrative account of self*）。讓我來
檢視這個理論的一些細節。藉由比較與對照敘事自我理論與我所提
議的極小化理論，我們將可更為了解後者的特殊之處。

　　為何我們會很自然地用敘事結構來設想自我呢？典型的答案是：根本而言，自我是行動者，而且我們的行動是藉由在某個敘事序列中佔有位置來得到可理解性（intelligibility）。如果我們要了解某人是出於理由而行動的，那麼我們就需要訴諸敘事，因為正是敘事允許我們藉由將當下情境擺放在一個有意義的時間脈絡中來了解它（Rudd 2012: 178）。正是在由這樣的敘事所構成的結構中，我們能夠問出下列核心的、關於「誰」的問題（who-questions）：「這是誰？」、「這是誰做的？」、「誰要為此負責？」。要求指認出負有責任的那個人因此乃是要求給出那個人在敘事中的角色定位。當面臨「我是誰？」之問題時，我們通常會訴說一個人生故事，這個故事強調出我們認為具有下列特點的面向：有特殊意義的面向、構成了我們生命中的主題的面向、界定出了我們是誰的面向、我們呈現給他人以博得認可與贊同的面向（Ricoeur 1988: 246）。這正是為何曾有人宣稱說：任何想要獨立於諸如敘事性（narrativity）、可理解性與可究責性（accountability）等概念來釐清自我性或人格同一性的嘗試，注定會以失敗告終（MacIntyre 1985: 218）。

　　我們得考慮到，自我理解與自我知識並不是一勞永逸地被給與的，而是必須被獲取的，而且可以有各種程度的成功。只要生命持續下去，就沒有最終的自我理解。然而，同樣的說法也適用在「何謂作為一個自我」。這正是為何作為一個自我相當不同於擁有高瘦、四十六歲與白髮越來越多等等性質。我之所是並不是被給與的，而是逐步發展的、透過我的計畫而實現的。並不存在獨立於我對我自己的了解與詮釋之外的我之所是（相對於我有什麼被給與的性質而言）。簡言之，任何對於某人是誰的說明，都無法忽略掉此人如何詮釋自我的議題，因為前者（至少部分地）由後者所構成。

重要的是要了解到：對於敘事的強調不可僅僅被了解為一個知識論的主張而已。我之洞察到我是誰，乃是藉由將我的性格特點、我所服膺的價值與理想、我所追求的目標等等放置在一個人生故事之中，並在這故事中追溯它們的起源與發展；這個人生故事訴說了我從何方來，以及我朝何方前進。同樣地，我是藉由得知你的人生故事來知道你是誰。但根據我們目前所考察的這個提議，敘事之所以構成了獲得自我知識的特權管道，正是因為敘事構成了自我知識。如布魯納（Bruner）所言，「自我或許有可能是我們曾經產製出的最令人讚嘆的藝術品——它鐵定是最為精巧的藝術品。」（Bruner 2003: 14）因此，對大多數敘事論者來說，敘事並非只是掌握到已經存在的自我的諸面向，因為並沒有早已預先存在著、只等著用語詞去描寫出來的自我。相信有這樣的前於語言的被給與者存在，乃是被「故事」一詞的字面意義所誤導。[4]

敘事論相當明白地強調自我性的**時間維度**與**社會維度**。敘事是個從幼年開始而持續一生的過程。某個人是什麼樣的人，取決於此人所擁有的價值、理想與目標；這是關乎對此人而言什麼是重要的與有意義的，而且這當然就取決於此人所在的社群。我使用來表達我認為我自己擁有的顯著特點的那些概念，都是來自於傳統與理論，而且將會隨著不同的歷史時期和社會階層與文化而有大幅的變

---

4 果迪（Peter Goldie）是例外之一。他特別區分出敘事的自我（a narrative self）與對自我的敘事感（a narrative sense of self），而且雖然他承認有用來思維個人自我的特殊敘事方式，但是他認為這種獨特的敘事自我之概念是多餘無用的（Goldie 2012: 117-21）。然而，他這個比較謙遜的提議有一個侷限，即它所冒的風險是忽略了：我們的自我詮釋與自我理解在某個程度上影響到了我們的自我認同，也就是我們是什麼樣的人。

動。如布魯納所指出的，我們用以塑造自己的那些故事並不是我們完全從頭開始編造出來的；那些故事的型態乃是仿照合乎習俗的諸多既有文類。當我談論我自己時，我的自我性變成公開領域的一部分，而且它的型態與本性受到有關自我性應該與不應該是什麼樣子的諸文化典型與模範所引導（Bruner 2003: 65）。此外，他人不僅被召喚來聆聽與認可我們對於我們的行動與經驗之敘事說明。我們對於自己是誰的設想，也受到他人如何知覺與理解我們所影響。我們會如同他人設想我們一樣來設想我們自己。我們對於他人告訴我們的故事所進行的改編、整併與重述，影響了我們的自我認定。即使我們明白地拒絕或抗拒這些故事，這影響還是在的。

當我用一個人生故事來詮釋我自己時，我可能既是敘事者，也是主角，但我並不是唯一的作者。我自己的故事總已經是他人為我開啟的，而且這故事開展的方式只有一部分是被我自己的選擇與決心所決定的。因此，如同有些人經常宣稱的，個人無法獨自成為一個自我，而只有在跟他人一起時才能成為一個自我。就此而言，自我性乃是在構成上依賴於他人的。將自己認識為一個擁有獨特生命歷史與性格特點的人，因此既是比認識到自己的當下信念要更為複雜的，也是比起初看來要更不那麼私密的（Jopling 2000: 137）。事實上，任何個體生命的故事都不僅交織到他人的故事（父母、手足、朋友等等），而且也是鑲嵌在更大的歷史與公共的意義賦予之結構中的（MacIntyre 1985: 221）。我既是傳統的繼承者，也是延續者；在此引述狄爾泰（Dilthey）與胡塞爾的話語：

> 歷史世界總是已經存在著，個人不僅是從外部來思量這個
> 歷史世界，而且與之纏繞在一起……在我們作為歷史的觀

察者之前，我們就已是歷史性的存有者了，而且我們成
為歷史的觀察者，僅因我們是歷史性的存有者。（Dilthey
2002: 297）

由我所本源地（originally）構成（初始地制定）者乃是屬
於我的。但我是「時代之子女」；我是在最廣意義下的我
群（we-community）的一個成員──我群有其傳統，而且
以創新的方式連結到世代生成的（generative）諸多主體
──最近與最遠的先人。而且這些都已經「影響」了我：
我是作為繼承人而成為我之所是。有什麼是真正地與本源
地為我所有呢？在什麼程度上我真正地做出了初始的制
定（urstiftend）呢？我是在「傳統」之基礎上成為我之所
是；我擁有的一切都是部分地經由我的祖先的傳統、部分
地經由我的同代人的傳統所創建的。（Husserl 1973b: 223）

我們所訴說的敘事影響了我們如何連結到我們所記得的過去、與
我們所預期的未來。因此這些敘事不僅相關於過去曾經發生過什
麼，而且也被喚起以用來了解我們人生的未來方向與開展。根據自
我性的敘事論，正是敘事允許將人生的眾多且異質的諸面向綜合起
來；敘事允許我們將分散在時間中的諸多情節連結起來以進行了
解。敘事允許去整合過去、現在與未來，並且建立起一個有意義
的網絡，將歷時發生的諸事件統合為有意義的整體（Atkins 2004:
347, 350）。根據敘事的進路，我們的確編織出我們的人生故事，
我們根據敘事結構來組織與統合我們的經驗與行動，而且敘事論
正是宣稱：我們之作為持續存在的自我就是如此構成的。如麥金泰
爾（MacIntyre）所言，自我的統一性「就在於將誕生、生命與死

亡連結起來之敘事的統一性，這就像敘事有開端、中間過程與結尾」（MacIntyre 1985: 205）。當從事於構成自我的敘事時，發生在我身上的不是被詮釋為偶然發生的孤立事件，而是被詮釋為一個持續進行之牽涉到自我的故事中的一部分。因此，某個特定行動、經驗或特點是否算是在特別著重的意義下屬我所有，乃是取決於它是否被包含在我的自我敘事之中（Schechtman 2007: 162）。如此一來（下面所言也是另一種強調自我所涉及的主動成就的方式），成為自我不只是擁有歷史而已，而是在將人生了解為敘事的意義下來主動引領自己的生活（Schechtman 2007: 395）。的確如謝赫曼（Schechtman）所論證的，為了要使得過去的經驗成為我們所有，為了去肯定過去的自我同一於目前的自我，只是從第一人稱視角來記得這些過去的經驗是有所不足的。存有心理上的連結與連續並不足夠。我們必須認同那已在時間上遠離我們的經驗；我們必須關心與感受到與它的情感連結。它必須是對我們有重要性的。我們越堅定地藉由將之編織到我們的敘事中來佔有它，它就越是完全地與完整地屬於我們所有（Schechtman 2007: 167, 171, 174, 175）。[5] 事實上，情節記憶（episodic memories）並不是像起初可能會假定的那樣，對敘事意義下的自我來說具有關鍵性而不可或缺。我可以在他人證言的基礎上對於我從第一人稱視角無法回憶起來的過去進行敘事的建構，並以此方式鍛造出連結來。我因此有可能將我已經遺忘的情節與事件整合到我的自我敘事之中（Goldie 2012: 126）。

5　謝赫曼在出版於 2001 年的一篇論文中，特別將她認定為對於歷時同一性來說至為關鍵的那種情感連結稱為**同感的途徑**（*empathic access*）。我認為如此使用「移情同感」的概念是相當不恰當的；這在本書第二部分將會被清楚地看到。

　　到目前為止應該已經相當清楚，敘事的進路主要是關心長期歷時的同一性與持續存在性的議題，而且堅持主張，將自我經驗為橫跨一生的統合，乃是依賴於個人有能力將個人的回憶、人格特質、目標與價值擺置到融貫的敘事結構之中。呂格爾（Ricoeur）偶爾將他的敘事同一性概念呈現為下列這個傳統兩難論的解答方案：不是得選擇笛卡兒式的自我觀念，就是得選擇休謨（Hume）與尼采（Nietzsche）的立場。前者主張：自我乃是同一性原則，經歷各個不同階段而維持不變。後二者主張：具有同一性的主體只不過是實體主義者的幻覺而已（Ricoeur 1988: 246）。呂格爾提議說，如果我們用敘事同一性概念來取代上述那個被一方所辯護、但被另一方所拒絕的同一性概念，我們就能夠避免這個兩難論。被敘事地延展的自我所具有的同一性是依賴於敘事結構的。敘事同一性不像相同者的抽象同一性一樣，而是可以將變遷與突變含括在一生的融貫整體之中。一生的故事乃是持續地被主體所說的有關他或她自己的所有真實或虛構故事所重新形塑的；正是這個持續的重新形塑使得「生命本身成為一塊由所訴說的諸多故事所編織成的布」（Ricoeur 1988: 246）。類似的宣稱可見於謝赫曼與亞特金斯（Atkins）的著作。謝赫曼論證說：敘事構成了意識之歷時的現象學統一性（2007: 167）；而亞特金斯宣稱：敘事模型公正地說明了人賦予做為歷時的相同體驗主體的那種重要性，且敘事模型確保了個人的具體第一人稱視角具有連續性（Atkins 2004: 342）。然而，當看到這類宣稱時，會令人特別注意的是，亞特金斯竟然如此地重視反思的態度。她甚至明白地將第一人稱視角定義為人類意識的**反思**結構。這個傾向是我們在其他支持敘事自我理論的擁護者中也發現到的。

　　我們應該如何評估這個敘事理論呢？這個理論所針對的是它所

認定之人的自我同一性所具有的特點，而且它將自我的持續存在當成是所獲得的成就，而不是被給與的。那是我們能夠成功做到的，但我們也有可能會失敗。那是個被建構的同一性，而且歷史時間與敘事時間都在其中扮演重要的角色。比較正確的作法是將時間性（temporality）視為自我同一性之決定性的必要條件，而不是將之當成自我同一性所面臨的阻礙或挑戰。

　　然而，就像大部分的有趣論述一樣，敘事進路也面臨諸多問題。一個初步的困難是關於敘事這個概念本身。當敘事進路宣稱自我乃是以敘事方式構成之生命所給出的產物、自我是在敘事中和經由敘事所構成時，這不會是指自我性需要由實際上的一部傳記來構造。因此，我們有需要區分慎思熟慮地建構起來的敘事，和我們在生活中被假定為持續進行著的那些敘事。前者就只是明白地訴說出我們被假定為持續在進行的敘事性的自我詮釋而已。如同謝赫曼所言，我的自我詮釋算是敘事的，只要我將各個生命情節理解為在一個逐步展開的故事裡佔有位置即可（Schechtman 1996: 97）。後者指的是：我用以組織我的經驗與行動的那種方式，預設了我隱含地將我自己理解為一個在發展中的、完全是在時間之中的主人公；雖然謝赫曼也論證說，我們至少得偶爾能夠明白地敘述與精細地刻劃出我們一生的某些部分（Schechtman 2011: 407）。如果想要避免下列這個經常被提出來反對敘事理論的意見的話，區分明白的敘事與隱含的敘事是至關重要的；這個反對意見是指：雖然自我敘事可能掌握到了何謂自我，但是我們的自我性無法被化約成以敘事方式刻劃出來的東西，而且我們因此不應錯誤地將對於人生之反思的與敘事的掌握和那些構成人生的諸多前反思經驗混淆在一起；後者乃是先行於那些被組織到敘事之中的、經過反思的經驗（Drummond

2004: 119）。明白地訴說出自己的人生故事，畢竟並不只是流水帳般地講述出未經琢磨的事實而已，而是如布魯納所承認的，那是一種不易達成之詮釋上的壯舉與功績（feat）（Bruner 2003: 12-13）。故事並非只是記錄下發生過的事而已，而是在本質上進行著對現象的建構與重構，包含有刪除、節略與重組。因為我們的生活是遠為複雜與多面向的，以致於無法完全塞進單一敘事之中，因此說故事的人會強加到諸生活事件中的那些融貫、一致、完整與結局，比單純被經歷的生活事件原本所包含的還要多。在此程度上，說故事的活動必然牽涉到填補記憶情節中的空白（confabulation）之成分（Gallagher 2003）。

　　區分出實地經歷之隱含敘事與精細刻畫的明白敘事，可以緩和敘事自我理論所遭遇到的其中一些困難。然而，這個做法也迫使我們得去精確地辨明這裡所說的實地經歷的敘事是怎麼一回事。有些作者曾提議說，真正重要的是我們的生命事件所具有之開端─中程─結局的結構，這個原始的、或微觀的敘事結構應該被看成是已經可以在經驗與行動中發現到的某些時間型態的進一步延展（Carr 1991: 162）。然而，這種回應所面臨的問題是：由於語言與敘事之間的連結被切斷了，這種回應可能會使得它所使用的敘事概念變得過於包容，因而過於稀薄。此外，如同門諾瑞（Menary）已經指出過的，如果選擇這樣一種緊縮的敘事定義，那麼將會面臨拋棄掉敘事進路的許多核心特點的風險（Menary 2008: 71）。敘事根本的公開性角色──也就是敘事是由人們向他人訴說之事實──突然被視為不再如此重要；不僅如此，顯然敘事也被轉變成給定的及與生俱來的，而不是被主動地創作與實現出來的。

　　簡言之，敘事論所面臨的一個問題是，得在太過豐富的敘事

概念與太過貧乏的敘事概念之間找到適當的平衡。另一個明顯需要詢問的問題是：當亞特金斯堅持說敘事論賦予了「第一人稱視角一個核心與不可化約的角色」時（Atkins 2004: 341），她是對的嗎？敘事論真的有公正地對待我們體驗生活的第一人稱特性嗎？還是說，敘事論聚焦於那個反思地建構起來的自我，而忽略了我們的前反思之體驗的主體性這個必要的預設條件呢？自我敘事的確可能捕捉到了有關我們是誰的一個重要特點，但是敘事模型真的有能力窮盡地說明自我的意義嗎？**獨一無二的那個**自我就只是個敘事的建構嗎？敘事是接觸自我的首要途徑嗎？我們可以在許多為敘事論辯護的人的著作中發現到上述這些類型的極端與基進的宣稱。丹奈特曾宣稱說，自我並不具有實在性，因為它只是敘事的重力所虛構出來的重心；它是眾多故事所交叉出來的抽象交會點（Dennett 1991: 418; 1992）。相似的主張可見於夏普（Wilhelm Schapp）的經典著作《被網羅在故事之中》（*In Geschichten verstrickt*）。人的生命是被網羅在故事之中的生命；人生除了這些故事之外就沒有別的了，而且這些故事提供了接觸個人自己與其他人的唯一可能途徑（Schapp 2004: 123, 126, 136, 160）。

　　敘事進路之最有影響力的版本結合了一個知識論主張與一個存有論主張。就其本身而言，這兩個主張和它們的相互結合，對我來說並不構成問題。我的確認為，我們所訴說之關於我們自己的那些故事反映出了我們如何看待自己，而且這些故事形塑了我們的自我了解，也從而形塑了我們自己。因此，我欣然接受，敘事在自我性的某個維度或面向的構成上扮演有角色。然而，我反對敘事論所做的排他性宣稱：**獨一無二的那個**自我是以敘事所建構出來的存有物，而且**每個**接觸自己的自我與他人的自我的途徑都是由敘事所媒

介的。結果是，我並不認為敘事進路（或任何其它規範取向之用以闡明何謂自我的進路）能夠獨立自足。雖然敘事對於自我反思與了解自我而言可能是重要的工具，但是我們不應該忽略被動性（passivity）與事實性（facticity）所扮演的角色。「我是誰」這個問題並非完全只關乎我如何了解我自己，以及我對我自己的了解如何被表達在我所訴說之關於我自己的故事之中。它也關乎獨立於我所做的決定之外的我是什麼樣的人。如同門諾瑞所指出的，去宣稱故事所談及的那個經驗主體就是這故事本身，此宣稱是難以自圓其說的（Menary 2008: 72）。敘事論也必須用特別針對我們體驗生活的第一人稱特性所進行之說明來加以補充。為了要訴說出關於自己的經驗與行動的故事，個人必須已經擁有第一人稱視角。至此程度而言，體驗層次上的擁有是任何敘事踐行（narrative practice）之前語言的預設，而不是主動的故事講述所產生的結果。[6]

　　對於病理學的考察能夠進一步闡明這個議題。在《編故事》（*Making Stories*）中，布魯納承認，自我性的某些特點是與生俱來的，而且我們需要去認可存在有一個原始的、前概念的自我，但是在此同時，他堅持說，敘事能力障礙（dysnarrativia）（這是我們在例如高沙可夫症候群（Korsakoff's syndrome）與阿茲海默症中所見到的）對於自我性而言是致命的，以及堅持說，如果我們缺乏敘事能力的話，就不會存在有像自我性這樣的東西（Bruner 2003: 86,

---

6　一個經驗就只有在我說出與之相關的故事時才為我所擁有之宣稱，剛好也受到許多用第一人稱代名詞來分析自我指涉的古典分析所挑戰；這些分析顯示出：主格「我」（受格「我」、「我的」）無法在沒有喪失重要內容的情況下用限定描述詞（definite description）來取代，而且個人可以成功地指涉到自己，即使是在罹患完全的失憶症的情況下（參看 Zahavi 1999）。

119; 也可參看 Young and Saver 2001: 78）。我們除了會納悶布魯納為何沒有提出他顯然應該做出的承認、為何他並未承認有必要採行其它的自我概念來做出補充，我們可能也會質疑他所提及的神經病理學是否真的切中要點。阿茲海默症是一種腦部功能逐漸退化的疾病，所產生的後果有嚴重的記憶喪失、行為、思想與推論上的改變、以及整體功能上的顯著衰退。阿茲海默症患者因而會有認知上的廣泛損傷；對於言說的理解掌握與言說表達（以及敘事）會只是其中一個受到影響的區域。所以**即使**在阿茲海默症的晚期真的已經沒有自我存留下來了，我們也無法直接結論說敘事能力障礙是導致自我死亡的原因。（如果想要尋找只針對敘事能力來攻擊的病症，全失語症〔global aphasia〕可能會是個比較好的選擇——但是這樣一來還是會出現同樣的問題：誰會想要宣稱說罹患全失語症的人不再擁有自我了呢？）此外，這裡還有一條很大的但書。下列主張並不是那麼明顯而毫無疑問的：阿茲海默症造成了第一人稱視角的毀滅，或屬我性維度的完全消滅；被剝奪了自傳式記憶與敘事同一性的人也會缺乏主觀呈現層次的擁有，而且在感受到痛苦與不適時，不再是在情感上牽涉到自我的。

　　克萊因在許多研究中探討了諸多型態的情節記憶喪失對於自我經驗與自我知識所產生的影響。他所研究的病患不僅包括阿茲海默症晚期病患，也包含嚴重失憶症病患。克萊因的結論是，雖然曾經有將阿茲海默症晚期病患說成缺乏自我感的一種傾向，但是經驗研究上的發現卻表明這樣的病患仍保留第一人稱的同一性。即使在極端案例中，基於記憶的個人敘事已經受到失憶症所摧殘與破壞，意識已經被分割成時間長度一秒的諸多時間薄片，但是病患據稱仍能感受到自我統合感與連續感（Klein and Nichols 2012）。病患們

明顯地保有對於自己作為進行經驗活動的存在物的主觀感知，雖然
這感知被混亂與擔憂所圍攻。他們感到憂慮與恐懼，他們被心靈生
活中的諸多「破洞」所折磨，而且他們的行為方式完全就像是預期
中的意識主體對於疾病所造成的認知混亂與體驗上的改變的回應方
式（Klein 2012: 482）。但是如果這是事實，而且如果阿茲海默症事
實上構成了嚴重的敘事能力障礙，那麼我們應該得出的結論會正好
相反於布魯納的結論。我們會被迫得去承認，作為自我必定更多於
敘事論所指出的那些特點。這也是達瑪西奧（Damasio）所得出的
結論；他明白地論證說，神經病理學提供的經驗證據支持區分出核
心自我與自傳自我，而且也揭示了：雖然核心意識能夠在擴延意識
（extended consciousness）嚴重受損或完全欠缺的情況下維持完整，
但是核心意識的喪失將也會導致擴延意識的崩解（Damasio 1999:
17, 115-19）。

　　當我們談到自我性與體驗的主體性之間的關連時，現在很迫切
要做的是區分出各種不同的選項。最為輕蔑的態度可見於查爾斯・
泰勒（Charles Taylor）的著作中。根據他的看法，自我這樣的存
有者只能夠存在於規範空間之中。成為一個自我也就是跟自己處在
詮釋與評價的關係裡，而且為了要取得成為自我的資格，人們必須
擁有足夠的「深度與複雜性」才算是擁有充分發展的人格（Taylor
1989: 32）。泰勒因而宣稱說，任何透過某種極小化或形式性的自
我覺察來界定自我性的嘗試，都必定會失敗，因為那樣的自我要不
是不存在，就是無足輕重（Taylor 1989: 49）。因此，根據泰勒的
說法，體驗的主體性與自我理論並不相干，而且可以安全地被自我
理論所忽略。然而，採取比較兼容調和之態度的選項可見於謝赫曼
與拉德（Rudd）；他們近來提出了這樣的選項（Schechtman 2011;

Rudd 2012）。

　　拉德明白地質疑說，敘事論是否真的必須拒斥下列這個核心自我感的概念：這個核心自我感乃是先於敘事的自我性，而且為了使得後者變得可理解，這個核心自我感是必要的。事實上，他論證說，作為一個敘事論者，他能夠接受下列這個純粹從概念分析所得到的論點：體驗自我構成了對於自我性之必要條件（但不是充分條件）的最小規定，而使得敘事自我必然地是體驗自我，但是又包含有更多（Rudd 2012: 195）。[7] 更進一步，他也能夠接受說，體驗自我是比敘事自我更為基本的，如果這個宣稱只從成長發展的意義上來理解的話：

> 嬰兒並未擁有敘事意義下的自我，但是他們想必擁有某種基本的體驗之自我性；他們至少是心靈主體。但是這個基本的嬰兒時期的非敘事性的主體性並沒有持續存在到成人時期，也沒有跟已經發展出來之敘事意義下的自我並列著出現。毋寧說，隨著小孩成長而開始發展出自我意識，他或她的基本主體性發展成了敘事的自我性。（Rudd 2012: 195）

拉德因而否認：我們必須認定有體驗性的核心自我，讓它與敘事自我並存，或讓它存在於其底層。更確切來說，他堅持說，對任何正

---

7 這個看法的一個版本在更早以前曾得到卡爾（David Carr）的辯護；他承認，如果我會擔憂諸多經驗與行動如何恰當地組織在一起、或構成一個融貫的人生故事的話，那麼那些經驗與行動必定已經被給與我而屬我所有；但是他接著又宣稱說，這種統一性只是自我性的必要條件而已，並不是充分條件（Carr 1986b: 97）。

常成年人而言，經驗之第一人稱特性都具有敘事之形式。我是在時間的意義上將我的體驗生活經驗為屬我所有，而那具有時間性的經驗所擁有的結構是敘事的結構（Rudd 2012: 195）。謝赫曼提出了非常相似的提議；她敦促我們去考慮下列可能性：

> 造就出自我的那種現象學式的自我意識是另外一**類型的**意
> 識，它在質性上不同於我們很可能跟許多動物共有的那種
> 非常低階原始的第一人稱覺察；前者那另一類型的意識需
> 要以敘事作為條件。第一人稱經驗所具有的特性（而不只
> 是內容）在有敘事自我者和無敘事自我者這兩種情況中是
> 完全不同的。（Schechtman 2011: 410）

拉德與謝赫曼的考慮至少喚起了兩個迫切需要處理的議題。第一個議題是關於經驗的第一人稱特性（也就是經驗之形式性的對我性或主體性）所具有的重要性。這特性是否只是自我性之不可或缺與必要的條件，因而缺乏這個特性就沒有自我（基於這個理由，任何合理的自我理論都必須考慮與說明這個特性）？還是說，這個特性本身是否實際上就構成了極小型態的自我性？第二個議題是關於：這個第一人稱特性是否在個人成長發展的過程中維持不變，還是說它必然在語言習得與社會化的過程中有所變化與修改？

　　就第一個議題而言，拉德自己的看法對我來說並不是完全清楚的。就一方面來看，他寫道，他能夠接受說，嬰兒的確在獲得敘事自我之前，就擁有某種基本的體驗之自我性。但是如果是這樣的話，後者不僅應該構成自我性的一個必要條件，而且也應該構成它的一個充分條件。但是拉德也寫道：「在使用敘事語詞來詮釋經驗之前，並不存在什麼基本層次的自我性來使得經驗被自我所擁有」

（Rudd 2012: 196）。然而，他有時候區分成為主體與成為自我，而且也使用「主體狀態」（subjecthood）這個語詞。很有可能他會宣稱說，雖然體驗上的對我性是基本主體狀態的必要條件與充分條件，但是對自我性僅是必要條件，而不是充分條件。

　　然而，就在這個時候，這個爭論似乎成為了用語上的爭論，似乎只是關乎以下問題：區分主體狀態與自我性，是否更優於區分自我性的諸多不同層次和面向？我偏好的是後者，但是選擇前者或後者其實無關宏旨，只要選擇前者的人與選擇後者的人都同意，我們的體驗生活打從一開始就具有前反思的自我意識，以及第一人稱特性與對我性。

　　但是拉德與謝赫曼所帶出的第二個議題呢？體驗的自我性是從嬰兒階段到成人階段都維持不變呢？還是說，它必然在成長發展的過程中有所變化與修改呢？敘事的自我性是位於原先就存在的結構的上方呢？或者前者徹底地改變了後者，就像將染料放入水裡會使得水完全都變色一樣呢？讓我們承認說，概念與語言無處不在地形塑了我們的經驗；讓我們同意說，因為我們擁有諸多概念能力，我們以很不同的方式來經驗到世界和我們自己。如果我們同意這點，那麼去尋找使用語言的成人之體驗生活，以及嬰兒和人以外的動物之有感知的生活（sentient life）之間的共有核心或共同點，難道不會是誤入歧途的嗎？我們不應該錯誤地忽視：「經驗到**什麼**」與「**如何**經驗」是有差別的、「呈現的**內容**」與「呈現的**模式或方式**」是有差別的。我們所經驗到的「**什麼**」可能的確是有所不同的，但是那並未顯示或蘊含經驗之基本的第一人稱特點也是不同的。事實上，如果本書第二章提出的那個支持「前反思的自我意識乃是現象意識的一個不可分割與構成性的特點」的論證是正確的，那麼就難

以看出為何這結論對於以敘事方式組織與結構而成的經驗來說不會
也是對的。因此，重要的是不要沒看到這個極小的自我性概念只是
個形式層面上的自我性概念。若繼續使用染料與水的類比來說，水
被染色之事實不應該使得我們忽略掉「染色的水仍然是水，而且還
保留有它的液體性質」這個事實。[8]

────────

8　如果堅持在「動物與嬰兒的原始主體性」和「已經有能力使用語言的那些人
　　的發展成熟的主體性」之間沒有共同點（在內容上沒有，在模式或形式上也
　　沒有），如果堅持在「經驗所具有的自我揭露特性（self-disclosing character）」
　　與「我們的概念化的自我意識」之間沒有共同點，那麼就必須解釋嬰兒如何
　　能夠轉變成擁有發展成熟的主體性。這個轉變如何可能？如何發生？我們應
　　該避免使用會使我們陷入「所設置的兩個階層無法彼此連結」的那種雙階層
　　理論（two-tiered account）：嬰兒之非概念化的感覺與成人之概念化的心靈的二
　　元論；也就是說，我們必須允許有某個程度的生長發展上的連續性；我們必
　　須能夠說明這兩者之間有何差異，而且又不會使得這個差異讓兩者在生長發
　　展上的連結變得完全無法被理解。

第五章
自我與歷時統一性

　　為自我（self）之存在辯護的一種傳統方式是論證說，如果沒有被本我（ego）所擁有之組織與統合的功能來加以支撐的話，我們的心靈生活將會崩解成無結構的一團混亂。考慮下列這兩個宣稱：諸經驗從未單獨發生，以及意識流是諸經驗的綜集（ensemble），而這些經驗既是共時地、也是歷時地被統合起來的。根據古典的看法，為了要說明這個歷時與共時的統合，我們需要求助於一個自我的存在。思考著在同一時刻或在一段時間中分散開來的多個經驗，就是將我自己想成意識到這種種經驗，而且根據這個論證，這樣的意識要求有一個未分化、不可變、維持不變的自我。自我是個同一性原則；它持續著而且抗拒著時間性的變動。根據某些理論，自我的統合性因而被當成具有解釋力，而不是本身需要被加以解釋。這也是為何自我曾經偶爾被賦予某種超時間性（supratemporal）或無時間性（atemporal）特點的理由。

　　如同我已經闡明過的，體驗的自我性並不是社會互動下的產物，也不是更高階的認知成就所產出的結果，而是體驗上的一個基本與不可或缺的特徵。然而，到目前為止，我主要是將焦點放在共時統一的問題，以及必須具備哪些性質才能算是自我的問題上。我們現在需要考慮的是體驗自我與時間性之間的關連。體驗自我具有

歷時的持續存在性嗎？還是說，它是在缺乏時間延展的意義下極小化的呢？

讓我們來考慮傑弗斯提出的一個論證。根據傑弗斯，在體驗上呈現出來的就只有不斷在變動中的意識流。有趣的是，相對於主張叢束論（bundle theory）的人，傑弗斯拒絕接受下列兩個宣稱：經驗是根本上不屬於任何人的，以及將第一人稱特點歸諸我們的體驗生活乃是事後的捏造。根據他的說法，我們的經驗從一開始就是內在地標示出自我的（Dreyfus 2011: 120）。然而，雖然傑弗斯的言外之意是他準備好要接受主體性的實在性，但是他堅持說，一旦我們將這個主體性詮釋為持續存在的自我，就會產生扭曲與失真（Dreyfus 2011: 123）。簡言之，不可否認地確實呈現有由諸多具自我覺察的經驗所組成之川流不息的流動，但是這並未蘊含存在著持續不止的自我存有物；在傑弗斯看來，後者是將幻覺給實物化的虛假運作。更明確地說，雖然傑弗斯想要保留住主觀呈現層次的擁有和共時統一性——而且他宣稱這兩個特點都由主體性所保證，但是他拒絕接受存在有歷時地統一的自我。他的立場是：不存在著在時間上延展與持續存在的自我（Dreyfus 2011: 131）。但是這個立場真的是可行的嗎？

讓我們考慮下列這個現象學宣稱：我們都經驗到變化與持續。我們能夠聽見持續的音調或一串旋律，就如同我們能看見鳥的飛翔。鳥的平順與連續的飛翔運動是我們所目睹的；那並非只是我們純粹推論出來的。這個現象學上的發現必須得到說明，而且如同在一條傑出思路上的思想家們已經論證過的，眾多孤立瞬時經驗點之單純的前後相繼，無法解釋與說明我們對於綿延（duration）的經驗。為了將對象知覺為在時間中持續著，意識本身必須是在體驗上

被統合的。胡塞爾所發展的一種可能達成這種統合的做法是堅持**當前呈現是具有寬度的**（width of presence）。根據胡塞爾，時間性的基本單位不是「刀鋒」般的當下，而是「塊狀的綿延」，也就是那個由過去、現在與未來這三個時間模態所組成的時間場域。胡塞爾使用了三個專門術詞來描述意識的時間結構。存在有（1）原初印象（primal impression），它狹窄地指向對象之嚴格地被圈限出來的現在片段。原初印象從未孤立地出現，而是個抽象的組成成分，它本身無法提供給我們對於時間客體（a temporal object）的知覺。原初印象（2）被「留存」（retention）或留存的面向所伴隨；提供給我們對於時間客體之剛剛消逝的片段的意識，從而將指向過去的時間脈絡設置在原初印象上。（3）原初印象也被「預指」（protention）或預指之面向所伴隨；以程度或高或低的不定方式意向著時間客體之將要發生的片段，從而為原初印象提供了指向未來的時間脈絡（Husserl 1962: 202）。根據胡塞爾，所有被經歷之經驗所擁有之具體與完整的結構因而即是「預指—原初印象—留存」。雖然這個結構中的特定體驗內容隨著時間的進展每時每刻在變動著，但是在任何給定時刻中，內時間意識的三重結構都是作為進行體驗活動或顯現之統合場域而在場的。

胡塞爾在探討時間意識的結構時，不僅感興趣於我們如何能覺察到具有時間延展的對象之問題，也感興趣於我們如何能覺察到我們自己的不間斷的經驗流之問題。胡塞爾的探究因而被認為不僅解釋了我們如何能夠察覺到具有時間延展的統合體，也解釋了意識如何跨時間地統合起它自己。然而，根據他的模型，一串旋律之已發生過的那些音符的留存，並不是由那些音符的再現（re-presentation）來實現的（就彷彿我在聽著當下音符的同時又再一次

聽到那些已發生過的音符），而是保留住剛剛發生之我對於那旋律的**經驗**。簡言之，意識的每個實際階段都不僅留存著那些剛剛消逝的音調，也留存著先前的意識階段。這個留存的過程因而不僅使得我們能夠經驗到在時間中延展的對象；它不僅使得對象的同一性得以在眾多時間階段中被構成；它也提供給我們那非觀察式的、前反思的、在時間中延展著的自我意識。這正是為何胡塞爾對於內時間意識之結構（預指—原初印象—留存）的描述，必須被了解為一個對於第一人稱被給與性之（微觀）結構的分析（參看 Zahavi 1999）：

> 構成內在時間的意識流不僅**存在著**，而且還以如此令人驚奇、但又可理解的方式被構造，而使得這流動對自己顯現必然地存在於此流動之中，而且因此這流動本身必定必然地可在這流動中被領會到。這流動對它自己的呈現，並不需要求助於第二個流動；相反地，這流動將它自己構成為一個在它自己之中的現象。（Husserl 1966a: 83）

鑑於這些考慮，胡塞爾會如何看待自我與時間之間的關連呢？他有訴諸一個位於底層之未分割、不可變、維持不變與超出時間之外的存有物來解釋意識的歷時統一嗎？在他的早期著作《邏輯研究》（*Logische Untersuchungen*）中，胡塞爾明白地拒絕接受：我們的體驗生活所固有之統一性是被任何本我（ego）所決定或確保的。他論證說，那樣的本我在綜合上能夠做出的任何貢獻都會是多餘的，因為這個統合已經根據內在於體驗中的法則而發生著。因此，根據胡塞爾的早期看法，意識流是自行統合的，而且因為嚴格來說，本我乃是這個統合所產生的結果，所以本我就不能夠是先於或決定這

個統合的東西（Husserl 1984a: 364）。[1] 儘管胡塞爾對本我的總體看法有變化，但他仍持續堅持最初在《邏輯研究》中所提出的一些主張；例如，如果我們去看他的《內時間意識現象學》，我們將會發現到，本我並未被指涉為進行統合或綜合的最終發動者。相反地，這裡的統合得以被建立或編織起來，所藉助的是原初印象、留存與預指之間的互動，也就是藉助於內時間意識的結構。這會使得胡塞爾成為某類型的化約論者嗎？畢竟，如果主張說「意識流的統合乃是在時間中的自行統合過程所產生的結果，而不是由某個分離與持續不止的本我發揮其統合能力所造就的」，那麼就很有可能會被誘惑而下結論說：意識的歷時的統一性與同一性最終可以化約為諸多經驗之間的某些（因果與功能上的）關連，而且可以如此來加以解釋。然而，這並不是胡塞爾的看法。胡塞爾反而不斷地強調說：我們不可以混淆或瓦解「針對知覺、想像或判斷等不同的意向活動所做的意識分析」與「針對內時間意識之結構所做的分析」；我們不可以抹滅這兩者之間的區別。當胡塞爾堅持這個差異，以及堅持瞬間流逝的**諸體驗**（*die Erlebnisse*）與保持不變的**體驗維度**（*das Erleben*）之間的差異時（Husserl 1980: 326; 請比較 Husserl 1973b:

---

1 沙特後來辯護了一個非常相似的看法。如同沙特在《自我的超越性》（*La Transcendance de l'Égo*）這篇論文中所指出的，許多哲學家曾經將自我認定為形式性的統合原則。許多人曾經論證說，我們的意識是統合的，因為「我思」可以伴隨著我的每個思想（Sartre 1957: 34, 37）。但這真的是對的嗎？還是說，正是我們的諸思想的綜合統一才使得「我思」成為可能呢？換言之，自我是否只是表現出了意識的統合，而不是使得意識得以統合起來的條件呢？沙特自己的看法是很清楚的。根據他的描述，意識流的本性並不需要外來的個體化原則，因為它本身就是被個體化的。意識也不需要任何超越（transcendent）的統合原則，因為它自己就是個流動著的統合體（Sartre 1957: 38-40）。

46），他所做的宣稱，也就是當我在強調我們有需要區分開不斷變動的諸經驗和意識之遍在的第一人稱特性時所做的宣稱。如果我們舉出三個不同的意向經驗，例如，對於一隻犰狳的視覺知覺、對於即將來臨的週年紀念日的預期，以及對於冥王星是我們太陽系的一顆行星的拒絕接受，那麼這三個經驗明顯地有不同的意向結構。然而，這三個經驗並非以各自不同的結構來顯現；相反地，我們總是發現到相同的內時間意識的基本結構。此外，從第一人稱視角來看，我們的確可以說「我有過喜悅的經驗」或「我當時正在知覺一朵花」，以及「這些經驗雖然一度呈現給與我，但是現在已經終止，而且變成不在場與成為過去」，但是發生經驗的那個場域——伴隨著能使經驗呈現的「預指—原初印象—留存」這個三重結構——其本身並不會**對我而言**成為過去與不在場。去宣稱「發生經驗的場域必須有別於那些在該場域中出現、持續與消逝的特定經驗」和「這個場域不可被化約為某個特定經驗內容、或可能存在於諸個別經驗之間的某種關連」，當然並不同於去宣稱「這場域是分明有別地獨立存在著，就彷彿首先存在一個發生經驗的純粹與空洞的場域，然後諸具體經驗再依序魚貫地出場」；毋寧說，前反思之自我顯現的這個不變的維度就正是每個經驗都擁有的維度。

　　對於胡塞爾辨明「親身經歷的主觀呈現所具有的微觀結構」之費力嘗試所做的檢視，應當使那些宣稱「經驗所具有的主體性既微不足道、又平凡無奇，並不需要做進一步的檢視與釐清」的人重新考慮他們的宣稱。如同剛剛所提及的，胡塞爾對於「預指、原初印象與留存之間的互動」的分析乃是嘗試要更好地理解自我性、自我經驗與時間性之間的關連。因此，根據胡塞爾的說明，光是去注意第一人稱視角是不足夠的。相反地，這個視角的時間性是必須被探

討的。呂格爾的著作《時間與敘事》（*Temps et Récit*）曾經偶爾被
解讀成包含有對於胡塞爾針對時間的現象學探究的一個非常根本的
批評。但是即使呂格爾真的有正確地指出現象學對於內時間意識的
探究具有侷限性（人的存在所具有的時間性，比起胡塞爾的探究所
思考到的那些內容還要包含有更多），這並未使得胡塞爾的探究變
得多餘與不必要。相反地，在了解體驗生活的時間性上，他的探究
依舊是非常相關與切中要點的。此外，他的探究所針對之自我性的
維度，是呂格爾在聚焦於敘事同一性的時相當忽視的。

　　這個場合並不適合進一步去鑽研胡塞爾對於時間性之極其複
雜之描述的錯綜複雜之處（然而，讀者可參看 Zahavi 1999, 2003,
2007a, 2010a），但是從他的分析中可以採集到兩個重要的洞見。第
一個洞見是，我們可以拒絕接受「意識之歷時與共時的統一性是被
一個分明有別的自我所決定的」，而又不必去質疑或否認自我的實
在性。第二個洞見是，即使是對於當下經驗這種具有共時性的東西
的分析，也必須考量到時間性，因為每個經驗都是在時間中延展開
來之體驗上的呈現（lived presence）。正是出於這個理由，我們應
該拒絕嘗試以一刀兩斷的方式來區分共時統一性與歷時統一性。你
不可能在擁有共時統一性時而未擁有某些歷時統一性（即便非常短
暫，仍然是有）。不如此宣稱，就是尚未發現到意識所具有之非常
根本的時間特性。

　　對此有所懷疑的人可能會反駁說：這還是不夠好，因為即使
我們沿著這樣的思想路線往前行，這還是幾乎無法迫使我們去接受
存在著在時間上延展的、歷時地統合的自我。或者說這是可以做到
的？

　　丹頓在他的書《意識流：意識經驗中的統合與連續》（*Stream*

of Consciousness: Unity and Continuity in Conscious Experience）中辯護了他稱為簡單的經驗概念的一個意識模型（Dainton 2000: 57）。根據這個看法，相反於高階表象論者的各種說法，意識之共時與歷時統一最好是被了解為諸經驗之間的原始關連所產生的產物。此外，體驗的過程是內在地有意識的，並且因此是揭露給自己的（self-revealing）。鑑於「現象上的統一性即是在諸意識狀態之間被經驗到的某種關連」，我們不必去尋找位於經驗本身之上、之外或超出經驗的東西，才能夠了解我們在經驗中發現到的統一性；經驗毋寧就是共時與歷時地自行統合的（Dainton 2000: 48, 73）。如丹頓所述，意識並不是由「在一個光亮點底下的一道流動」所組成，也不是由「一個光亮點隨著一道流動一起前進」所組成。意識就是這道流動本身，而且那光亮擴展到這道流動的全長（Dainton 2000: 236-7）。

丹頓在他的書《現象自我》（*The Phenomenal Self*）中進一步發展這個說法，而且明白地辯護以體驗進路來理解自我。他一開始論證說我們應該區分他所說的**心理連續性**與**體驗連續性**；前者可以包含有長期持續的人格特質、信念、所認可的價值等等（Dainton 2008, p. xii）。他使用了多種思想實驗來論證說，這兩種形式的連續性能被分離開；而且他提議說，對於兩者彼此分離的那些案例的考察顯示出，體驗連續性是最為重要的連續性。他所訴諸的其中一個引導他的直覺是：他認為，「一道沒有間斷的意識流有可能一開始是你的，但是後來變成是另一個人的」這是荒謬的說法（Dainton 2008: 18）。同樣地，他也認為下列提議是荒謬的：你的意識流能夠帶著相同的主觀特性、以平常的直前方式持續地流動，但是卻並未帶著你一起往前流動——即使諸具體心理狀態在這過程中受到改變

或取代（Dainton 2008: 26）。他因而論證說，自我的持續存在乃是由體驗連續性所保證（Dainton 2008: 22）。[2] 他的立場因此是強烈地反對佛教式的下列想法：就如同我們無法追蹤波浪以確切地回答說，某波浪跟早先的波浪是同一個波浪或是新的波浪，所以我們在面對一個新經驗時也無法確切地回答說，它跟剛剛消逝的經驗是否屬於同一個經驗者（Dainton 2012: 10, 199）。

然而，鑑於他抱持這樣的進路，丹頓面臨了一個他花費了相當大的努力（他的書的大部分篇幅）嘗試要去解決的難題，也就是所

---

2 如我們先前所見，丹頓拒絕接受：我們需要**屬我性**（被理解為某種原始的擁有者地位特性）來解釋某經驗是否被經驗為屬於我（Dainton 2008: 242-3）。鑑於丹頓所認可的那個「經驗只有單一階層」的簡單概念，我們並不需要設置屬我性這樣的特質來解釋為何我們總是覺察到我們自己的經驗；諸經驗毋寧是內在地被意識到的，而且諸經驗並不需要任何進一步的協助以進入我們的覺察之中。他認為這一點對我所抱持的看法構成了一個反對意見，但是因為我衷心地同意他後來做出的這些宣稱，所以這場爭論有一部分必定只是語詞名相上的爭論而已。類似的情況似乎也發生在丹頓對於「有可能有人維持存在著（擁有非常低層次的體驗能力），但是並不成為一個自我」這個反對意見的回答中。如他所說，如果「自我」所意指的就只是「意識主體」，也就是說，如果我們所操作的是一個極小的自我概念，那麼上述反對意見中的提議就是說不通的。但是如丹頓接著所評論的，有些人將自我等同於「有能力將他自己覺察為自我的那個存有者」，而且雖然他承認自我覺察有各種不同的形式，但是他也認為：淪落到最低層次的感知能力的人，將沒有能力進行任何值得我們關注的意義下的自我覺察（Dainton 2004: 388）。我看不出來為何人們應該接受這個主張。人們也同樣可以去反對「極小化自我概念中的自我是在某個意義下值得我們關注的自我」——而且毫無疑問地許多人曾經如此反對過。簡言之，在我看來，極小化的自我概念是跟極小化的自我覺察概念綁在一起的；如果接受前者，那麼就沒有理由拒絕後者，特別是如果像丹頓一樣為「經驗是揭露給自己的」這個主張辯護的話。事實上，鑑於他認可後者這個主張，很難了解為何他會如此地反對「經驗具有極小化與非反思的自我意識之特點」這個想法（Dainton 2008: 242）。

謂的橋接問題（the bridge problem）。在未中斷的單一意識流中的諸經驗，可能是藉由現象上的連續性來連結起來而屬於同一個主體，但是在（被無意識的間隙所中斷的）兩個不同意識流中的諸經驗屬於同一個主體嗎？我們是在什麼基礎上將兩個被無夢的睡眠所隔開的經驗歸屬給同一個擁有者呢（Dainton 2008, p. xx）？橋接問題對於偏好使用基於大腦的理論來說明自我的人來說可能不是個問題，因為因果與物理關連能夠跨越意識喪失的時段。但是，根據丹頓的想法，橋接問題對於採取基於經驗的理論來說明自我的人而言是個重大的問題（Dainton 2008: 75）。

丹頓對於這個問題的解決方案是拒絕他所稱的「固有意識自我」論點（the Essentially Conscious Self〔ECS〕thesis），而偏好「潛在意識自我」論點（the Potentially Conscious Self〔PCS〕thesis）。ECS 論點說的是：自我在本質上即是有意識的存在物；自我不可能失去意識而又繼續存在著。PCS 論點說的是：自我有能力成為有意識的存在物。根據後者，自我能夠失去意識而繼續存在著，只要它保有成為有意識者的能力（Dainton 2008: 79）。

根據丹頓的想法，ECS 的辯護者們基本上有兩個選項。他們可以拒絕接受意識流有中斷的時候，而選擇我們在生命的正常進程中從未真正地喪失過意識；或者他們可以接受意識流的確有中斷的時候，而接著選擇下列兩個可能性中的一個。一個可能性是，他們可以嘗試解釋自我如何能夠跨過這些中斷而保有它的統一性。另一個可能性是，他們可以硬著頭皮接受苦澀後果，而去辯護說：「自我只在我們維持清醒時存在著」，以及「每次我們從無夢的睡眠中醒來時，就有新的自我誕生出來」（Dainton 2004: 380-1; 2008: 77-9）。丹頓裁決說，從 ECS 論點導出的所有這些選項都站不住腳。結

果是他選擇為 PCS 論點來辯護。

　　雖然、或許正是因為我對自我之體驗進路抱持有同情，所以對丹頓的這個解決方案懷有疑慮。我的一個擔憂是 PCS 論點根本就過於偏離體驗進路。我們可看見丹頓自己也承認，PCS 論點使得實際經驗失去了核心地位（Dainton 2008: 112）。他寫說：意識主體之持續存在的條件必定相同於無意識主體之持續存在條件（Dainton 2008: 76）；並且他也寫說：從 PCS 論點的角度來看，有意識與無意識之間的差別相對而言乃是次要的（Dainton 2008: 80）。換言之，我擔心的是，丹頓所提出的解決方案最終會放棄掉體驗進路的大部分核心洞見。我甚至認為 ECS 論點擁有許多丹頓沒有考量到的可用資源。但是在指出這些資源之前，讓我先來考慮史卓森的說法。

　　我們已提到過，史卓森曾論證說，如果我們希望回答有關自我是否實在之形上學問題，那麼我們首先需要知道自我被假定為什麼樣的存有物。為了要達成後者這個目標，我們的最佳機會是去察看自我經驗，因為這個形上學問題一開始就是由自我經驗所引發的，自我經驗讓我們生動地感知到存在有像自我這樣的東西。因此，如史卓森所欣然承認的，對於自我的形上學探究乃是隸屬於對於自我的現象學探究。後者為前者設置了約束與限制：沒有任何東西能算是自我，除非它擁有由某種真正形態的自我經驗所歸屬給自我的那些性質（Strawson 2000: 40）。更明確而言，史卓森曾論證說，現象學探究能以幾種方式來進行。一個可能的方式是去探究普通人的自我經驗包含有什麼；另一個可能的方式是去探究什麼是極小的形式的自我經驗。最少需要包含有什麼才能依然稱為自我（或自我經驗）呢？

　　史卓森主要是對後一問題感到有興趣。他一度稱為**珍珠論**（*the pearl view*）的結論是：自我經驗至少得是個瑟斯美特經驗（a sesmet-experience）；擁有自我經驗至少是經驗到自我作為一個瑟斯美特——作為存在為單一**心靈**物的經驗主體（a subject of experience that is a single *mental* thing）。相對而言，他將人格、能動性與長期的歷時持續存在性視為非根本特性。這些特性對於人類的自我經驗而言可能是重要的，但是缺乏這些特質的東西仍然能夠是真正的自我（或自我經驗）（Strawson 2009: 172）。就關於自我的形上學問題來說，史卓森認為他的上述主張完全相容於物質論者（materialist）的觀點。他也認為自我是實在的，如果我們說的自我是指瑟斯美特這種單薄的自我。但是對於較為長期延續的那種人格自我的實在性，他則是抱持非常懷疑的態度（Strawson 2000: 44-8）。

　　對於他所聚焦關注的這種單薄的自我（the thin self），史卓森還有更多要說的嗎？他基本上捍衛的看法是：任何經驗都包含有一個經驗者，也就是一個經驗主體。經驗必然是由某人經歷的經驗（experience-for）。經驗必然涉及經歷起來的感覺，而經驗經歷起來的感覺必然是由某人經歷起來的感覺（Strawson 2009: 271）。或者用他的結論中的一句話來說：如果經驗存在的話，主體性就存在，而這就蘊含存在著具有經驗狀態的主體（subject-of-experience-hood）（Strawson 2009: 419）。簡言之，只要存在經驗，就必然也存在一個經驗主體。經驗是體驗的活動，而體驗活動包含有主體，就像是樹枝的彎曲包含有樹枝在內一樣（Strawson 2011: 260）。很重要的是，史卓森並非只是將之當成一個概念上的宣稱或形上學的宣稱。它也是個體驗性或現象學式的宣稱：經驗主體是必然地呈現與

活在意識經驗中的東西（Strawson 2009: 362）。而且我們所處理的是個極小化的概念。經驗主體並不是崇高偉大的某物。它是在此意義下為極小的：它是在維持經驗存在的情況下剔除掉除此之外的一切後所剩餘下來的（Strawson 2011: 254）。它是在這意義下為單薄的：它缺乏存有者上的深度（ontic depth）；它無法僅憑自己成為例如一個道德上負責任的行動者。事實上，它是這樣的一類東西，使得「只要有經驗，就必定有經驗主體」為真，這甚至對老鼠、蜘蛛或海蛞蝓來說也是如此——僅因為自我就是經驗主體，以及經驗在本質上就是由某人經歷的經驗（Strawson 2009: 276, 401）。當然，根據這個說法，在無經驗的期間，就不存在這樣的單薄自我。這個單薄自我不存在於、也無法存在於沒有經驗的情況下。它必然是體驗的，不能只擁有傾向性的（dispositional）存有（Strawson 2011: 260）。我會同意所有這些想法。而且很有趣的是，史卓森接著針對丹頓提出了一個相似於我的批評的非難。史卓森寫道：

> 我的立場完全對立於丹頓在他的《現象自我》中所持的立場，因為他完全於傾向性上來定義自我或經驗主體，他將之定義為一些潛能的集合。他的觀點符合於「曾經是經驗主體的存在物，能夠在並未實際上擁有經驗時存在著」之想法。我對於這單薄的主體概念的關注引領我去說出（聽在大多數當代哲學家的耳裡並不是很自然的），沒有實際的經驗主體存在於以下的宇宙中：存在有數百萬丹頓式的經驗主體，但這些主體從未實際上有過任何經驗。
> （Strawson 2009: 370）

那關於時間性的議題呢？如史卓森所不斷強調的，任何類

型的自我都必須是在時間中延展，因為沒有任何經驗能夠是瞬時（instantaneous）的；如果瞬時被定義為完全沒有時間延展的話。結果是，每個單薄自我都有共時統一性，再加上某個時間延展（Strawson 2009: 256, 388）。然而史卓森也論證說，每個分明有別的經驗都有它自己的經驗者（Strawson 2009: 276）。他承認，他對單薄自我的定義並未使得這樣的單薄主體必然是短命或轉瞬即逝的存在物。但是事實上在人的意識流中存在有許多時間上的中斷，這些單薄主體在作為人的情況中是短命的。有多短命呢？大概是兩到三秒。[3] 如此一來，史卓森最終所辯護的主張可被稱為自我的**短暫持續觀**（*transience view*）（Strawson 2009: 9）。在人的一生中，在同一個生物體中可說居住有數量眾多之存有論上有區別的短命自我。

在某些面向上，我認為史卓森提出的單薄自我跟我自己提出的體驗自我是引人注目地相似的。我們兩人都辯護一種體驗自我的概念，許多人無疑會將這個概念當成是個內容非常緊縮的自我概念。我們兩人都辯護說現象學相干於這個自我概念，而且我們兩人都承認（這是我接著將在本書稍後回來進行**周延**討論的）這個概念所能成就出來的成果是受到限制的；史卓森在談到這個概念缺乏存有者上的深度時，相當好地捕捉到了這個限制。那麼我跟他的差異何在呢？如果我們不去管那些包含用語差異在內的次要差異的話，我跟他之間的確存在有一個實質的差異，這差異跟持續存在及短暫持續的問題有關。

3　史卓森最終認為，「精確的時間延展有多長」是個開放的問題，而且其它可供考慮的可能性有：$1/1.855 \times 10^{-43}$ 秒（普朗克時間）、1 毫秒、25 毫秒、500 毫秒、一生、或永久（Strawson 2009: 398）。

　　史卓森認為，所謂的意識流事實上只是一系列孤立與短期的經驗片段。其中每個片段各自都有其存有論上分明有別的主體（Strawson 2009: 399）。因此，一個單薄主體無法倖存於經驗的中斷，因為它無法存在於任何時刻中，除非存在有某個經驗以它為主體。簡言之，每次有個新經驗出現時，也會存在有一個新主體或單薄自我。雖然在任何被給與的時刻中都存在有一個我（I）或自我（self），但是並不存在長久持續的自我；毋寧說，用史卓森的話來說，我是一再地全新的（Strawson 2009: 247）。

　　如同史卓森所指出的，他提出的這個結論雖然為自我的實在性做出辯護，但是並非明顯地讓贊成自我具有實在性的人感到滿意。畢竟，他所表態贊同的那種自我並非他認為佛教會拒斥的自我：

> 贊成自我具有實在性的人（pro-selfers）將會說：我宣稱為存在的自我不應被稱為自我；我以此方式來使用「自我」一詞，乃是掩蓋住了「存在有其它應該用這個語詞來稱呼的東西」這個事實。反對和贊成「自我具有實在性」的人都會同意我宣稱為存在的那些自我不應被如此命名，而且反對自我具有實在性的人（anti-selfers）會說：我以此方式來使用「自我」一詞，乃是掩蓋住了「沒有任何東西應被如此稱呼」這個事實。但這是個問題嗎？我認為問題不大。（Strawson 2009: 5）

可惜我無法在此繼續討論的一個問題是，史卓森的立場是否為我們提供了對於時間經驗——包括我們對於在時間中持續著的對象的經驗——有說服力的說明。但是讓我轉而去聚焦討論歷時性的議題。對於自我的體驗進路必須在丹頓的求助於潛能和史卓森所說的眾多

短暫持續的自我之間二擇一嗎？或是還有其它更具吸引力的選項可供選擇呢？

史卓森區分出了三個有可能被稱為自我性的候選者：厚實的生物整體（例如，人類個體）；傳統所說的內在存在物（也就是傳統所說的主體，它被設想為某種能夠在無任何經驗的情況下持續存在的內在物）；最後是瑟斯美特（sesmet），也就是無法在無經驗的情況下存在的短命主體（Strawson 2009: 374）。我的提議會是：先前所發展的體驗自我概念提供給我們第四個選項；這個自我概念位於史卓森的瑟斯美特與傳統所說的內在存在物之間。畢竟，體驗自我並不是個獨自存在的存在物，它無法在無經驗的情況下存在，而且它也無法只被化約為某個特定經驗；毋寧說，它能夠被等同於第一人稱特性這個到處遍在的維度；這個維度能被一連串變動著的諸多經驗所共有，但是又必須與這些經驗區分開來。

根據我所辯護的這個想法，當我們沒有意識的時候，的確並沒有體驗自我，沒有從第一人稱視角所界定的自我。但是這並不必然蘊含「體驗自我的歷時同一性與統一性會被所謂的意識流的中斷（像是無夢的睡眠或陷入昏迷）所威脅」，因為這個自我所具有的同一性並非建立或取決於毫無中斷的體驗連續性。同一個體驗自我是否出現於兩個在時間上有分別的經驗中，乃是取決於這兩個經驗是否分享同一個屬我性或對我性的維度。如果它們的確如此分享，則它們就能夠共同地構成一個在時間上延展開來的自我意識的例證。因此，我看不出來為何我們應該接受這個宣稱：現象上的統一性「並不存在於被重大時間間隔所區隔開的諸經驗之間」（Bayne 2013: 202）。這裡的決定性因素並不是兩經驗之間的客觀時間距離，而是過去的經驗片段是否可以透過現在的回想活動被第一人稱地接觸

到。在後者中，那兩個經驗事件都是同一個意識流的組成部分；意識的統一性並未斷裂，而且體驗自我的統一性也沒有斷裂。

有人可能會反對說，我的上述提議賦予了自我性一些相當奇怪的持續存在性條件。體驗自我如何能夠以這樣的方式突然出現又突然消失呢？它如何能夠好比不存在一段時間後還倖存呢？然而，我沒有把握這些提問會是恰當的提問。這些提問假定了：處理有關體驗歷時性之問題的恰當方式是從第三人稱的視角來考量。這些提問將意識流類比為一條繩索，而且將無夢的睡眠比擬為繩索的切斷。從這樣的角度來看，「這道」意識流可被看成由被諸多無意識期間所中斷的一連串分立的諸多事件（丹頓甚至說成一連串分明有別的意識流）所組成。[4] 鑑於這樣的安排，我們接著將會面臨如何去連結起這些分立單元的問題。而且如同史多克斯（Stokes）已經指出的，可供丹頓選擇之唯一可行的選項是以推論來進行連結；也就是說，雖然只要 t_2 與 t_1 沒有被無意識的期間所分隔，我就能夠經驗到在 t_2 的主體 2 等同於在 t_1 的主體 1，但是我隔天所抱持的堅定信念「昨天晚上上床睡覺的是**我**」變成是純粹經由推論而得到的，不再是建立在體驗上（Stokes 2014）。但是如果我們反過來採取第一人稱視角（這會是以經驗為基礎的進路應該採取的視角），那麼情況看起來會相當不同。從第一人稱視角來看，並非好像個人必須往回

4　讓我們來對比柏格森（Bergson）在《時間與自由意志：論意識的直接予料》（*Essai sur les données immédiates de la conscience*）中的宣稱：將意識流設想成「一道或一系列彼此並齊排列的諸多分立意識狀態」的任何嘗試都預設了由上往下的觀看，這種觀看彷彿嘗試要立即將意識流一覽無遺。對柏格森而言，這樣的進路由於依賴於空間觀念與範疇，所以扭曲了意識所獨有與特有之體驗性的時間（Bergson 1910: 91, 98-9）。

追溯，並建立起跟某個相分離的意識流之間的連結。雖然的確有像是睡著與醒來這樣的狀態，但是在無夢的睡眠中，第一人稱視角的欠缺並未以第一人稱的方式呈現出來（類似的論證可見於 Klawonn 1990b: 103-4）。無意識的期間並不具有時間上的延展；而且連結到你昨天的某個經驗（例如很劇烈的羞恥或難堪的感受），無異於連結到你今天早晨的某個經驗。在這兩個情況中，我們都面對著歷時地被統合的意識。難以看出為何我們在分析前者中的回想活動時應該不去關注實際經驗，而是轉而去關注體驗能力與產生出經驗的能力。

　　我要強調，我對下列問題仍保持中立不採取立場：歷時的自我意識是否能當成證據來支持存在著位於底層之持續存在、且非體驗的（大腦）基底？我所辯護的是體驗自我，這個自我是從第一人稱視角來界定的——既不更多，也不更少。

　　某些人可能會反對說：這個結果必定是意謂著：我們對於歷時統一性的經驗畢竟「只是」現象學式的經驗而已，因而缺乏任何形上學上的衝擊力。但是想用「此一經驗到的統一性無法揭露出意識之真正的形上學本性」來消解掉歷時統一性的現象學式經驗，乃是誤將顯象一實在之區分使用在它的合適應用範圍之外。這個錯誤格外地明顯，尤其是因為這裡所說的實在性，並不是用某種表面看來可行、但其實不可行的「獨立於心靈」來界定的，而是應該用體驗上的實在性來理解。為了進行比較，可以考量現象意識的情況。誰會否認痛苦的經驗即足以建立起痛苦的實在性呢？如同皮考科（Peacocke）最近所說的，我們應該「避免這種雙重標準：在給予主體某種處置之後，又不將這種處置應用到意識之上」（Peacocke 2012: 92）。

　　論證說，如果意識的歷時統一性並未在次人格（subpersonal）層次被相稱的統一性所支撐的話，那麼它將會是虛幻的；這乃是誤解了我們手上的任務。如同史卓森所指出的，即使你被說服說「你的心靈生活之存在乃是取決於一連串分明有別的大腦或神經存在物的相繼存在」，這並不會消除掉你對於自我作為一個歷時地持續著的存在物的感覺（Strawson 2009: 81）。我同意這個說法，但是我會再補上這個主張：我們對於在時間上延展與統合著的意識流的經驗**本身就是**對於體驗自我具有實在（而非僅是虛幻）的歷時性的經驗。倘若有人還是要堅持說「一分鐘長的連續體驗實際上包含有二十到三十個形上學上有分別（但質性上相似）的短期自我」的話，他將不可避免會面臨「這些相似的短期自我之間的關連為何」的問題。我看不出來除了下列提案之外還有別的可行選項：從形上學來說，上述這些短期自我雖然可能彼此之間存在有獨一無二的因果關係，但是它們之間的分別仍然有如你跟我的分別那麼大。而且我必須承認，我認為這個提案是荒謬的。但是可能有人會如此反駁：即使相似性的確並不等於同一性，我們還是需要區分開宣稱「意識流包含某種形式的體驗統一性」的理論與宣稱「意識流以某種方式包含有歷時的自我同一性」的理論。然而，我的回應會是去質疑「那個區分在目前這個脈絡中是否真的相干與具有重要性」。在我看來，由第一人稱特性所提供的統一性就足以得出我努力想要保持住的那種體驗上的歷時自我同一性。如果你裁定說這還不足夠（有誰在此提到過康德的撞球嗎？），那麼我認為你在尋找的是錯誤類型的同一性。[5] 因此，當討論體驗自我跟歷時統一性議題之間的

5　為了進行比較，讓我們來考量胡塞爾在 1921 年的一份手稿中所做的評論；

關係時，我們應該要回憶起下列這個一直引導著我們的想法：體驗的自我性應該參照自我經驗來加以界定，而不是反過來。

　　上述陳述的確留下了許多關於自我同一性的問題未被回答。有人曾經論證說：情節記憶預設了自我同一性，而且只是提供了證據來支持個人自己的持續存在；如同瑞德（Reid）所寫的，我的回憶不僅作證說曾有那麼一回事，而且也作證說那是現在還有此記憶的我所做的。假使那是我做的，那麼我必定在那時候就已經存在，而且從那時候持續存在到現在（Reid 1863: 345）。相對地，洛克的極端主張是：人格同一性是經由內在意識被主觀地構成的，而且關於人格同一性的諸問題因此必須截然地區別於關於人類個體之同一性或底層實體之同一性的諸問題。這正是為何他會宣稱說：「是否我們是相同的能思想之物；亦即是否是相同的實體」這個問題「跟**人格同一性**完全沒有關連」（Locke 1975: 336）。的確，如洛克繼續寫道：

> 正是藉由它有對於它目前的思想與行動的意識，它現在對**它自己**而言是**自我**，而且將是這相同的**自我**，只要這相同的意識能延展到過去或未來的行動；而且不會由於時間間隔或實體改變而變成兩個**人格人**（*persons*），就像一個人

他論證說，自我（ego）在回想的活動中領會到它自己的綿延持續；它領會到它也曾是過往經驗的主體。但是如同胡塞爾後來補充的，自我之同一性與持續性乃是根本地不同於通常的持續存在物所具有的同一性。考量一個聲音。這個聲音的同一性乃是關連到「它從某一時刻延續到下一時刻」之事實；它有所謂地時間上的伸展。如果遭到中斷而有片刻的無聲，那麼這個聲音之數量上的同一性將會裂開，我們將有兩個質地相同的聲音。胡塞爾明白地否認「這個結論也同樣適用於自我」（Husserl 1973b: 42-3）。

不會由於睡了一覺後今天穿著跟昨天不一樣的衣服，就變成為兩個人：這相同的意識將那些遙遠的行動統合到同一個**人格人**之中，不管有哪些實體對於這些行動的產生有所貢獻。（Locke 1975: 336）

洛克的提案的極端性是令人欽佩的，但是許多人曾經裁定說他的主張缺乏說服力。例如，曾有人論證說，對於人格同一性而言，意識既不是必要條件（因為我還是得為我過去做過的事負起責任，即使我已不復記憶了），也不是充分條件（因為我跟蘇格拉底仍然不是同一個人格人，即使我似乎從我的內部記得蘇格拉底實際上做過的事）。[6] 不管我們選擇瑞德的主張，或選擇洛克的主張，還是選擇當代對於他們的主張的改進版，我們也必須得考量各種記憶障礙（包括失憶症與虛假記憶）所提出的挑戰。

考慮下列這個案例：在 2013 年有個人宣稱他是拿破崙，而且真誠地堅持說他對於參與滑鐵盧戰役有鮮明的記憶。拿這樣的記憶呈現作為證據來支持自我的長期持續存在，難道不荒謬嗎？我們的記憶顯然是可以被扭曲的。這正是為何許多心理學家與認知科學家力主我們應該拋棄「記憶是對於實在之被動或如實的記錄」之迷思。就像夏克特（Daniel Schacter）所言，諸記憶並不像是儲存在心靈相簿中的一系列家庭照片那樣的真實記錄（Schacter 1996: 5）。記憶錯誤的一個常見的根源是記憶來源毀損（impaired source memory）。你可能曾經閱讀過某事件，而現在將它記憶為你曾經親身經歷過的事件，或者你可能將某個經驗記成屬你所有，雖然它

6　更周延的討論請參看 Thiel（2011）。

實際上是發生在某人身上，而那個人曾向你說過那個經驗。簡言之，你可能正確地記得過去曾經見過、聽過或經驗過某個事件，但是你記錯了你的記憶的來源（Lindsay and Johnson 1991; Schacter 1996）。很可能那個宣稱對於拿破崙的戰敗擁有第一人稱記憶的人一定曾經獲得過關於滑鐵盧戰役的訊息。既然他有如此的情節記憶，這的確證實了他的持續的、也就是在時間上延展的存在；他存在於他獲得他所記得的訊息的那個時刻。但是那個時刻當然極有可能晚於 1815 年 6 月 18 日，而且與之相隔很長一段時間。這一類錯誤不僅是可能的，而且也比人們所可能以為的更為常見。然而，還存在有更具戲劇性的類型的記憶錯誤，包括著名的自發填充虛構事件到記憶裡和虛妄記憶（spontaneous confabulation and delusional memory）（Kopelman 1999）。因此，人們可能會有彷彿真實的記憶；他們可能真誠地相信他們是記得發生在自己生命中的事件，但這些事件從未被他們所經歷過或思想過，而且事實上從未發生在他們或其他人身上。

　　情節記憶並非不會出錯，但是相反於傑弗斯所宣稱的（2011: 132），我不認為必然有錯誤或扭曲包含在記得某個經驗屬於我之中。然而，否認「在無經驗期間存在有體驗自我」明顯地是承認「體驗自我的持續存在性條件不會相同於生物個體的持續存在性條件」。這樣一來，有些人可能會將這個承認當作是公然承認失敗。畢竟，我們真正需要的理論乃是能夠容納「目前擁有經驗的主體曾經一度是個無經驗的胚胎，而且可能在未來某個時刻落入持續的植物人狀態」這個事實的理論。然而，這個所謂的失敗也可以被詮釋為這個提案的特有優點，因為被剪裁成同樣適用於這三個情況的自我性概念（像是某些生物學的或動物主義者〔animalist〕的概念）

可被指控為：在聚焦於（最低層）共同點的同時，忽略了具有絕對關鍵性的要點，也就是忽略了經驗所扮演的角色。簡言之，我不會推薦勉強接受和將就使用一個也適用於、且可被歸屬給哲學殭屍（a philosophical zombie）（它雖然不擁有經驗，但是大概仍然是個活的生物體）的自我性概念。

　　丹麥哲學家克拉翁在他的諸多論述中曾經持續為下列主張辯護：對於恰當的（非化約論的）人格同一性理論來說，經驗所具有之第一人稱被給與性、或克拉翁所稱呼的「我之維度」（I-dimension）或「原初呈現的維度」具有無與倫比的重要性（Klawonn 1987, 1990a, b, 1991, 1998）。克拉翁起初指出我們必須區分開「我的經驗場域」和「它所包含之任何暫時的體驗內容」，並且接著論證說：這眾多經驗能夠在內容上完全改變，卻並未停止被給與為屬我所有，並未讓我不再是我，只要這些經驗仍然在那個經驗場域中顯露，也就是說，只要它們保有它們特有之第一人稱的存有形式。事實上，克拉翁明白地論證說，一經驗所具有之主觀的或第一人稱被給與性乃是該經驗具有自我性的充分必要條件，而且自我可被定義為──而意識的統一性可藉此得到解釋──一個包含不斷變動著的諸多經驗的系統所具有之不會變動的第一人稱被給與性（Klawonn 1998: 60; 也請參看 1991: 136）。克拉翁接著使用這個架構來批評化約論者（特別是帕菲特式的〔Parfitian〕）有關人格同一性的討論，並且論證說，對我呈現之場域構成了一個可用以解釋歷時的嚴格自我同一性之「更深一層的事實」（1990a: 44, 57; 1990b: 101）。雖然克拉翁準備接受有這樣的案例存在：內省的審察無法確定我是否等同於過去的某個人（1990b: 100）；但是他仍然論證說，我的歷時自我同一性跟原初呈現的場域有同樣長的時間延展。即

使我實際上無法確定我是否等同於那個出生在 1967 年且被命名為丹‧扎哈維的嬰兒，這也不會改變這個同一性之所是，如果這個同一性，也就是這個原初呈現的場域（亦即第一人稱的體驗維度）之數量上的同一性成立的話。

　　我贊成這條思路，但是人們可能會懷疑這條思路已經超出了針對自我性的嚴格體驗進路所能觸及的範圍，因為這條思路主張：當下意識經驗事件的體驗自我能夠等同於過去意識經驗事件的體驗自我，即使這過去的經驗事件不再能以第一人稱方式取回或接觸。雖然我認為，除非至少偶爾存在有經驗主體，否則我們就無法合理地談論人格同一性（相對於物理上的同一性）這個特定問題，但是我因而對下列主張沒有那麼大的信心：體驗自我概念本身將允許我們去處理或解答所有跟歷時持續存在性有關的問題。無論如何，我當前的目標比克拉翁的目標要更為謙虛審慎，因為我沒有意圖要去參與有關人格同一的複雜討論。雖然我在前幾章曾經辯護過「在體驗自我性與前反思（共時）的自我意識之間有緊密連結」這個主張，但是我在本章的主要目的是聚焦考察歷時統一性，以便展示出：雖然體驗自我可能是極小的，但是它並不是無時間性的，也不是不具時間延展的。所以即使引介敘事地延展的自我觀念的動機之一乃是想要處理歷時統一性的議題，我們不可誤以為這個議題會完全超出我所偏好之體驗進路的考察範圍。事實上，「我們只有在已經獲得敘事能力之後，才得以享有具有時間結構的自我經驗」之宣稱會是完全誤入歧途的。體驗自我擁有些許的時間延展，而且我們的前反思自我意識包含有對於歷時性的若干覺察在內。

第六章
純粹與貧乏

　　要是有任何人懷疑這個論點的話，我的方案乃是受到胡塞爾的影響。接下來讓我更加以詮釋的方式進行挖掘，以闡明胡塞爾自己的立場，因為如此將可以為第二部分要討論的若干主題鋪路。

6.1 私有性與匿名性

　　不過，我的出發點將不是胡塞爾，而是梅洛龐蒂。讓我從對梅洛龐蒂在〈兒童與他人的關係〉（*Les relations avec autrui chez l'enfant*）中所辯護的一個說法加以細思來開始。這是他在索邦大學進行的一個關於兒童心理學的講座課程，但是與標題所可能指示的相反，梅洛龐蒂原本對有關社會互動的早期形式的種種經驗發現並不感興趣。反之，他提出並試圖去回答關乎自我與他人之間關聯的那些重要哲學問題。確實，他的出發點正是，對於我們與他人有何關聯的問題，古典心理學被指控不能提供一個令人滿意的解答；按照梅洛龐蒂的說法，其中無能為力的一點是由於這個事實，即古典心理學將其整個進路建立在某種不加質疑的和沒有保證的一些哲學偏見之上。其中首要的是這樣的基本假定：只有一個人有直接接觸特定體驗生活的途徑，即擁有該體驗生活的個體（Merleau-Ponty

1964a: 114）；且我們接觸另一人心理（psyche）的唯一途徑是間接的、由他或她的身體顯象所媒介。我能**看到**你的臉部表情、姿態和行動，且據之我就能或多或少猜到你所思考、感覺或意圖的東西（Merleau-Ponty 1964a: 113-14）。古典心理學已習於藉由從類比而來的一個論證來說明從可見的外部（exteriority）到不可見的內部（interiority）的推移，但梅洛龐蒂隨即指出這個策略所固有的一些困難。他提出的那些反對意見與謝勒幾年前在《同情的本質與諸形式》（*Wesen und Formen der Sympathie*）中所提出的反對意見非常相似；我將會在第二部分回頭來談後者。現在要說的是，梅洛龐蒂以反對下面這個想法來總結他的批評，即我的體驗生活是一系列的內在狀態，除了我之外，不能被任何人接觸到。反之，根據他的觀點，我們的體驗生活首先是與世界的一種關聯，正是在這個朝向世界的舉止（comportment）中，我應該也能發現他人的意識。他寫道：「從我把他和我自己界定為在世界中運作的『行為方式』（conducts）、界定為對我們周遭的自然和文化世界的諸多『把握』方式的那一刻起，向著他人的視角就對我開放著。」（Merleau-Ponty 1964a: 117）既然我自己是指向世界的意識，我能遭逢行動的他人，而由於他們的行動也是我的可能行動，其行動就對我富有意義。梅洛龐蒂因此論證，我們需要重新界定我們的心理概念，並且修正我們對於身體的理解。如果我們正是憑藉身體經驗來挪用與理解他人的行為方式，那麼身體經驗就不該被界定為諸多感覺的總合，而該被視為具有姿態的或肉身的圖式（postural or corporeal schema）（Merleau-Ponty 1964a: 117）。梅洛龐蒂在此寫道：

> 可被知覺的他人自己並非是一個封閉於他自己的「心理」

而是朝向世界的一個行為方式、一個行為系統，他將其自己提供給我的種種運動意向（motor intentions），以及我藉以活化和滲透他的「意向性越界（transgressio）」（胡塞爾）。胡塞爾說，關於他人的知覺就像一個「聯對的現象」（phenomenon of coupling）。這個術語絕不是一個隱喻。在知覺他人時，我的身體和他的身體是聯對的，這導致一種使它們成對的行動。這個我只能看到的行為方式，我是從一段距離外以某種方式去體驗的。我使它成為我的；我恢復它或了解它。相互地我知道我自己做的姿勢可以是另一人意的的對象。正是這種從我的意向到他人的身體和從他的意向到我的身體的轉換，這種我對他人的陌異化與他人對我的陌異化，使對他人的知覺成為可能。（Merleau-Ponty 1964a: 118）

在這段話中有很多我們可以思索的東西。它闡明了梅洛龐蒂至少與胡塞爾的部分說法有實質一致之處，且有一個重要挑戰是要說明：為什麼其中談到的轉移（transference）不是一種投射（projection）？（但關於這點在第二部分會談的更多）然而，我在此想聚焦於一個不同的議題，那就是梅洛龐蒂緊接在上面引文後所寫的一些東西。他觀察到，如果我們預設自我與他人擁有關於他們自己的絕對意識，彷彿各自對於彼此而言是絕對本源的，那麼這種說法就仍是無效的（Merleau-Ponty 1964a: 119）。當然，我們在梅洛龐蒂著作中的其他地方也會遇到這種觀點，例如在《知覺現象學》（*Phénoménologie de la perception*）的一個著名段落中，他就聲明：「他人之所以可能是明證的（evident），因為我對我自己來說並不是

透明的，且因為我的主體性從自己後面拉著它的身體。」（Merleau-Ponty 2012: 368）。然而，在現在的文本中，梅洛龐蒂更有興趣的是這個宣稱的第二部分。他繼續寫道，如果我們假定有一種無分化的初始狀態，且心理起源（psychogenesis）的開端正是孩童未覺察他自己與他人是不同存有者的一種狀態，那麼對他人的知覺就成為可理解的。在這初始狀態中，我們不能說有任何真正的溝通：溝通預設了溝通者和與他溝通者的區分。但在提到謝勒時，梅洛龐蒂繼續說道，有一種前溝通的狀態，在這裡他人的意向以某種方式跨越到我的身體，而我的意向則跨越到他的（Merleau-Ponty 1964a: 119）。在梅洛龐蒂看來，這第一個階段中並沒有一個個體與另一個體對立的情況，而是一個匿名的集體，即一個未分化的群體生命（Merleau-Ponty 1964a: 119）。就如他後來在《符號》（*Signes*）中所陳述的：

> 使我們進入主體際生命的孤獨並非是單子（monad）那樣的孤獨。它只是使我們與存有者分離的一個匿名生命的薄霧；我們和他人之間的障礙是感覺不到的。若是存在著隔閡，也不是在我和另一人之間；它是在我們混雜於其中的原初普遍性和「我自己—他人」這個明確的系統之間。那個「先行於」主體際的生命的東西不能在個數上與它有別，正是因為在這個層次，既沒有個體化，也沒有個數的區別。（Merleau-Ponty 1964b: 174）

在〈兒童與他人的關係〉中，梅洛龐蒂描述初始匿名生命是如何逐漸分化的。他描述兒童如何覺察到自己的身體與他人的身體不同，並且特別強調兒童面對到他自己的鏡像的重要性（我

在第三部分會回頭來談這些）。透過鏡像中介的自我對象化（self-objectification），兒童開始覺察到他自己的孤立與分離，且連帶覺察到他人的孤立與分離（Merleau-Ponty 1964a: 119）。梅洛龐蒂不僅論證這個觀點可以在現象學的基礎上加以辯護，也論證完形心理學（gestalt psychology）和精神分析（psychoanalysis）已經得到相似的洞見。像是他提到瓦隆（Henri Wallon）的著作；瓦隆主張，我與他人之間有初始的混同，兩者分化的關鍵取決於身體後來的客體化（Merleau-Ponty 1964a: 120）。

當梅洛龐蒂說兒童原本全然沒有覺察到他自己和他人，且到了後來才意識到自己和他人為獨特個體時，這個宣稱中有一個歧義使我們難以評判它。梅洛龐蒂是否僅是宣稱，兒童在一個相對較晚的階段才清楚覺察到他自己和他人的差別（而這種較晚出現的理解與一開始就存在的自我和他人的區別完全相容）？抑或他在捍衛的是更為基進的宣稱，即自我和他人的真正區別是源自於和根植於一個共同的匿名性？

索邦大學演講和《符號》中都有若干段落支持後面那個更基進的觀點。

6.2 人格我、純粹我和原我

如果我們現在回到胡塞爾，我們會發現他論證著，「自我意識和對他人的意識是不可分的」，這點是先驗（a priori）有效的（Husserl 1954: 256 [253]）；或者如他在同個文本稍後所說的，「既然我進行著體驗活動──一般而言是作為一個（思考著、評價著和行動著的）自我而生活著，我必然是一個有對我而言的『你』、對

我而言的『我們』、對我而言的『你們』的『我』——即具有這個人稱代名詞的『我』」（Husserl 1954: 270 [335-6]）。更一般而言，胡塞爾把一種**相對性的存有模式**歸屬於人格我（Husserl, 1952: 319）。就如他在幾個地方所提出的，若是沒有你的話，也就沒有對立於你的我；這就是說，這個我是對立於那個你才被構成為我（Husserl 1973a: 6, 247）。的確，誠如胡塞爾在一段被梅洛龐蒂後來仔細討論的著名引文中寫道：「主體性只有在主體際性之內才是其所是——即作為一個在構成地作用中的自我。」（Husserl 1954: 175 [172]）

　　胡塞爾因此確信，人格我在社會生活中有其起源。人格人有種種能力、傾向、習慣、興趣、特徵和信念，但人格人不存在於一個社會的真空狀態。作為一個人格人而存在即是社會化於一個公共的視域（horizon）而存在，在這裡一個人對待自己的方式乃是由他人處挪用而來：

> 在移情同感和進一步從它發展而成的**社會活動**中，可以發現**人格的起源**（*The origin of personality*）。對人格來說，主體開始覺察到自己是其活動的中心還不夠；應該說，唯有當主體進入到與他人的社會關係中，人格才能得到構成。（Husserl 1973b: 175）

我作為一個人格人因此不是我自己的成就；對胡塞爾來說，它毋寧是我與他人「溝通性的交織在一起」的結果（Husserl 1973c: 603; 亦參見 1973c: 50）。

　　乍看之下，胡塞爾和梅洛龐蒂似乎有不少立場相當一致。事實上，說「胡塞爾也認為我和你構成一個共同系統」，這並不是不合理的。就如胡塞爾在《觀念二》所提出的：「根據我們的表現，

我和我們這兩個概念是相關聯的：我需要你、我們和『他人』。再者，自我（the Ego）（作為人格人的自我）需要與它所投入的世界有一種關聯。因此，我、我們與世界相互隸屬。」（Husserl 1952: 288）胡塞爾沒有說我是優先的，或者我和你就是同等原初的，胡塞爾甚至在某些地方似乎賦予他人優先性，例如，在下列出自《主體際性的現象學 II》（*Zur Phänomenologie der Intersubjektivität II*）的著名引文中，他說：「他人──而不是我──是第一個人。」（Husserl 1973b: 418）

　　然而，這樣提出問題的方式略有不足。胡塞爾運用若干互補的「我」的概念，而我到目前為止討論的並不是那個最基礎的概念。當胡塞爾寫道，我是透過我─你關係而轉變為人格我（Husserl 1973b: 171），且當他寫說，人與動物的區別在於儘管後者有一種我─結構，但唯有人類有一個人格我（Husserl 1973c: 177），他就清楚指出，人格我是一個被奠立（founded）的我。但這麼一來，根據胡塞爾的說法，是什麼構成了我的那個更深的、更基礎的維度？且這個我的維度與他人的關係又是什麼？

　　讓我們思考一下他在《觀念二》中所提出的分析。胡塞爾在那裡強調意識的絕對個體化。他寫道：「任何被給與的**思想**（*cogitatio*）的純粹自我（pure Ego）已有絕對的個體化，且這個**思想**自身是某種在其自身絕對具有個體性的東西……意識流中的諸體驗有一個絕對屬於它們自己的本質；它們在其自身中承擔著其個體化。」（Husserl 1952: 299-300; 亦參見 Husserl 2006: 386）胡塞爾在這裡所提到的純粹自我，就如他所寫的那樣，不是某種秘密的或神秘的東西，而只是經驗主體的另一個名稱（Husserl 1952: 97）。意識流不單是一束經驗；應該說，一切體驗活動都是一個主體的體驗

活動，而這個主體不像其經驗那樣流動（Husserl 1952: 103, 277）。不過，雖然純粹自我必須與它生活和作用於其中的諸多經驗區別開來，因為前者保有其同一性，後者則在意識流中生滅，在一個恆常流動中彼此取代（Husserl 1952: 98-9; 1974: 363），但純粹自我不能以任何方式獨立於種種經驗而存在或與它們分開而被思考（反之亦然）。它是一個超越者（transcendence），但據胡塞爾的著名用語，是一個**在內在中的超越者**（*a transcendence in the immanence*）（Husserl 1976: 123-4）。

　　因此，我們必須不把純粹自我和人格自我混為一談。[1] 對照於純粹自我，人格自我既是以主體際的方式構成的，它也是由不同類型的歷史性和個體性所刻畫的。就如我們已經看到的，對胡塞爾而言，作為一個人格人存在蘊含著把他人對自己的態度挪為己有。然而，當胡塞爾寫道，無論這個人了解與否，一個人格人的發展都是取決於他人的影響──他們的思想、他們的感受與命令的影響；胡塞爾也提出了一個相當法蘭克福式的論證，即只要我不僅被動地受制於他人的影響，而是經過一種主動的採取立場（*Stellungnahme*），挪用或合併他們的意見，他們就在一個更實質的意義上成為我自己的。事實上，正是在擁有自己的信念與藉由依循自我施加的指引上，胡塞爾看到了理性自我負責的可能性，從而看到某種理性自律的可能性（Husserl 1952: 269; 對照 Moran 2001: 51）；不僅如此，他也論證著，我的決定逐漸形塑了我是誰，且我

1　我們也必須區分胡塞爾的純粹自我與超越論自我的概念，儘管有些詮釋者交替使用這些概念。我們非但有可能討論和認同胡塞爾所謂的純粹自我而不採納或接受超越論哲學的視角，而且對超越論自我的充分思考，亦即對作為構成維度的主體的充分思考也必須遠不只包括純粹自我。

的個體性表現在我於思考與做決定時一直以來展現的風格，也表現在我行為的統一性中（Husserl 1952: 270; 1973b: 196）。最後，胡塞爾也談到，在積澱累進與持續的習慣被建立之下，純粹自我如何發展成為一個帶有歷史的人格自我（Husserl 1952: 151, 265）。換句話說，純粹自我擁有一種純粹形式的個體化，而藉由我的道德的和理智的種種決定與信念，以及藉由我對各種社會團體的認同與參與，一種更具體的個體性在我的人格歷史中且透過此歷史就得到構成。簡言之，我不只是一個純粹的和形式的經驗主體，也是具有種種能力、傾向、習慣、興趣、特徵和信念的人格人，而只專注於前者就是進行一種抽象化（Husserl 1962: 210）。為了知道作為人格的我是誰，我需要檢視**經驗的無限性**（*Unendlichkeit der Erfahrung*）。如同胡塞爾所提出的，人格人是在原則上能夠無限發展的統一體（Husserl 1973b: 204）；它是藉由自我經驗與他人經驗間的互動所構成，且在此互動中持續被豐富著（Husserl 1973a: 432; 1971: 112）。簡言之，對那種自我知識的獲得是一種無止盡的追求。相反的，要知道純粹自我是什麼，亦即一個沒有傾向、特徵或喜好的自我是什麼，只要一個單一的**我思**就夠了。這一切或許聽起來奇怪，且事實上使得呂格爾批評胡塞爾沒能認識到他所謂的「受傷的**我思**」（引自 Kearney 1984: 27）。但與其把胡塞爾的聲稱解讀為證實他沒有認識到人類生命的豐富性與複雜性，不如更合理地把這個陳述，以及胡塞爾後來強調「純粹自我不具有隱藏的內在豐富性」這個事實，解讀為突顯純粹自我的形式性和空洞性。在某種程度上，它是一個極為單薄與緊縮的概念。如史坦茵在一處所說的：「純粹的『我』沒有深度。」（Stein 2008: 110）它是純粹的，但也是貧乏的；它在形式的意義上是純粹的，因而在內容方面是貧乏的（Husserl 1976:

179）。但這不應使我們否認它的存在或重要性。

在包含《危機》（*Die Krisis*）與《主體際性的現象學 III》（*Zur Phänomenologie der Intersubjektivität III*）在內的幾個地方，胡塞爾還針對關於「我」的最基礎維度提出了另一個術語，也就是**原我**（*Ur-Ich or primal I*）。讓我們來看一下明白指向這個我的維度的幾個段落：

> 直接跳入超越論的主體際性，且跳過那個「原我」，即那個絕不會失去其獨特性和人格不變性的、我所懸擱（epoché）之自我，這在方法上是錯誤的。（Husserl 1954: 188 [185]）

> 我不是**一個**自我，即不是一個始終在自然的有效性中擁有他的**你**、他的**我們**、他的作為共同主體者之整個社群的自我。（Husserl 1954: 188 [184]）

> 我在懸擱中獲得的「我」……事實上僅有在語義分歧的情況下才能被稱為「我」。（Husserl 1954: 188 [184]）

這些引文強調了兩個議題。首先，這裡所說的我不同於我們通常使用的我的概念；其次，這個我不以與人格我同樣的方式依賴於或關聯到他人。如我們已經看到的，關於後一個議題，胡塞爾寫道，若沒有你的話，也就沒有我，因為這個我唯有對照於一個你才是一個我（Husserl 1973a: 6, 247）。而關於前一個議題他寫道，絕對的我（the absolute I）是獨一無二的，因此關於複數絕對我的宣稱必然是無意義的；既然如此，絕對的我就不可能是（在許多〔自我〕中的）**一個**自我（Husserl 1973c: 589-90）。

　　我們現在面對到的明顯問題是，這個原我究竟相當於什麼？這個概念可以得到辯護嗎？且胡塞爾堅持其獨特性與不變性是否是對的？對這些問題的一個全面回答必須討論純粹自我與原我的確切關係，且特別必須思考胡塞爾的分析所處的超越論哲學脈絡。不過，我把這些關於詮釋的考量置於一旁，而關注於我認為對我所探究的特定焦點更直接有關的一個特定方面。

　　當胡塞爾說到原我的徹底單一性，並且否定它可以成為複數時，他談論的不是原我的實體的或形上學的獨特性及不變性，而是涉及獨特的意識第一人稱特性。舉例來說，這個詮釋可由胡塞爾未發表的一篇研究手稿得到支持，他在那裡論證著，「我」不容許任何複數，只要這個字眼是在原初意義上使用的話。他人的確經驗他們自身作為「我」，但我只能經驗到我自己，而不能將他們經驗為我（Husserl 1932: 127a）。因此，在我身旁並沒有第二件東西，我可以說它「那是我」。於是，當「我」精確意指**我**時，我不能說成**一個**我。這個我是絕對獨特和個別的（Husserl 1932: 138a）。[2] 但胡

―――――

2　在 1907 年的一份文本中，利普斯提出了一個有點相似的論點。他寫道，「我只直接認識我自己。我說『我自己』（myself）而不是『我的自我』（my self）。若我說『我的』自我，我就預設了其他自我。因此，我先於認識他人而原初地就認識的自我，並不是『我的』自我。它也不是『一個』自我或『這個』自我。因為『一個』自我是一個其他諸自我中的一個自我，而『這個』自我則是相對於其他個體自我的一個個別的自己。我原初地認識的自我就只是『我』；這個『我』不作為一個實名詞（substantive），而是一個人稱代名詞。這就成為我的我，這個我，一個我；簡言之，當其他諸我在我面前時，就是一個個別的我。」（Lipps 1907a: 694）我們還可思考這個事實：「一個自我」（a self）或「那個自我」（the self）的說法似乎沒有「許多自我」（selves）的說法那麼不自然（儘管肯尼有一個著名的批評；Kenny 1988: 4）。若我們想要把這個概念變成複數的，說出自我和他人是更自然的。

塞爾也清楚說明，對原我之獨特性的專注絕不代表排除存在著具類似獨特性的諸多原我。他寫道，「獨特的我——那個超越論的我。它在其獨特性中設定『其他』獨特的超越論諸我——作為他們自己再次設定他人為獨特的『他人』。」（Husserl 1932: 138b）

　　就我所理解的胡塞爾而言，他對原我的強調乃是試著公平對待意識的第一人稱特性；這是試著指向意識本有的和「絕對的個體化」（比較 Husserl 1952: 97），這正是主體不藉由與他人的對照和互動才首先獲得的一種個體化。簡言之，按照胡塞爾的說法，對自我性、前反思的自我意識和意識流諸結構之間的關係進行一種形式分析，而不把他人納入該分析中，這完全是正當的。說到體驗生活的特殊**屬我性**（*Meinheit*），這是一個能夠不與他人對照而被刻畫的一個面向（Husserl 1973c: 351）。但如同胡塞爾也強調的那樣，即使我們的體驗生活是固有地被個體化的，我們也必須了解到，這是一種形式的和空洞的個體化，它同樣刻畫著每一個其他可能的主體（Husserl 1973b: 23）。

　　這個詮釋的優點在於，它讓我們把胡塞爾晚期相當罕見的關於原我的談論，連結到他持續關注的關於自我意識的議題。如前所述，胡塞爾強調自我意識在體驗生活中無所不在，並且一再把意識的第一人稱特性、自我意識的原始形式和自我性的特定基本意義這三者等同起來。如此詮釋原我的概念也讓我們與胡塞爾早期的**原意識**（*Urbewusstsein*, or 'primal consciousness'）概念建立起一個連結。[3] 胡塞爾在他於 1906-7 早期講座《邏輯學與知識論導論》

3　田口（Taguchi）在他其他方面十分優異的論述中似乎忽略了這個連結（Taguchi 2006）。

（*Einleitung in die Logik und Erkenntnistheorie*）中已經使用的原意識
這個概念，它並不指涉到一種特定的意向經驗。應該說，這個術語
指的是遍在的、任何發生中的經驗都具有的、前反思與非客體化的
自我意識維度（Husserl 1984b: 245-7）。的確，儘管要更仔細地探
索這個角度會使我們離題太遠，但「原意識」這個術語在胡塞爾的
內時間意識現象學講座中處於核心地位，這肯定並非巧合（Husserl
1966a: 89, 118-20）。

　　在胡塞爾對原我的討論中，有一個被強調的重要方法論議題：
在我們描述這個維度時，日常語言有潛在誤導的特性。如胡塞爾在
我前面部分引用的核心段落中所寫的：

> 我在懸置中獲得的「我」……事實上僅有在語義分歧的情
> 況下才能被稱為「我」——但這是一種根本的語義分歧，
> 因為當我在反思中命名它時，我只能說：實行懸置的就是
> 我。（Husserl 1954: 188 [184]）

胡塞爾在此強調的是，原我之概念顯然不同於日常生活中使用的
「我」之概念，而在「我」之概念保有通常內涵的情況下，把原我
標記為「我」會讓人誤解。然而，他同時強調「我」一詞的持續使
用是必要的與不可避免的。不僅我們缺少更好的用語，胡塞爾顯然
也希望保有這個用語的體驗性意義。他指向的是我們所有人都極為
熟悉的某種東西，也就是意識基本的第一人稱特性，雖然我們在日
常生活中時常不理解其真正意涵。

　　胡塞爾對於「我」這個用語的使用方式（對於該詞在指稱自
我經驗的基本層次時所涉及的語義分歧）所進行的反思更加（a
fortiori）可以被轉移到像是屬我性和第一人稱特性這些概念上。不

出所料，有些人反對我使用「屬我性」這個術語，而宣稱「我的」的主要意義在發展視角上來說是「不是你的」。而與此類似的是，有人主張說第一人稱特性或第一人稱視角沒什麼意義，除非對照於一個第二和第三人稱的視角。因此，根據這個推論，這兩個用語是對比的用語，其意義是由第二人稱的社會空間所提供的（Hutto 2008: 15）。但就像胡塞爾，我一直以來都用這些術語來指經驗之基本個體化與自我呈現的特性。我可以明白為什麼這些術語會造成混淆，但我看不出有任何明顯的替代用語。

6.3 體驗之獨我論

如我之前所指出的，就梅洛龐蒂在索邦大學講座中所表述的內容，他對於他我關係的立場是有歧義的。當他說兒童原先全然沒有覺察到他自己和他人，且稍晚才會意識到自己和他人為獨特的個體，梅洛龐蒂是否只是宣稱，兒童在一個相對較晚的階段才明確覺察到他自己和他人的差別？或者他是在替這個更基進的宣稱辯護，即自己和他人的區別是源自於和根植於一個共同的匿名者？有些段落可以詮釋為支持後一個觀點。若這的確是梅洛龐蒂的立場，我們就是在處理一個值得注意的和顯著的與胡塞爾觀點的差異。

然而，讓我簡短考量梅洛龐蒂的另一篇重要文本，那就是在《知覺現象學》中的〈他人與人類世界〉（Others and the Human World）這章。他在那裡寫說，對其他人的知覺唯有對成人來說才是成問題的；嬰兒沒有把自己或他人覺察為私有的主體性。梅洛龐蒂繼續說，甚至在後來的生活中，如果像是一個主體際世界這樣的東西要是可能的，這種嬰兒的經驗都必須保留為一種不可或缺

的取得。先於任何對認可的追求，先於任何對他人陌異存在的理解，必須有一個共同的基礎存在著。在某些程度上，我們所有人都必須對我們在童年世界中的和平共存有所體察（Merleau-Ponty 2012: 372）。但梅洛龐蒂接著問說，這種模型真的說得通嗎？它基本上豈不是一種藉由去除諸視角的個體性、藉由去除自我與他我（alter ego）來試圖解決主體際性問題嗎？若知覺主體是匿名的，那麼被知覺的他人亦是如此，從而試圖把主體的複多性再次引入此匿名的集體性之中是沒有希望的。即使我透過他人的行為方式、他的臉或他的手而知覺到他人的悲傷或憤怒，即使我不用訴諸任何受苦或憤怒的「內在」經驗就理解他人，他人的悲傷和憤怒對我而言絕不會像對他一樣具有相同的意涵。對我來說，這些情況是附現的（appresented）；對他來說，它們是被體驗到的（Merleau-Ponty 2012: 372）。因此梅洛龐蒂接著談到一種根植於體驗的無法克服的獨我論（Merleau-Ponty 2012: 374）。雖然藉由我自己的活動，在所有方面我被超越和隱沒在一般性中，但我是它們得以被體驗的唯一者，這個事實保持不變。最後，他甚至提到「不變格的（indeclinable）『我』」（Merleau-Ponty 2012: 375）。這使他的立場更加接近胡塞爾的立場。當然，有人可能會反駁說，索邦大學的那些演講比較晚，而且它們可能呈現梅洛龐蒂更為成熟的觀點。但十分有趣的是，我們在這些演講中也發現梅洛龐蒂在一些段落中宣稱，謝勒為了使對於他人的經驗成為可能，而最終替一種否定意識個體化，從而破壞我和他人之區別的一種泛心靈論（panpsychism）辯護（Merleau- Ponty 2010: 32）。梅洛龐蒂無法接受這樣的結果。在第二部分將更為清楚的是，這個批評或許是建立在對謝勒的一個誤解上，但這個批評顯示出，即使在這些後來的演講中，梅洛龐蒂贊

成那種較不基進的觀點，或者對於他想走多遠至少仍然不確定或完全不清楚。

第七章
一個多元維度的說明

　　讓我試著提出整體的評估。在前面幾章中，我已經呈現且替這個想法加以辯護，即自我性之極小形式是體驗生活的一個內建特色。我從考量忠實的反實在論者的一些觀點出發，論證了當代對自我性的討論與概念化要比懷疑論者看起來所了解的遠為複雜得多。他們力求否定的自我概念不是一個廣泛得到認可的概念。我接著進一步提出論證，運用一種關於自我性的更加極小式的概念既是可能的，也是值得嚮往的，且因此我們毋須同意自我懷疑論者所否定的那種不變的靈魂實體存在，而可以在關於自我方面是一個實在論者。更確切地說，我替這個觀點辯護，即現象意識包括弱意義上的自我意識，也就是主體在擁有或體驗一段諸經驗的情況下必然會經歷一些感覺。諸經驗必然涉及體驗的視角或觀點，即它們為主觀呈現層次的擁有所伴隨；且與其僅「談論經歷一段經驗是什麼感覺」，談論「經歷一段經驗對我來說是什麼感覺」更為準確。重要的是，這個經驗之對我性並不是指某個特定種類的我之感質；應該說，它指的是經驗之第一人稱特性或主觀呈現性，指的是下面這個事實：相較於他人的體驗生活，我們對我們自己進行中的體驗生活有一種不同的前反思的親知，反之亦然。我的主要宣稱因此是，經驗的這種特色相當於和可以等同於體驗的自我性。

　　在提出這核心的方案後，我接著思考各種反對意見。根據第一種抨擊，體驗生活或是經常、或是完全、或是在某些特殊情況下缺乏對我性與第一人稱特性，因此自我性不能是體驗生活的一種遍在特色。按照這種反對意見的一個版本，體驗層次的擁有乃是後設認知運作的一個結果，這種運作涉及概念的和語言的資源。我論證了，這樣一種觀點並不真的構成一個舉足輕重的反對意見，它利用在使用主體性和自我意識這些概念時的種種歧義，最終攻擊一種不同於我自己的立場。按照這種反對意見的另一個版本，現象意識在嚴格與唯一的意義下是對世界的呈現。我論證出，這樣的方案忽略了被經驗對象的現象特性與意向活動的現象特性並不相同，且它也難以說明介於非意識的和有意識的意向經驗片段之間的差別。我最後考量以下宣稱，即病理學為我們提供了與「我和意識緊密交織」這個觀點相關的例外情況；而我論證了，只有當我們放棄極小式的觀點，而以一種比起我所做的更堅實與更非緊縮的方式界定對我性和自我意識時，那個宣稱才是正確的。

　　在回應第一個反對意見之後，我繼續思考了一個不一樣的挑戰，據之，主體性和自我性必須加以區分，而它們的差別也要被保留。就如這種反對意見的一個版本所說的，經驗或許的確可能具備自我意識和主觀呈現層次的擁有，但這絕不代表我們應該設定一個統合的自我。然而，就如我所強調的那樣，這個批評的問題在於它急躁地選擇了一個對自我性相當特定的定義，而該定義與我所捍衛的定義在重要層面上有所差異。不出所料的是，這種回應直接導致此反對意見的另一種版本，按照它的說法，我所捍衛的自我性之極小式定義太過極小化與緊縮。經過仔細地考量過這個建議，即我們的自我同一性與其說是等同於一種特定的體驗維度，不如說由為我

們的規範性託付和認可所構成，我論證了，無論後面這種觀點可能有何優點，它都不能獨自成立；它必然預設體驗進路所關注的第一人稱特性。然而，我們終究不應忽略這個主要的論點：體驗生活本身就擁有（且一開始就擁有）第一人稱特性和主觀呈現性，以及前反思的自我意識和對我性。只要承認這點，我們是否應區分一個自我性的極小層次與一個更複雜的層次，或是區分主體狀態與嚴格意義上的自我性，這個問題就是無關緊要的。堅持這個術語的選擇並非真正重要。然而，不出所料的是，我自己傾向於前面那個選項。我不僅認為可以有系統地辯護這個選項，且在歷史上是有前例可循的（如在第六章所指出的）；我也認為，持續指涉到一個體驗的自我性層次，將有助於提醒我們相關的經驗之特色究竟有何重要性。

在這個階段或許有人會反駁說，我對極小自我性的定義最後太過於形式，以致它不再是體驗性的，儘管我一再提出相反的宣稱。簡言之，我自己的方案豈不容易受到我針對丹頓的「潛在意識自我」論題（PCS 論題）的反對意見所攻擊嗎？我不這麼認為。極小自我可能與由它所賦予結構的意向活動相交織，也可能與其記憶、表現行為、社會互動、被動獲取的習慣、傾向與聯想等等相交織；而透過這些與其相交織的種種，極小自我可以被脈絡化。就此而言，對於極小自我的狹隘關注必將涉及某種抽象。但這不是說極小自我本身是一個單單的抽象。我們沒有理由去質疑極小自我的體驗實在性；它並非僅僅是一種潛能。

在我討論的過程中，我對照了對於自我的兩種不同進路：一種是敘事進路，它強調作者地位、託付和規範性的重要；另一種是

體驗進路，它更強調擁有者地位、前反思的自我意識和現象性。[1]
藉由突顯這個對照，我希望我已經成功強調體驗自我的概念的突
出之處。接著要提出的問題是，我們是否只要將就於兩者之一，或
者我們是否兩個說法都需要？儘管我認為體驗進路是兩者中更基本
的，但我樂於承認的是，我視為更具規範取向之說法的那種敘事進
路乃掌握了某些重要的東西，某些對人的自我性來說可能特殊的東
西。「我們是誰」並非僅是一個赤裸裸的事實，並非僅是等待被發
現的某種東西，它也是我們自身詮釋、我們把自己當作誰的問題。
然而，為了避免誤解，讓我強調一下，雖然我的確認為敘事自我理
論捕捉到了「何謂作為一個自我」的若干面向（包括可能為人類
獨有的面向），而這是體驗性的理論所未能捕捉到的，但我並不是
說：如果像史卓森的片段式個體那樣，我們沒有把我們自己的生命
感覺為一個良序凝聚的敘事，我們就不是適切意義上的人類自我
（Strawson 2004）。不過，我堅持人的自我性不只有體驗性的成分；
人的自我性還有一個可消除的規範性維度（與像是承諾、決定、責
任、反思等概念相聯繫），雖然該維度不一定具有敘事的形式。然
而，重點是認清我們需要一個多元維度的說明。我們不應接受被迫
在把自我性視為一個社會建構的成果，或是把它視為與生俱來的、
文化上不變的既與物之間做選擇。「我們是誰」是被構成的，也是
被發現的。這就是為什麼我贊成多面向、多層次的自我模型，它最
終要比丹頓所辯護的模型（Dainton 2008: 76）更加混雜或混合，但
或許與史卓森所說的更為一致，尤其在他明確承認自我的概念不排

1　這個對照不意味著敘事自我是非體驗性的。但根據大多數理論，它是一個成
　就的結果，而不是我們體驗生活的一個本有特徵。

除其他概念之後——即使這個單薄的自我概念擁有某種形上學的優位（Strawson 2011: 262）。

然而，更複雜的問題是，我們不應該誤以為剛才概述地陳列於我們之前的這兩種自我概念窮盡了對自我的說法。例如，想想奈瑟在他對**人際自我**（*interpersonal self*）的討論中所針對的自我維度。奈瑟論證，這種意義上的自我是源自於嬰兒與他人的互動和往來，而他特別把它連結到一種特別的自我經驗，亦即對處於與他人的關係之中的自我之經驗（Neisser 1988: 43）。雖然我目前尚未真正探究這個面向，但它將是我在第三部分研究的重點。

現在讓我強調一下，我所提出的多維度的模型可以使乍看之下無法相容的各種立場得到調和。為什麼同時擁有兩個觀點不會引起不相容或是直接的矛盾？顯然是因為它們指向的是自我性的不同面向或層次，且因為體驗自我之極小概念與嵌入社會和規範的一種更複雜自我概念完全相容。以米德的例子來說。他先前被列為自我的社會建構論進路的捍衛者之一。根據他的觀點，我們不是因為個人的權利，而是因為彼此的交互關係，所以是自我。他寫道：「當一個自我要顯現的話，它總是牽涉另一個人的經驗；不可能有一個只出於其自身的自我經驗。」（Mead 1962: 195）但米德在《心靈、自我與社會》（*Mind, Self and Society*）中也承認，如果我們把自我等同於一個確定的感受意識（feeling-consciousness），那麼我們可以談到一個單一的自我，而且先前的思想家——像是詹姆斯——已試圖發現自我之基礎在反思的情感經驗中，亦即在涉及自我感受的經驗中。米德甚至寫說，在這裡有一個確定的真理要素；但隨後否定它就是全貌（Mead 1962: 164, 169, 173）。對米德來說，自我性的問題根本上是關於「一個個體如何被體驗為外於他自己而成為他自己

的對象」的問題。因此，對米德來說，要作為一個自我最終不是身為一個主體，而是成為一個對象的問題。在他看來，人要成為自己的一個對象只能以一種間接的方式，也就是藉著採取他人對我自己的種種視角，而這是只能發生在一個社會環境內的事（Mead 1962: 138）。簡言之，是「這種社會過程——先是在社會行動中影響著他人，然後採取了被激發之他人的態度，再回過頭對此回應加以反應——構成了一個自我」（Mead 1962: 171）。

乍看之下像是實質上不一致的東西，或許最後卻更是關於「自我」一詞的適當使用上術語的爭論而已；而這個爭論在我們拋棄了只運用一種自我性概念的野心時便可加以解決。話雖如此，想像當我們承認有需要區分自我性的不同層次或面向時，每一個不一致都將會自動解消，這就天真了。對於像麥琴格這種反對自我有實在性者和敵視自我者（ego-phobes）而言，意見的不一致依然存在；他們堅持，對自我和自我意識所進行的嚴格哲學分析及科學研究必須防止在哲學現象學中所見的陳腐爭論（Metzinger 2011: 294）。此外，仍然有一些社會建構論的形式與當前的方案不相容。要顯示其原因，讓我們討論更近期的觀點。鑑於我的介紹性談論，有人或許會得到這個印象，即試圖去論證自我性的社會建構特徵主要是十九和二十世紀的事情。但這當然並不正確，因為我們在當代認知科學中也能找到建構論的趨勢。

舉例來說，普林次（Wolfgang Prinz）在 2003 年的一篇文章中就論證了「主體性和自我性的社會建構依賴於、且維繫於對主體性的各種論述」（Prinz 2003: 515）。普林次於是避開了「自我是自然存在物」這個自然主義的觀念，而抱持著這個觀點：自我依賴於社會和文化資源，在它們之上和從它們那裡，自我得以被建立起來

（Prinz 2012: 35, 182）。根據他的說明，諸自我的確是社會—文化的建構物，而非自然的被給與物。它們是在文化上標準化的、掌控個體社會化的架構之內被構成的。普林次方案的出色之處在於，他以「我性」（me-ness）明確地界定自我的概念（Prinz 2003: 517）；也就是說，他視為社會建構物之自我的概念非常類似於我在這裡已經表明的那種體驗自我。因此，普林次所捍衛的立場十分基進。這種基進論並不主要出現在他的以下宣稱裡，即自我的統一與一致性並非是一個自然的事實，而是一個文化的規範；而是出現在他對以下觀點的背書中，即被剝奪所有以社會為媒介之自我的歸屬的人類——比方像是豪瑟（Kaspar Hauser）的著名例子——將是「完全無自我的，從而沒有意識的」，因此剩下的是「無意識的殭屍」（Prinz 2003: 526）。

就我所知，普林次贊同一個高階的意識理論版本，並認為現象意識是受二階的種種表象所制約。因此他提出的論點是，種種相關的二階表象是以社會為媒介的。藉由挪用他人歸給我們自己的心靈組織，我們獲得了主體的經驗（一個相似的觀點可參見 Gergely 2007）。不過，即使在接受高階理論的情況之下，我們可理解這個推論，一旦我們反對這種我認為該被拒絕的理論，它就會變成難以置信了。

先前提到的一些社會建構論者，在討論自我以社會為媒介的特性時，都指涉到自我的其他幾個面向，但普林次非常專注於如我一樣主張的自我性面向，這也是他的社會建構論與我自己的立場仍不相容的理由。普林次正確地堅持，一種關於自我性的徹底社會建構論也必須捍衛現象意識的社會建構特性；而他清楚顯示出這樣一種觀點的（荒謬）義涵。

第二部分

同感理解

第八章
主體性和主體際性

　　在第一部分，我已描繪和辯護了一個自我的體驗性概念。在其中，我所批判的目標之一就是那種主張自我是通過社會互動而被建構和被協調、所有自我經驗是通過主體際而被介導的社會建構論。我並不是在質疑我們於事實上從一開始即和他人一起存活在一個公共世界之中這點，而是欲否認經驗的那種真正屬我性或對我性在構成上依賴於社會互動。簡言之，我並不是質疑於事實上那個（極小的）自我性與主體際性的共存，我是在否認它們在構成上的互相依賴。如同於第六章中所做的澄清，我所辯護的立場於許多方面受惠於胡塞爾式的觀點。然而，仔細考量一下，這難道不應該讓我們感到猶豫嗎？當現象學、特別是胡塞爾的現象學觸及到主體際性的議題時，不就是在面對惡名昭彰的難題嗎？不正是因為它對主體性的堅信，使得它背負著無法用一種令人滿意的方式去處理他人問題的惡名嗎？（Habermas 1984）

　　多年來，體驗自我這個概念受到一些反抗，我想，反對的一個理由是擔憂：若一個人視構成基本自我性的反身性為一種個體心靈的內建特徵、一種不在構成上依賴於對他人之關係的特徵，那麼他是直接地或以較間接的方式承認自己委身於一種笛卡兒主義的形式，在其中，自我性的本質被視為一種包含在自我內在的獨一

（solitary）內部性（Maclaren 2008）。據我判斷，正是這種懷疑導致
許多人去完全拒斥體驗自我的概念，並且讓他們選擇一種更強大的
和由社會介導的概念，要麼是強調自我和他人的共構，要麼是主張
只有通過社會化進入一個公眾共享的規範性空間，人才能獲取構成
自我性之反身的自我關係（Rousse 2013）。

　　就某程度而言，要消除這種擔憂是很容易的。如我所反覆澄清
的，體驗自我是被界定為經驗的真正主體性，並且它並不是獨立於
體驗流而存在的某物。在此解讀中，沒有純粹的、獨立於經驗的體
驗自我。因此，無論這個自我是否是被孤立的、無世界的和無肉體
的，它都完全取決於人們對經驗更普遍的解釋。在之前的著作中，
我為經驗被具身化和被嵌入脈絡的觀點提出辯護。但我希望，我目
前的建議是如此形式的（和中立的），以至於也可能吸引那些對經
驗之本質持有不同見解的人──包含那些偏好內在主義式之神經
中心觀點的人。然而，在體驗自我的概念中並沒有任何東西會使它
無法相容於或對立於對意識之根本意向性或在世存有（being-in-the-
world）的特別注重，基於此理由，堅持主張「一個真實的、中心
的、卻薄薄的自我概念是一個極深的錯誤」──因為後者的概念忽
略了「背景脈絡、文化、環境和技術在個體人之構成中的角色」，
並且沒有認識到「自我、心靈和世界之間無法解脫的親密性」；這
是一個簡單的謬論（Clark 2003: 139）。並非偶然地，大部分對經驗
的現象學解釋都明確地強調對世界的覺察和自我經驗兩者的統一，
這正是（比如）梅洛龐蒂為何可以如此寫道的原因：在所有我們的
經驗和所有我們的反思之根源上，我們除了發現一個直接認識自己
的存有者──不通過觀察、不通過推理，而是通過直接接觸自己的
存在（Merleau-Ponty 2012: 390），同時也聲稱「沒有『內在之人』

——人是存在於和朝向世界的，並且他是在世界之中認識自己」
（Merleau-Ponty 2012, p. lxxiv）。

誠如我所反覆指出的，我偏向對自我的一種多元維度的解釋。
鑑於我已經替我當作自我（經驗）的前社會形式——亦即並非社會
所建構的自我形式——辯護，我將在第三部分中考察被我當作自我
（經驗）之一種社會性地被介導和被構成的形式。第二部分的目的
是要談及我們如何首先與他人建立關係和了解他人。與某些人所建
議者不同的是，我不認為：肯認現象意識之重要性，以及承認「我
們享有以第一人稱角度對自身體驗狀態的親知」此一事實，就表示
「他人的體驗生活並不在任何直接的意義上對我們顯現、或在場、
或給與」，或者表示「對第二和第三人稱的心靈狀態的歸屬即因
此是一種非常間接、高度推理的嘗試」。更廣泛地說，我所擔憂的
是：我認為，若終於承認主體性和意識之第一人稱特性的重要性，
卻又對主體際性做出推論主義的解釋（據之，我們是透過最佳解釋
推論將心靈生活歸屬於他人），這會是非常不恰當的。去提議——
誠如瑟爾所為——關於黑洞或亞原子粒子之宣稱的間接驗證方式可
能「提供我們一種範式去對人類和動物之主體性研究領域中之假設
進行驗證」（Searle 1999: 2074），這是朝向錯誤方向的發展。接下
去，我不僅要揭示在辯護體驗自我的概念和論辯我們可以經驗地認
識其他人的主體性之間沒有衝突，我還要辯護此觀點：體驗自我的
概念不但並未妨礙對他心問題（the problem of other minds）提出一
個滿意的解決，於事實上正是一個對主體際性進行合理解釋的先決
條件。

此外，主體際性這一個概念的歷史得出了類似的結論。德文術
語 *Intersubjektivität* 於 1885 年首先零星出現在伏克爾特（Johannes

Volkelt）的一本著作中，然後被瓦德（James Ward）採用，並且於 1896 年在英語中使用。最初，這個概念被用來描述某種具普遍有效性的事物、某種對所有人皆有效的事物、某種獨立乎每個主體而有效的事物。這個術語的零星使用隨後進入科學哲學；然而，第一個對主體際性概念進行有系統的和廣泛的哲學討論和處理的，正可於胡塞爾的作品中發現。儘管胡塞爾對主體際性和客觀性之間的連結很感興趣，但是他最終仍使用前一個術語去指稱眾數的主體和存在於他們之間的關係（Husserl 1973a, b, c）。對此術語的這種理解——其乃隨後被後來的現象學家所接受，並且又再（通過舒茲的著作）進入社會學和社會理論——將此術語與例如社會性（sociality）、社會認知和人際理解此等相關術語並列。

　　然而，在開始進行我的研究之前，我必須做一個預告：在《存有與虛無》中，沙特論及：若我們要脫離獨我論，那麼至關重要的是，要了解自我與他人之間的關係不僅是一種知識的關係，而是一種存有的關係（Sartre 2003: 268）。此論所強調的一個重要問題是：對主體際性和社會性的解釋若僅涉及主體之間的知識論的或認知的關係，是否可能會遺漏某個重點？同時，沙特的評論提議：主體際性現象學真正特出的貢獻，遠不在於對我們如何認識他人的研究，而在於對自我和他人之存有論的（以及情感的和規範的）交織關係的探索。

　　這是有些道理的。儘管如此，接下去我仍關注於我們如何和至何程度可以經驗和理解他人的這個問題上。做此選擇有幾個理由：首先，我希望表明，這種對體驗生活之固有且根本的第一人稱特性的堅持絕不會阻止或禁止人去認識和尊重對他人之經驗的獨特性。其次，注重他人經驗的注重將讓我終究會去介紹和討論一種特

殊的由社會介導的自我（經驗）；這種自我經驗是通過他人經驗而得以發生，並且涉及他人對自己之視角的某種內在化。這種關注的另一好處是，它與心靈哲學和認知科學的並行討論交織，從而允許現象學和當代社會認知的討論之間進行建設性的交流。最後要補充的是，當我在下文中提及社會認知時，我是在廣義上使用「認知」（cognition）這個術語，在其中，認知並不限於命題知識，也不對比於知覺的與情感的經驗，而是涵蓋後者。

　　不同於在第一部分中我的有些批評是針對從他人開始發展至自我、並且主張後者是通過某種心力內投（introjection）的過程而被構成的社會建構論式觀點，我於第二部分中的批評主要將以投射主義的（projectivist）觀點為目標，其解釋從自我開始發展至他人，並聲稱社會認知和人際理解乃關鍵地取決於一個人將自己的心理狀態投射到他人的能力。我更積極的論點是，儘管人際理解有多種形態和形式，我們仍應該認定，更複雜的形式是以移情同感為基礎和前提，後者被理解為一種基於知覺而不以理論作為中介而對他人的經驗。

第九章
移情同感與投射

我們如何認識和理解他人？社會認知於本質上是知覺的或推理的？我們對他人的理解於原則上就像我們對樹、石頭、和雲的理解一樣，或者它與我們對無生命物體的理解於根本上是不同的？我們是否以類比自己的方式去理解他人，也就是說，自我理解是否優先於對他人的理解，或者，對自我和對他人的理解是同樣地原初，因為它們基本上都運用相同的認知機制？

近幾十年來，在所謂心靈理論論爭的框架內已對社會認知進行了許多討論；「心靈理論」這個術語最初是由普雷馬克（Premack）和伍德洛夫（Woodruff）於一篇討論靈長類動物之意向性的有深遠影響的論文中引介的：

> 說一個人有一種心靈理論，此意味這個人將心靈狀態歸屬於自己和他人（無論是同種或其他物種）。這類推理的系統被合宜地視為一種理論，首先是因為不能直接觀察到這類心靈狀態，其次是因為可運用此系統去進行預測，特別是預測有關其他生物的行為。（Premack and Woodruff 1978: 515）

此後，「心靈理論」一詞即被用來指我們將心靈狀態歸屬於自我和

他人的能力，以及根據諸如意圖、信念和欲求這樣的心靈狀態去詮釋、預測和闡釋行為的能力。有人聲稱，我們將心靈狀態歸屬於他人，因為如此歸屬有助於預測和闡釋。最初所假定的是，擁有和使用**理論**才使人有能力進行這種歸屬。因此，覺察到別人的（或甚至於自己的）心靈狀態通常被認為涉及「以適當的心理學理論為基礎而自可觀察的行為推論至引起該行為之心靈狀態」的這一回事。據之，「心靈理論」這個術語的造就既不中立、也不單純。[1]然而，在早期，關於這個特定問題的辯論就已分裂，並且有一段時間被認為是兩種觀點之間的爭論：一邊是**心靈的理論理論**，另一邊則是**心靈的模擬理論**。根據理論理論，心靈狀態是我們基於常民心理學的心靈理論而歸屬於他人的理論實體，然而，理論論者在以下問題上出現分歧：所涉及的理論是內隱的（implicit），並且是與生俱來的讀心「模組」發展成熟所產生的結果（Baron-Cohen 1995），或者它是外顯（explicit）的，並且以如同普通科學理論的方式而被習得（Gopnik and Wellman 1995）？另一方面，模擬論者否認我們對他人的理解於本質上主要是理論性的，並且堅信我們在理解他人心靈時，是以自己的心靈為模型。某些模擬論者會聲稱，所涉及的模

1　類似的話也針對另一個指稱相同能力所經常使用的術語——即「讀心」（mind-reading）。雖然那個術語本身並不意味這種能力於本質上是理論的，但它仍表明我們是根據身體行為來識別心靈狀態——類似於我們根據書寫銘文來掌握意義的方式（參考 Apperly 2011: 4）。這種潛在地偏頗的假設顯然是指：讀心是我們需要去獲取的技能，正如我們需要去學習如何閱讀文本一樣。對嬰兒而言，書寫的文字和句子並沒有語義意義；在獲得讀心技能之前，他人的行動和表達是否同樣對嬰兒是毫無意義的？鑑於這些保留，若我在描述那些使用此術語的人之立場時，或在我明確提及根據推理理論或想像投射之社會理解的形式時，我將在下文中只使用「讀心」此術語。

擬包含了有意識的想像和審慎的推論（Goldman 1995），某些則堅持，模擬雖是外顯的，但於本質上並非是推論的（Gordon 1986），最後有些人論辯，模擬不是外顯的和有意識的，而是內隱的和次人格的（Gallese 2009）。

　　有一段時間，理論理論和模擬理論被認為是相互排斥的理論範式，並且人們普遍同意，它們是局中僅有的兩個選擇（Stich and Nichols 1995）。然而，自 1990 年代中期始，事情變得越來越複雜，辯論中的許多參與者開始倡導結合理論理論和模擬理論二者元素的混合路徑。高曼（Alvin Goldman）成為該策略的傑出辯護者（Goldman 2006），尼寇斯（Shaun Nichols）和司迪奇（Stephen Stich）亦然。考察一下他們之著作《讀心》（*Mindreading*）中的下段引文：

> 包含我們在內的許多作者開始將關於這些新觀點之合理性
> 的爭論描述為將由模擬理論或「理論理論」其中一方……
> 「獲勝」之**雙邊**交戰的一部分。儘管在早期爭論的背景脈
> 絡下，這是可以理解的，但事實證明，這是勾勒理論格局
> 的一種非常不合宜的方式，因為它忽略了某種**混合**理論能
> 夠提供正確讀心觀點的可能性。（Nichols and Stich 2003:
> 132）

尼寇斯和司迪奇進一步認為，可能需要一種混合理論，因為讀心並不是單純的一件事，事實上，它是各種不同的過程；然後，其中某些過程可以通過離線模擬而被解釋，某些則通過尼寇斯和司迪奇所謂的「含有豐富資訊的過程」（information-rich processes）（訴諸模組或類似理論的資料庫），以及某些是通過他們所說的不適用於這

兩個範疇中之任一個的過程。

許多神經科學家和心理學家得出類似的結論。第一波社會神經科學的特點是，嘗試分離兩個不同的神經系統；一個涉及低階神經共振機制和被共享的電路，另一個則涉及到更精細的心靈狀態歸屬的形式。這兩個神經生物學系統可相互分離，而這點可由針對「社會資訊處理中被高度簡化的『片段』（pieces）」（Zaki and Ochsner 2012: 212）、並涉及被簡化的和非自然主義的（non-naturalistic）刺激的實驗得到證明；但以上事實並不意味著，兩個系統實際上於大多數具生態學意義的社會背景脈絡中的確被分離——這是第二波社會神經科學亟欲強調的事實：

> 應用自然主義方法的研究主張，大多數社會情況的需求會同時採用這些系統及它們所奠基的過程。這個可能性促使人們偏離二擇一的辯論……，並且朝向一種「何時和如何」的進路去更好地辨識可能使用這兩種系統之一或二者的情況。（Zaki and Ochsner 2012: 214）

至今人們越來越認識到，社會理解並不是單一認知的過程，而是以各種方式相互作用的不同能力的集合，並且我們需要多種互補的觀點，以涵蓋我們為了理解和弄懂他人而借鑑和運用的各種能力、技巧和策略。然而，與此同時，對社會認知之本質仍存在著根本歧見；一個很好的例證就是對移情同感的研究。

儘管近年來對移情同感的興趣和相關研究一直在激增，但是它到底是什麼？以及它如何關連於和區分於情緒感染、運動擬態（motor mimicry）、情緒分享、想像投射（imaginative projection）、視角攝取（perspective taking）、同感苦惱（empathic distress）和同

感關心（empathic concern）等概念？針對這些問題仍無明確的共識。移情同感是分享別人的情感、或關心別人、或情緒上被別人的經驗感染——儘管不必然經歷相同的經驗嗎？它是想像自己在別人的處境中、或想像在他人的境處中成為別人、或只是對別人的心靈狀態進行推斷？移情同感是否必然意味著，觀察者會**感受到**他在另一個人身上所察覺到的相同情緒？移情同感是保留或消除自我和他人的差異？人們不同意分享、關懷和想像於移情同感中的作用，正如他們不同意移情同感和一般社會認知之間的關係一樣。

對某些人而言，移情同感之最初步的形式是運動擬態和情緒感染。因此，艾森堡（Eisenberg）認為，情移同感和情緒感染是以在取向上既不高度涉及自我、又非朝向他人的方式簡單地感受到與他人相同的情緒（Eisenberg 1986: 31）；而達沃（Darwall）則聲稱情緒感染構成了移情同感最原始的形式，而擬態是其主要機制之一（Darwall 1998: 264-6）。同樣地，戈登（Gordon）將「表情同感」（facial empathy）界定為一種過程；在其中，通過複製他人的臉部表情，我們更加能掌握他們的情緒（Gordon 1995: 729; 並見 Hodges and Wegner 1997; Hatfield et al. 2009）。相較之下，對其他人而言，迫切需要去選擇一個更狹義的移情同感的定義，藉之允許人去保留移情同感（一方面）和情緒感染（另一方面）之間的差異（Decety et al. 2008; de Vignemont and Singer 2006）；例如，有人認為情緒感染是「以自我為中心的」（self-centered），反之，移情同感則於本質上是「以他人為中心」（other-centered）（de Vignemont 2009）。

鑑於缺乏共識，對於移情同感在社會認知中所扮演的角色也存在著很多分歧意見，就不足為奇了。加里斯（Gallese）堅持，移情

同感與「我們對建立他人和我們之間具有意義之關連的行為時的所有面向」有關（Gallese 2001: 43），並認為它提供我們一種對他人的直接體驗性理解。同樣地，霍夫曼（Hoffman）認為，移情同感是「使社會生活得以可能的粘著劑」（Hoffman 2001: 3）。相反地，果迪（Peter Goldie）則辯護一種較為複雜的移情同感的模式；就其觀點，只有當一個人通過一種模擬的過程去想像**他人**置身於其處境的狀態，而達到對他人之心靈狀態的理解時，才是正確地談及移情同感（Goldie 2000）。更具體地，果迪主張：

> 移情同感是一個過程或程序，藉之一個人**集中地想像**其他人的**敘事**（思想、情感和情緒）。移情同感有三個必要的條件……首先，對移情同感必要的是，我意識到他人是與我自己不同的意識中心。第二，對移情同感必要的是，他人應該是我對之**具有實質特徵描述**的某人。第三，必要的是，我對我可以想像演示的敘事——伴隨著作為敘事者的他人——有所掌握。（Goldie 2000: 195）

這個觀點所暗示的是，移情同感在社會理解中所扮演的角色遠比許多哲學家和心理學家所認為的更謙遜得多。的確，根據果迪的解釋，鑑於移情同感是以「我覺察到他人作為不同於我的意識中心」為前提，而它顯然不能首先提供那種覺察，因此移情同感不能在我們理解他人中發揮任何基礎性的作用。

目前，不僅提出相互衝突的定義——這些定義對移情同感應該為人際理解作出的貢獻也有不同的影響，同時，對移情同感到底是一種自然類（natural kind）或是多維度的建構物？這點亦無共識。對後者觀點的辯護者包含德維尼蒙（Frédérique de Vignemont），他

區分了**鏡像的同感**（*mirror empathy*）和**重構的同感**（*reconstructive empathy*）（de Vignemont 2010）；以及史都柏（Karsten Stueber），他區分了**基本同感**（*basic empathy*）和**繹演同感**（*re-enactive empathy*），前者被定義為一種內在模仿的機制，它是我們於理論上未被介導之準知覺能力的基礎——該能力直接將其他生物識別為具有心智（minded）的生物，後者則被定義為利用我們的認知和審度的能力來重新演繹或模仿他人的思想過程（Stueber 2006: 20-1）。如此的提議並不是哲學家獨有。例如，亞特金森（Atkinson）已經區分了一種由知覺介導的移情同感和一種更具認知形式的移情同感（Atkinson 2007），而迪西堤（Jean Decety）及其同事則為多因子的（multifactorial）觀點辯護，並主張移情同感依賴於可分離的成分，因此可能導致多種結構性功能障礙。簡而言之，我們在精神病、自閉症、自戀型人格障礙等等中所發現的不是一種單一移情同感的缺陷（Decety et al. 2007: 251）。

有時，去考量有爭論之概念的歷史起源可能具有啟發性和澄清作用。移情同感的概念並沒有悠久的歷史。德文字 *Einfühlung* 於 1873 年被費雪（Robert Vischer）首次運用於美學領域中，但隨後被利普斯承接，將之引入社會認知的領域，並且用它來指定我們將他人理解為具有心靈之生物的基本能力。美國心理學家提權納（Edward Titchener）在將 *Einfühlung* 譯為 "empathy" 時，所想到的就是利普斯的概念（Titchener 1909）。[2]

---

2 有趣的是，同情是較為古老的概念。休謨和史密斯（Adam Smith）二者用它來指當今許多人所稱的移情同感。事實上，休謨和史密斯對此概念的分歧亦反映了當今的歧見。當休謨似乎將同情思考為讓我們得以去接收他人愛好和情緒之感情共鳴的一種自然且自動的過程時（Hume 2000：236），史密斯則認

　　移情同感的概念具有獨特的哲學起源，但是它很快地就被心理學家採用和吸收。於 1910 年，在茵斯布魯克（Innsbruck）舉辦了第四屆實驗心理學大會。在會議上，現象學家蓋格（Moritz Geiger）發表了一篇題名為「論移情同感的本質和意義」（*Über das Wesen und die Bedeutung der Einfühlung*）的論文，在其中他非常仔細地審視和討論移情同感的概念如何被利普斯和被同時期的心理學家與哲學家——比如席貝克（Siebeck）、伏克爾特、維塔塞克（Witasek）和格魯斯（Groos）——所運用。然而，在隨後的討論中，他被一位聽眾成員——馬丁小姐（Fräulein Martin）——批評；她做出了以下的評論：

> 當我到場時，我期待聽到某些有關移情同感領域之實驗的內容，然而，我所聽到的，除了許多古老的理論之外，我沒有聽到任何相關的實驗結果。但是，這不是哲學協會。我認為，那些想向我們展現這類理論的人已經到了該向我們顯示它們是否可以通過實驗而被證實的時候了。（引述自 Geiger 1911: 66）

當然，對哲學的這種不耐煩並非馬丁所獨有。為何在移情同感的論辯中之基本問題仍然未被解決和仍然受爭論，其原因會是哲學沉思的優勢和缺乏適當的科學嗎？我有點懷疑，若將哲學放到一邊，事情會有改善。但是需要去考量的是，移情同感之概念的歷史起源和

為它涉及某種想像力視角的攝取，在其中我們將自己置身於他人處境（Smith 2002：11）。這兩種解釋預取了之後有關移情同感之低階與高階的討論。順帶一提，利普斯可能受休謨的觀點所影響，因為正是利普斯將休謨的《人性論》（*A Treatise of Human Nature*）譯成德文的。

背景脈絡，以及傳統哲學的假設和立場於多大程度上繼續形塑和影響著科學辯論——不管這樣的形塑與影響是好是壞。

利普斯的經典貢獻提供了一個自然的起點。根據利普斯，知識有三個不同的領域——有關外在客體的知識、有關自我的知識和有關他人知識；並且他認為，這些領域具有三個不同的認知來源，亦即：知覺、內省和移情同感（Lipps 1909: 222）。因此，利普斯堅決主張，移情同感必須被視為一種**獨特的**知識形式，它是某種新穎之物，絕不能通過某種類比推論而被解釋或被還原（Lipps 1970a: 697-8, 710）。事實上，利普斯投入大量精力去批評類比論證；並且之後，他的許多異議後來在諸如謝勒和梅洛龐蒂等現象學家的著作中再次出現。

但是，利普斯究竟如何理解移情同感——這個被他視為心理學的（和社會學的）核心概念？他如何界定它？他最初所提出而可能有些令人驚訝的主張是：移情同感涉及自我對象化（Lipps 1909: 222）。然而，我們不應該忘記這個概念的美學起源。如果我將樹或山經驗為具有生命或具有靈魂，如果我聽見風而感覺到它具有悲傷的音調，或者看到一朵雲而感受到它的威脅，如此之心理內容的來源於事實上是我自己（Lipps 1970b: 355）；真正發生的是，我將自己的一部分投射到外在對象之中（Lipps 1909: 225, 237），而對利普斯來說，移情同感一般來說就是這樣。感受到移情同感，即是將一個人自己之心靈生活的一部分經驗為歸屬於或內在於一個外在對象；那就是用自己的生命去滲透和充塞那個客體（Lipps 1909: 224）。

讓我們考量一下社會認知的情況。利普斯始終強調表達（expressions）的作用，並且認為，姿勢與表達顯示了我們的情緒

狀態，以及表達和被表達者之間的關係是特別和獨一的，比如說，它與煙表徵火的方式相當不同（Lipps 1907a: 704-5）。我可能經驗到煙與火經常並存，但是不論它們如何頻繁地併發，它們的關係總是不同於表達和情緒之間的關係；煙並沒有顯現或表達火，火並不像在臉部表情中所呈現的憤怒一樣而呈現在煙之中。當我們知覺到他人的臉部表情時，我們會立即地連帶掌握（co-apprehend）被表達的情緒，比方說愉悅或恐懼；然而，這並不意味著，我們實際上知覺到愉悅或恐懼。根據利普斯，愉悅和恐懼並不能被知覺，因為它們無法於外在世界之中被發現；我們只能通過自我經驗直接了解這些情緒，或換句話說，我們的經驗所能達及的情緒就只能是我們自己的情緒。因此，儘管我們將愉悅的或恐懼的面容理解為統合的現象，但是分析將顯示出，被知覺的完形（gestalt）和連同被理解的情緒是由不同的來源所引起；視覺的完形從外在世界臨降於我，而被感受的情緒則源自於我自己。因此，被知覺的面容對我來說具有心理學上的意義，因為我正將自己投射於其中（Lipps 1907a: 714）。但是，這該是如何發生的？

利普斯提及所謂的**移情同感的本能**，並更明確地主張它涉及兩部分：一種針對模仿的動力（drive），以及一種針對表達的動力（Lipps 1907a: 713）。在過去，我一直都很快樂；當時我經驗到一種去表達愉悅的本能傾向。這種表達並不是被體驗為鄰近於愉悅或在愉悅之上的某物，而是這種情感的根本成分。當我現在在他處看到這種表情時，我有一種本能的傾向去模仿或再造它，然後，這種傾向將喚起在過去與之緊密相關的同樣的情感（Lipps 1909: 229-30; 1907a: 719）。當我重新經驗到這種情感時，它將與我當前正知覺到的表情相聯結，並且被投射於其中（Lipps 1907b: 359）。簡言之，

當我看到一張愉悅的臉，我將再造愉悅的表情，這會喚起在我之中的愉悅情感；然後，這種與當前正被知覺到的臉部表情共同產生之被感受的愉悅將被歸屬於他人，從而使一種人際關係的理解形式成為可能（Lipps 1907a: 717-19）。

重點是，我們並不只將心理意義投射到我們所看到諸表情之中，我們也傾向於相信它們真實地包含著心靈的生命，並且這不是某種被我們所附加上去的東西，而是——根據利普斯——一種不能再被更進一步解釋的事實；它就是必須被視為理所當然（Lipps 1907a: 710, 721）。

利普斯模型的一個含義是，嚴格限制了我對他人能夠進行移情同感地理解的部分。被模仿的表情只能喚起於我內在中與他人之情感狀態相似的情感狀態——若我自己於過去曾經有過該情感狀態（Lipps 1907a：718-19）。因此，我只能夠移情同感地理解他人經驗中那些我已經享有的部分，或換句話說，利普斯之移情同感的觀點不允許我去認識到任何他人所具有的新事物、任何我從未熟悉的事物、任何我自己沒有的事物。因此，不令人驚訝地，利普斯一再談到，其他個人是一個人自己之自我的繁殖，是移情同感之自我對象化的產物（1970b: 360）。針對這種觀點之特別引人注目的解釋可在其著作《倫理學基本問題》（*Die Ethischen Grundfragen*）中找到；在其中，利普斯寫道：

> 因此，其他心理個體是被我由我自己所造，他的內在生命是從我的內在生命而得。其他個體或自我是將我自己投射、反射、放射進入這種真正感覺現象中的產物——或者是我通過對外在物理現象之感官知覺而於自身中所經驗的

結果，是一種對我自己的特殊複製。（Lipps 1905: 17）

利普斯的立場絕非僅具歷史意義；它仍有影響力，並且擁有許多現代的繼承人。並不意外的是，特別在模擬論者陣營中，移情同感的概念重新出現而成為核心範疇；事實上，甚至有人認為，模擬論者在今日已等同於移情論者（empathy theorists）（Stueber 2006, p. ix）。在其著作《模擬心靈》（*Simulating Minds*）中，高曼明確地將**移情理論**等同於**模擬理論**（Goldman 2006: 11），並且指出，讀心是移情同感的擴展形式（Goldman 2006: 4）。事實上，根據模擬理論，讀心的必要條件之一是「歸屬於目標的狀態被認為是進行歸因者對該狀態之實例化、經歷或體驗的結果」（Goldman and Sripada 2005: 208）。

在論證中，模擬論者經常借助於某些現在已眾所周知的例子（Goldman 1992; Gallese and Goldman 1998）；讓我簡要描述其中兩個。首先考量一下克萊恩先生和蒂斯先生的例子：他們原定於同時間搭乘不同航班離開機場；他們乘坐同一輛轎車駛離城市，然該轎車被堵在塞車中，並且在班機預定起飛三十分鐘後抵達機場，克萊恩先生被告知他的班機已準時起飛，而蒂斯先生被告知他的班機延誤，於五分鐘前起飛。你覺得誰會更心煩？絕大多數（96%）被問到此問題的人會說，蒂斯先生會較為心煩（Kahneman and Tversky 1982）。他們是如何得出此結論的？他們是否——如同某些理論論者所建議一般——擁有和應用常民心理學理論於克萊恩和蒂斯的各自處境上，從而讓他們去推斷二者相較的心煩程度？或者更可能的是，他們僅僅運用了某種想像的投射？他們想像地將自己置身於克萊恩和蒂斯的角度去設想，讓每一處境在他們的心靈之中發揮作

用，假想在蒂斯的處境中會引起比在克萊恩的處境中更加心煩，以至於人們將更大的沮喪歸屬於蒂斯先生（Goldman 1992: 20）。

考量另一個例子：你參與一局棋賽；如果你想預測對手的下一步行動，你要怎麼開始做？一個宛似合理的建議是，你可以藉著假裝處於棋手們的「心靈角度」而去獲取他們之思想的資訊，而不是依賴棋手在特定情況下如何行動的某些一般理論。你可以用自己的思想作為模型，用它去「反映」或「擬態」他人的思想。在這種情況下，你可以只想像自己處於敵手的位置，以及想像自己會決定做何選擇，然後你預測他也會這樣做（Gallese and Goldman 1998: 496）。

當然，沒有人會聲稱模擬是一種萬無一失的方法，並且它可能有各種干擾的因素，其中包含了所謂的自我中心的偏見（egocentric biases）。如果碰巧你是一個象棋大師，而你的對手是新手，那麼將你所偏好的棋步歸給他，這就沒有多大的意義。因此，若要使模擬歷程成功，那麼歸屬者必須隔離自己性格上特有的欲望和信念（Goldman 2006: 29）。如果他未能這樣做，他將無法理解他人，而只會理解到他自己在不同情況下如何行動。但是，即使設想到這種複雜性，這兩個例子都被許多人用來支持模擬論者的進路，而不是用來支持理論理論的進路。事實上，高曼認為，隔離失敗和自我中心偏見的遍佈存在本身便支持了模擬理論，這是因為正是通過模擬來進行讀心，才使得這些苦惱恰恰可能發生（Goldman 2012）。

然而，仔細考量一下，這兩個例子都有令人不滿意之處。明顯地，我們對他人的理解有多種形態和形式。即使沒有單一模型可以公平對待全部種類，但是任何意圖成為核心說明或預設模型的解釋至少應該要能捕捉到典型的平常情況。然而，我們在兩個例子中所

遇到的這類人際理解具有多少代表性？在克萊恩先生和蒂斯先生的例子中，你被告知一個故事，然後被要求去預測結果。但是考量一下以下將超然虛構的場景換成真實生活之遭遇的版本：當你突然看到兩人衝進來並跑向櫃臺時，你正在機場的報到櫃臺工作；當他們抵達櫃臺時，可以看清楚正是克萊恩先生和蒂斯先生，並且兩個人都錯過了各自的飛機。當克萊恩顯得鎮靜和放鬆時，蒂斯則似乎相當緊張；而當你告知蒂斯，他只差了五分鐘而錯過了飛機時，他開始對你言語辱罵。若在此時你被要求去評估克萊恩或蒂斯那位較為不悅，你無疑會說是蒂斯。但是，認為你是基於精心模擬而得出這個結論的說法有多麼合理？

象棋的例子可以很容易地以類似的方式被改變。當面對你的對手並且全神貫注地試著算出他的下一步棋的走向時，他突然用手一掃棋盤上的所有棋子，並大喊「作弊」！宣稱你必須將自己想像地置於他的處境，以確定他是沮喪和憤怒的，而非欣喜快樂的──此宣稱到底有多麼合理？

許多經典的例子和實驗都試圖去檢驗受試者對故事中之主角之反應的預測（Mar 2011），它們很少考量到於生態上有效的真實生活情況。但是，任何令人信服的社會認知理論都應該能夠解釋我們與他人面對面的遭逢；只不過，假想自己為他人和基於想像的投射真的在這個基礎的層面上發揮至關重要的作用嗎？誠如維根斯坦（Wittgenstein）曾說過的那樣：「你是否為了辨識**他人**臉上的憤怒而檢視**自己**？」（Wittgenstein 1980: §927）

高曼在其最新著作中承認，讀心的解釋應該能夠涵蓋心靈狀態的全部範圍──包含感覺、情感和情緒；它不應該只處理信念歸屬的問題（Goldman 2006: 20）。這正是高曼現在之所以區分所謂的**低**

階讀心和高階讀心的理由（Goldman 2006: 43），以及他之所以做以下主張的理由：我們必須承認有一種簡單、原始和自動的能力；這種能力能基於他人的臉部表情而將某些基本情緒——比如害怕、憤怒、厭惡等——歸屬於他人（Goldman and Sripada 2005）。

我們該如何解釋這種基本的「讀心」——亦即，我們將某人的面容識別為表達某種情緒的能力？高曼所考量的一種模型是所謂的反向模擬模型（*reverse simulation model*）。某些經驗研究建議，許多所謂基本情緒的表達——包含憤怒、厭惡和害怕——是跨文化的和普遍的，儘管關於如何在公開場合控制自己的情緒表達，當然各文化有其特定的規則（Ekman 2003: 4, 10, 58）。連先天失明的人通常都會表現出如此的臉部表情（Matsumoto and Willingham 2009），此事實支持了「基本情緒表達是天生的」這一結論。此外可以發現，我們不知不覺地模仿著他人臉部、聲音和姿勢的表達，連臉部表情圖像的呈現也會隱然且微妙地激發觀察者自身的臉部肌肉組織去模仿被呈現的臉。最後，大量證據指出，一個人臉部肌肉組織的變化——無論它們是出於意識或無意識的——皆可引起相應的情緒狀態（Niedenthal 2007; Laird 2007）。

鑑於這些證據，以下的模型就顯得自明：當看到目標對象具有表情的臉時，觀察者無意識地模仿被觀察之臉部表情，在觀察者自己臉部肌肉中所產生的變化觸發了通向腦部的神經傳導通路，使他產生相應的情緒。然後，這種情緒根據它的情緒類型而被分類，並且最終被歸屬於被觀察之對象的臉。（Goldman 2006: 127）

相較於利普斯的模型，該方案有一個明顯的優勢：它不會依賴於或汲取於你自己過往的經驗；相反地，該聯結是固定的。原則上，觀察他人臉部的表情可能會引起你內在新的情緒——你以前從

未感受過的情緒。但是該方案還是面臨其他困難。一個明顯的問題
涉及從第一步驟到第二步驟的過渡：你如何從經驗和分類自己的
情緒導向將同一情緒歸屬於他人？我將在稍後回到這些問題上；但
是，有理由去懷疑基於面容的情緒識別可以通過反向模擬而被解
釋，這點應該已經是清楚的，因為後者〔反向模擬〕確實對前者
〔基於面容的情緒識別〕來說，似乎是不充足的。那麼，它是必要
的嗎？這也同樣引人質疑，因為某些患有莫比烏斯（Möbius）症候
群的人（一種先天性綜合症，其最顯著的症狀是臉部完全癱瘓）是
能夠辨識他人的情緒表達（Calder et al. 2000; Bate et al. 2013）。這
一發現——附帶地對利普斯也是一個問題——顯然不利於情緒識別
是由臉部擬態來決定和啟動的方案（Atkinson 2007; Goldman 2006:
208）。

基於此困難，高曼最終選擇一個不同的模式；他將之標記為
無中介共鳴模型（*unmediated resonance model*）（Goldman 2006:
132）。這種模型訴諸於人際鏡像機制（interpersonal mirroring
mechanisms）和訴諸於研究結果所主張的：同樣的神經基質
（neural substrate）無論是在我們經驗到自己的情緒時、或是辨識到
他人的情緒時都會被觸發。它於是建議，對目標對象之情緒表達的
知覺乃直接觸發在我之中同一類型之情緒的神經基質的活動，從
而進行一種沒有中介媒合的過程，避開了對臉部擬態的需求和反
應（Goldman 2006: 128; 並見 Iacoboni 2009: 111）。[3] 成對缺陷的存

---

3 順帶一提，高曼對反向模擬和無中介共鳴之間清楚明確的區分顯然地並未被
所有鏡像神經元理論者（mirror neuron theorists）所接受。例如根據凱瑟斯
（Keysers），鏡像神經元是通過社交互動而被構形、被形成和被改變的。按照
他的解釋，孩子只發展出共同分享的臉部表情迴路，因為他的父母模仿孩子

在（也就是如下的神經病理學案例：特定情緒體驗的障礙與在辨識
他人之相同情緒時選擇性的缺陷成對出現），已被用來支持情緒歸
屬需要情緒體驗的想法（Goldman 2006: 110; Keysers 2011: 44），[4]
然而，可能需要謹慎些。即使特定大腦區域的損害可能會阻礙情緒
歸屬於自我和他人二者，這些損害是配對存在的事實，即相同的大
腦區域涉及兩個過程的事實，仍不能證明模擬被牽涉在內，或在第
一人稱情緒體驗和第三人稱情緒歸屬之間有一種直接因果的聯繫。
另一種可能性是，它們二者都是由一組於因果關係上先在的過程所
啟動（Atkinson 2007: 366）。聲稱我在即將要把特定情緒歸屬於你
時必須先體驗相同情緒，和聲稱相同的神經基質既有助於第一人稱
的情緒體驗、又有助於將相同情緒對他人進行第三人稱歸屬，這兩
種聲稱之間有一個重要的差異；後者的主張要弱得多。[5]

　　稍後我將回頭進一步討論人際鏡像機制的議題，但現在先考
量為何如此低階的鏡像應被當作一種模擬形式的問題。首先，它並

自己的臉部表情（Keysers 2011: 68）。

4　有趣的是，所討論的患者並不缺乏相關情緒的理論理解。他們可以對可能引
　　發相關情緒的情境提供完全正常的描述，但是，儘管他們並不缺乏這種理智
　　知識，他們在辨識透過臉部（和姿勢）表達的情緒或感覺方面的能力仍相當
　　不足（Goldman 2006: 128-9, 133）。

5　考量比較一下有關皮質性色盲（cerebral achromatopsia）的情況。腹枕皮層
　　（the ventral occipital cortex）的損壞可以導致色覺的完全喪失，並使病患將世
　　界看成灰色陰影。在薩克斯（Sacks）所討論的一個著名案例中，色覺的喪失
　　也影響到病患的視覺心像（visual imagery）（Sacks 1995: 5）。因此，存在著成
　　對的缺陷；病患既不能看到、也無法想像顏色。但是，我們應該從中得出什
　　麼結論？相較於指出顏色知覺以顏色想像力為前提，以及顏色是在心靈內在
　　產生、然後被向外投射和載入世界物體上，主張對顏色的知覺和想像是被相
　　同的神經機制所啟動，似乎更為合理。

不涉及任何假想狀態。但根據高曼的觀點，假想的狀態對於模擬並**不是**必要的；相反地，它們只能在讀心的高階形式中被發現。在他看來，只要 P 在某些顯著方面重複、複製或類似於 P*，過程 P 即可以被稱為另一個過程 P* 的模擬（Goldman 2006: 36）。鑑於基本上每一事物都在某些方面類似於其他事物，因此，去具體指明「顯著的」（significant）的含義，這點顯然是重要的。根據一種解讀，是在目標對象和歸屬者內具有相稱的情緒，才使得這一過程成為模擬過程（Goldman and Sripada 2005: 208）。更具體地說，高曼建議，對其他人之情緒表達的觀察自動地引發我自己對那種情緒的體驗，而第一人稱的體驗就成為我對他人進行情緒的第三人稱之歸屬的基礎。正如他所寫的那樣，在討論厭惡的表情的情況下，「證據表明，人們將厭惡的體驗用作第三人稱厭惡歸屬的因果基礎」（Goldman 2006: 137）。因此並非巧合地，高曼認為對整個過程更恰當的稱呼是模仿附加投射（simulation-plus-projection）（Goldman 2006: 40），從而證實他自己的觀點和我們在利普斯中所發現的觀點之間的結構相似性。當考量到高曼明確地將投射定義為「將自己的狀態歸於其他人的行動」（Goldman 2006: 40），以及當讀到利普斯斷言「從心理學角度去考量，『其他人』是我自己的複製品」時（Lipps 1900: 418），人們不禁懷疑——根據模擬理論：我們最終是否陷入某種自我中心的困境，使我們無法真正理解他人？

　　高曼絕不是唯一偏好類似利普斯之觀點的人，艾亞可伯尼（Iacoboni）和加里斯也是一樣；他們兩人提及和支持利普斯有關移情同感涉及一種內在模仿形式的觀點（Gallese 2003a: 519; Iacoboni 2007: 314）。

　　然而，在高曼和加里斯關於移情同感的討論中有一個值得注

意的區別，即後者對此概念的歷史起源更感興趣。在高曼的解釋中，這場爭論可以回溯到大約五十年前的萊爾（Ryle）和維根斯坦，儘管高曼的確承認，模擬論者的主題可以在諸如利普斯和狄爾泰等早期理論論者中被零星發現（Goldman 2006: 18）。可是，在高曼的概述中顯然沒有提到現象學對移情同感的討論。我在這裡所思考的不僅是胡塞爾和梅洛龐蒂之意義重大的貢獻，還思考到特定的著作，比如史坦茵的《論移情同感的問題》（*Zum Problem der Einfühlung*）、顧爾維奇的《在周遭世界中的人際遭逢》（*Die mitmenschlichen Begegnungen in der Milieuwelt*）、謝勒的《同情的本質與諸形式》，以及舒茲的《社會世界之意義構成》（*Der sinnhafte Aufbau der sozialen Welt*）。相較之下，加里斯則樂於不僅提及利普斯對內在模仿的討論，還提到史坦茵對移情同感的觀點，以及胡塞爾和梅洛龐蒂的主體際理解（Gallese 2001）。其實，加里斯非常明確地認為（我稍後會對此談論更多），他自己之具身模擬（embodied simulation）的概念乃近似於──並且進一步發展了──現象學的方案（Gallese et al. 2004: 397; 並見 Iacoboni 2007）。

　　英加敦（Roman Ingarden）在胡塞爾指導下於 1918 年發表關於柏格森之論文，他在其波蘭文之最後譯本的註腳中做出以下考察：

　　　在撰寫此論文的當時，對所謂「移情同感」展開了廣泛的討論；該概念是由諸如利普斯之心理學化的德國美學家們所提出，許多現象學家──比如蓋格、謝勒、史坦茵和後來也包含胡塞爾──參與了討論，並且越來越清楚的是，將「移情同感」設想成一個人自己的心理狀態被投射於陌

異身體之中的典型理論必須被拋棄，取而代之的是一種對
心理狀態——當它們在身體表達中顯現出來——的特殊知
覺理論。（Ingarden 1994: 170-1）

英加敦的這段話強調了，必須去區分利普斯就內在模仿而對移情
同感的界定和現象學隨後的分析。雖然利普斯對類比論證的批判
被後來的現象學家們認可，但他們大體上也批評他自己的正面說
法。如我們將看到一般，現象學家對移情同感的意向結構進行清
楚和多層次的分析，這與最近就鏡像、擬態、模仿、情緒感染、
想像投射或推理歸屬而去解釋移情同感的嘗試截然不同。事實上，
不同於丹奈特反覆地將古典傳統現象學表徵為一種**自我現象學**
（*autophenomenology*），即一種對他人之心靈生活不感興趣的現象
學（Dennett 1987: 153-4），傳統現象學確實相當致力於**異質現象學**
（*heterophenomenology*）。其實，現象學分析之所以特別引人關注的
一個原因，正是因為它在堅持致力於意識之第一人稱特性的同時，
強調和尊重他人之被給與性的獨特之處。

第十章
移情同感現象學

10.1 現象學的疑慮

在他於 1931 年發表的升等論文（Habilitation）《在周遭世界中的人際遭逢》中，顧爾維奇主張，儘管利普斯明確批判類比論證，但是他的移情同感理論仍屬於相同的理論家族（Gurwitsch 1979: 20），它仍然接受一個基本的、但可疑的假設，即：嚴格而言，可以說我們知覺到的只是物理性質和它們的變化——比如臉部肌肉的扭曲，而這種知覺輸入在心理學上是沒有意義的。根據利普斯，只有通過由我們自己的情況所得知者去活化被知覺給與的內容，我們才能夠知道，我們遇到另一個具有心智的生物。只有以我們自己的內在經驗為基礎，我們才能夠從輸入內容轉移到將愉悅或幸福之類的心靈狀態實際地歸屬給他人。

但是，這真的是合理的嗎？或者難道我們不應該考量並最終去支持被知覺所給與者——即所討論的表達現象——已經提供我們某種進入他人之心靈生活的途徑的觀點嗎（Gurwitsch 1979: 32, 56）？顧爾維奇進一步觀察到，利普斯訴諸本能是令人不滿意的，因為它擱置了分析的工作（Gurwitsch 1979: 20）。史坦茵和胡塞爾也有類似的批判，他們依次聲稱，利普斯對本能的依賴等於是「科

學研究的徹底失敗」（Stein 2008: 41），並建構出一個「現象學無知的庇護所」（Husserl 1973a: 24）。然而，他們最有系統的批判是針對利普斯有關「（內在）模仿構成移情同感之基礎」這個主張。

　　首先，這種理論並不能解釋它應該解釋的內容。讓我們假設：一種被觀察到的表達激發我去模仿它的內在衝動，並且由於表達和經驗之間的緊密聯繫，我開始親身體驗相關的情緒。這也許可以解釋為何在我之中發生某一特定的經驗，但是它不能解釋我如何理解他人。自身快樂和相信他人快樂是兩件截然不同的事（Gurwitsch 1979: 24-5），前者的狀態本身並不包含有關感受起源的知識或對自身感受和他人感受之類似性的知識；他人的情感狀態也許是我自己之情感狀態的原因，但是，如果我們要談及任何類型的社會理解，那麼他人的情感狀態也必須成為我的意向對象（Stein 2008: 22-4）。因此，與其解釋移情同感，亦即，將移情同感理解為一種對他人之心靈生活的體驗，利普斯的觀點更適合去處理「運動擬態」或「情緒感染」之類的事。[1]因此，正如史坦茵所言，在被解釋的現象和實際上被解釋的現象之間存在著差異（Stein 2008: 24）。

　　當然，利普斯確實認為移情同感涉及兩個步驟：模仿和投射。我對他人之表達的知覺會以相當間接的方式來喚起我的一種感受，然後這種感受會通過投射被歸屬於他人。然而，這種對投射的訴求並未解決問題，反而只會使它們惡化；因為利普斯從未設法證明投射的知識合法性。利普斯自己指出了，在移情同感中所發現的投

---

[1] 史坦茵也聞名於批判利普斯將移情同感（*Einfühlung*）和情感認同（*Einsfühlung*）混為一談，亦即，視移情同感為包含觀察者和被觀察者的完全同一化（Stein 2008: 16）。然而，最近史都柏表明，史坦茵的這種特定批判是基於對利普斯過於無情的解釋（Stueber 2006: 8）。

射和在泛靈論（animism）中所發現的投射之間具有類似性，並且
──正如謝勒所觀察的一般──利普斯的理論仍不能解釋有理據和
無理據投射之間的差異（Scheler 2008: 241）。正如後者批判所暗示
的那樣，謝勒的研究目的不僅僅是描述性的。它不僅是關於描述我
們如何於事實上似乎經驗他人的問題。謝勒也對「我們對他人的理
解是否能被經驗所證成」這個知識論問題感興趣。稍後我將回到這
一點。

　　最終，現象學家不僅拒絕模仿足以引起移情同感之理解的方
案；他們亦質疑該方案的必要性。為什麼心靈要變成它的對象才能
理解它？根據利普斯的看法，只有當我自己經歷相同的體驗，我才
能將痛苦或快樂歸屬於另一個人。的確，若模仿要有任何解釋上的
用途，那麼我自己所感受到的痛苦或愉悅必須先於、而不是跟隨我
對他人之痛苦或愉悅的有意識的辨識。但是，正如謝勒所寫，我們
可能從狗搖尾巴中理解到牠很高興看到我們，但是這幾乎不需要我
們自己去模仿這種表達（Scheler 2008: 11）。其實，比如說，若我
們的臉部癱瘓，我們是否就無法理解我們無能模仿的表情？再者，
宣稱我自己必須感受害怕，才能理解我的孩子所感受到的害怕，或
者，若我要去認識到面對攻擊者的憤怒，我必須自己變得憤怒，這
種宣稱到底有多合理（Husserl 1973a: 188）？我們可能會面對一個
憤怒的陌生人，自己也變得憤怒，但是我們對陌生人之情緒的同情
理解可能也會引出相反的反應，即一種恐懼感。但是，無論何種情
況，我們的情緒反應就是：一個反應。當然，很可能我們在他人
身上知覺到的情緒會在我們自己身體中引起情緒的共鳴和行動的傾
向，然後這些反應又注入和影響我們理解他人的方式，但是認可這
點，以及辯護「我們對他人情緒的理解要求我們自己要有這種情

緒」之觀點，此二者之間仍有決定性的差異。

在我繼續更廣泛地討論現象學家所提供之關於移情同感的各種正面解釋之前，首先要談談術語，因為並非所有人都對術語感到同樣滿意。

根據謝勒，我們能與他人進行基本的和直接的體驗交往（我稍後會針對這點所涉及的意義多做說明），但不幸的是，當提及理解的基本形式時，他並未固定使用單一術語；相反地，他使用了諸如以下的術語：**情感再造**（*Nachfühlen*）（感受的再造〔reproduction of feeling〕）、**體驗再造**（*Nachleben*）（經驗的再造〔reproduction of experience〕）、**體驗再現**（*Nacherleben*）（經驗的形象化）〔visualizing of experience〕）或**陌異知覺**（*Fremdwahrnehmung*）（對他心的知覺〔perception of other minds〕）（Scheler 2008: 9, 238）。在這些情況下，標準的英文翻譯可能不太理想，但是謝勒自己也應該為不可必避免的混淆負責。**情感再造**和**陌異知覺**如何能夠指同一個現象？正如我們所見，謝勒拒絕「我們對他人之情緒經驗的理解是基於對該情緒的模仿或再造」此觀點，但是若如此，那麼為何他自己使用了比如**情感再造**這樣的術語？然而，事實仍然是，謝勒相當明白地拒絕「我們對他人之情緒經驗的理解要求我們自己去擁有相同的情緒」此觀點（Scheler 2008: 9-10）。由於缺乏更好的術語，我決定採用「移情同感」作為掌握謝勒在談及「我們對他人之基本經驗」時所意指者的最佳方式。當然，正是在他自己對利普斯的批判中，他相當謹慎地使用了德文術語 "*Einfühlung*"，並且經常不屑一顧。然而，謝勒的保留主要是由於他對移情同感之投射理論的明確拒絕（2008, p. xlviii）；而其他當代現象學家們仍將他的理論稱為一種移情同感理論，單是這點就告訴了我們不少事（Husserl 1950:

173）。

　　至於胡塞爾，他經常使用**移情同感**這個術語，儘管他的首選術語——特別是在他的晚期著作中——僅僅是**陌異經驗**（*Fremderfahrung*）。此外，在某些情況下，他公開表示對**移情同感**（*Einfühlung*）此術語的保留；在一篇標記 1914-1915 年的手稿中，他稱其為「一個錯誤的表述」，因為在他看來，尚不清楚該術語意圖是指稱將自己的自我投射到另一個身體，或意味著與其他具身自我（embodied self）的實際遭逢（Husserl 1973a: 335-9）。因此，許多人對該術語保持謹慎的理由之一，顯然是因為它似乎委身於投射主義的觀點。

　　最後，若我們轉向史坦茵；她將移情同感定義為指向他人的意向性形式，並且特別要求我們去忽略該術語所具有的任何傳統含義（Stein 2008: 14）。正是緣此之故，史坦茵寫道：謝勒反對情移同感的辯論並不是針對她所謂的移情同感（Stein 2008: 30）。

　　我將遵循史坦茵的建議，並且在下文中，當我提及謝勒、胡塞爾、史坦茵和舒茲對移情同感的觀點時，我要談的是他們對「我們如何經驗他人」的各別解釋。

10.2 謝勒

　　謝勒的著作《同情的本質與諸形式》（1923）經常被列為對情緒生命之現象學研究的一個例子。但是，除了向我們展現針對不同情緒現象的詳細分析之外，還必須考量這部著作對主體際性和社會認知之現象學的重大貢獻。謝勒從一開始就指出，我們如何理解他心的問題是人文科學的基礎問題，這點絕非偶然；若我們要以任何

程度的適當性去確定歷史、心理學、社會學等的科學地位，那是一個必須被解決的問題（Scheler 2008, pp. xlviii-xlix）。[2]

　　對謝勒而言，社會理解並不是主要的理論問題，他的論述乃嘗試去強調體驗和情緒的特性。讓我們來看看他所討論的某些情況。

　　首先考量一下你看到一個哭泣的孩子的臉部情況，但並沒有看到它所表達的不適或悲痛，你只看到臉部肌肉的扭曲，亦即，你沒有將它視為情緒上的表達。再將這種（病理學的）情況與你看到同一張臉上具情緒的表達、但沒有感受到任何關注或憐憫（compassion）——即保持漠不關心——的情況進行比較，最後考量一下你於情緒上作出回應的情況，比如對孩子感到憐憫。對謝勒而言，最後一種情況算是同情（sympathy; *Mitgefühl*），但是，為了去感受同情，為了要比如說對某個正在受苦的人感到擔憂，你首先必須了解或識別出他人確實在受苦中。因此，並不是通過憐憫或同情讓我首先得知某人處於痛苦之中；而是，若我要去感受到對他的同情，他的痛苦必須已經以某種形式給與我，必須已經被我理解（Scheler 2008: 8）。這種先在的認知理解被謝勒以各種不同術語（包含**情感再造**）去指稱的某物所提供，而在下文中，我將稱之為「移情同感」。移情同感必須關涉到對他人的一種基於知覺的基本理解，而同情則附加了一種情緒的反應。

　　現在，除了強調移情同感和同情二者之間的差異外，謝勒之例子的重點亦在於提醒我們，當對某人的困境漠不關心時，要去

2　該書最初於 1913 年以「論現象學與同情感理論及兼論愛與恨」（*Zur Phänomenologie und Theorie der Sympathiegefühle und von Liebe und Hass*）的標題出版，但是謝勒更改了第二版的書名；第二版本被大大地修改，並且於篇幅上倍增。

對他產生移情同感仍是可能的（Scheler 2008: 8-9, 14; 並見 Darwall 1998: 261）。謝勒認為，去說 A 對 B 進行移情同感——意即理解 B 正在經歷著什麼，而 A 無須感受到對 B 的任何同情或憐憫，其中並未包含矛盾（Scheler 2008: 8）。試想一下那種感受到**幸災樂禍**（*Schadenfreude*）的人——熟練的審問者或施虐者；若一個人想去操弄或剝削他人，高度的移情同感的敏感性可能會派上用場。3 這也是殘酷的先決條件，因為殘酷需要一種對他人之痛苦和受難的覺察；殘酷因而必須被明確地與對他人痛苦於病理上的無感區分開來（2008: 14）。再者，更複雜的是，謝勒也主張，同情並不一定具有正面的道德價值，這取決於情況和情緒反應的特性。若我無視於你的喜悅而感到悲傷或幸災樂禍地看著你的悲慘，或忽略另一個人的受苦而欣喜於你的愉悅，我並非無動於衷：我於情緒上做出了反應，但卻是以負面道德價值的方式（2008: 5-6, 133）。

可以批評說，謝勒對移情同感和同情的區分具有相當地人為成分。社會認知的最基本形式於情緒上是中立的，並且任何情緒的反應皆僅附加於第二步驟——真是如此嗎？去堅持所有正常的人際理解皆涉及情緒的反應，並且平板的情緒只能在某種病理學案例中發現，這是否更正確些？我認為，這個反對意見有些道理，但是我也認為，可以用一種使謝勒的觀點與如此之觀察相容的方式去詮釋謝勒。雖然對他人的同感理解可能很難不影響我們，雖然可能在看到他人悲痛時，我們有一種自然的傾向會去照顧和關心他人（不過，

3　關於移情同感的人類學研究報告指出，世界各地的人們（包括印度太平洋、拉丁美洲和北加拿大）試圖掩蓋他們的臉，亦即不去表達他們的感情或思想，因為他們普遍恐懼他們的敵人可能會利用移情同感去發覺他們的弱點，並造成傷害。

這種傾向可被抑制和撤銷），但要問的問題是：我們這種對他人之表達的辨識和理解的能力是否是通過情緒反應而被引發和決定？這點是謝勒所要否認的。

現在考量一下第二組情況。你可能進入酒吧，捲入歡樂的氣氛，或你可能遇到葬禮隊伍，心情低落。所謂「情緒感染」（emotional contagion; *Gefühlsansteckung*）的一個明顯特徵是，你實在地抓住了相關的情緒（Scheler 2008: 15）；它被轉移給你，它變成你自己的情緒。在情緒感染中，你所感染的情感明白地不屬於他人，而是為你自己所有；只有它的因果起源是指向他人（2008: 37）。的確，在被他人的恐慌或歡樂心情感染時，你甚至於可能沒有意識到他們是截然不同的個體，但是這一切正是造成情緒感染不同於移情同感和同情的原因。對謝勒而言，後二者不僅預設了自我意識，亦預設了自我和他人之間可感的分離（2008: 23, 64）。在同情和移情同感中，重點是放在他人，在他的思想和情感，並且自我和他人之間的距離被保留和保持著。[4] 對另一個人感到抱歉，就是對他人作為他人而感到抱歉；去建議同情乃包含某種與他人的融合，這是將其轉化為自我主義（egoism）。這也是謝勒之所以不僅

---

4 謝勒還介紹了情感認同（*Einsfühlung*）的概念，他將之視為情緒感染的一種局限情況。於此，那不僅只是將他人的一種具體感受無意識地和非自願地視為自己所屬；更甚者，其他人（the other ego）被視為與一個人的自我同一（2008: 18）。儘管謝勒一再明確斷言，移情同感和同情完全不同於這種情感的認同，但是在其著作於 1923 年版本中的修改裡，他仍聲稱情感認同是移情同感（empathy; *Nachfühlung*）的先決條件（2008: 96）。當然，堅持移情同感必須不同於涉及感染、模仿和擬態的各種過程，並未排除前者可能以某種方式依賴於和根據後者，但是即使是這種情形，爭論仍是後者無能說明前者的獨特特徵。

拒絕同情要求同情者自己具有相應情緒之建議（2008: 42），並且也拒絕同情必定涉及想像力和要求我去想像為他人設身處地之提議的原因（2008: 39），但是也有這種形上學理論，比如在叔本華（Schopenhauer）中可以發現；根據它，同情和憐憫的存在最終證明了所有個體的形上學統一性（2008: 51, 54）。

　　一個人可能被他人的情感所感染——被他們的愉悅或害怕，不僅對其他個體毫無所知，也完全無知於他們的意向對象，這是為何情緒感染不應該與謝勒所稱之「情緒分享」混為一談的理由之一。想想一對夫妻一起欣賞電影的情況。兩人不僅知覺和欣賞電影，他們還移情同感地體驗到另一人正共同專注於電影並享受著電影，這點影響著他們自己享受的結構和性質。雖然 A 並沒有通過 B 的眼睛去看電影，但是 B 所見和所欣賞者是 A 經驗電影的一部分（反之亦然）。簡言之，當個體分享一種情緒時，他們所經驗者並不獨立於他們彼此之間的關係。我們正在處理的經驗並不是彼此獨立的，而是於構成上互相依賴的，主體只能藉著他們對彼此的交互關係才能獲得這些經驗。簡言之，情緒分享所要求和涉及的不僅是相似性，還有保存差異，以及一定程度的相互理解。因此，情緒分享不僅不同於情緒感染，它還是超出移情同感之外的某物；它——顧名思義——為移情同感所提供的理解附加了相互分享和共同規則。將之比較於一位共有的朋友與這對夫妻互動的情況；他可能感知到他們的享受而自己並不愉快（可能是因為他覺得這部電影很愚蠢或因為他心情不好）。在這種情況下，這位朋友會對他們的享受進行移情同感，而不會經驗到如他自己所感受的愉悅。當然，他們的愉悅和他對此之移情同感的理解顯然在質性上是有差異的和截然不同的（Scheler 2008: 12-13, 37）。

　　現在，根據謝勒的觀點，移情同感並不只是從理智上判斷別人正在經歷某種經驗的問題；並非僅僅如此；相反地，謝勒辯護我們從移情同感上能夠去經驗他心的觀點（Scheler 2008: 10）。並非偶然地，謝勒一再重覆地談及「**對他人的知覺**」（*Fremdwahrnehmung*），並且甚至於稱他自己的理論為「對他心的知覺理論」（2008: 220）。他在必須被視為**經典之處**（*locus classicus*）寫道：

> 因為我們確實相信自己會直接地親知在別人笑聲中的愉悅、在他的眼淚中的悲傷和痛苦、在他的臉紅中的羞愧、在他伸出雙手中的乞求、在他激動外表下的愛、在他咬牙切齒中的憤怒、在他拳頭緊握中的威脅，以及在他言語發聲中的思想進程，若有人告訴我，這不是「知覺」——因為它並非如此，就事實而觀之，知覺只是「物理感覺的複合」，並且確實沒有對其他人之心靈的感覺，也沒有從如此起源而得的任何刺激，那麼我會請求他撇開如此可疑的理論，並使他轉向現象學的事實（2008: 260）

對謝勒而言，移情同感使我能夠經驗其他主體；它既不意味他人經驗實在地傳遞給我，也不意味我經歷了我在他人身上知覺到的經驗。相反地，去移情同感地經驗，是說：另一個人的情緒必定不同於你經驗自己之情緒的方式。因此，謝勒拒絕去主張：移情同感應奠基於一種出自他人之暗示和自己過去之類似經驗之間的直接聯結；就好像說，一個人對失去獨生子的父母或對為自己生命爭鬥之溺水的人進行移情同感，此能力不只以自己經歷如此磨難為條件，更意味著過去經驗的實際再造。根據他的觀點，以上主張忽略的是：我們能夠在多大的程度上直接在我們可用的表達現象中去掌握

另一個人的心靈狀態。即使你自己沒有孩子，與一對失去兒子而感到悲傷的夫妻在一起，也可以使你理解情況。此外，不僅如此的再造是沒有必要的，而如果那是必要的，那將是錯誤的來源，而不是洞察的基礎，因為它將導致個人的苦惱和自我主義的偏移（2008:46-7）。[5]

謝勒還駁斥了以下建議：移情同感者至少必須曾以第一人稱身分親知被同感經驗的某些基本要素。誠如他所指出，如此的提議不僅錯誤地認為一個經驗是由原子性的精神粒子所組成，而且還讓人完全不清楚我們之後應該如何在這些要素的基礎之上重構待理解的經驗。若沒有事先對最終結果的理解，有什麼可以指導這種組合（Scheler 2008: 47）？謝勒的批判所突顯的是，所有宣稱移情同感要求移情者和目標之間要有顯著類似性的論點都會面臨的諸挑戰之一。顯然要問的是：多麼特定的相配才能算是顯著的類似？去宣稱只有當我於過去曾為失去同一種狗而悲痛或遭受過同樣強度的類似攻擊時，我才可以對某個因兩歲大的萬能㹴犬死亡而悲痛的人或對某個受苦於膽絞痛發作的人進行移情同感；這種宣稱很難令人信服。相較之下，去說只有在我自己有心靈的情況下，才能對有一個具心靈的生物進行移情同感；這點宣稱似乎合理得多，但卻也相當微不足道。若一個基於模仿之移情同感的觀點是要去說些合理而又非微不足道的事，那麼它必須將自己置於兩個極端之間的某處；問題是「在哪裡」。移情同感者必須感受（或已經感受過，或原則上

5　相信自己經驗過的人生事件將提供人們對另一個人之類似的生命經驗更多的洞察力，此信念是廣泛流行的，但是卻可能沒有根據。經驗研究主張，具有類似生命經驗（比如生產和父母離婚）的人相較於沒有如此經驗的人，在裁定他人於同一種情況下的感受上並不總是更為準確（Hodges 2005）。

能夠感受到）完全相同的情緒或感覺嗎（比如說屈辱或噁心）？若移情同感者以第一人稱身分了解到同一情緒家族的成員，這足夠嗎？或者，若移情同感者僅有（或原則上能夠具有）一種相同效價（valence）的情緒，就足夠了嗎？所求的特定性越低，觀點就可能越合理可信，但是顯然地，合理性的提高與解釋力的降低是齊頭並進的。

對謝勒而言，這件事無論如何都是清楚的。儘管他曾一度談及，我們的理解範圍可能受到我們從本質上能夠獲得之經驗範圍的限制（Scheler 2008: 46），但是他斷然否認，我們只能夠理解那些我們自己在過去曾經歷過的他人經驗。[6] 對他而言，這樣的主張和主張我們永遠無法理解某種新事物、而只能經驗以前已有過的事物一樣沒有價值。事實上，移情同感之投射理論的一個問題恰恰就是：它把我們囚禁在我們自己的心靈之中。它無能公正對待我們在移情同感中所發現之真正的和真實的自我超越（self-transcendence）；事實上，移情同感的理解可以擴展我們的生活和引導我們去超越自己現實經驗之限制（2008: 46, 49）。

儘管謝勒強調他心的可見性和在知覺上的可通達性，但重要的是要了解到：他並未宣稱，個體之體驗生活的所有面向都同樣可被他人達及。在某些情況下，我們可以直觀（intuit）他人的經驗，然而根據謝勒的觀點，其間還是有一些重要的限制。

身體感覺構成了這些限制之一（Scheler 2008: 255）。我可能會

6　想一下關於一個四歲男孩的例子；他在得知朋友的母親去世後嚴肅地說：「你知道，邦妮長大後，人們會問她，誰是她的母親，而她將不得不說『我不知道』。你知道，這讓我流淚。」（Radke-Yarrow et al. 1983: 493）

和其他人一樣有同**類型**的頭痛或腎痛，但是我實在地無法感知到他或她的特定的疼痛，或者說味覺。這是一個重要的澄清，因為它讓謝勒免除了一個明顯的反駁。如果我觀察一個男人在享受他的晚餐或者一個女人在分娩中，依照謝勒的模型，我直接認識到的不是特定的味道，比如說煙燻鮭魚，或疼痛感覺的特殊性，而是享受或受苦的一般狀態。因此，謝勒甚至承認，去理解另一個人（或動物）正在體驗的特定感覺的唯一方法是通過再造（reproduction）。簡言之，雖然我可能看到一個孩子或一隻蝙蝠已經精疲力竭，但如果我要知道某人品嚐木瓜汁的感覺，我就必須自己去品嚐該果汁（2008: 48）。

　　儘管我們可以從他人的自動和無意識的表達中學習到有關他人的某些東西，但謝勒仍堅持，這點——那能使我們發展到多遠——是有限制的，特別是因為某些心靈維度與身體表達無關。如果我們希望去掌握他所謂的「他人的精神存有」——亦即他人之人格性本質（the essence of personhood），我們就需要依靠溝通。更具體地說，謝勒宣稱，其他人的獨特認知活動——他或她的思想——將保持隱蔽的和秘密的，直到他人決定去揭示和傳遞它們（Scheler 2008: 102, 225）；這就是為什麼語言被證明對社會理解之更高形式如此重要的原因。但儘管如此，他人之中仍保有某種無法言說之處。根據謝勒，人格中有一絕對私密的領域，即使是自由溝通意圖的行為亦不能完全揭露它（2008: 66, 219）。[7]

7　可是在某些場合中，謝勒建議，愛可以使我們最接近他人個體性的本質。如他所說，我們的本能使我們盲目，愛使我們看見（2008: 157）。要理解此主張的一種方法是去考量被愛者的不可替代性和不可置換性。如果你愛某人，你不僅愛某些於被愛者之中恰好可發現和可例示之特質的集合，而是——因為

　　謝勒對情緒感染、移情同感、同情和情緒分享之間差異的研究和分析僅限於人的層面，他並不關心社會認知可能涉及之各種次人格的機制。他對競爭理論的主要反駁似乎是：它們在現象學上是不足的，並且無法公正對待我們的現實經驗。在此基礎上自然會得出的結論是：他的計畫只是描述的；它試圖描述我們如何經驗他人的心靈，但並不指向關於這種經驗是否可信的知識論問題。但這是一個誤解。謝勒不僅提供了一種針對類比論證之更系統性的批判，他最終還試圖去說明表達和經驗的本性，以使我們可以明白，表達如何可說是在顯現我們的體驗生活；我們如何可說是通過知覺他人的表達而去經驗他們的心理狀態；以及從而我們對他人的理解也可以於經驗上被證明合理。

　　類比論證應該解決何種問題？它應該解決他心問題。首先為什麼有問題？因為據稱我可以直接達及的唯一心靈只有我自己的心靈。相較之下，我接觸另一個人之心靈的途徑總是被他的或她的身體行為所介導。對另一個人之身體的知覺如何提供我有關他的心靈的訊息？所建議的解決方案如下：就我自己而言，我可以觀察到我的身體受到因果影響時的經驗，就像我可以觀察到這些經驗經常引起某些行動一樣。我可以觀察到其他身體受到影響，並以類似的方式行動，因此我類比地推斷其他身體的行為乃聯結著類似於我自己所具有的經驗。就我的情況來說，被熱水燙傷產生強烈的痛感；然後這種經驗會導致一種非常特定的唉叫行為。當我觀察到其他身體被熱水燙傷和唉叫時，我設想他們極有可能地也感受到疼痛。因此

它算是真愛──即使他或她的特質已經改變，你仍可設想會繼續愛那個人。同樣地，僅僅在某人身上發現相同的特質，也不能滿足你的愛。

類比論證可以被詮釋為一種最佳解釋推論，它使我們從被觀察到的公共行為轉向被隱藏的心靈原因。儘管這種推論並不能提供我對於他人之明確的知識，並且儘管它不允許我實際上去經驗他人的心靈，但至少它給我更多的理由去相信它們的存在，而不是去否認之。

　　根據謝勒，在辯論我們對他人的理解於本質上是推論時，類比論證選擇了一種於認知上過於苛求的觀點。從很早的時候即已開始，嬰兒對臉部表情是敏感的，並會做出反應。但是建議這個孩子會將比如說他人微笑的視覺呈現與他自己在快樂時所做出的臉部動作相比較，並且這個嬰兒然後還投射他自己所感受到的快樂進入到其他身體中不可見的內部，這在心理學上是不可信的。再者，該論證假定了我自己的身體被給與我的方式乃類似於其他身體被給與我的方式，然而，我自己的身體——正如它被我於內感受上（interoceptively）和本體感受上（proprioceptively）感覺到一樣——並不會與其他身體如其通過視覺呈現給我一樣地逐點對應。當然，如果我要覺察比如說我的大笑或喊叫與其他人的大笑或喊叫之間的類似性，我必須去採用一種更全面的視角；我必須將身體姿勢掌握為表達現象，作為愉悅或痛苦的顯現，而不僅僅是作為肉體的動作。但是，如果要使類比論證得以成功就需要這種理解，那麼此論證顯然以應被證明者為前提（Scheler 2008: 240; 並見 Gurwitsch 1979: 14, 18; Merleau-Ponty 2012: 368）。

　　謝勒還質疑在經典類比論證中起作用的兩個前提。首先，它假設了我的出發點是我自己的意識；這是起先以一種十分直接和無中介的方式被給與我者，並且正是這種純然心靈的自我經驗被當作先於對他人的辨識，並使之成為可能。一個人自居，然後投射到另

一個他所不認識的人中──其乃此人早已在自身中發現者。順帶一提，正如我所指出一般，這意味著：一個人只能夠理解那些自己已經經驗過之他人的心理狀態。其次，類比論證也假定我們從來沒有直接通達另一個人的心靈。我們從來不能夠**經驗**他的思想或情感；我們只能夠根據實際給與我們者──即他的身體行為──來推斷它們必須存在。儘管這兩種假設似乎是顯而易見的，但謝勒拒絕二者；正如他所指出，我們應該注意實際上被給與者，而不是讓某種理論來決定什麼可被給與（Scheler 2008: 244）。在他看來，類比論證低估了包攝在自我經驗中的困難，以及高估了包攝在對他人經驗中的困難（2008: 244-6）。我們不應該忽略對他人可以直接知覺者，並且我們不應該不承認我們之自我經驗的具身性與內在性。因此謝勒否認，我們最初對於自我的親知於本質上是純粹心靈的和孤獨的，就猶如它先存於我們對自己之表達動作和行動的經驗，並且好像它無關他人孤立地發生一般；他認為這種最初的對自我的親知只是一種虛構（2008: 252）。此外，他認為，聲稱主體際理解是一個兩階段的過程，其中第一個階段是對無意義之行為的知覺，第二階段是對心理意義進行基於理智的歸屬；這有極大的問題。相反地，在面對面的相遇中，我們所面對的既不是單純的身體，也不是純粹的靈魂，而是一個具身化之心靈的統一體。謝勒談及一個「表達的統一體」（*Ausdruckseinheit*），並且聲稱**行為**是於心理物理上沒有區別的概念。只是到了後來，通過一個抽象的過程，這個統一體被分裂，我們的興趣才「向內」或「向外」繼續發展（2008: 218, 261）。

　　預示沙特和列維納斯（Levinas）二者於稍後會更詳細討論的某事，謝勒寫道：在我可以明確指出另一個人之眼睛的顏色之前，我

可說早已經驗到他的凝視所表達的敵意或愛（Scheler 2008: 244）。
確實，根據謝勒的觀點，我們對自然的原初知識是對表達現象的認
識，而知覺的最根本形式是對於心理物理上無差別之表達的知覺。
他發現，新生兒對有表情的臉和人的聲音的優先興趣確證了此宣
稱；對一個活生生世界的認識優先於我們對死寂和機械的世界的知
識。因此，對謝勒而言，我們並非首先看到無生命的對象，然後通
過隨後附加的心靈成分來活化它們，而是我們首先將所有事視為表
達的，然後再經歷一個去活化（de-animation）的過程。按照他的
說法，學習是——一個「**去魂**」（*Entseelung*）、而不是一個「**活魂**」
（*Beseelung*）的問題（2008: 239）。謝勒甚至於假設存在著他所稱謂
的「一種表達的普遍文法」（a universal grammar of expression），
這種文法促使我們——至少在某程度上——去理解其他物種的表
達，無論是喘息的魚或斷翼之鳥（2008: 11, 82）。

　　在捍衛有關他心的知覺理論時，和在拒絕我們通達他人心靈
總是以推論為媒介的提議時，謝勒必然地不只在提出一個心理學觀
點，他不只在宣稱，從心理學上看，似乎我們可以直接通達其他人
的心靈；這種觀察與宣稱心理的直接性是由各種無意識的推論所開
啟和支持的主張逕直地相容。不，謝勒還提出一個知識論主張；他
反對以下觀點：我們與其他人的相遇首先和最初是遭逢沒有任何心
理性質之身體和行為的外在性。根據這種觀點——行為主義者和笛
卡兒主義者同樣都對其進行辯護，就其本身而言，行為既非表達，
也不具意義，所給出的只是物理的性質和它們的變化而已；看到
一張發光的臉，所意味的就是看到臉部肌肉的某些特有的變形。但
是，正如謝勒所堅持的一樣，這種解釋對我們呈現一幅不僅關乎行
為、亦關乎心靈之扭曲的圖像。我們使用心理學術語去描述行為，

以及我們很困難用純粹動作去描述行為，這並非巧合。在大多數情況下，要將一個現象簡潔地區分出其心理的和行為的面向，這是非常困難的（和人為的）：僅想想痛苦的呻吟、笑聲、握手、擁抱。在他看來，情感的和情緒的狀態不僅是主觀經驗的特質；相反地，當被表達時，它們對別人是可見的。事實上，只有如此，它們才能一樣對我們是完全可見的，因為壓抑情緒表達必然地會導致情緒能被我們感覺到的質性特色減少。我需要去表達我自己的情緒，以便去完全感受它們；這一事實是我們之所以不應該誇大自我經驗和他人經驗之間差異的另一個理由（Scheler 2008: 251）。

因此，謝勒沒有嘗試通過技術繞道去確保接觸他人心靈生活的途徑，取而代之的是去主張，我們需要對被給與者一個新的理解。如果表達現象的領域被接受為知覺的原初材料或原始階層，對他人心靈的通達將不再顯現為相同類型的問題。

10.3 胡塞爾與史坦茵

10.3.1 一生懸念

為了向胡塞爾學習，史坦茵於 1913 年來到了哥廷根（Göttingen）。他最後成為了她的博士指導老師，而正是胡塞爾建議她研究移情同感這個議題。在 1916 年，史坦茵呈交了她的博士論文《論移情同感的問題》，而時至今日，這部論文仍是關於移情同感的現象學分析的最扼要報告之一。在史坦茵的分析與胡塞爾本人的闡釋之間，有眾多重疊的論點，但前者有著吸引人的簡明特質。

與之對比，胡塞爾對移情同感的研究並不侷限於少數精

選論著，如《觀念二》或《笛卡兒式沉思》（*Cartesianische Meditationen*），最透徹的處理反而是見諸胡塞爾全集 13 至 15 卷的研究手稿之中，也就是說在論主體際性現象學的三大冊之中。這些手稿時期橫跨 1905 至 1937 年，由此可知移情同感顯然是一個胡塞爾在其大部分哲學生涯中皆在探討的議題。因此，他的眾多其他著作都有關於移情同感的評論和反思，便毫不讓人驚訝了。這些著作不單包括如《危機》、《形式的與超越論的邏輯》（*Formale und transzendentale Logik*）、《現象學的心理學》（*Phänomenologische Psychologie*），或者更晚近出版的胡塞爾全集如《哲學導論》（*Einleitung in die Philosophie*）、《倫理學導論》（*Einleitung in die Ethik*）、《超越論的觀念論》（*Transzendentaler Idealismus*）或者《生活世界》（*Die Lebenswelt*），但或許稍為讓人感到意外也包括《邏輯研究》與《觀念一》（*Ideen I*）。

以下事實指明，胡塞爾的確持續關注此課題，並視之具有特殊重要性：在他 1928-1929 年冬季學期開設、題為「移情同感現象學的講演與練習」（Phänomenologie der Einfühlung in Vorlesungen und Übungen）的最後講演課程中，他正好選擇詳述這個課題。但當然，他一再回到這個課題也表示了，這個課題始終對他是個難題，而他無法得到一個終定的和（在他本人的思想中）完全滿意的解答。因此之故，我的討論之目的與範圍，亦將必然需要有所限制。我們不可能在一章篇幅中對胡塞爾的移情同感理論予以徹底的分析。事實上，甚至或許並沒有單一一套融貫的理論，因為在這麼多年之間，胡塞爾依循了不同方向進行探究。在以下文論述中，我將主要聚焦於那些我認為特別顯著或特別具拓展性的想法和主題。

以上是我需要提出的首個預備要點。第二個預備要點涉及某

個額外的限制。就如我在另外的地方所主張，胡塞爾對主體際性的主要興趣是受著超越論哲學關懷之驅動（Zahavi 1996）。重要的是要謹記，這種超越論關懷也展現在他對移情同感的分析之中。這就是為何在《笛卡兒式沉思》第 62 節中，胡塞爾會批評謝勒沒有注意到移情同感問題的真正超越論向度，亦即：主體際性是介入於客體性的構成當中的。或如胡塞爾那樣說，只有構成現象學能夠恰當地陳構、對應和解決移情同感問題（Husserl 1950: 173）。移情同感理論因此有著比一般預期更為重要的影響；它延伸影響到對實在性的超越論解釋（Husserl 1973c: 5）。但是，問題的這個向度容或重要，我在以下將大體上忽略它。我的焦點將會放在我們如何經驗他人這個較為狹窄的疑問之上。雖然史坦茵承認議題的超越論面向，她在《論移情同感的問題》的主要焦點是類似地受限的。

10.3.2 移情同感與知覺

在《現象學的心理學》中，胡塞爾論說如下：「在本身自我（one's own ego）中引導向陌異自我（fremde ego）的意向性就是所謂移情同感。」（Husserl 1962: 321；譯文有所更動）這也是史坦茵的見解，她一再主張，移情同感與其說是某種特定的、分殊的情緒（如尷尬、羞恥、自豪），毋寧是一種指向其他進行體驗活動的主體、**自成一格**的意向性（Stein 2008: 4, 68）。由此對於史坦茵來說，移情同感是相當一般的術語選擇，以指涉對於其他意識之經驗（Stein 2008: 10）。它是讓我們理解其他主體及他們的經驗的基本知識來源，亦是更為繁複類別的社會認知之基礎和預設（Stein 2008: pp. v, 4）。

　　反復出現、持續縈繞胡塞爾與史坦茵二人的問題之一是，如何理解移情同感的意向結構。在胡塞爾的標準模型裡，我們必須區分開意向於某個對象的**符號**方式、**圖像**方式、**知覺**方式：我可以談及富士山，縱使我從未看過富士山；我可以觀賞一幅富士山的精細圖畫；或者我可以親身知覺到富士山。同樣地，我可以談及乘坐熱氣球飛行有多美妙；我可以觀賞一部關於乘坐熱氣球飛行的電視節目；或者我可以親身嘗試乘坐熱氣球飛行。對於胡塞爾而言，這些意向於某個對象的不同方式不是彼此不相關的。相反，它們之間有著嚴格的層級關係，意思是這些模式可依根據它們盡可能直接地、本源地、最優化地給予我們對象的能力，評定其位階高下。對象可以或多或少直接地被經驗，亦即，它可以或多或少地在場。對象能被意向的最低及最空洞的方式是在於符號活動（signitive act）。這些（語言）活動當然有某種指涉，但除此之外，對象並未以任何血肉充實的方式被給與。圖像活動則具有某種直觀內容，但就像符號活動一樣，它們僅間接地意向於對象。符號活動意向於對象，乃透過適巧如此的表徵（語言記號），而圖像活動意向於對象，則是透過具有某種相似於某視角看到的對象的表徵（圖像）。然而惟有現行的知覺會直接給與我們對象。惟有這個類型的意向會向我們呈現出肉身般在場（bodily presence; *leibhaftig*）中的對象自身，或者如胡塞爾所言，**本人親身中的**（*in propria persona*）對象自身。棘手的問題由此便是：在這個分類當中，移情同感的位置會在哪裡？在他的整個哲學生涯中，胡塞爾提供的答案異常一貫，即使這個答案始終帶著某種重要的躊躇不定的特徵。早在《邏輯研究》之中，他便提到通常講法允許我們擁有對於他人內在經驗的知覺：我們可說是**看見**他人的憤怒或痛苦。胡塞爾接著說，這種通常講法在一

定程度上是正確的。當某位聽眾知覺到某位講者表達出某種內在經驗時，他也便知覺到這些經驗本身，但胡塞爾隨即補充說，那位聽眾並未擁有對於這些經驗的內在知覺，而只擁有對於它們的外在知覺（Husserl 1984a: 41）。於是在一方面，胡塞爾主張我對於他人的經驗有著類似於知覺的特性，意思是這種經驗會掌握他人自身（Husserl 1973a: 24）；在另一方面，胡塞爾又說，雖然他人的身體是以**本人親身方式**直觀地對我給與，但屬於他人的經驗卻並非如此。它們永遠不可能以相同於我自己的經驗那樣本源地對我給與；它們不能透過內在意識而為我所通達。反而，它們是透過特定形式的統覺（apperception）而附現的，或者以另一組術語來說，它們是被連帶意向（co-intended）及有著某種連帶在場（co-presence）的特質（Husserl 1952: 198; 1973a: 27; 2002b: 107）。

　　就如胡塞爾一樣，史坦茵比較和對比了移情同感與知覺。移情同感不像知覺，它不會本源地給與我們它的對象——被同感到的〔他人的〕經驗。以下兩者之間在被給與性上總會、且必然地會有著差異：我與他人同感之時所覺察者，以及他人所正在經驗者。因此比如說，去經驗他人情緒必然有別於你經驗如若是自己的情緒的方式。這就是為何史坦茵會拒絕下述提案，即：移情同感應當讓我們經受我們知覺到在他人當中的情緒。移情同感並不是如字面所說涉及把他人的經驗傳送至自己的心靈之中。相反，移情同感特別之處正在於所同感的經驗是位處於他人而非自己之中。然而，雖則移情同感由於並非本源地給與我們對象而有別於知覺，但它卻類似於知覺，因為它的對象——比如說所同感到的痛苦或悲傷——是直接地、非中介地，並且是非經推論地作為當下現在在場而被給與（Stein 2008: 5）。為了例示這點，我們可以考慮如下狀況：一位

朋友告訴我他喪母，而我覺察到他的悲傷。這種覺察是什麼類型呢？我並不是以看到他的襯衫的顏色同樣的方式看到悲傷，而是在其痛苦的面容「之中」看到傷痛（2008: 5）。在史坦茵的說明下，這個更加複雜的行為依然值得被稱為某形式的知覺，它讓我們連帶掌握在面容表情中所表達的東西。為什麼？因為縱使我缺乏對於悲傷的第一人稱經驗——它不是被給與為**我的**悲傷，但實情還是我經驗到，而不是想像出或推論出我朋友的悲傷。史坦茵因而將移情同感對比於一種對他人的經驗更具認知性的理解，這種理解意向於他人的經驗，卻並未直接地掌握它。它可以在這個例子中發生：某人寫信給我，告知我他感到悲哀。基於這個訊息，我能夠掌握到他的心靈狀態，但他的悲哀卻沒有知覺地被給與我（2008: 92）。在這樣的情況下，我們面對的會是對他人的間接的理解，這種理解是衍生的並回頭關連於移情同感，後者被認為是對於他人經驗更為基本的體驗掌握（2008: 20, 26）。在史坦茵的觀點下，正是這樣一種經驗給與的可能性被喜好類比推論的人所忽略。史坦茵絕不是否認我們有時會運用某類推論，但在她眼中，推論永不會提供我們關於其他心靈的**經驗**，而只能提供關於他人心靈狀態的可靠程度不一的知識（2008: 29）。[8]

8　我們可以在卡西勒（Ernst Cassirer）的《符號形式之哲學》（*Philosophie der symbolischen Formen*）找到類似的對於類比推理論證之批評：「如果我們對於『其他自我』的確然性不外乎是基於一連串的經驗觀察及歸納推論——如果那是基於我們猜想，我們在自己身體上或類似身體上看到某些表達行徑，相同的表達行徑也會在其他形體上面顯現，並且同樣的原因必然總是對應於同類的效果，則我們實難以想到有這麼基礎單薄的結論。無論是作為一個整體和在其細節上，詳細的研究會證明這個推論是徹底有缺憾的。首先，依據眾所周知的邏輯原則，即便我們可以由相似的原因推出相似的結果，我們卻不能

　　我們應該做出什麼結論？移情同感是否容許直接經驗他人，抑或移情同感必然是間接和中介的呢？這特別是胡塞爾持續纏鬥的問題。在一些篇章中，胡塞爾相當明確。他表示移情同感是一種特定與直接類別的經驗性的經驗（empirical experience），它讓進行移情同感的自我得以經驗他人的意識（Husserl 1973a: 187）。就如在《觀念二》裡面的陳構：「移情同感不是在這個意義下的中介經驗，即〔它不是〕讓他人被經驗為肉身形軀（corporeal body）上的心理生理依附物；反之，它是對於他人的直接經驗。」（Husserl 1952: 375; 譯文經過修改）胡塞爾也宣稱，移情同感讓他人向我呈現——知覺地呈現（Husserl 1973c: 514），而他人則在移情同感中本源地被給與於我；因為我所看到的不是一個記號、不僅是一個相似物，而是**他人**（Husserl 1973b: 385; 1993: 182; 1950: 153; 1973c: 506）。沿著類似的思路，胡塞爾談到在移情同感之中，他人如何在其「對我存在」（*Für-mich-sein*）中被給與，以及為何這算得上是某種形式的知覺（Husserl 1973c: 641）。假若我與他人說話，假若我們用自己雙眼看到彼此，這裡有一種直接的接觸、一種直接經驗到的人格關係（personal relationship）。我們「看見」他人作為人格人，而不僅作為身體（Husserl 1952: 375）。事實上，論及陌異主體性時，胡塞爾這樣說：

　　當在同感呈現的本源形式中被給與時，若說它是被推論出

夠反過來由相似的結果推出相似的原因。但就算不管這個反駁，這類型的推論頂多能夠為暫時的設想、單純的或然性提供基礎……生命的現實之不限制在自身存活的領域之內，此事的確然性便會純然是推證式的認知，並且，這種認知之源頭和價值都讓人高度存疑。」（Cassirer 1957: 82-3）

而不是被經驗到，這便會是悖理的。一切關乎陌異主體的
假設都預設了以這個主體為陌異主體的「知覺」，而移情
同感正是這種知覺。（Husserl 1973b: 352）

在《觀念二》及其他地方，胡塞爾區分出兩種我們可用之面對他人
的不同態度，一者為**自然主義**態度、一者為**人格主義**（*personalistic*）
態度。在自然主義態度中，他人是在兩重步驟中被給與為一個合成
的存在物。首先，他人的身體是向我們給與為某個物質的統一體，
並且在功能上依賴於、並位處於這個物質客體之中；他人的體驗生
活則是被設定為已奠基下來的一個層面。胡塞爾繼而將這種在科學
裡當道的態度與人格主義態度對比起來；後者是我們日常生活的態
度，並且被視為更為基礎。在人格主義態度中，他人自始便依一種
統一方式被給定為人格人，而並不是作為兩個外在地糾纏在一起或
於因果上相關的存在物之組合物（Husserl 1952: 228）。當在人格主
義態度中碰到他人時，當我看到他人跳舞、歡笑或討論某事之時，
我沒有看到兩項實在物的連結，而是看到一個表達的統一體。我沒
有看到一具單純的身體；也沒有透過身體而意向於某個附加的心
靈。我就是看到一個人。更為明確地，胡塞爾談到他人的心智狀態
——他的思想、感情、欲望——如何直觀地呈現在舉止、語調和面
部表情之中。實際上，他人的表達性自始便充滿心理意義（1952:
235），而根據胡塞爾，正是移情同感使得我們理解和掌握這種心理
意義（1952: 244）。胡塞爾因此相當明晰地反對這種想法，即：同
感式理解應該包含兩步驟的程序，並且只有透過第二步、通過某種
投射，他人才被賦心靈或精神（1952: 240）。

為了強化關於移情同感的知覺或直觀特性的宣稱，胡塞爾有

時會將我們在移情同感中發現的呈現與附現的交互作用，比較於我們在正常的對象知覺中所找到呈現與附現的混合。當我知覺某個對象時——比如說，某張沙發，對象永不會以整全方式，而總是不完全地、在某種限定的側影（profile）或偏影（adumbration）中被給與。因此，被直觀地給與的永遠不會是包括其前、後、上、下的整張沙發，即使在最完美的知覺中，也不會。儘管如此，我的知覺對象卻正是那張沙發，而不是視覺地顯現的側影。因此，我們的知覺意識之特徵在於：我們持續超越被直觀地給與的側影，以掌握對象自身。也就是說，知覺為我們提供了完全的對象意識，即使只有知覺對象的一部分是被直觀地給與（Husserl 1973d: 49-50）。對於為何可說我們看到比所予更多，為何知覺牽涉到不在場中之在場？胡塞爾的說明是眾所周知的。他主張，對於對象呈現的側影，我們的直觀意識為某種關於對象眾多不在場側影的界域之意向意識所伴隨。簡言之，呈現的側影之意義乃取決於它和對象眾多不在場的側影之關係，而倘若我們的覺察僅限定於直觀中被給與者，則任何關乎對象的知覺覺察皆不可能：

> 非直正顯現的諸客觀規定是連帶被理解，但它們沒有「被感性化」（sensibilized），即沒有通過感性，亦即沒有通過感覺的質料而呈現。它們連帶被掌握，這點是明見的，否則我們眼前完全不會有對象，甚至不會有對象的一個側面，因為一個側面只有通過對象才是一個側面。（Husserl 1973d: 55）

> 就它自身的意義而言，它〔知覺〕是預期性的（anticipatory）（此預期〔Vorgriff〕乃關於被連帶意向的某物）；且其預

期性是如此極端，以致於在進一步的檢視之下，即便是在於知覺中作為自身而被給與者的內容中，也有預期的元素。事實上，在知覺中，沒有任何事物是以一種純粹和完足的方式被知覺到的。（Husserl 1959: 45）

換句話說，為了使知覺成為關涉對象的知覺，我們便必須超越直觀給與的，並連帶意向不在場的側影，將之帶入某種附現之中，故而每一知覺皆牽涉某種**延伸詮釋**（*Hinausdeutung*），用胡塞爾的話來說，就是某種詮釋的元素（Husserl 1962: 183; 1966b: 19）。但下面這點非常重要：即便對象知覺涉及呈現與附現的混合，我們仍說我們知覺到的是對象自身，而非僅僅是對象在直觀中顯現的前側（Husserl 1973a: 26; 1950: 151）。此外，呈現的項目與附現的項目不是分別給與的，亦不是通過某種推論而統合起來的。對於我們關於他人的經驗來說，情況可說也是相同的（Husserl 1973b: 332）。簡而言之，對於胡塞爾來說重要的是，強調就算平常知覺亦牽涉到統覺。由此，「移情同感也牽涉到統覺」這項事實本身便不是反對移情同感的經驗及直觀特性的論證。

當然，這不是說移情同感與對象知覺之間並沒有重要的差別。依據胡塞爾，在面對面的遭逢時，我不單對於他人及其現正經歷之種種有著比我看不到的對象的背面更為鮮明的掌握（Husserl 1973b: 486）。更加重要的是，對象不在場的、僅僅附現的側影可以變得本源地向我呈現的──若我們做出需要的動作，而這種情況卻無法發生於他人的經驗之中（Husserl 1950: 139）。這是一項重要的但書，它指明任何以他人知覺和對象知覺相比較之限度。移情同感容許我們知道他人的體驗生活，或者就如胡塞爾在 1909 年的一篇文

章中所說：「假若移情同感被算作陌異意識的呈現模式，一切難題便會消失不見了。」（Husserl 1973a: 20）然而，雖然胡塞爾有時認為移情同感相當於對於他人之知覺（Husserl 1973a: 343），但他也堅持，即使是對於其他人心靈生活的最完美的知覺，也缺乏自我知覺那種本源性；它無法為我們提供以本源呈現的被同感之經驗自身（Husserl 1973a: 347, 440; 1974: 389; 1952: 199-200; 1950: 139）。胡塞爾有時甚至宣稱，其他人的心靈生活原則上是無法為直接知覺所通達（Husserl 1966b: 240）。

　　現在應該清晰的是，在胡塞爾的闡釋中有著某種張力或不確定性。然而我認為，我們可以藉由一些輕微的重新陳構，去調和胡塞爾的不同宣稱。他偶爾對於移情同感的間接性質的堅持明顯是出於他對下面這件事的擔憂而挑動的：宣稱對於他人有直接的體驗性理解，就相當於宣稱，對於其他人的意識，我們有著某類如對自己意識所有的第一人稱的親知，而其他人的心靈狀態能夠直接向我們給與的唯一途徑，就在於我們自身處於那些狀態當中。然而，若情況如是，他人的經驗便會成為我們自己的經驗，而不再維持是他人的經驗了（Husserl 1973c: 12）。可是，我認為這種擔憂終究是被誤導的。它假設了，有著單一的黃金準則以衡量何謂直接性，並且假設了，直接通達自己心靈生活構成了那個準則，其他事情皆據之而量度。但是在另外一些脈絡，胡塞爾小心謹慎地指出，在某領域中我們會對可作為證據的事物有特定的要求，但若我們將這些要求轉移到另一領域上，而在後者之中，這些要求是原則上不可能實現的，則這樣做法並不可接受。他宣稱，某些被給與性和認知的模式會有某些根本特質，將這些特質當作缺憾，這是悖理的（Husserl 1976: 176, 321）。甚至有些地方，胡塞爾強調，以自我知覺或外在對象知

覺的標準來衡量移情同感，都會是錯誤的。移情同感有它自成一類的本源性，有其自成一類的充實與確證，並且有其自己的成敗判準（Husserl 1954: 189; 2003: 65, 122; 1973b: 352, 385; 1973a: 225）。

利用這個洞見，我將會尊重對於心理狀態的第一人稱與第三人稱的認識之間的差別，而不會錯誤地以第一人稱的親知限制體驗性的親知，或將兩者等同起來。為什麼我們不去主張，我們可能以多於一種方式去經驗心靈？值得考慮的是，要知道其他人經受痛苦，沒有什麼比看到他在痛苦中掙扎更為直接的方式了。在這個問題上，胡塞爾並不像人們所希望的那樣明確和一致，但如《第一哲學 II》（*Erste Philosophie II*）的以下幾段引文或許可以說明，我不認為這樣的提案會對其思路是不合意的：

> 我們必須說，根據其本身的本質而言，對陌異的肉身（lived body）的知覺反而是一種通過原始解釋的知覺。……與簡單的外在知覺和對自己肉身的已然奠立的知覺相比較，附著在對陌異肉身的把握之上空間性對象性知覺和解釋性覺察——作為表達性的理解——是一種自足特有的基本經驗形式，而它還是理所當然地被指定為知覺。（Husserl 1959: 63）

> 就正如只有通過記憶，過去的東西才能本源地作為過去而被給與，而只有通過預期，在未來中將來的東西才能如其所如地本源給與，陌異者只有通過移情同感才能作為陌異本源地給與。就此意義而言，本源地被給與性即等同於經驗。（Husserl 1959: 176）

進而，就如胡塞爾反覆強調，我對他人心靈的體驗性親知之有別於我對自己心靈的第一人稱親知（並有別於他人對其心靈的體驗性親知）——這項事實既非不完美，亦非缺憾。與之相反，它是一種構成上的差異。正是由於這種差異，正是由於這種不對稱性，我們才能夠宣稱我們所經驗的心靈是**他人**的心靈。就如胡塞爾指出，若我對他人的意識有如對我自己的意識的同樣接觸途徑的話，則他便會終止作為他人，而變成我的一部分（Husserl 1950: 139）。更且，雖然我沒有途徑接觸他人經驗的第一人稱特性，縱使我並未如其被其他他人所經驗一樣經驗之，但就如胡塞爾一再強調，他人的經驗比我所掌握者更多，這項事實對於我來說是顯著的（Husserl 1950: 144; 1973c: 631）。去要求更多，去宣稱只有當我如他本人相同的方式去經驗其感情或思想之時，我才會有真正的他人經驗，這是悖理的，也沒有尊重他人被給與性的特出與獨特之處。

　　我們應如何比較與評斷謝勒的觀點與胡塞爾及史坦茵的觀點呢？後兩者會強烈反對前者的宣稱，即認為我們不僅可以通過某種內在的經驗或直觀來體驗自己的經驗，也可以藉之體驗他人的經驗（Scheler 2008: 242; Stein 2008: 30-2; Husserl 1984a: 41）。他們擔心的顯然是，謝勒通過這樣的宣稱，淡化了他們所認為的，自我經驗和對他人的經驗之間的一個根本區別，從而導致混同和混亂。然而，我認為，這項特定的爭議是表面的多於實際的。首先，謝勒具體地將內在直觀定義為把握心理的活動，不管那是我的心理或是他人的心理（Scheler 2008: 249）。就其自身來說，這個定義並不意味或蘊涵罔顧自己的經驗和他人經驗的差別。而事實上，史坦茵承認，這個定義本身是符合她自己對移情同感的說明的。其次，雖然謝勒確實強調他人的部分心理狀態之可見性和可知覺性，但如前

面提及，他也一再強調他人有些維度是絕對不為別人所通達的。但是，下面這段來自《同情的本質與諸形式》的一段話又是怎麼回事呢？在這段話中，謝勒說到了：

> 一條直接的體驗流，**它在我和你之間不分彼此**，而實際上包含了我們自己和他人的經驗二者交織在一起，彼此沒有區別。在這股流湧之中，越來越穩定的漩渦逐漸形成，它們慢慢地吸引著流湧內更多的元素進入到它們的軌道中，從而接連不斷地、非常漸漸地被辨別為不同的個體。（Scheler 2008: 246）

這段引文暗示，自我與他人之間的區分是派生的和被奠立的，它或許是基於某種未分化的經驗層。如果這項解釋正確，那麼它將提出有力的證據來反對以下提案：謝勒在一方與胡塞爾和史坦茵在另一方之間的爭論只是表面的，而非實際的。可是，讓我們考察到這段引文的直接延續：

> 但這個過程中的本質連繫僅僅在於以下事實：（1）每個經驗**一般而言均屬於某個自我**，因此之故，經驗一旦被給與，自我亦在一般意義上被給與；（2）這個自我必然是一個**個體的自我**，它通貫在場每一經驗之中（只要這些經驗是充分地被給與），而因此並非主要由它們之間的相互關聯而構成的；（3）**在一般意義上有某個「我」和某個「你」**。但究竟擁有某個被給與的經驗的是哪個個體自我，究竟是我們自己或是他人，卻不一定在經驗中顯明為直接呈現的東西。（Scheler 2008: 246）

這段話不大可能支持謝勒應當辯護以下論點的主張，即認為存在著某種基本的、前個體化的經驗層。當然，如何準確地解釋謝勒提到未分化的體驗流，這仍然是個有點懸而未決的問題。在這裡，有一種可能性我無法追究，但至少應該提到的是：在作者地位和擁有者地位之間作出區分，並且主張，雖然出於本質理由，經驗總是被擁有的，但卻可能沒有明確的作者。[9]

10.3.3 聯對與類比轉移

聲稱在移情同感中，我們享有對他人的直接、體驗性的理解，這並不是說，我們應該把移情同感當作某種原始的、不可分析的**鐵板事實**，就如胡塞爾指責謝勒所做那樣（Husserl 1973b: 335）。換句話，套用史密斯（A. D. Smith）的話說，胡塞爾並不是試圖通過訴諸移情同感來解釋我們對他人的覺察；相反，移情同感這個語詞是一種成果的標籤，而胡塞爾為自己設定的任務就是要說明它作為意向成就是如何可能的（Smith 2003: 213）。我們會看到，胡塞爾的研究最終使他強調進行同感的主體自身之身體性自我經驗的作用。

我們已經看到，胡塞爾有一個反覆出現的想法是，我們對其他主體性的同感理解是牽涉到某種統覺或詮釋的元素，縱使他還堅持認為，有關的統覺既非思想活動，亦非某種推論（Husserl 1973c: 15; 1950: 141）。胡塞爾有時提到這個過程涉及到他所謂的類比轉移（analogical transference），而正是在這個脈絡下，他引入了**聯對**或**配對**（*pairing*; *Paarung*）這個核心概念（Husserl 1973c: 15）。

9　如此的詮釋也許也符合謝勒以下的觀察：我們經常再造我們讀到或聽到的他人的思想，並將它們當作是我們自己的思想（Scheler 2008: 245）。

　　什麼是聯對？根據胡塞爾關於意向性的一般論述，理解的樣式是某種沉澱（sedimentation）過程中逐漸形成，並由此影響到後來的經驗（Husserl 1966b: 186）。我在過去所學不會讓我不受到影響的；通過提醒我（以完全隱默的方式）我以前所經歷的事情，它塑造了我對新對象的理解和詮釋。簡而言之，我目前對 x 的理解受著我先前對類似東西的經驗之輔助（Husserl 1973a: 345），而最終所有統覺聯繫、所有詮釋都可說是依靠這種與過去經驗的類比聯繫（Husserl 1950: 141）。舉例來說，在第一次學會了剪刀的功能後，孩子下次看到剪刀時，她便會立即領會到它的功能性。她會這樣做，既無須推論，也無須明確想及或記憶起第一把剪刀。根據胡塞爾，對於新一把剪刀作為一把剪刀之領會，包含了某種對原初那把剪刀的聯想指涉，而這種指涉是被動建立起來的（Husserl 1950: 141）。同樣，假設你第一次看到並摸到了番石榴；下一次你看到一顆番石榴時，你之前對它的觸感特質的熟悉將會注入到你對這顆新水果的經驗之中。如果你也嘗到了這個新的樣品的話，這種新的經驗又會反過來影響到你對第一顆水果的領會和回憶。這些例子對於移情同感的相關性顯然是直接明瞭的。當我遇到另一個人時，我的自我經驗會作為一個意義的儲水庫，這些意義以純被動的方式轉移到他人身上。結果就建立起某種現象的統一體。我們被領會為一對，既是相似的，又是屬於一起的，卻同時又是分開和不同的（Husserl 1985: 225）；也就是說，聯對或配對不蘊涵融合。胡塞爾寫道：

> 與第一種特性密切相關的是下述的狀況，**自我**和**他我**總是且必然是在**某個本源的「配對」中**被給與。……首先，

讓我們闡明任何「配對」（或任何複多性的形成）的根本性質。配對是**被動綜合**（*passive synthesis*）**的一種初始形式**，我們標示之為「**聯想**」（*association*），以對比於「同一化」的被動綜合。在**配對聯想**中的特點是，於最原始的案例中，兩項與料被直觀地給與，並在意識的統一性下，具有顯著性，而且在此基礎上——本質上已在純粹被動性當中（因此無論它們是否被注意到或未被注意到），作為相互區別的與料而顯現，它們**現象學地建立起某個相似性的統一體**，並因而總是正好被構成為一對。（Husserl 1950: 142）

他我指涉於自我，反之亦然（Husserl 1973b: 530）。後一點是至關重要的。通過聯對過程而發生的意義轉移不是單向的。我們所處理的是一種相互的轉移（Husserl 1973c: 252），又或者如胡塞爾在《笛卡兒式沉思》中所說，有一種「交互的意義轉移」（Husserl 1950: 142；比較 Merleau-Ponty 1964a: 118）。[10] 在理解他人的過程中，我依據從自己案例而知之事，但通過與他人的相遇，我自己的自我經驗也會被修改。事實上，不僅如此，胡塞爾甚至還談到了「某種交互的覺醒」，在這種覺醒中，兩者都被疊加上「他人的意義」（Husserl 1950: 142），這暗示相互的轉移是同時發生的。因此，胡塞爾相當明確地強調，既然每個聯對都是相互的，那麼我對他人的理解便也會「在其相似和差異中發現我自身的心靈生活」（Husserl 1950: 149）。意義轉移是雙向的，而聯對的結果是我擁有

---

10 另參考托伊尼森（Theunissen）更加批判性的解讀（1977: 62），以及山口（Yamaguchi）的回應（1982: 87）。

了單靠自身所無法擁有的經驗，這事實反對我們應該要處理著某種單純形式的投射；在這種投射中，我最終在他人身上找到的只是我自己放在那裡的東西。後一種蘊涵也違反胡塞爾一再堅持的觀點，即移情同感讓我們能夠遇到真正的超越者，而我們的意識在移情同感中超越了自身，並且如他所說的那樣面對一種全新類型的他者性（otherness）（Husserl 1973b: 8-9, 442）。在這個程度上，移情同感的確可說是一個認可差異、而非實現相似的問題（Ratcliffe 2014）。

　　胡塞爾對後一點的堅持偶爾會讓他質疑：類比是否真的像他所宣稱的那樣起著根本的作用？畢竟，正如他所承認的那樣，類比的程序不會導致對任何真正新的事物的領會（Husserl 1952: 168）。在1914-15 年的一篇文章中，他甚至寫道：「實際上，沒有移情同感 [11] 發生……也沒有任何類比發生，既無類比推論，亦無類比轉移……恰恰相反，只出現對陌異的心靈生活的『統覺』，而別無其他。」（Husserl 1973a: 338-9）胡塞爾在批判可算作模擬理論的某個版本時，也堅稱，若說為了理解他人的憤怒，我自己必須經驗到憤怒，而我自己的憤怒應該以某種方式作為他人的憤怒的類比項，則此說是無稽之談。移情同感恰恰不是某類對自身的再造或複製（Husserl 1973a: 188; 1973b: 525）。經驗他人並非猶如或可於想像中出現的對於某種自我轉化之經驗。這種想像中的轉化不會提供與他人的相遇，而只會使我面對不同的自己（Husserl 1973c: 314）。此外，儘管有時我們確實會想像情況對他人來說理當如如此，或想像他人一定經歷了什麼，但去宣稱所有移情同感活動都涉及到這種想像，那

———
11 由文本脈絡會清晰看到，胡塞爾在這裡是以「移情同感」這個語詞來標示某類想像的轉移的。

簡直就是沒有說服力的。當我們同感地理解他人時，我們是逕直行之，往往並無任何想像力之描述，而至於那些我們的確以想像力描述他人經驗的情況，我們恰恰認為是一項例外（Husserl 1973a: 188）。

　　儘管偶爾會有上述這些疑慮，但胡塞爾通常強調類比的重要性。比如說，當我把另一個身體統覺為一具肉身之時，根據他的說法，我便是關涉到類比統覺，這種類比統覺牽連並涉及我的自我經驗的再呈現（Husserl 1973a: 251）。事實上，只要對他人的領會涉及到再呈現，後者便必然回頭指向一個真正的呈現，而這個真正的呈現是由我直接的自我經驗所構成的（Husserl 1973a: 288）。正如胡塞爾在不同的文本中所說的那樣，主體性首先是憑藉我的自我經驗而向我呈現的，並且是接著才統覺地帶到他心身上（Husserl 1962: 242; 1950: 140; 1959: 62; 1973b: 295）。在這個意義上，身體的自我經驗構成了對於具身他人的知覺之基礎（1973a: 333），儘管胡塞爾也指出，有關的自我經驗不一定是時間上先行的（Husserl 1950: 150）。此外，需要發揮作用的自我經驗是一種**通道經驗**（*Durchgangserfahrung*），而不是一種終點經驗（terminating experience）（Husserl 1973b: 468）。這不關乎對我們兩人的積極比較，也不是我的身體首先必須成為關注的對象，但必然有著某種形式的自我給與性，否則意義轉移便無法發生（Husserl 1973a: 336）。

　　然而，胡塞爾在這個階段提出了一個擔憂。即使我確實總是享有著身體的自我經驗，但唯一能激發類比的領會或統覺的意義轉移的，大概會是一種在彼處身體和我自己的身體之間的某種被知覺到的相似性（Husserl 1950: 140）。但是，我本源地不太可能是以知覺他人身體的方式觀察我自己的身體。本源地，我的身體主體性是

作為我藉之而體驗世界者而被給與我；我不會把自己的肉身知覺為空間對象。但這不正是所需的東西嗎？（Husserl 1973a: 344; 1973c: 661）此外，有時胡塞爾似乎聲稱，我只有通過他人，即通過採納他人對我自己身體的視點，才能瞭解到我自己的肉身與我外在地顯現的身體之間的同一性（Husserl 1973a: 420）。就如他在 1921 年的一段文字中所說那樣，我對於自己的身體作為對象和作為物理事物的領會是一種中介的和第二序的經驗。這是一個只有通過他人才獲得的我（Husserl 1973b: 61；另見 1973b: 63, 238, 322）。但如果這是正確的話，那麼他的論證便似乎涉及到惡性循環，因而失敗。

不過，胡塞爾本人確實提出了幾個可能的出路。他在《笛卡兒式沉思》中主要追求的一個觀點是，另一個身體的顯現讓我想起我自己的身體的可能顯現，它讓我想起，倘若我自己的身體顯現在彼處，它會是什麼樣子（Husserl 1950: 146）。然而，有些時候他似乎也理解到，這種說明依賴於我得想像我自己的身體會是什麼樣子，故而是不令人滿意的（Husserl 1973b: 522；比較 Overgaard 2003）。一個更有前景的進路是出於這樣的洞見：縱使對於身體的徹底對象化或許是某種主體際中介的事情，但我的肉身也是，而且從一開始就已經在不斷地外化（externalizing）自己，這種外在性是作為我自己的身體地自我經驗的組成部分而連帶給與的（Husserl 1973b: 491）。在胡塞爾對身體的現象學分析中，經常強調的問題因而就是身體特殊的兩面性。我的身體是向我給與為某種內部性、某種意欲結構、某種感覺的維度，但它也被給與為某種視覺地、觸覺地顯現的外部性。而按照胡塞爾的說法，後一種經驗——即事實上我自己的自我經驗的特點是這種在**自我性**（*ipseity*）和**他異性**（*alterity*）之間顯著的相互作用——正是使得移情同感成為可能的必備要素之

一（Husserl 1952: 165-6; 1973c: 652; 1959: 62; 1973b: 457; 1973a: 263）。依循類似的思路，史坦茵寫道，在我自己的案例中就已發生了內在身體知覺和外在身體知覺之間的融合。[12] 當我移動自己的四肢時，我不僅僅是透過動覺（kinaesthetically）覺察到四肢；我還可以對四肢的動作有一種外感受的（exteroceptive）知覺與觸感的知覺。簡而言之，正是因為我自己的身體同時被給與為物理身體和肉身，我才有可能感性地與其他以相似方式構成的身體產生同感。因此，一個沒有自己肉身的純粹我（pure I）是無法知覺和理解其他有生命力的肉身的（Stein 2008: 99）。故此猶如梅洛龐蒂後來所主張那樣，胡塞爾和史坦茵都認為，要使我們能夠暸解到我們是如何能夠理解他人，恰當地闡明具身化（embodiment）便是至關重要的。此外，當談到自己的身體與他人的身體之間的相似之處時，我們亦不應該忘記他人身體之舉止行為也是類似的；它以類似的方式運動和行動（Husserl 1973b: 280; 1973a: 289），而我對之作為另一具主體的身體的持續經驗，正是以我對其持續和和諧的行為之經驗為條件的（Husserl 1950: 144）。對於聯對關係來說，比起類似的視覺外觀顯象的呈現，更重要的可能是在我自己與他人的意向行為和表達之間，有無彼此交互和互補的關係。就如史密斯在其對《笛卡兒式沉思》的分析中也指出，位於移情同感的根源的，可能是面對他人反應時的一種基本的調合適應（attunement）。他人對於你及你的行動做出反應的方式，是不見諸無生命的對象的（Smith 2003:

---

12 這個想法後來被梅洛龐蒂進一步發展。正如他在某處寫道：「我不是把『觸覺的給與』翻譯成『視覺的語言』，亦非**反之而行**；我不是把我的身體的各個部分逐一組裝起來。相反，這種翻譯和這種組合在我身上一蹴而成地完成了：它們就是我的身體本身。」（Merleau-Ponty 2012: 151; 另見 2012: 368）

243, 248）。

我們應該如何協調胡塞爾的各種說法？一方面，他強調意義的傳遞和類比的作用；另一方面，他又質疑其相關性，斷然拒絕接受投射的中心地位，並一再強調他人的超越性。

協調胡塞爾就此議題之思考（至少在某種程度上）的方法之一如下。當胡塞爾堅持認為，我自己的肉身的本源被給與性——亦即**元肉身**（*Urleib*, primal body）——構成了一切他人身體經驗的參考點和定錨點，並且宣稱，任何統覺皆有某個本源，此本源規定下某種意義上的規範或標準，而又以這個**元規範**（*Urnorm*）為一切他人經驗的基礎（Husserl 1973a: 57; 1973b: 125-6），那麼，我們或許可以兩種相當不同的方式來理解**元規範**這個概念。要麼我們將之理解為某種基體（matrix），當我在理解他人之時，我是以之為依憑和借鑒。在這種解讀下，胡塞爾便會宣稱，主體解釋他人時，是依於某種心靈性的意義（sense of mentality），而主體首先在**內在的平臺上**（*in foro interno*）掌握了這種意義，然後再將之投射和多少成功地加諸他人之上。然而，另一種我認為顯然更有前景的可能性卻是，將有關的自我經驗視作一種必要的襯托，基於這個襯托，他人可以被經驗為他人。他人或許本身就是一個自我，但他人只有透過關聯和對比於我的自我經驗，才能向我呈現為他人。但在這種情況下，我的自我經驗便沒有構成模型或基體；相反，它只是那些東西，只有藉著與之對照，他人的差異性和超越性才得以顯露。換句話說，儘管胡塞爾堅持認為（身體的）自我經驗是他人經驗的先決條件，但主張前者是必要的條件（沒有它就沒有他人經驗）和宣稱自我經驗是他人經驗的模型——以致移情同感好像基本上就是把自己投射到他人身上的問題，這兩者之間存在著決定性的差別。如先

前已經指明，我不認為胡塞爾持有後一種觀點。

10.3.4 移情同感的對象與層次

　　到目前為止，我們的分析似乎表明，對胡塞爾和史坦茵來說，移情同感是一個單一的概念，而其對象則是另一個主體。這兩個假設都必須加以修正。

　　在她的研究過程中，史坦茵區分了不同層次的實行（*Vollzugsstufen*）（Stein 2008: 19）。在最初，我或許是面對著他人臉上的疑惑或欣喜，我或許會對他人的經驗有一個模糊和相對空洞的理解。但如果我隨後試圖更好地理解它，如果我試圖闡釋它的特性，我便不再把他人的經驗狀態作為對象來面對。相反，它的意向性會拉動我，我將轉向它的意向對象。只有在我成功地完成了這一澄清之後，我才會再次以他人經驗作為對象來面對，但此時理解便會有所增加。舉例來說，考慮一下你遇上一個哭泣的孩子的情況。移情同感會讓你在知道孩子為什麼難過之前，就能辨識出孩子的苦痛。但是，如果你的移情同感更深入，它就會設法理解是什麼讓孩子難過。最後，一旦掌握到情緒的對象後，你會再次轉向孩子，但這一次，你會對她的苦痛有了更好的（和更充實的）理解。即使當我順著孩子的苦痛有意地牽引，而譬如說轉向缺席的母親，苦痛是以一種相當奇特的方式被給與我。它不是被感受為我自己的苦痛，也不是作為記憶中的苦痛，更不是單純作為想像中的苦痛。不！它自始至終都是作為他心的苦痛而對我給與，即作為一種他人所經歷的苦痛（Stein 2008: 10）。這正是移情同感的奇特和與眾不同之處，這也是為什麼史坦茵一直把移情同感稱為**自成一類**的經驗

（Stein 2008: 10）。

在有些地方，史坦茵也陳構了最終來說相當於對不同層次或階段的移情同感的不同闡釋。首先，我知覺到他人喜悅的表達。下一步，我把自己放在他人的位置上，履行那個隨其面部表情早已空洞地連帶對我給與的經驗，然後我便經驗到那被表達出來的東西（Stein 2008: 93）。她進一步認為，我在多大程度上能夠把他人的經驗帶至同感式的充實，乃取決於我自己的體驗生活。這些可以從我自己的人格結構衍生出的他人經驗能夠得到充實，即使事實上它們是我還沒有的經驗。當我們各自的結構差別甚鉅時，或許我便不可能充實那同感地被意向的、但卻空洞地被給與的經驗。我當然可以與我以外的其他年齡和性別的人類產生同感，我也可以與某些非人類動物產生同感，但是，愈偏離人類的類型，移情同感就會愈加空洞、愈益缺乏充實（Stein 2008: 66；比較 Scheler 2008: 48）。然而，正如史坦茵所清楚闡明，這種對我自己體驗生活的具體內容之依賴，只涉及到充實的廣度或強度，但要對他人的經驗獲取一種更為空洞的呈現時，就不需要這種依賴了（Stein 2008: 128-9）。更重要的是，史坦茵從來沒有說，是想像力的展演使得移情同感有其獨特的、指向他人的態度；也就是說，她從未說，移情同感可以被還原為想像力，或者用想像力來解釋。無論如何，與他人產生同感的人不必經歷所有上述這些不同的階段，因為他也許往往留在較低層次之一，就感滿足（Stein 2008: 10）。

如果我們推進至討論胡塞爾，我們也會發現他區分開不同層次的移情同感。最基本的移情同感形式讓我們把被知覺地給與的身體領會為一具肉身，也就是說，最根本上作為一具能夠感覺的身體（Husserl 1973a: 66, 70, 435-6）。這種形式的感性同感（sensual

empathy）（使用出自史坦茵 2008: 65 的措詞）──胡塞爾亦稱
之為動物性的統覺或動物性的經驗──是被動地、聯想地發生的
（Husserl 1973a: 455, 475-6）。胡塞爾繼而將這種最根本、最基礎的
移情同感類別與一種更為主動的形式進行了對比，而後者設定的
目標是去理解身體表達中所表達的內容，即信念、決定、態度等
（Husserl 1973a: 435）。[13] 在 1931-1932 年的手稿中，胡塞爾以甚至
更多的層次進行操作。移情同感的第一個層次是將其他的肉身附現
為能夠感覺和知覺的肉身。第二個層次則是將他人附現為能夠身體
地行動，比如說，能移動、推動或攜帶東西。第三個層次踰越了這
一點，它關注於行動的目的性，而比方說將他人的奔跑掌握為逃走
（Husserl 1973c: 435）。在一些場合，胡塞爾甚至更進一步，他還談
論到挪用陌異傳統時所涉及的移情同感類別（Husserl 1973c: 436;
2006: 372-3）。

　　換句話說，雖然胡塞爾會說，第一層次的移情同感是由聯對所
構成的，即是透過在他們身體相似性的基礎上，於自我和他人之間
某種被動的、不自主的聯想性的結合，但他會堅持認為，這只是最
初、最原始的層次，而絕不會同意宣稱它已相當於人際理解的全部
範圍；後者只有在溝通交流行為中才會達到頂峰。因此，我們不應

---

[13] 1920 年前後的文本的特點在於在這個議題上有點猶豫不決。在這些文本
中，胡塞爾有時會將最基本的移情同感形式指稱為非本真的（*improper*;
uneigentliche）形式的共感，並將之對比於本真的移情同感（*eigentliche
Einfühlung*），後者是更主動的移情同感類別（Husserl 1973a: 438, 457）。但
是，在某些場合，他也猶豫是否應最好把移情同感這個名稱保留給真正的移
情同感，而更基本形式的動物性統覺規定為一個前於移情同感的構成層級
（Husserl 1973a: 475）。考慮到胡塞爾後來對於聯對的闡述，我認為我們必須總
結說，胡塞爾最終選擇了第一種選項。

該忽略表達也可以是自主的，並為溝通交流的目的服務。當我斷定
一個命題時，我也表達了一種信念，從而表明了我的心靈狀態。正
如胡塞爾在一段著名的段落中所說的那樣：

> 萊布尼茲（Leibniz）說過，單子是沒有窗戶的。我卻認
> 為，每個靈魂單子都有無數多的窗戶——也就是說，每個
> 對陌異肉身有真正領會的知覺都是如此一扇窗戶，而每當
> 我說「請吧，親愛的朋友」，而我的朋友帶著理解對我回
> 應，那麼通過我們敞開的窗戶，吾我的一個我行即被傳遞
> 至吾友的我之中，反之亦然；交互的動機在我們之間建立
> 起一個實在的統一體——是的，真的是建立起一個實在的
> 統一體。（Husserl 1973a: 473）

至於關於移情同感的適當對象的問題，胡塞爾否認在正常情況
下，我進行移情同感時會將他人顯題化為對象。[14] 相反，當我在
同感地理解他人時，我可以說是順其經驗而行，並關注其經驗對
象（Husserl 2003: 617; 1973c, 427, 513）。[15] 因此必須強調的是，他

---

14 對比之下，胡塞爾認為，同情、關懷和憐憫（*Mitleid*）中的首要對象是他人
自身，而不是讓他人感到苦痛的對象。因而我所同情的意向對象和他人所苦
惱的意向對象是有所不同的。用胡塞爾自己的例子來說，如果他人因其母去
世而傷心，我也為此傷心，而且是為了他的傷心而傷心。但是，他的悲傷才
是我的首要對象；只有繼後和以之為條件下，其母之死也是令我悲傷的事情
（Husserl 1973b：189-90；比較 Snow 2000：66）。更一般地說，胡塞爾強調了
移情同感和同情之區別（正如他將這兩者與情緒感染區分開來一樣）。移情同
感是理解的一種形式，而同情則涉及關懷和關心（Husserl 2004: 194）。
15 若然如此，德普雷斯特（De Preester）的宣稱就會受到縮限。在 2008 年的
一篇論文中，她主張梅洛龐蒂和胡塞爾兩人的聯對論述之間有著以下顯著差
異：對於胡塞爾來說，自我和他我之間的中介項是身體上的相似性，而對於

人並非對我給與為經驗的內核，而是給與為一個導向的中心、給與為一個對於世界的視角。他人因此不是孤立地或純粹地對我給與；相反，他人是被給與為具有意向性的他人，如我一般指向相同的世界，而他人的世界和在那裡為他而有的種種對象皆是隨他人而一起被給與的（Husserl 1973b: 140, 287; 1973a: 411; 1952: 168; 1950: 154; 比較 Stein 2008: 69）。當然，這是我們對他人的知覺與我們日常的對象知覺如此不同的理由之一。一旦他人顯現在場景之中，我與世界的關係便隨即發生變化，因為他人總是在某個情境或意義脈絡中向我給與，而該情境或脈絡會回頭指向他人作為新的參照中心。世界對他人所具有的意義會影響到世界對我的意義。陌異的世界視角伴隨著我對他人的領會而被連帶給與，而這個視角顯然會因應我如何領會他人而有所變化。如果他人是盲的，那麼我就不會附帶領會到他人對於世界的視覺視角，除非我的移情同感受到自我中心的成見所誤導（Stein 2008: 70, 72-3）。但是一般來說，我自己對於世界的視角會通過我同感地理解他人而豐富起來。因此，史坦茵和胡塞爾都強調他人經驗與共同世界的構成之間的相互關係；或者用發展心理學中的概念來換句話說：對他們兩人來說，移情同感和社會指涉是密切相關的。

　　在胡塞爾看來，經驗到他人便必然涉及接受他人的某些經驗具有有效性。若不出特殊狀況的話，我對他人的肉身的經驗必然預設了，我外在地知覺到的那具身體同樣就是他人所經歷的身

梅洛龐蒂來說，則是自我和他我同樣指向的是行動的意向對象。德普雷斯特因此聲稱，只有梅洛龐蒂會認為，是通過擁有相同的意向對象和試圖實現相同的目標而使我得以理解他人的行動（De Preester 2008: 136-7）。

體（Husserl 1973c: 158-9; 1973a: 252; 1973b: 83），這就是為什麼
胡塞爾把他人的身體規定為第一個主體際的與料（intersubjective
datum），以之為第一個被複多主體所通達的對象（Husserl 1973b:
110）。正如他在《主體際性的現象學 II》中所說：

> 因為在我的他人經驗的有效性中──通過這種經驗，他人
> 對我來說是存在的，已經包含了他們的經驗對於我的附帶
> 有效性（co-validity）。他的肉身不僅是我直接知覺到它所
> 是之物理身體，而且是一具肉身，這便已包括了連帶接
> 受（co-acceptance）他人對其肉身的知覺，而他的肉身與
> 我所知覺到的是同一具身體，同樣地，他的周遭世界也是
> 與我經驗到的周遭世界在物質上是相同的。我不能設定他
> 人卻不隨其體驗生活而附帶設定他們所經驗的東西──也
> 就是說，不在附帶接受中設定我呈現他們正在所經驗者，
> 設定這一點，就如我接受我自己以更為本源的方式所經驗
> 到的事物一樣。（Husserl 1973b: 388; 比較 Merleau-Ponty
> 2012: 369）

這是胡塞爾也會從其對客體性構成之論述引申出的一個想法，因為
他在那裡捍衛了這樣的觀點：一旦我理解到他人和我一樣經驗到
相同的對象，我對於對象的意義和有效性的經驗就會發生變化（見
Zahavi 1996）。

　　然而與此同時──而且在這個脈絡下這點特別重要，胡塞爾
和史坦茵都認識到，我可以成為他人所意向的一個部分。那麼再
次，當我經驗他人之時，我並不只是以他在世界中的心理物理對象
而經驗之，反而，我是以他為能經驗含我在內的種種世內對象之

主體而經驗之（Husserl 1973c：4-5；1952：169；1950：158）。事實上，通過我的他人經驗，我恰恰得以獲得對於自己的新經驗。史坦茵寫道，在反覆或反身性的同感過程中，我移情同感地理解指向自己的同感活動，通過這個過程，我可以對自己採取一種陌異化的態度，從而達致如他人觀看我那樣地觀看我自己。在這個程度上，移情同感可以起著自我知識的重要來源的作用（Stein 2008: 130；另見 Husserl 1950: 149）。同樣，胡塞爾提到一些他認為是高階同感的案例，其中我的自我經驗和我對與我產生同感的某個被同感的主體的經驗相符一致（Husserl 1973b: 315）。他聲稱，正是通過這種中介的自我經驗的過程，即通過間接地將自己體驗為猶如被他人所見那樣，我才會把自己體驗為人類（Husserl 1952: 167; 1973c: 13, 665）。為什麼這一點很重要？因為正如胡塞爾所指出的那樣，我之為我不是對己而論，而獨立於他人之外；他人也不是獨立於我。每個人都是在某種不可分離的彼此互為的存在（being-for-one-another）中對己而且同時對他。有時，胡塞爾確實會說，移情同感涉及某個自我直接將自身鏡映在另一個自我身上的情況（Husserl 1973c: 7；1973b: 300）。但是，在進一步分析的基礎上（當然，這也與他的聯對論述一致），他最終在 1930 年代的手稿中做出結論：我們所處理的不是無效力的鏡像（*kraftlose Spiegelung*），而是自我和他人的存在作為一種彼此互為的存在，也就是說，它們是在構成上互相交織的（Husserl 1973c: 191, 194）。這些主題我將會在第三部分進一步探討。

10.4 舒茲

　　關於主體際性和社會性的現象學分析顯然沒有隨著胡塞爾和史坦茵的貢獻而結束。在這一點上，如果我還討論海德格、沙特、梅洛龐蒂或列維納斯的豐富分析，就會太過分散了（但見 Zahavi 1996, 2001, 2002, 2007b）。相反，下面我將集中討論一位名氣稍遜的人物舒茲，他對分析人際理解的貢獻近年受到了忽視，這並不公平。舒茲的闡述特別有趣的是，雖然他承認面對面遭逢具有根本和不可化約的性格，但同時他又強調人際理解的異質性。人際理解有多種樣態和形式，如果我們想持平對待這種多樣性和複雜性，那就必須踰越移情同感所能傳遞的東西。

　　在舒茲 1932 年出版的論著《社會世界之意義構成》之中，他否定了他認為由謝勒和卡納普（Carnap）持有的兩種極端立場。在舒茲的解讀中，前者主張，對他人的體驗，我擁有猶如對我自己的體驗一樣直接的通路，而後者則被推想認為，我們從來沒有對他人心靈有任何經驗，而只有對物理對象的經驗（Schutz 1967: 20-1）。相比之下，舒茲為我們在經驗上認識到他人的心靈生活的觀點辯護，同時否認他人的經驗是在其完全的自身在場中直觀地給與我們的。在舒茲看來，他人的身體並不是單純的物理對象，而是一個表達場域，這個場域揭示出他人的體驗生活（Schutz 1967: 22）。然而，他接著說，簡單把身體當作表達場域，這仍然是太過不精確的說法；它可能是指他人的外在行為指示出他的主觀經驗，也可能是指主體通過以某方式行動而「刻意尋求表達某種東西」。而且，正如舒茲所指出的那樣，許多第一種意義上的表達──比如說憤怒得面色發紅，很難在第二種意義上算是表達。由此，如果說一個樵

夫通過砍伐的行為故意表達了他砍伐樹木的欲望，那種說法便是不正確的，因為只有當所表達是被意向為傳遞給接收者的訊息時，我們才可以談及第二種意義上的表達（Schutz 1967: 22-3）。在他區分這兩種表達方式的基礎上（舒茲從胡塞爾的《第一邏輯研究》（*I. Logische Untersuchung*）採納這個區分的；見 Husserl 1984a: 31-2），舒茲進一步堅持認為，我們必須區分開他所說的「表達動作」（expressive movements）（這動作缺乏任何溝通交流的意圖），以及他所說的「表達行動」（expressive acts）（這行動包括溝通交流的意圖）（Schutz 1967: 116），並且他指責謝勒在提出所謂直接通達他人的經驗的例子時，只注重於表達動作。[16] 如果我們再以工作中的樵夫為例，那麼舒茲承認在某種程度上，我們可以說，在樵夫揮舞斧頭時知覺到其努力幹活的經驗，但他卻嘲笑那種認為我們亦應能直接直觀到樵夫**為何**要這樣做的想法（Schutz 1967: 23-4）。同樣，縱使在舒茲的觀點下我們可以允許說，他人的意識的某些方面——如其喜、悲、痛、恥、求、愛或怒等——是直接、非由推論地給與我們，但舒茲卻否認，基於我們能直觀到這些形諸表面的態度，

---

16 關於舒茲對謝勒的主體際性理論的評價的更多訊息，見 Schutz（1962: 150-79）。而舒茲對胡塞爾的評價則隨著時間而有所改變。眾所周知，胡塞爾認為處理主體際性的問題需要引進超越論的分析。最初，舒茲在這一點上追隨胡塞爾，但後來他改變了主意。對於此轉變的鮮明例示，我們可以考察以下兩段話。在 1932 年 4 月 26 日寫給胡塞爾的信中，舒茲寫道：「因而，在你對超越論主體際性問題的開展中，我發現了解開幾乎所有困擾我多年的社會學問題的鑰匙。」（Husserl 1994: 482）然而，後來在一篇 1957 年廣受討論的文章中，舒茲卻如此寫道：「然而，可以確定地說，只有這樣一種生活世界的存有論而不是超越論的構成分析，才能闡明主體際性這一根本關係，而後者（主體際性的根本關係）是所有社會科學的基礎」（Schutz 1975: 82）。關於這個課題的進一步討論，參考 Zahavi（1996）。

我們便因而直接親知這些情感的原因。可是，當我們說到理解他人（的心靈生活）時，我們的意思恰恰是說，我們理解他人的目的為何，理解他們何以做其在做之事，以及理解這對他們有何意義。簡而言之，人際理解之關鍵在於理解他人的行動，理解其原因、意義和動機。而為了揭示這些面向，僅僅觀察表達動作和行動是不夠的；我們還必須依靠詮釋；我們還必須依賴高度結構化的意義脈絡（Schutz 1967: 23-4）。

舒茲承認在某些情況下，我們在試圖理解他人時會依靠想像、記憶或理論知識。例如我們可以嘗試辨識他們行動的目標，然後想像我們將如何尋求實現之，以及我們將經歷哪些經驗。或者我們可以依靠記憶，回憶起過去我們在尋求實現類似目標時所經歷的事情（Schutz 1967: 114）。最後，我們還可以利用我們對相關那類行動的一般知識，然後尋求推斷出它的原因和動機（Schutz 1967: 175）。然而正如舒茲強調那樣，剛才概述的策略主要是我們會在事後使用的策略，也就是說，在我們所要理解的人不是我們正在直接知覺及與之互動的情況下，我們才會使用這些策略。在後一種情況下，也就是說在面對面的遭逢中，根據舒茲，會有一種具體的**我群關係**（*we-relationship*），一種讓我各自的意識流互相勾連、直接影響彼此的共享動機脈絡，而在此情況之下，會有一種不完全基於理論、想像或過去的經驗的理解他人的形式（Schutz 1967: 115, 157, 172-5）。當關乎於理解他人的行動的原因時、當尋求理解他人的理由與動機時，則我們不應該忽略，我們在知覺他人作為另一個行動者之時，我們從來都不是知覺到某個存在於特定處境以外的存在物，而是知覺到一個踐行脈絡中的行動者，而這個脈絡解釋了該行動者之意向。如果在足球場上，我看到你向著足球跑去，我對你的

意圖的理解顯然受益於我也能看到足球、看到球場、看到它們所支持的種種行動。更且，面對面的遭逢還有一個時間性的維度：正如舒茲所言，我們共同成長（Schutz 1967: 163, 172）；而我們體驗到發生於某個表達動作或行動之前和之後的東西，顯然也有助於我們的理解。正是在這種共同的、主要是踐行的情境中，才會出現表達現象。當我與夥伴一起工作或與之交談時，她可能會搖頭、皺眉。但是，這些面部表情和身體姿態不是毫不含糊的；它們並不是以簡單或一致的方式揭露出心理狀態，每個人都有不同的面部表情和習慣。但這很少成為問題，因為我們遇到的表情不是在孤離的處境中；它們總是發生在特定脈絡裡，而我們對脈絡的理解、我們對之前之後發生的事情的理解，皆有助於我們理解那個表情（Gurwitsch 1979: 114; Sartre 2003: 371）。最後正如舒茲所指出的，當直接與某人互動時，我有著無比難得的可能性，以直接提問來印證或駁斥我對他的經驗的種種假設（Schutz 1967: 140, 174）。如果一個人的行動令人費解，那麼獲得進一步資訊的最簡單途徑不是通過超然的推理或內部模擬，而是運用自己的對話技巧，要求對方解釋。

　　舒茲的思路著重強調具體的他人理解在多大程度上依賴於實踐的參與和介入，為了完整理解他的思路，我們需要仔細考察他的一些專業術語和區別。舒茲承接並修改了胡塞爾的一個核心觀念，他談到了「對其他自我的普遍設定」（general thesis of the other self），從而指示出我們的基本信念，即他人存在、持存和有意識地經歷著種種主觀經驗（Schutz 1967: 145）。他也以「他向態度」（other-orientation; *Fremdeinstellung*）來談及這種態度。他向態度的一個意義特別重要的案例是舒茲所標示的「汝向態度」（thou-orientation; *Dueinstellung*）（Schutz 1967: 146, 163）。這是一種意向

性的形式；在這種形式中，他人是身體地連隨在場，並直接給與為心理物理上的統一體。此外，汝向態度是指向他人的活生生的實在性；它不涉及任何對於他人的性格特徵、信念或正在發生的經驗的覺察。因此，在純粹的汝向態度中，我把握到他人的**實存**（*Dasein*），而非其**如此存在**（*Sosein*）。是說，汝向態度讓我覺察到他人的在場，卻沒有具體覺察到他人心靈內發生什麼事情。[17] 舒茲強調，純粹的汝向態度是個限制性的概念。在現實生活中，我們總是經驗著帶著其自身的人格特徵和特質的現實的人。我們日常生活中的汝向態度因此不是純粹的汝向態度，而是實現下來的、確定的汝向態度。它總是已被有關他人的知識著上色彩（Schutz 1967: 162-4）。

汝向態度可以是交互或是單邊的。如果它的存在沒有任何他人方面的交互性，它便是單邊的，比方說，假如我是在暗中觀察某人。但是，當兩人朝向彼此交互導向，或者從第一人稱視角來看，當我確定我以汝向態度朝向的他人也是以汝向態度朝向我時，我們便有了舒茲所說的一種**我群關係**或一種**活生生的社群關係**（*living social relationship*）（Schutz 1967: 157）。再次，純粹的我群關係是個形式性的限制概念。在日常生活中，我群關係總是被具體化和脈絡化的（Schutz 167: 164），它可以採取眾多不同的形式。夥伴關係比如說可以被經驗為帶有不同程度的親密感和強度。

舒茲的理論中有一個重要的面向是我到目前為止還沒有涉及

---

17 關於一個有趣的不約而同的觀點，可考量霍奈特（Honneth）。他寫道，主體際性的基礎是一種特定形式之存在上的承認，這種形式位於所有那些更實質的承認形式——其他人的具體特徵在這些認可形式中得到肯定——之門檻以下，並為它們提供基礎（Honneth 2008: 51, 90）。

到的，那就是他關於社會世界的異質性的主張；社會世界是以多種方式結構成的。對應地說，人際理解並不是一個單一的現象。它的特性各有不同，取決於他人是否身體地在場，或者說，是否在空間或時間上遠離我們。簡而言之，它取決於他人是否屬於我們的關係人的世界，還是屬於同代人的、前輩先驅的或後輩來者的世界，或者用舒茲的原來術語表述，取於他人是否屬於我們的**周遭世界**（*Umwelt*）、**共同世界**（*Mitwelt*）、**前人世界**（*Vorwelt*）或**繼後世界**（*Folgewelt*）（Schutz 1967: 14）。目前為止，我們的焦點只放在發生於我們的**周遭世界**裡面的社會關係，但這種聚焦是太過狹窄和侷限的；它只涵蓋了社會世界的一小部分，儘管無可否認地這是核心和基本的部分。可是我們不應該忘記，那些我先前已面對面與之遭逢、但現在卻在國外生活的人，我也能夠理解之，並與之互動；或者那些我知其存在、但並非作為具體個人，而是一些作為社會空間中的點，受著某種角色和功能所界定，比如說，稅務人員或鐵路警衛等，我同樣也能夠理解之，並與之互動，就像我可以依賴和聯繫於那些生產我現正使用的人為製品的人，或者可以依賴和聯繫於那些在我自己之前就存在的人，也就是說**前人世界**的眾多成員，他們可以持續影響我，儘管我卻無法影響他們（Schutz 1967: 142-3）。因此，舒茲一再強調社會世界的多層次特徵，並認為現象學式社會學的重要任務之一，就是對這些不同的層階進行仔細的分析。

　　讓我們詳細觀察一下我們與同代人打交道的方式，亦即那些因為我們在時間中共存而我可以直接經驗到，卻由於他們並未在我直接的周遭環境中在場，因而我事實上並未直接經驗到的人們。對比來說，面對面的關係涉及直接的他人經驗，即使這種經驗可以是非常隨意的，比如說，在火車上與陌生人的偶然相遇，而我對同時代

人的理解卻就定義來說便是間接的、經由推論的和非個人的，即便這種理解本身可以在其他方面有著很大的差異（Schutz 1967: 177, 181）。例如試比較一下，我與我一位剛離開了直接經驗範圍的親密朋友的關係和我對他的理解，以及我與郵差或與我現正使用的鉛筆的匿名製作者的關係和我對他們的理解。雖然他們都同屬於我的**共同世界**，但我對他們的理解顯然有天淵之別。可是，儘管我可能對我的朋友有非常親密的認識，但我對他的理解仍將缺乏面對面遭逢的直接性和前述謂（pre-predicative）特性（Schutz 1967: 178，183）；它將永遠是奠基在一些詮釋性的判斷之上，而這些判斷依賴於我對社會世界的一般知識。

為了闡明當我理解我的同代人並與之互動時，我的態度中的導向方式有何轉移，舒茲引入了**他群取向態度**（*they-orientation*）的術語（Schutz 1967: 183）。他群取向態度對比於汝向態度，在汝向態度下，我直接覺察到他人意識的活生生在場，它展現在表達動作或表達行動之中，反之，我對同代人的理解在形式上總是一般性的，總是受到典型性的結構所模塑和框定（Schutz 1967: 181, 184）。當我理解一個同代人時，我並不把他視為一個獨特的人；相反，我把他構想成某個類型的實例，而不考慮個人的特徵和變化。這甚至對我的親密朋友來說也是如此，因為我與他們打交道是在假設他們保持同質性和不變的前提下進行的（Schutz 1967: 182, 184）。舒茲接著區分開**性格學**理想類型（*characterological* ideal types）和**慣習**理想類型（*habitual* ideal types）。性格學理想類型是在性格和氣質方面將他人類型化——像 N 這樣的人在面對如此這般的情況時，便會以如此這般的方式行事，而當我與我過去對之有直接經驗的同代人打交道時，它們恰恰就是普遍存在的類型。相比之

下，慣習理想類型則是在社會功能和角色方面將他人類型化，而它們是一種更匿名的類型（Schutz 1967: 196）。例如試考慮一下，當我寄出一封信時會發生那類的社會理解。當我做此事之時，我的行動是受到我對我某些同代人的——即郵遞員的——假定所引導的。我假設他們會閱讀地址並把信件送達它的收信人。我並不認識他們個人，也不把他們構想為特殊的個人，但通過我的行為方式，我以之為理想的類型——亦即某某職能的承載者——而與之關聯。正如舒茲所言，當我處於他群取向之時，我就有了種種「類型」的夥伴（Schutz 1967：185）。而當然的是，要使得這種社會過程運作，郵差也必須與我發生關係，但不是作為一個特殊的個人，而是作為一個典型的顧客。透過採取一種交互的他群取向態度，我們將彼此視作**眾多他們中的一員**（Schutz 1967: 202）。典型化（和定型化）因此促成了日常生活的可預測性。

　　在平常生活中，我們不斷地在**周遭世界**和**共同世界**之間移動，而正如舒茲所指出的，從一者到另一者的變化並未帶來問題。這是因為我們總是在超越此時此地的意義脈絡下詮釋自己的行為和他人的行為。從這個意義上說，狹隘地關注於我們的關係是直接抑或是間接的問題，多少不過是一種學術上的習作而已（Schutz 1967: 178）。若考慮到理想類型的使用並不侷限於同代人的世界（或侷限於我們的前輩先驅或後輩來者的世界），則上述這點便更是如此了。我們獲得的理想類型會成為我們知識儲備的一部分，並開始影響我們面對面的互動；也就是說，即使在直接的社會經驗世界中，這些類型也會成為詮釋的方案而發揮作用（Schutz 1967: 185）。

　　舒茲認為面對面的遭逢是基本的，意思在於所有其他形式的人際理解都以之為預設（Schutz 1967: 162）。因此，舒茲會堅持認

為，對他人身體在場的經驗既是先於任何借助於想像性投射、記憶或理論知識的他人理解，也是較之更為基本。只有當我們已經確信我們所面對的是具有心靈的生物，卻單純不確定我們當如何準確詮釋相關的表達現象時，我們才會開始運用後一套策略。倘若不是我們已經確信他人是一個具有心智的、正在進行體驗活動的主體，我們就不會開始探究他人行動的意義，也不會試圖去預測或解釋這些行動。但儘管舒茲認為面對面的遭逢是根本性的，他也不斷強調它有一些明顯的侷限。如果我們希望發展出一種真正的社會關係，若我們希望達致更深層次的人際理解，我們就必須超越直接可得的東西（Schutz 1967: 168）。在通常情況下，我們總是帶著一整套的知識儲備來與他人遭逢的，當中既有較為一般類別的知識，但經常也包括相關特定的人的知識，關於其習慣的知識、關於其興趣的知識，諸如此類（Schutz 1967: 169）。事實上，關鍵是要認識到，我們的他人理解從來都不是發生在真空之中；它不是有著簡要印象的形式。

10.5 現象學的方案

正如我在第九章中所指出的，目前對於何謂移情同感，共識甚微。相反，人們在當代爭論中所發現的，是眾多相互競爭的定義。巴特利（Battaly）（2011）提供了一個相當有用的方法來定位一些核心選項。根據她的重構，茲有如下三種主要立場：

1. 有些人把移情同感構想為一種心靈狀態的共享，而共享則被當作意味同感者和目標必須具有大致相同類型的心靈狀

態。[18] 根據這種論述，移情同感不涉及關於他人的知識；它不要求知道他人有相關的心靈狀態。因此，各種形式的感染和擬態都是移情同感的主要例子。

2. 另外一些人認為，移情同感既需要分享，也需要認識。因此，僅僅是同感者的心靈狀態與目標者互相吻合，是不足夠的，同感者還必須在認知上將心靈狀態指定或歸屬給目標者。在這種論述下，既然移情同感需要一定的認知把握和一定的他我區分，那麼像是擬態和感染這樣的低階模擬便會被排除在外。

3. 最後，還有些人強調認知的維度，並認為移情同感無需分享，它單純指涉任何某人藉以認識他人心靈狀態的過程；至於此過程在多大程度上是理論性的或涉及推論的，在所不論。

如果移情同感是一種特定成就的標籤，如果它應該構成一種特定的社會理解，而不是簡單地被與情緒感染或推論式的讀心相混同，那麼，避開立場 1 和 3 似乎是明智可取的。但我們應否採納立場 2 呢？

讓我們仔細看看一種實現這第二選項的精巧嘗試，也就是德維尼蒙、辛格（Singer）和雅各（Jacob）在多種論著中所捍衛的說法。在他們看來，移情同感需要在同感者和目標者中具有同構的情感（情緒或感覺）狀態（isomorphic affective state）。也就是說，某種人際相似性的限制在移情同感的情況仍然有效。此外，他們還規定了一些其他條件，認為若要獲得移情同感，這些條件便須得到滿

---

18 正如我稍後論證的，這歸根結底是對「共享」一詞相當有問題的用法。

足。有幾組略有不同的定義在流通著,但讓我聚焦在最為晚近的一組之上,這是出於雅各(2011):

(i)**情感性條件**:目標者和同感者都必須經驗到某種情感狀態。

(ii)**人際相似性關係條件**:目標者的經驗 *s* 和同感者的經驗 *s** 必須處於某種相似性關係中(例如,兩者都必須經驗某類痛苦或恐懼)。

(iii)**因果路徑條件**:同感者之處於情感狀態 *s**,乃起因於目標者之處於情感狀態 *s* 。

(iv)**歸屬條件**(*Ascription condition*):除非同感者將適當的情感狀態歸屬給目標者,否則不可能有同感的理解。

(v)**關懷條件**:同感者必須關心目標者的情感生活。

(Jacob 2011: 523)[19]

與許多其他方案不同的是,這組論述沒有試圖區分不同類型或不同層次的移情同感,也沒有提到移情同感的直接或非推論的性質。相反,重點完全是放在移情同感的情感特性之上。事實上,德維尼蒙和雅各明確地主張,情感性條件使得人們能夠將移情同感——他們也稱之為情感式的讀心——和標準的讀心區分開來(de Vignemont and Jacob 2012: 305)。因此在這個論述下,不僅不可能對另一個人的意向或信念有所同感,甚至假若某人理解他人有何情感,自己卻沒有感受這個情感,那麼他也並非與他人有所同感。第

---

[19] 在 de Vignemont and Singer(2006)和 de Vignemont and Jacob(2012)中可以找到稍有不同的說法。

二項條件應該是為了區分移情同感和同情，而第三項條件的功能，則在於讓我們區分開移情同感和當兩個不相干的人出於巧合滿足了條件（i）和條件（ii）的情況。第四項條件之滿足，便區分了移情同感與由情緒感染過程所產生的替代經驗。第五項條件或許有點令人費解；畢竟，以關懷界定移情同感似乎模糊了移情同感和同情之間的區別。但是雅各認為，增加關懷條件是必要的，這樣做的目的是為了捕捉一項事實，即移情同感不是一個人對他人經驗的覺察而做出的預設反應，相反，它是受制於脈絡因素自上而下（top-down）的調節（Jacob 2011: 8）。德維尼蒙和雅各進一步提出，這五項條件允許系統地說明移情同感、同情、情緒感染和標準的讀心之間的區別（De Vignemont and Jacob 2012: 307）。

　　讓我們考量一下上述關於移情同感和同情之間的區別。假設有人見其友害怕而為之感到難過。按照目前的方案，這應該是同情而不是移情同感，事實上，這似乎是最自然的描述方式。但是，應當如此分類的理由是否是因為二人處於不同情感狀態？這就值得商榷了。因為假若某人見其友難過而為之感到難過，那又當如何呢？此時，人際相似性關係之條件達成了，而其他條件也可能到滿足，於是依據這個方案，這便不能再是同情的案例，而必須更換為移情同感的案例。不過這確實有點奇怪。兩種情況似乎是相似的，都是某人針對另一人的困境而感到難過和擔憂。僅僅因為我們改變了目標者的情緒，就提出把原本是同情關懷的明顯案例替換為移情同感的案例，這是否真的令人信服？

　　很常見的現象是，某人表達出某種情緒（比如說憤怒），而另一人看到了這點而以不同類型的情緒（比如說害怕）做出反應。但這類案例在以上提出的分類方案中沒有直截了當的位置。由於不符

合人際相似性要求，這個案例既不能算作移情同感，也不能算作情緒感染。它也不能算作同情：害怕的人在典型的狀況上不會對表達憤怒的人感到關切。由此唯一可用的選項是把它歸類為冷酷的讀心或認知上的視角攝取的案例，同等如從某人要求阿斯匹靈這個事實而我推斷出這個人的痛苦一樣。換句話說，如果我以害怕來回應別人的憤怒，這就是認知上的視角攝取的案例；但如果我以憤怒來回應，而如果其他條件都符合，則我是在進行同感。但這真的有說服力嗎？

　　多年來，雅各對他的立場稍有調整。在 2011 年發表的論文中，例示相似性條件時，雅各寫道兩個個體必須經驗某類痛苦或某類害怕。對比之下，在 2012 年的一篇論文中，德維尼蒙和雅各更為明確並指出，相似性條件蘊涵著「情感狀態的特性**和**內容（character *and* content）皆必須相似」（2012: 305）。如果相似性條件需要內容上的相似性來滿足，那麼前面提出反駁顯然是沒有意義的。如果 X 對 Y 感到憤怒，而 Y 因而對 X 感到憤怒，這兩個個體或許是處於相似的情感狀態，但鑑於他們各自憤怒的對象十分不同，因此相似性的要求並沒有得到滿足，而我們便並非面對一個（違反直覺的）移情同感的案例（Dullstein 2012）。

　　這種調整（或者說澄清）是否足以挽救這個方案？一個初步的擔憂是，它蘊涵著，如果一位母親不知道孩子是對什麼事感到悲傷、恐懼、憤怒或喜悅，她就不可能對孩子的悲傷、恐懼、憤怒或喜悅產生同感。這種說法真的可信嗎？另一個值得關注的地方是，德維尼蒙和雅各的分類方案顯然迫使他們模糊了情緒識別的基本案例與更複雜的信念歸屬案例之間的區別，並將兩者都歸類為讀心範疇下的實例。此外，他們明確地視移情同感為一種特殊類別的第三

人稱的讀心（de Vignemont and Jacob 2012: 310），這種讀心比標準版的讀心更為複雜，卻沒有那麼直接（de Vignemont 2010: 292; de Vignemont and Singer 2006: 439）。畢竟，移情同感必須滿足五項要求，而更簡單、似是更廣泛的標準讀心則只需要滿足一項要求，即：將心靈狀態歸屬於另一個人（de Vignemont and Jacob 2012: 307）。因此，並顯然非常重要的是，在他們的方案中，並非移情同感首先建立起對他人心靈狀態的覺察。相反，移情同感需要某種對他人心靈生活的先行理解才能啟動，而它被設想為可以強化對於他人感受的理解。現在，移情同感多年來以各種不同的方式定義，而如果德維尼蒙和雅各想把這個語詞留給一個相當狹窄的現象類別——主要以同感的痛苦為範例，則他們當然可以選擇這樣做，但是現在應該很清楚，這樣的使用方式與早期移情同感理論家引介和使用這個詞的方式大相徑庭。事實上，顯然剛才勾勒的移情同感論述和早前討論的現象學論述除了名目之外，沒有什麼共同點。我們所面對的不是對同一現象的兩種相互競爭的論述，而是兩種截然不同的現象的論述。

這當然不是說謝勒、史坦茵、胡塞爾和舒茲在所有的事情上都意見一致，但我認為他們各自的理論之間仍然有夠多的重疊，足以保障去談到有一套對於「移情同感的獨特的現象學式論述。現象學家們一致反對移情同感是涉及模擬加投射的常規程序」這個宣稱。他們都否認移情同感是一個投射的過程；後者的核心要麼是對另一個人的觀點進行想像性的承接，要麼至少是某形式的內在模仿（比較 Goldman 2006: 40; Stueber 2006: 15, 28）。如果他們見到高曼的觀點，他們會認為，這樣的論述混同了移情同感與其他類型的人際理解，而最終由於笛卡兒的錯誤遺產，忽視了我們可以且確實經驗

到他人心靈的事實。更具體地說，我們在現象學傳統中所發現的，可以說是未包含在巴特利的列表上的第四個選項。對於現象學家來說，移情同感當然毋須是抽象地把某種心靈狀態歸屬於另一個人的問題。就像我們應該重視思考一頭獅子、想像一頭獅子和看到一頭獅子之間有所區別一樣，我們也應該重視思考亞當的苦痛或尷尬、想像他的苦痛或尷尬應該會是什麼樣子，以及在直接面對面遭逢中，同感地親知他的苦痛和尷尬。在最後一種情況下，我們對於亞當的體驗生活的親知具有一種直接性、非中介性，而這是任何我擁有對不在場的他的信念所沒有共享的東西。此外，這種同感的親知既不預設、也不蘊涵任何直接意義上的共享。以同感方式理解到你的朋友愛他的妻子，是完全不同於你本人去愛他的妻子。移情同感不要求你共享他對其妻子的愛。同樣地，當你的同事收到升職通知時，你或許會以同感方式領會到他的喜悅，儘管你本人對這個消息感到懊惱。儘管你沒有共享他的喜悅，儘管你感受到的是一種截然不同的情緒，但這項事實不會使得這不是一個移情同感的案例，它不會使得你對他的喜悅的覺察在特性上變成僅僅是推論性或想像性的。此外，移情同感常常是單邊的；當然不一定是交互的。但這可以說是關於真正的共享的一個明確的要求（這也是為什麼體驗上的共享概念或許更加相干於討論我群意向性的脈絡；見第十五章）。聲稱我（覺察到）共享了你的一種經驗，而否認你（覺察到）分享了我的一種經驗，似乎不太合理。

　　沒有一位現象學家會接受這樣的宣稱，即一個人只能對情感狀態產生同感；相反，他們認為，移情同感涉及於我們在他人的表達、表達行為和有意義的行動之中，通達於他人心靈生活的一般能力。根據他們的說法，我們可以對他人的認知、情感和意動

（conative）經驗產生同感，亦即對其信念、知覺、感受、激情、意志、欲望、意向等產生同感。移情同感是關於他人的具身心靈的經驗，這種經驗並不是要消除自我經驗和他人經驗之間的差異，反而接受這種不對稱性是一項必要的、持留的實存事實。同感的經驗是以第一人稱方式給與，而所同感的經驗則並非以第一人稱方式給與進行同感者的。堅稱它是如此，就是錯失了移情同感獨特之處，亦即，它是一種獨特形式的指向他人的意向性，它允許他人的經驗揭示自身為他人的，而不是作為我們自己的（Husserl 1959: 176）。因此，我們不能對不被任何人擁有的經驗產生同感。被同感的種種經驗是被給與為屬於另一個人的；它們被給與為他人以第一人稱方式體驗過的經驗。就此而言，移情同感的現象學分析是與該傳統對意識第一人稱特性的關注和重視完全一致的。事實上，在移情同感的現象學論述與羅賓斯（Robbins）和傑克（Jack）所說的「現象立場」（phenomenal stance）之間，可能有些親和關係，因為後者涉及把他人視為現象經驗所在的場所（而不是簡單視之為意向狀態的系統），並且對他人的現象狀態的質性和快感（hedonic）特性有一定的鑒別力（Robbins and Jack 2006: 69-70）。此外，根據現象學的方案，移情同感有不同的形式，它有不同的階段或層次，相當於一種特殊類別的體驗性理解，用胡塞爾的術語來說，它為關於他人的心靈生活的更為間接或符號式的意向或判斷提供了直觀的充實、印證或滿足。我們可以這樣說，移情同感提供某種透過親知而建立的特殊類別的知識。它不是標準的第一人稱的親知，而是一種獨特的他人親知（other-acquaintance）。然而重要的是，當說移情同感可以提供某種特殊類別的理解時，這並非暗示說移情同感提供了一種特別深奧或深入類別的理解。為了獲得後面這種理解，很可能需要到理

論上的推論和想像力的模擬。不！〔同感〕通達的特殊性是由於它是基本的和直觀的；也就是說，所同感的經驗是直接作為正存在於此時此地而直接被給與的。

現象學方案的一項蘊涵（以及侷限）在於，通過著重和強調移情同感的直觀特性，它也將自身限制在面對面的人際遭逢形式之上。重要的是，這並不意味移情同感必然限定於種種雙人關係（dyadic relationships）。對一個群體——比如說一個哀悼的家庭——產生同感，這是可能的。然而，在眾多其他論述中——而這點也反映在通俗說話方式之中，說我們也可以與諸多不在場的個體或社群產生同感，甚至對虛構的文學角色產生同感，這是完全是合理的。就現象學家而言，對這個詞的這樣的使用則至少必須被認為是衍生的。此外，任何聲稱哥本哈根（Copenhagen）的人民對 2011 年日本東北部地震和海嘯的災民感受到同感的說法也許都是有問題的，因為它不僅模糊了移情同感和同情之間的區別，而且也模糊了移情同感作為對他人心靈的直接親知和某種想像力的投射或理論推論之間的區別。因此，人們顯然也不應該忽視，目前的方案並不支持或符合於以移情同感本身具有道德含義，而基本上等同於憐憫的觀點。

在當代關於移情同感的爭論中，人們可以在鏡映同感、運動同感、情感同感、知覺中介的同感、繹演同感和認知同感之間遇上種種區別，而這裡只談到其中的幾個選項。正如現在應該已經很清楚，我們對於「何謂移情同感」之所以一直如此難以達到一個普遍接受的定義，理由之一是人們一直使用這個概念來指稱不同的現象。出於同樣的理由，試圖一勞永逸規定移情同感真正是什麼，並不顯然是合理的做法。儘管有人可能會說，我們應該堅守這個語詞

的傳統用法（如前所述，它是由利普斯引介，以之為我們對他人的理解之一般術語），而不是把它等同於比如說促進社會的行為，或者某特殊類別的想像性的視角攝取，但無證據顯示這樣的策略會特別有建設性和啟發性。因此，與其宣揚現象學的移情同感論述是正確的論述，我認為更加合理的裁決是現象學的移情同感分析包含了許多重要的洞見，值得當代關於社會認知和人際理解的辯論將之納入其中。事實上，考慮到移情同感這個概念的多義性（也考慮到並非所有的現象學家都同樣喜歡使用這個詞），人們甚至可能懷疑，我們是否最好放棄這個概念，而將種種發現貢獻給社會認知這個更為普遍的場域。雖然人們確實可以這樣做，但這裡有一個反對這一步的理由。我認為利普斯、胡塞爾和其他許多人敦促我們重視我們對外在對象的知識、自我的知識和對他人的知識之間有著不可化約的差異時，他們是正確的。繼續使用和運用移情同感的概念（而不是如社會知覺等概念），也許有助於我們牢記這點。

第十一章
移情同感與社會認知

　　晚近許多人認為理論理論和模擬理論共有一些關鍵卻可疑的假設，這些假設最終將妨礙我們正確理解諸如面對面相處等核心社會互動形式；他們認為我們因而必須考慮完全不同的替代方案。許多哲學的論證與主要的反對意見都帶著現象學的遺緒（Thompson 2001;Gallagher 2005; Zahavi 2005; Gallagher 2007; Overgaard 2007; Ratcliffe 2007; Gallagher and Zahavi 2008; Zahavi 2008; Fuchs and De Jaegher 2009）。雖然這些批判的觀點細節不盡相同，卻持續訴求來自於胡塞爾、海德格、梅洛龐蒂、史坦茵和謝勒等思想中所廣泛涉及的有關主體際性概念的研究；他們對社會認知的本性的高度洞察直接挑戰了理論理論和模擬理論的核心假設。在過去數年裡，此一訴求一直面對不同的反對意見，諸如 Currie（2008）、Herschbach（2008）、Spaulding（2010）、Jacob（2011）、Lavelle（2012）。然而，當我們鳥瞰這場爭論，不免會認為，這幾群人某種程度是在互相誤解。引起爭論的部分原因很明顯是因為他們在不同的意義上使用和理解相關的術語。再者，這些不同的理論所指的是否為同一個待解釋者也不甚清楚。接下來，我的目的不在致力於對有關社會認知本性的不同解釋之優點和缺點提出更多一般性的討論；而是聚焦在近來對移情同感的現象學解釋的討論和反對。我希

望能以此方式來進一步釐清現象學的方案所明確涉及者為何。

11.1 鏡像神經元和具身模擬

如我在第八章中所提及，這幾年來越來越強調社會認知理論可以涵蓋整體心靈狀態，包括感覺和情緒，而不只是信念（Goldman 2006: 20）。這使得許多模擬論者論述，我們需要區分兩種不同的移情同感。因此，如前所述，史都柏區分**繹演同感**和更為**基本的同感**；按其定義，繹演同感涉及使用我們認知及審度的能力去繹演或模仿他人的思考過程，而基本同感則是一種內在模仿的機制，作為我們無理論中介的、直接地將其他生物識別為有心智生物之準知覺能力的基礎（Stueber 2006: 20-1）。如果我們轉向社會神經科學方面，也會發現相關的區分；在社會神經科學的領域中，所謂**鏡像神經元**（*mirror neurons*）被藉以支持低階同感形式的存在（Gallese et al. 2004; Goldman 2006）。讓我們來看看這些經驗的發現。

為了在複雜的社會中生存和頭角崢嶸，我們需要能辨識、了解和回應他人，但我們如何能做到？根據一個模型，歸屬於另一個人的心靈狀態被認為是不可觀察的、被用以解釋和預測行為的理論設定，一如物理學家以電子和夸克來預測和解釋所觀察到的現象。然而，根據加里斯，近來神經生物學的發現指出，我們能將他人理解為具有意向性的行為者，這或許來自於比不同的語言和心靈的能力之外的更原始的出處，也就是包含鏡像神經元的那些來源（Gallese and Goldman 1998; Gallese 2001: 34; 2009: 522）。因此，社會理解並不依賴抽象的思考和命題的規則，而是由「運動控制機制」（machinery of motor control）所促成，並根植於它（Keysers 2011:

17）。

1990年代初期，里佐拉堤（Rizzolatti）、加里斯、弗加西（Fogassi）發現，豬尾獼猴不只是看到其他獼猴做某一個動作，例如，伸手抓東西的時候，甚至當牠看到其他人做同一個目標導向的動作時，不論是看到獼猴或是人，牠的前運動皮質層的一群神經元都會開始活化（Gallese 2001: 35）。接下來的研究顯示，不管是否是相關的活動被看到或被聽到，鏡像神經元都會被活化。即便達成目的所需的運動涉及非標準化的連續動作，這些鏡像神經元也會被活化；這因而確立了鏡像神經元活動不只是對特定動作的回應。鏡像神經元的存在從此被「功能性核磁共振造影」（fMRI, functional magnetic resonance imaging）和「穿顱磁刺激」（TMS, transcranial magnetic stimulation）和單細胞紀錄（single-cell recordings）所確認。有關人類大腦內的鏡像神經元系統的存在，目前也有具說服力的證據被提出（Rizzolatti and Craighero 2004）。

基於這些發現，加里斯和他的同事提出，對於行動的觀察，特別是對行動的理解，意味著行動的模擬（Gallese 2001: 37）。當我們觀察到一個行動的時候，我們的運動系統變得活躍，宛如我們正在執行那個我們正在觀察的行動，也就是說，我們模擬這個行動。我們能夠將被觀察到的行為理解為具有意向性的、被心智所驅動的，正是依賴觀察者和被觀察者之間的連結。為了瞭解這個行動，目前可見的資訊並不足夠。更確切地說，觀察者的運動圖式（motor schema）必須被考慮進來。也就是說，觀察者必然依賴著他或她自己內在的運動知識（由鏡像神經元所提供），以便於將被觀察到的、「原則上對觀察者而言毫無意義的」動作翻譯成「觀察者能夠理解的東西」（Gallese 2009: 520-1）。我了解其他人的行動是因

為這是一個我可以做的行動。相反地，如果被觀察到的他人行為無法在觀察者所能進行的各種運動中找到相符合者的話，他的行動目的便無法被偵測到與了解（Gallese 2001: 36）。

　　加里斯不只論述我們對行動的理解是依賴於鏡像共振的機制，甚至認為各種人際關係——包括對於行動的理解、意向的歸屬、情緒和感覺的認可——都依賴於自動的、無意識的具身模擬例行程序（Gallese 2003a: 517）。當我們在執行行動或主觀地體驗著情緒和感覺之時，被內因性地啟動的神經基質會在當我們觀察到某人的行動或體驗到情緒或感覺時而被外因性地引動。我們對他人情緒或感覺的認可經常會啟動相同的大腦區域，此一大腦區域當我們體驗到那些相同狀態時同樣會啟動。觀察到另一個人的痛，會啟動涉及痛的主觀經驗的許多相同的區域，包括：喙前扣帶迴皮質（rostral anterior cingulate cortex）和小腦（Singer et al. 2004）。觀察到其他人的厭惡經驗，會啟動涉及厭惡的主觀感受的許多相同的區域，例如腦島（insula）（Wicker et al. 2003）。觀察到其他人經驗恐懼，會啟動像杏仁體（amygdala）這類的區域（Whalen et al. 2001）；這個區域涉及恐懼的主觀經驗。所以當我們遇見某人，觀察到他們的行動或他們所表現出的情緒或感覺時，我們不會只是看到這些行動或表現。除了我們從他人身上所接收到的感覺資訊之外，與他人的行動、情緒和感覺有關的身體狀態的內部表徵在我們身上被喚起，就好像我們正在做著類似的行動或正體驗著類似的情緒或感覺。有人常會說到某種神經模擬，因為主體的大腦複製了對象的大腦活動，藉此在兩者之間建構了某種橋梁。既不將鏡像神經元只置放在前運動的皮質（premotor cortex），也不將它們界定為前運動神經元（只是用來回應觀察或執行同一個行動），這些新近的發現已經

習於採取較寬廣的定義，稱之為「鏡像神經元系統」（mirror neuron system），或者更加廣泛、傳播的「共享的迴路」（shared circuit）或「神經共振機制」（neuronal resonance mechanisms），讓我們能夠共鳴地分享他人的行動和情緒。鏡映作用自發地發生，不要求任何費力的視角攝取。自動、不可預期和毋須推論，這正是加里斯所論述的，我們藉此可以直接地透過經驗來理解他人，而不需要透過認知的運作或概念的論證（Gallese et al. 2004: 396）。

如前所述，加里斯一直對關於移情同感的早期討論很有興趣，他不只贊同地提到利普斯關於內在模仿的討論（Gallese 2003a: 519），同時也提到史坦茵的解釋，以及胡塞爾、梅洛龐蒂對於主體際性的了解（Gallese 2001: 43-4）。確實，加里斯在論述他自己對具身模擬的看法時，很明顯表現出與現象學的親近性，並進一步發展了現象學的提案（Gallese et al. 2004: 397; 同時參閱 Iacoboni 2009）。進一步來說，加里斯使用了梅洛龐蒂的**肉身際性**（*intercorporeity*）概念，用來指涉具意向性的、有意義的感覺運動（sensorimotor）行為的彼此共振（Gallese 2009: 523）。不過，他也涉及胡塞爾在《觀念二》和《笛卡兒式沉思》中關於移情同感的討論，借用了胡塞爾的聯對概念，將其視為範例地說明了以下觀點：「身體層次上的他我同一性使意義的主體際傳達得以發生。」（Gallese 2003b: 175; 比較 Gallese 2005: 39; 2008: 774; Iacoboni 2009: 265）

一如加里斯，艾亞可伯尼論述鏡像神經元活動連結自我與他人的方式，並以此質疑傳統的笛卡兒主義和更多晚近認知主義者關於社會理解如何發生的假設。我們毋須透過複雜的推論或演算就可以理解他人；理解他人的工作毋寧已經透過鏡像神經元完成

（Iacoboni 2009:7）。理解他人通常遠比我們所想像的容易。毋須訴諸任何神奇的花招，僅須透過簡單的鏡像神經元的生理學特性，我們的大腦便能通達他人的心靈，亦即透過神經機制的鏡映和模擬來完成（Iacoboni 2009: 264）。但正如艾亞可伯尼所指出，只有當我們所處理的行為者在共同的環境下與他人互動，鏡像神經元的作用才有意義，而在此一共同的環境中，傳統的二分法（諸如行動—知覺，主體—世界，或內在—外在）已不再成立。根據艾亞可伯尼，這種觀點使人想起存在現象學（existential phenomenology）中的議題，而他正是因此將自己的主張稱為「存在的神經科學」（existential neuroscience）或「神經生理現象學」（neurophysiologic phenomenology）（Iacoboni 2007: 319; 2009: 17）。確實，對艾亞可伯尼來說，鏡像神經元在歷史上首次被發現不僅為社會認知和互動的複雜形式提供了合理的神經生理學解釋（Iacoboni 2009: 5），如他所言，鏡像神經元似乎也可說明為何「存在現象學家一直以來都是對的」（Iacoboni 2009: 262）。[1]

總的來說，根據具身模擬，社會認知典型地涉及了複製、模仿或模擬他人的心靈生活。但與高曼所長期發展的模擬理論的標準解釋不同，具身模擬最初想要將模擬的特性描繪為自動的、無意識的、前語言的和非後設表徵的（non-meta-representational）。在

---

[1] 一個饒富意義的宣稱不應該被忽略，即：根據艾亞可伯尼的說法，鏡像神經元並非一開始就是現成的，鏡像神經元毋寧是在自我與他人的互動中被塑造、形成、改變的（Iacoboni 2009: 134）。或許有些令人困惑的是：如果鏡像神經元起初應該考慮到自我和他人之間有意義的互動，但艾亞可伯尼同時卻也主張，某些鏡像神經元是一出生就已經在的（Iacoboni 2009: 155）。因此我們可以推測，這些與生俱來的鏡像神經元構成了後來發展的基礎。

他們看來，相較於明確地將命題態度歸屬於他人，肉身際性更為基礎，因此依舊是我們直接得到他人知識的主要來源（Gallese 2009: 524）。

我們如何評估這樣的主張？具身模擬的概念和現象學對移情同感的說明是同一陣營的嗎？前者可以視為後者的進一步發展，或許甚至可為後者提供科學的辯護嗎？事實上，已經有許多學者得到這樣的結論：

- 雖然警告大家不要對現象學進行表面的、經驗的確認，裴提特（Jean-Luc Petit）在 1999 年一篇早期的文章中宣稱，鏡像神經元的發現充分地證成了胡塞爾的觀點：「我們對他人的同感經驗是一種對他人所完成的動作之內在模仿。」（Petit 1999: 241）

- 在 2001 年的一篇文章中，湯普森提示：「鏡像神經元的發現支持胡塞爾的立場，即我們與他人的同感經驗依賴我與他人的『聯對』或『配對』，而非各種推論過程。」（Thompson 2001: 9）

- 在 2006 年的一篇文章中，婁瑪（Dieter Lohmar）論述：「鏡像神經元的神經學的發現，對現象學的主體際性理論有著突出的重要性。」（Lohmar 2006: 5）

- 最後，再進一步提個例子，在 2008 年的一篇文章中，德普雷斯特（Helena De Preester）寫道，鏡像神經元假設的核心可以很容易地被翻譯成胡塞爾的術語：「對他人身體的視覺知覺被對應於我們自己的動覺表徵，或者**軀體**（*Körper*）被對應於**肉身**（*Leib*）（並接收了後者的狀態）。由於此同一化，我們有了對他人的理解。」（De Preester 2008: 139）

　　相對於這些論述，我會更加謹慎。加里斯和艾亞可伯尼相當程度未加以區別地提到利普斯和現象學家的說法，針對這點我們應該再加以考慮。利普斯確實經常以內在模仿的觀點來談論移情同感，但目前很明顯的是，所有現象學家都在不同的程度上與之保持距離。最後，無論如何，具身模擬是否與現象學的提案處於同一陣線的這個問題，其複雜性遠非簡單的是與不是可以回答。

　　從一方面來說，確實似乎有著顯著的類似性。對胡塞爾而言，移情同感最基本的形式涉及自我與他人的聯對。這個我們所討論的聯對發生在行動和表達的身體之間，它刻畫了跨模態相稱的能力，並且它是被動的，意指它不能出於自願地被啟動，或是作為審度或反思的結果而發生。一如湯普森正確地指出，這個「移情同感之身體基礎的現象學式概念可以藉由越來越多關於聯對機制的心理學和神經生理學的證據來與心智科學（mind science）連結；而此聯對機制在感覺運動和情感的層次上，將自我與他人連結起來」（Thompson 2007: 393）。事實上，胡塞爾和史坦茵都寫道，當我知覺到其他身體的運動的時候，就好像我自己在那裡，好像我正在移動我的四肢（Husserl 1973c: 642; 1952: 164; Stein 2008: 65）。經由我知覺到他人移動的身體，以及我預期他人進一步的動作，我自己的動覺系統即被觸發（Husserl 1973b: 527; 1973c: 642）。但就如胡塞爾也謹慎地補充道，這並不牽涉到我投射我身上的經驗到他人身上（Husserl 1973a: 311）。同樣地，史坦茵也強調，雖然透過運動同感的過程，我或許可以感受得到他人的動作和感覺，但這些動作和感覺是被給與為屬於他人的，且它們正是在與我自己的感覺形成對比下而得以被辨別（Stein 2008: 65）。

　　如果我們簡略地轉向梅洛龐蒂，也會發現類似的情形。梅洛

龐蒂堅持我們必須重新安置一直以來被主知論者所扭曲的他人經驗
（Merleau-Ponty 2012: 191）。雖然梅洛龐蒂宣稱，在知覺到一個生
氣的動作的時候，我們是知覺到生氣本身，而不只是就心理學而言
無意義的行為，但他否認我們知覺動作的意義就像我們知覺地毯的
顏色一樣。他人的動作指向一個意向的對象，我了解動作的意義，
並不是透過嘗試找出動作背後有些什麼，而是透過參與由這些動作
所照亮的部分世界（Merleau-Ponty 2012: 191-2）。為了瞭解這個具
有表達性的行為，行為必須對觀察者來說是可能的，或者如梅洛龐
蒂所言：「對動作的了解必須透過我的意向和他人的動作之間的相
互作用，以及我的動作和他人的行為中可以被解讀的意向之間的相
互作用。每件事的發生都好像是他人的意向棲居在我的身體，或好
像我的意向棲居在他人的身體。」（Merleau-Ponty 2012: 190-1）我
將我的身體經驗為在世行動的能力，我知覺到他人的身體正在以
熟悉的方式和同一個世界打交道。最後，梅洛龐蒂和胡塞爾一樣認
為，如果我們要領會自己是如何了解他人，那麼關於具身化的正
確討論便是關鍵性的，並且在我們將意識理解為具身的、嵌入世界
之中的同時，他心問題就不會再是一個大問題了（Merleau-Ponty
1964b: 175; 2012: 366-7）。

　　然而，從另一方面來看，我們不應該忽略現象學關於移情同感
的描述和具身模擬理論之間最終也許存在著重要的差異。

　　首先，如我們所見，胡塞爾顯然認為有必要區分不同層次的
移情同感（以及人際理解）。雖然他會宣稱，第一層次的移情同感
是由自我與他人之間基於身體的類似性而被動的、非意願性的聯想
連結所構成，但他絕不會同意這個層次的移情同感等於全部的人
際理解。然而，如果我們轉向具身模擬的捍衛者，我們就會發現，

他們對於具身模擬能夠解釋的範圍則存在彼此略有衝突的觀點。鏡像共振機制的解釋範圍可以有多大？它們會不會如拉瑪錢德朗（Ramachandran）所預測，對心理學產生了如DNA的發現對生物學所產生的作用（Ramachandran 2000）？它們能或多或少從對他人的動作和行動的理解，到對他人的情緒、感覺和意圖的理解，來或多或少解釋社會認知的每一個面向，或者，它們只是針對人際理解的基礎？

在此，我們有必要提及並考慮由柏格（Emma Borg）和雅各所提出，針對某些具身模擬的擁護者過於膨脹的宣稱的批評。柏格（2007）和雅各（2008）都論述道，雖然鏡像神經元也許幫助我們解碼了另一個行動者的運動意向，卻不能幫助我們決定他或她在那之前的意向。雖然它們可能幫助我們了解被知覺到的動作——例如抓——是一個目標導向的行動，但它們無法告訴我們為何會發生。[2] 為了回應這類的批評，加里斯主張對何謂判定他人意向採取一種緊縮的解釋，並且論述道，判定特定的行動為何被執行，可以等同於看出尚未被執行、但接下來即將發生的行動之目標（Gallese 2007a: 661-2）。但是，即使我們接受這一點，甚至接受鏡像神經元涉及對意向的覺察的宣稱，在我們據說完全了解他人的行動——也就是說，他人在從事什麼，為什麼他人正在做他們正在做的事，以及那件事對他們來說意味著什麼——很明顯地需要更多到位的說

---

2 貝奇歐（Christina Becchio）最近的著作不經意地挑戰這個宣稱。根據貝奇歐，不同的意向影響了動作的運動模式；舉例來說，一個人伸手抓住蘋果的具體方式依賴於他接下來如何處理它的意圖（例如，吃它、用它來丟某人，或是把它遞給某人）。進一步來說，觀察者對這些視覺力學上的差異性是很敏銳的，而且他能夠只在這些差異性的基礎上，預期行動者接下來的行動。

明。尤有甚者，即使我對他人的行動或情緒的表達的理解確實得益於知覺—行動的相符系統，但很明顯地，在許多例子中，我會推測另一個不在場的人的心靈狀態。我可能會在向我的戀人求婚之前，預期她會有什麼樣的心情，或者在其他人離開演講廳一段時間之後，推測他們如何評估我的表現，或者考慮哪個生日禮物最能鼓舞生病的同事，或者於反思後意識到，在我先前與潛水教練對話中，我誤解了他的意向，等等。在這些例子中，並無有效的知覺線索，無法通達於他人的臉部表情、聲調、動作和姿勢，鏡像神經元對此能有多少幫助是可疑的。結果，鏡像神經元的可信度反過來增加了它在解釋上的可疑程度。或許不只是選擇較謙遜的宣稱來得明智些——事實上，在許多地方，加里斯清楚地承認，強調具身模擬的重要性並不排除需要加上更精密的透過認知心智化（mentalizing）之技巧，此兩者並非互相排斥（Gallese 2007b: 10）；但這樣做或許也會增加此一提案與現象學的解釋之間的兼容性。

其次，加里斯清楚地論證，鏡像神經元系統容許對他人直接的體驗性理解（Gallese 2007b: 9）。然而，他同時也明確地且一再地與模擬理論結盟，和利普斯一樣，將移情同感看成一種內在模仿的形式（Gallese 2003a: 519）。但是，這裡是否存在著張力？依賴或關聯到內在模仿，其前提不正是假設我們不能透過經驗親知他人的心靈生活嗎？不正是因為將他人的心靈狀態視為不可觀察的和本來就是不可見的，利普斯才堅持我們必須依賴內在的模擬，以便從心理學上無意義的知覺輸入跳到將心靈狀態歸屬於他人的輸出嗎？簡言之，我們難道不是預設著，我們需要內在的模擬以便藉由從我們自身而來的資訊補足前述輸入，以產生所要求的輸出？這似乎也是加里斯的看法。如他所述，因為觀察者必須依賴他的或她的內在

運動知識（由鏡像神經元所提供），以便於將所觀察到的——「原則上對觀察者而言毫無意義的——動作翻譯成觀察者能夠理解的東西」（Gallese 2009: 520-1）。類似的宣稱也出現在其他的鏡像神經元理論家當中。舉例來說，凱瑟斯（Keysers）論述，我們所看到的之所以有意義是透過與我們自己的行動連結起來：「一旦我看到某人拿巧克力放進嘴巴和我自己這樣做的能力連結起來，我所看的就不再是抽象的、無意義的印象。」（Keysers 2011: 10）有人想知道為何有必要做出如此強烈的宣稱。說他人的行動對我來說沒有意義，除非我能利用自己的運動能力來詮釋這些行動，與說對類似性和像我一樣的熟悉性的覺察會促使我們對他人的理解更快而少費力，這兩者之間有著重要的差別。同樣地，論述姿勢或臉部表情的心理意義不能只是透過視覺的系統取得，而是需要比簡單的知覺敏銳度更多的東西，和論述說所見者之所以有心理意義是透過觀看者的投射過程，此兩者之間也有著饒富意義的區別。有趣的是，梅洛龐蒂在《知覺現象學》中似乎主要是強調從自我到他人的方向，在〈兒童與他人的關係〉這篇論文中卻強調反方向，並說明如何透過他人的行為，我發現了我自己身體可能的活動主題（Merleau-Ponty 1964a: 117）。因此，雖然有時梅洛龐蒂似乎強調鏡映和相應，但在其他地方則明白地強調互補的重要性；這種情況舉例來說如下：當他提到在我的身體與他人的身體之間存在著內在關聯，並宣稱他人顯現為系統的完成，以及「他人的身體和我自己的身體是一個單一的整體——是單一現象的兩邊」（Merleau-Ponty 2012: 370）。因此，如梅洛龐蒂所說，自我和他人是「完美互惠的合作者」（2012: 370），這點為與他人行動遭逢的社會認知提示了進路——不是單純地只是對那些行動的複製或模擬，而是引出動態的回應，將那些行動當成

提供進一步互補行動（參閱 Gallagher 和 Miyahara 2012）。為了掌握梅洛龐蒂心中所想，也許較好的結果是將社會理解比作跳舞而非鏡映。無論如何，就具身模擬的進路想要強調它與傳統現象學移情同感理論之間的連結來看，它應該更清楚地與利普斯式的投射同感（projective empathy）模型保持距離。

　　第三，以及直接延續下來的是，胡塞爾一再強調和尊重他人的他者性和他異性。[3] 這也是胡塞爾之所以與「設想自我與他人關係的最好方式是透過鏡像的主張」保持距離的部分原因，然而，如我們所見，另一個理由是，他認為鏡映的概念太過靜態，無法捕捉自我與他人之間動態的、辯證的纏繞。胡塞爾的觀點似乎與持續強調鏡映重要性的鏡像神經元理論家有著明顯的張力，雖然，應該提到一件事，即加里斯在最近的著作中已經承認，鏡像的隱喻本身或許是誤導，因為它建議對象與觀察者之間存在著精確的對應，從而忽略了個別的差異性（Gallese 2009: 531）。不過，既然鏡像神經元理論家經常強調模仿和共享的核心地位，同時論述鏡像神經元對「在情緒感染中所觀察到的同感共鳴的簡單形式」極為重要（Iacoboni 2011: 46），那麼我們可能會疑惑其是否充分聚焦在移情同感之以他人為中心的特性。這樣一種聚焦在凱瑟斯所提供的解釋中確實似乎不存在；凱瑟斯論述鏡像神經元的鏡映使「他人成為我們的部分」（Keysers 2011: 6），自我與他人之間的典型劃分「變得模糊不清且滲透在這個過程中」（Keysers 2011: 16），鏡像系統——藉由投射觀察者自身的經驗進入他所觀察的事物當中——「當然不能

3　關於這個主題更多相關的內容，可參閱 Derrida（1967）；Waldenfels（1989）；
　　Zahavi（1999）。

幫助我們了解其他有機體或許與我們不同」（Keysers 2011: 55）。相較之下，加里斯明白地承認模仿和他我同一性並不真的能對人際理解提供什麼起作用的解釋，原因是人際理解不同於情緒感染，需要有差異存在；也就是說，他人必須保留他的或她的他者性特徵（Gallese 2007b: 11; 2009: 527）。

　　第四，是最重要的一點，任何將現象學式的移情同感理論與用鏡像共振機制來嘗試對移情同感所作之解釋進行比較的人，不要忘記這些解釋針對的分別是人格與次人格的層次（雖然鏡像神經元理論偶而會忽略這個區分，並且將具身模擬的特性說成是無意識而自動的、前反思且以經驗為基礎）（Gallese 2003a: 521; 2007b: 10）；除非我們天真地相信有某種直截了當的同構，這些解釋並非顯然可以被直接加以比較。同樣的理由，我們最好避免這樣的宣稱，認為鏡像神經元的發現已經確認了現象學的解釋或認為現象學可以用來支持鏡像神經元的假設。較為審慎且小心的宣稱應該是，對於鏡像神經元的研究及其他神經科學的發現，可以透過澄清某些或許用來作為同感聯對基礎的機制，顯示同感聯對「不必是某種神祕或甚至不可能之物」，來補充現象學的描述（Ratcliffe 2006: 336）。

　　最後的觀察是：即使有人比我走得更遠，最後得到結論說，在現象學的提案和鏡像共振假設之間有著顯著的類似性，還是會留下各種不同的尚未回答的問題。舉例來說，這些類似性的存在展示了胡塞爾現象學的說法──與他的某些辯護者所說的相反──確實是模擬理論的一種版本嗎？或者引出的結論會是相反的，也就是說，否認了加里斯的具身模擬概念是真正的模擬主義形式？在一篇追溯自 1997 年的文章中，司迪奇和尼寇斯這樣寫道，「模擬」這個詞應該要退役了，因為「模擬理論的倡議者一直以來將『模擬』的標

籤貼到諸多的理論、過程和機制上，但這些理論、過程和機制是如此的多樣，以致於這個詞本身變得相當的無用」（Stich and Nichols 1997: 299）。經過了這些年，這個裁定顯得更加合理。當我們考慮現有的種種模擬理論，包括加里斯、艾亞可伯尼、高曼、托馬瑟羅（Tomasello）、希爾（Heal）、米契爾（Mitchell）和戈登的提案在內，便會發現要找出真正具有統一性的研究方案是困難的。事實上，有時候主要的共通性似乎是他們都共同宣稱，拒絕我們心智化的能力之來源乃是一種理論。換另一個方式來說，模擬理論之所以是某種保護傘術語，成為各種相當不同立場的標籤，大概是因為許多人一開始就接受了理論理論和模擬理論構成僅有的兩種選項。所以，如果你不是理論論者，你就必須和模擬理論站在一起。當這個被迫的選擇被當成錯誤的選擇而被拒絕，當了解另一個選項也許可行時，或許必須重新考慮最初的區分，甚至重新分類某些最初被標籤化為模擬論者，包括具身模擬論者的立場。[4]

　　最後應該要提醒一點，我們的理論模型和我們設想主體際性的方式明顯地影響我們對於經驗研究成果的詮釋。這是當我們討論移情同感和鏡像神經元的關聯、現象學與神經科學的關聯，以及當我們評估那一直隱藏在背景之中的問題，亦即自然化現象學的可行性和可取性時，不應該忘記的。

---

4 此事或許已經正在發生當中。在一篇 2012 年的文章中，拉維爾（Lavelle）將加里斯歸類為對社會認知採取直接知覺進路者（Lavelle 2012: 214）。

11.2 脈絡所扮演的角色

移情同感提供我們某種對他人「直接的體驗性理解」的看法
面臨以下反駁，即：移情同感受到脈絡因素的影響，易受制於自上
而下的調節，且受到先前知識和經驗的協調與影響。有鑒於此，它
應算是一種間接的過程（de Vignemont and Singer 2006: 437）。以
表面上看起來再簡單不過的臉部情緒辨識為例來加以說明。我們不
應該忘記情緒是具有意向性的。情緒是關於某件事物的情緒，為了
了解這些情緒，僅僅注意情緒的表達是不夠的；我們還需要考慮脈
絡，才能判定是關於什麼事物的情緒。再者，除了心理學的實驗室
以外，單獨的表達是非常罕見的。當我們與他人相遇時，我們是在
共同的世界中相遇，我們對彼此的理解是發生在特定的脈絡和情境
中。正是在如此常見的、主要是實際的情境之中，表達的現象才得
以發生（Gurwitsch 1979: 114; Sartre 2003: 371）。當我們與夥伴一
起工作或交談時，他可能會搖頭或皺眉，但這些臉部的表達和身體
的姿勢並不清楚，它們並不簡單或一致地揭露其心理狀態。「相同
的」表達可能在不同的情境中有不同的意義。例如，一個人臉紅，
可能是因為生氣、羞愧或因為過度用力。然而，這很少成為問題，
因為我們不會看到個別獨立的表達（Gurwitsch 1979: 35-6, 95, 106;
Barrett et al. 2011）。表達發生在特定的脈絡中，我們對脈絡的理
解，對所發生事物先來後到的理解，幫助我們了解臉紅意味著羞愧
或生氣，或者是身體用力過度的結果。但是，如果是這樣的話，如
果我們真的必須要考慮脈絡性的暗示，以便於區別不同的情感表達
的話，我們便應該重新考慮是否同感的理解是一種直接的、無理論
中介的親知形式（Jacob, 2011: 538）。

　　但是，某物直接地被給與和在脈絡中被給與難道不可能同時發生嗎？這可以說完全取決於我們的「直接」意味著什麼。以視覺為例。視覺通常被認為是直接經驗的範本。我可以透過閱讀知道委內瑞拉卡奈依馬國家公園（the Canaima National Park in Venezuela）的天使瀑布的細節，我可以檢視它的照片，我也可以看見並體驗到它的壯闊。大多數人認為，後者會比前兩者更為直接了解天使瀑布。但是——舉例來說，這樣一種行之有年的觀點出現在許多完形心理學家的作品中，每當我們知覺到一個對象，我們是在一個知覺域（perceptual field）中知覺到它；我們在特定的背景中意識到它，它被給與我們的方式受到脈絡線索，以及被和它連帶給與的東西所影響。但那是否和知覺對象是被直接地給與相矛盾，或者有可能知覺對象可以同時是直接地、又是脈絡性地被給與？來看看另一個例子，你正坐著享受一杯 1982 年的瑪歌堡葡萄酒（Château Margaux）；由於你作為一個品酒行家的習慣和熟練，你能看出並辨識出新手無法感覺到的口味和氣味。你接觸這酒的途徑會因此變得間接嗎？最後，再想想器具的例子，例如，套管針。要將某物視為套管針，必須具備一些背景知識。用海德格式的說法，整個器具脈絡網必須要到位。但這會讓套管針變成本來就不可觀察的、作為理論假定的建構物嗎？那會導致你不能正確地說知覺到套管針嗎？這會讓你接觸它的途徑變成間接的，就像我們假定黑洞或比原子還小的微粒一樣嗎？或者我們更應該說，我們所擁有的相關背景知識讓我們能以這樣的方式**看見**套管針？[5]

5　對缺乏此類特定知識和經驗的人來說，套管針是銳利的，且末端通常是三面的外科工具，被用在插管用的套管內，被設計用來插入靜脈、動脈、骨髓、

也許有人會承認，即使在最基本的對物的知覺中會涉及脈絡，並勉強同意這不會危及知覺意向性的直接性，卻仍然反對這樣的看法：既然某人視力很好，卻仍然看不出套管針是套管針，這就證明了不論是什麼東西，要讓人確實知道套管針是套管針，必須要有某種超出且高於知覺敏銳性的東西。那麼，關於臉盲症（prosopagnosia）的例子又該怎麼說？當然，那是神經學的、而非眼科的缺陷。我無意在此與知覺哲學領域複雜的討論交手，但我建議我們應該避免對知覺採取過分侷限的解讀，將知覺等同於被動地吸收感官資訊。依照這樣的解讀，是否能夠說我們連知覺到統合的對象都還是有問題的，更別說知覺到在時間中延展的對象（參閱Chapter 10.3.2）。

無論如何，當要宣稱有一種直接的社會認知基本形式時，極少有現象學家（如果有的話）會否認，我們正在討論的社會理解會因為背景知識、脈絡線索和過去的經驗而受影響，並因此得以豐富。批評者也許會論述，這只證明了社會認知是間接的，任何對社會認知的直接性的堅持只不過牽涉到對「直接」這個詞的誤用。首先，我想指出，如果這是正確的，便會得出大部分的爭論是來自於術語的使用。顯而易見地，不能僅以我們對他人的一般理解無庸置疑地是脈絡性的，就藉之來反駁現象學的提案。其次，然而，我認為我們應該承認，對於「直接」意味著什麼，我們並沒有任何確定的看法。與其將「直接」與「脈絡」視為關係重大的對立，我認為更有意義的是，聚焦在「直接」和「間接」的差異，或「中介」之上。以間接行為的例子來說，我們藉由看照片看到馬特洪峰

或體腔內。

（Matterhorn）。相反地，在某些情況中（不是全部，只是某些），我對他人心理狀態的了解，卻可以是直接的，因為在這個意義上，他的心理狀態是我主要的意向對象。在這裡，可以說，沒有什麼東西擋路；並非好像我先被引向一個中介的、不同於他人心理狀態的某物，然後我才能在接下來的第二步中指向他人的心理狀態。再者，重要的是，他的心理狀態被經驗為實際地向我呈現，藉此，使這個我們所討論的經驗非常不同於以下的推論：例如，推論某人是沮喪的，因為她收到的信已經被撕毀，或推論某人喝醉了，因為在他周圍有著成打的空啤酒瓶，或是推斷某人一定會暴怒，因為若我也受到跟他一樣的待遇，我也一定會暴怒。我認為所有這些例子都構成社會認知的間接形式，並且堅決主張，那些認為我對其他人臉上喜悅或恐懼的表情的辨識也是間接的看法，只會模糊重要的區分。

　　對於我們能夠直接親知他人的心靈狀態的宣稱一直存在著這樣的反駁：這樣的宣稱是荒謬的，因為它忽略了以下事實，即我們無法以達及我們自己心靈的方式去達及他人的心靈（de Vignemont 2010: 284）。換言之，任何有關我們對於他人理解的具有說服性的說法都必須尊重自我經驗與他人經驗的不對稱性。我們必須要尊重這樣的事實，即：我能以第一人稱的方式親知我自己的體驗生活，卻無法以第一人稱的方式通達於他人的心靈。雖然在第十章第 3.2 節中已經提及，問題在於，這個反對意見是以對自己心靈狀態的直接通達為模型來理解對他人心靈狀態的直接通達，就好像對自己心理狀態的直接通達構成了直接性的黃金標準。但是，只有在對比於更為直接的知識形式時，我們所說的間接知識才有意義，並且可以說，大概沒有比看見人在疼痛時痛苦地扭動身軀更能直接知道他在

痛了。相較之下，注意到在他的床邊有一瓶止痛藥和一個空的水杯而推斷他在痛，則是一個間接得知或透過推論的方式得知的例子（Bennett and Hacker 2003: 89, 93）。

他人心靈的問題似乎不斷出現，理由在於：我們對於他人心靈生活的可通達性（accessibility）一直有著矛盾分歧的直覺。一方面，宣稱他人的感受和想法顯現在他們的表達和行動上，就某種程度來說，這是對的。在某些情況下，我們確實擁有對於他人的心靈直接的、實際的了解。我們可以同感地領會他人的生氣、快樂、焦躁或決心；我們毋須推論它們的存在。另一方面，笛卡兒式的概念似乎也是對的，即就某些面向來看，另一個人的心靈生活是不可通達的。在某些情形下，我們沒有理由去懷疑他人是困擾的、沮喪的，或看起來明顯地感到煩。但在一些其他的情形下，我們對於他人確切的心靈狀態一無所知。宣稱他人的心靈生活基本上是不可通達的，似乎是錯的，但宣稱所有事物都是開放可見的，也似乎是錯的。如歐沃加（Søren Overgaard）所說，挑戰在於，如何調解這兩種直覺，而非放開其中任何一方（Overgaard 2005）。依我所見，這正是現象學家們試著要去面對的挑戰。

當我宣稱我能**體驗**他人，結果卻不可避免地必須依賴並運用推論、模仿或投射時，這並不意味著我能以她人體驗她自己的同一種方式來體驗她。第三人稱對於心理狀態的親知不同於第一人稱的親知。我們不應該錯誤地限制，並且將我們對他人的經驗等同於第一人稱的親知。透過不只一種方式來體驗心靈是可能的。如維根斯坦所言，「我的思想並不向〔他人〕隱藏，而只是以不同的**方式**向他開放，不同於思想之於我的方式。」（Wittgenstein 1992: 34-5）我們也不應該錯誤地將不同種類的通達與不同程度的確定性混淆。

維根斯坦也曾經指出，即使我對於另一個人的心靈狀態沒有不確定性（例如，我注意到車禍的受害者痛得扭動身軀），那也不會讓我將他的心靈狀態當成是**我的**狀態（Wittgenstein 1982: § 963）。再者，我們應當承認每一種類型的親知都有其強項與弱點；唯有當我們假設第一人稱的親知具有特殊地位，而第二和第三人稱的親知內在渴望著盡可能接近前者，第二和第三人稱的親知才會顯得「達不到」第一人稱的親知（Moran 2001: 157）。我以體驗的方式通達於他人的心靈，並對之有所親知，不同於我以第一人稱的方式親知我自己的心靈，此一事實並非不完美或者是缺失。相反地，不同的親知所具有的差異乃是構成性的。正是因為這個差異，正是因為這個不對稱，我們能夠宣稱，我們所體驗的心靈是**他人的**心靈。確實，我們將身體的和行為的表達體驗為超出這些表達的體驗生活表現的說法，是捕捉關鍵所在的更精準方式。可以說，關於他人的心靈，必然有比我們所理解的更多東西，但這並不會使我們的理解不具體驗性。

有人可能會認為這不過是對嚴肅哲學的挑戰進行術語的修正。現象學家們錯誤地認為他們能解決他人心靈的問題——透過素樸地規定我們應該在社會認知的領域運作一種被削弱的直接通達的看法，以使我們有資格說，每當我們在他人意向的、表達的行為中直觀到他人的心理狀態時，我們是直接地理解到它。我不認為這個反駁得到證成，但我現在主要的關注僅在於強調，現象學家們宣稱有可能直接體驗性地親知另一個人的心理狀態，與我們對於他人的心理狀態沒有「宛如這些狀態為我們自己所有一般」的通達這一重點之間，並不存在著緊張的關係。當然，我們必須尊重自我歸屬和他人歸屬之間、第一人稱視角和第三人稱視角之間的差異，但我們應

該在某種程度上避免引起這樣的一種錯誤的觀點，即：只有我自己的經驗被給與我，他人的行為將他的諸多經驗向我隱藏，並使這些經驗的存在成為假設性的（Avramides 2001: 187）。

當我同感地把握到他人聲音中的慌張不安或她的行動的專注與努力，我**正在體驗**另一個主體性，而不只是想像、模擬或透過推論把握他。我們能夠對他人的心靈生活有實際的經驗，而不必湊合著只透過推論或想像的投射，然而，這並不是說，每件事物都是公開可見的。如胡塞爾所指出，對他人的知覺總是部分的，且總是向修正開放（Husserl 1973a: 225）。事實上，總會有一個尚未被表達的內部不確定界域（Husserl 2005: 70），對他人的完全知識將永遠不可能。6 體驗的直接性並不涵蓋無錯誤性或徹底性。另一個人的心靈從來不會以如下的方式被揭露出來：我們可以直接地、毫不費力地、無誤地完全通達於他最內在的思想和感受。但是，當然，那不是這裡要說的。再者，我們對他人心靈的親知可能是相當有限的。我可能直接地直觀到我的夥伴的心情不好，但卻無法確定她是否疲倦、不自在或沮喪。確實，我可能完全無法發現她的情緒的確切類別，儘管我注意到「事情不對勁」，並且被促發想要更進一步去了解。有時，確實，我們對他人的直接親知會受限於單純辨識到他們的存在。我們可以直接知覺到心靈的在場，但無法進一步察覺到有關這個心靈的任何事物（Duddington 1918: 168）。欺騙很明顯也是一種可能性。他人的表達有可能會欺騙我們，但是這種可能性肯定

6　對我而言，這樣的知識會要求我對他人的個人歷史性擁有完全的深刻理解，而這只是我能部分揭露的事物；就好像我也只能揭露我自己的一部分，這是為什麼我對於我自己的自我知識也總是部分的理由（Husserl 1973c: 631-2）。

並不代表去宣稱，即便在他人的臉部表情是真心誠摯的時候，我們也無法看見他人臉上的喜悅等情緒（Green 2007: 126）。

說到這裡，考慮一下從若干現象學分析中發掘出來的三重區分或許會有幫助。一方面，我們應該區分我們同感地把握到他人心靈的能力——也就是，我們首先體驗到另一人有一個心靈——和我們判定他人確切的心靈狀態的能力之間的分別；另一方面，我們應該區分我們判定另一個人現在的經驗事件的能力，以及我們對那個人過去和未來的心靈狀態和行為進行推論的能力之間的分別。我將這些不同的成就標記為對「**有**」（*that*）、對「**有什麼**」（*what*），和對「**為什麼有**」（*why*）的理解。仔細想想看，就先從日常生活開始，我們經常想知道他人是否喜歡我們，是否認為我們值得信任，或是否覺得我們有吸引力。我們想知道他人現在是在說真話或者是欺騙，想知道他人的動機是貪心或是慷慨。我們極少會想知道他人是否一開始便有心靈。事實上，這不只是當我們開始詢問他人行動的意義時便被視為理所當然之事，同時也是某種確信之事，相當程度地不同於我們一直將特定的心靈狀態歸於他人的那種確信。即使關於通達於他人有許多不容易的地方，雖然我們或許不確定他人特定的信念和意向，但這個不確定性卻**不會**使我們對他們具有心靈有所疑問。如顧爾維奇所指出，在日常生活中，我們絕不會需要對「是否願意將我們在街上遇到或交談的人當作是真人或只是機器人」做出選擇。然後，他問道，這個根深柢固的確信，遠超出我們對高度證實的科學假設的確信，究竟是從何而來（Gurwitsch 1979: 10-11）？更進一步來說，想想「有什麼」和「為什麼有」這兩個問題之間的區別。判定一個人正在**體驗**什麼或**做**什麼是一回事，如悲傷或生氣或伸手拿杯子。但是，即使移情同感可能讓我們直接地（部

分）理解一個人正在體驗或正在做的事情，卻不會同樣地提供我們關於**為什麼**某人悲傷或生氣、或正在做一個我們正在討論的動作的理解。根據現象學的提案，移情同感等同於體驗性地親知他人的心靈。雖然我們應該認可它的重要性，卻也必須承認它的限制；移情同感（加上對直接脈絡的敏感性）能為我們做的是有限制的。我們對他人的日常的理解也提供其他的資源。如果我們想要發掘**為什麼**某人會如此感受或**為什麼**他會這麼做，我們或許必須考慮更大的社會的、文化的和歷史的脈絡，藉以超越移情同感所能提供之事。

舉一個非常平凡的例子來說，例如躲貓貓的遊戲。當父母把手從臉移開又快速地放回去，小孩可能會發出高興的尖叫聲。雖然我們可能必須運用想像力或有關兒童可能擁有的認知和情緒的理論知識，才能真正地了解為何她的反應如此強烈，為何她會覺得這樣一種簡單的遊戲是如此有趣和吸引人（Bruner and Sherwood 1976），但是我們對兒童心靈狀態的感受或我們對她的樂趣的了解，並不顯然同樣地有賴於理論的論述和／或模擬。

這些區分應該使我們明白，現象學家們除了對模擬論者們和理論論者們所處理的相同問題中的某些部分——亦即如何判定他人特定的心靈狀態，並了解它與這個人過去與未來的心靈狀態與行為的關聯——感興趣外，也對另一個略微不同的問題感興趣，亦即追問我們如何一開始就了解另一個人有心靈。如梅洛龐蒂一度觀察到，如果無法直接知覺，在我企圖要認識他人的時候，我可能會訴諸類比的推論，但後者將「無法告訴我有關他人的存在」（Merleau-Ponty 2012: 368）。一直以來，許多現象學家們追求的目標明確地在於揭示，解決他人心靈問題的傳統企圖（包括各種不同形式的類比推論）遭遇了挫敗（Gurwitsch 1979: 1-33），並論述，正是此

一問題和它經常引起的懷疑論，凡此種種皆出自於有缺陷的心靈性（mentality）概念（Merleau-Ponty 1964a: 114）。

　　有趣且或許有點混淆的是，現象學家們一直讓移情同感在處理兩種類型的關注時起著作用。我對胡塞爾和史坦茵的研究進行分析後得出，他們都認為，移情同感的不同作用是一個連續體。在此尺度的一端，移情同感被理解為對他人具有心靈的基本敏銳性；然而，它也可以提供我們對他人心靈生活更確切的特性的直接親知與把握。[7]

　　人際理解是以許多型態和形式發生，單一模型無法說明整體的多樣性。因此，我們應該提防任何宣稱我們對他人的理解僅僅是關涉比如說直接的同感理解、想像的投射、類比的推論或最佳解釋推論等的問題。我們需要多重的、互補的解釋來涵蓋我們所利用、採用來了解、理解他人的各種不同的能力、技巧和策略。我們可能會從他人的個人歷史或人格特性來理解他人，我們可能會採用成見，也可能透過歸納的概括性來預測，或者如果我們對於討論中的他人所知甚少，那麼我們可能只從自己來預想，期待他們如我們一樣行動（Andrews 2009）。我所論述的現象學作者們並不是宣稱，

7　剛才提出的三重區分與宣稱「移情同感受制於由上而下的調節」有關，且也與「移情同感可能由先前的知識、經驗和脈絡所協調與影響」的宣稱有關。這樣的宣稱有針對「有」、「有什麼」或「為什麼有」的面向嗎？根據某項研究，參與研究的人明顯地較能感受到那些因為輸血而感染愛滋病的人的痛——相較於那些因為藥物上癮而感染愛滋病的人（Decety et al. 2010）。另一項研究發現，當男人們（但不是女人們）注意到一個痛苦的玩家，這個人先前曾在一連串囚徒困境的遊戲中不公平對待他們，他們的前扣帶迴皮質和前腦島顯示出缺乏移情同感的活動（Singer et al. 2006）。這些研究似乎從根本上說出一個人是否會被他人受苦所打動或在什麼程度上受到他人受苦的影響。就我所知，這與我們能夠理解「他人是有意識的」**這點**沒有任何關聯。

所有的社會認知形式都能藉由移情同感得到解釋。他們並不否認，在某些情況下，當我們企圖理解他人時，我們是依賴想像力、記憶或理論的知識。事實上，他們欣然承認，如果我們真的想要了解他人的全部心靈生活，如果我們真的想要了解他人的籌畫，為什麼他們做那些正在做的事，那些事對他們而言意味著什麼，那麼我們就必須從狹隘地聚焦在面對面的互動和具身的遭逢（embodied engagement）中超越出來。簡言之，如果我們想要達到人際理解的更深層次，我們就必須超越我們可直接達致者，現象學家們對此並無異議。如果我們接受這個觀點的話，問題仍是在何處劃定底線。我們是在哪些情況下、又是多頻繁地運用基於想像力和推論的讀心？在什麼情況下更為直接的社會理解就已充足？但較此一裁決更重要的問題是，是否後者是前者的先決條件，也就是說，是否以理論或模擬為基礎的讀心必然預設了一個更直接的社會理解形式以便順利開始。這是現象學的移情同感觀點所宣稱的，這也是我所為之辯護的觀點。人際理解的基礎不是在超然中立的信念歸屬中，而是在遠遠更為基礎的、對於有生性（animacy）、能動性和情緒表達性的敏感之中。

11.3 不可見性（invisibility）宣稱

且讓我們同意他人作為有心靈者被給與我們，我們通常能覺察到他們的心靈狀態，而毋須在過程中投入有意識的努力。然而，接下來可能會遭到以下反對：雖然如此描述可能捕捉到，對一般主體而言，事物似是如何，但最終來說，卻還是沒有啟發作用，因為這種說法與使我們覺察到他人心靈狀態的各種極為不同的機制是可

以相容的（McNeill 2012）。換個方式來說，於體驗層次上，對於他人的直接理解之所以可能，是藉由在次人格層次上所進行的各種認知過程。然而，現象學關注事物似是如何，認知科學處理的卻是背後的真正機制，只要一個人不是如此天真，以致於相信人格和次人格層次之間簡單的同構，就不會有理由認為，前者的描述應該與後者的研究有任何相關性。這似乎是史博丁（Spaulding）所支持的觀點，他這樣寫道：「理論理論和模擬理論之間針對讀心的爭論是關於社會認知的架構與次人格過程之爭論。對於現象學告訴我們在日常互動中正在發生的事，這兩種理論都沒有給出任何觀點。」（Spaulding 2010: 131）另一個有幾分類似的反對意見出自雅各，他論述所謂的「簡單的現象學論證」並不成功，該證論最終依賴過於天真地信任內省地發掘和揭露無意識過程的能力（Jacob 2011: 526）。[8]

　　什麼是簡單的現象學論證？基本上，它運作如下：如果模擬或推論是外顯的（也就是，有意識的過程），且是我們理解他人的預設方式──因而普遍被運用於日常生活的社會認知之中，那麼，我們應該多少覺察到，當人有意識地模擬或推論他人的心靈狀態時，會經歷不同的步驟。當然，當我們試著了解為什麼某人以某種方式行動或反應時，我們可能明白地試著設身處地設想對象的心靈狀態，或從事以理論為基礎的推論；但要宣稱，當我們了解他人是有心靈的生物時，我們就一定是在進行上述兩者之一（或同時進行

8　現象學哲學對社會認知領域的主要貢獻絕不是偶然地對內省與料進行精心的匯集。現象學傳統中的所有主要人物一直公開地、明確地否認，他們所採用的方法是內省的方法（參閱 Gurwitsch 1966: 89-106; Husserl 1952: 38; 1984b: 210-16; Heidegger 1993: 11-17; Merleau-Ponty 2012: 59; Zahavi 2007c）。

兩者），這是沒有體驗性的證據支持的（Gallagher 2007）。在回應中，雅各評論道，他發現這個論證不具說服力，因為它涉及了誤導人使用了內隱與外顯的區分。根據雅各，被用在心靈理論的爭論時，內隱與外顯的區分適用於認知的工作，若不是外顯地透過語言的使用來執行任務，就是內隱地不藉由語言的使用來執行任務。在這兩種情況中，我們所處理的是認知的試探式法則（heuristics），而其狀態、運作、計算都超出意識覺察的範圍。

　　然而，不是所有的理論論者和模擬論者都同意史博丁和雅各的評價。高曼訴諸可達及的內省證據作為表面論證來支持模擬理論，這幾乎不具意義，除非他談論可於意識中採用和有意識地通達的過程（Goldman 1995: 82; 2006: 147）。同樣的狀況也適用於魏茲（Waytz）和米契爾的宣稱，他們論述模擬「涉及在感同身受的回應中，知覺者將相同的當前心靈狀態經驗為另一個人的心靈狀態」（Waytz and Mitchell 2011: 197）。讓我們仔細思考下述由兩位雅各的同事和合作者所提供的對內隱與外顯之模擬的定義：

> 模擬可以被視為外顯的、有意識的想像他人的心靈狀態與其實行的過程。它可以被設想為自動地展開、缺乏意識控制的次人格過程。或者它可以被思考成內隱與外顯模擬的混合物，……我們……相信模擬是人際心智化的根本形式，它最好被視為外顯與內隱的過程的混合物，以次人格的神經模擬作為外顯心靈模擬的基礎。（Jeannerod and Pacherie 2004: 128-9）

因此，某些模擬論者在討論模擬時，明顯地想到有意識的過程；某些理論論者在討論理論時，亦復如是。至少，當哥普尼克（Alison

Gopnik）做以下論述時——相同的認知過程同時為科學進步和兒童對心靈理解的發展而負責，以及在科學知識的獲取和兒童有能力從行動者的心靈狀態來詮釋其行為之間有著驚人的類似，這會是我們可以合理地了解哥普尼克的方式（Gopnik 1996: 169）。

　　但是，在史博丁所支持的觀點中有一個更為基礎的問題。理論理論和模擬理論所探究的次人格機制應該解釋某些事物。待解釋的事物為何？終極來說，是人格層次上之社會認知和互動的多樣性。如果我們對待解釋的事物賦予錯誤的特性的話，如果我們未仔細描述待解釋事物的不同面向的話（這可被認為是現象學可以提供的事物之一），那麼要找出和識別相關的次人格機制毋寧是困難的。這大概也就是為什麼許多模擬理論和理論理論的辯護者正好選擇了相反結論的理由。他們並非論述現象學的描述與認知科學不相關，而是他們自己偏愛的理論正好能夠公平地評判現象學的發現。

　　因此，在最近幾年裡，我們可以發現，某些模擬論者和理論論者樂意接受心靈狀態的直接可通達性與可見性，但他們只主張，這只能透過他們自己的立場來處理。舉例來說，克里（Currie）論述下述觀點並沒有不一致性：在主張移情同感以模擬為基礎的同時，仍堅持我們實實在在地看見他人的情緒。他認為，模擬所提供的資料會直接給與視覺的系統，藉此貢獻給視覺的經驗，在視覺的經驗中，不同的性質會顯現出來。如他那時所強調的，這些性質「在視覺的經驗自身中被給與我們」（Currie 2011: 90）。

　　一個相關的回覆在拉維爾（Jane Lavelle）為理論理論辯護時提出。拉維爾最初論述，視覺系統對光的性質之偵測雖然對知識性視覺（epistemic seeing）來說是必要的，卻不是充分的。例如，對某人來說，要有對一輛車子的知覺經驗，她的視覺系統不能僅僅接收

關於光的資訊，還需要加上其他的知識，這個「其他知識」是無意識地發生的一個推論的過程（Lavelle 2012: 222）。依照這個看法，任何一種知識性的知覺，任何對於某物**作為**某物的知覺，都要求理論且透過理論才有可能。在第二個步驟中，拉維爾指出，理論知識可能不只影響我們的知覺內容（看到 X 光片上的黑點相對於看到癌症）；它甚至可能讓最初觀察不到的東西變成可觀察的。拉維爾利用出現在科學哲學中有關理論和觀察的爭論而因此論述，關鍵在於不要犯下思考的謬誤，去認為理論實體必然是不可觀察的和不可見的。某些理論實體——例如微中子——事實上是不可觀察的；我們不能觀察到微中子，我們只能以它們可觀察得到的作用來推論它們的存在。其他的理論實體——例如帶狀皰疹——事實上是可觀察的；我們能夠藉由理解「帶狀皰疹」在較廣義的病毒信念網中所扮演的角色和其結果與原因來把握「帶狀皰疹」這個專有名詞的意義。就那個範圍來說，帶狀皰疹是一個理論的名詞，但如果我們擁有適當的理論的話，它也是某種可以被觀察的皮膚疾患。因此，理論實體不必是不可觀察的，雖然——當然，這是關鍵——對於那些缺乏理論的人來說，它們卻是不可觀察的。根據拉維爾的看法，那麼核心的問題就是：是否「心靈狀態是像帶狀皰疹一樣的理論實體，或者它們更類似微中子」（Lavelle 2012: 228）？如果是前者，當我們對他人的動作和臉部表情的觀察是透過相關的心靈知識而得知時，我們確實可以說看見某人的意圖和情緒。如果是後者，我們只能看見動作和表情，我們會需要利用推論，以便從這些可見的結果達到作為它們背後原因的不可見的心靈狀態。然而，在任一狀況中，我們對心靈狀態概念的理解都應該是依賴於我們對於這些概念在理論中所占的地位的知識。因此，概念被視為接受來自它們所崁

入的理論所賦予的意義，而不是來自某些直接親知的形式。

　　雖然拉維爾在堅持「理論實體不必然是不可觀察的」這一點上是對的，雖然當她和克里宣稱，模擬理論和理論理論不必然為不可見性的宣稱做保證，亦即宣稱「他人的心靈是不可觀察的」這點或許也是對的，但不可否認的是，理論理論和模擬理論的主要辯護者有很長一段時間慣常假設，從根本上來說，他人心靈實際上的特性是不可見性。他人的心靈狀態保持為遮蔽和隱藏，而正因為我們對之並沒有直接親知——它們通常被描述為「天生固有地不可觀察的建構物」（Mitchell 2008），所以我們需要依賴和利用理論的推論或內在的模擬。若不支持上述觀點的話，持續訴諸內在的模仿和投射，以及最佳解釋推論的做法，就會毫無意義。確實，正如艾普立（Epley）和魏茲在《社會心理學手冊》（*The Handbook of Social Psychology*）論到心靈知覺（mind perception）的那一章中所一再指出：他人的心靈狀態是不可觀察的，並且是天生固有地不可見的；正是因為人們缺乏對他人心靈狀態的直接資訊，以致於他們在推論時，必須基於種種他們有途徑接觸到的關於他人的資訊。他們必須從可觀察的行為到跳到不可觀察的心靈狀態上——不是使用模擬，就是使用理論的推論來達到此一跳躍（Epley 和 Waytz 2009: 499, 505, 518）。簡言之，理論理論和模擬理論經常共享的一個基本的、作為背景的假設就是：他人的心靈是隱藏的；那是為什麼它們會認為，面對社會認知理論的主要挑戰之一便是，我們如何且為什麼開始將這樣一個隱藏的心靈存在物或過程歸於某種公開地可觀察的身體。

　　要闡明這個觀點的廣泛性很容易，以下若干引文為證：

> 人類心靈最重要的力量之一是設想和思考它自身和其他的心靈。因為他人的心靈狀態（和甚至我們自己的）是完全地向感官隱藏的，它們始終只能被推論。（Leslie 1987: 139）

> 所有地方的正常人不只為自己的世界「上色」，也將信念、意圖、感受、希望、欲望和虛偽「塗到」其社會世界的行動者身上。儘管事實上沒有人曾經看過思想、信念或意圖，他們還是這樣做了。（Tooby and Cosmides 1995: xvii）

> 心靈狀態和擁有這些狀態的心靈必然是不可觀察的建構物，以致於必須藉由觀察者去推論它們，而不是直接地去知覺它們。（Johnson 2000: 22）

通常在分析一開始，不可見性的論題便沒有任何論述地被斷言，且顯然被用以驅動接下來的進路。這可以藉由三句更進一步的引文來得到闡明。塞克斯（Rebecca Saxe）與其同儕的文章以下述引言開始：

> 不似行為主義者，正常的成年人彼此都認為對方（和他們自己）有不可觀察的內在心靈狀態，諸如目標、思想和感受，並使用這些來解釋和預測行為。這個推論行動的心靈原因的人類能力被稱為心靈理論。（Saxe et al. 2004: 87）

同樣地，在《讀心》（*Mindreading*）中一開始，尼寇斯和司迪奇陳述：

> 研究讀心發展的動機源自於這樣的事實，即隱含在讀心中的核心概念——例如**信念**、**欲望**、**意圖**等——顯然是與不可觀察的狀態有關的精緻概念。（Nichols 和 Stich 2003: 4）

在亞佩利（Ian Apperly）的《讀心者》（*Mindreaders*）一書的首頁上，他寫道：

> 讀心是神祕的，因為關於「如何甚至可能知道他人的心靈」都有著真正概念上的困惑。更明顯的是，我們無法直接知道其他人了解什麼、想要什麼，意圖或相信什麼，卻必須以他們的所行和所言為基礎，推論其心靈狀態。（Apperly 2011: 1）

當我讀到這些陳述的時候，此一宣稱便不只是指命題態度是不可見的，更是適用於我們諸如此類的心靈生活，亦即適用於我們全部的心靈狀態，包括欲望、感受和意圖。它們全部都向視覺隱藏。事實上，甚至一直有這樣的宣稱：他人心靈的不可通達性使得特定生物是否擁有心靈的問題根本無法回答（Gray 和 Schein 2012: 407）。但是這個假設真的合理嗎？心靈狀態（無論是全部，還是只有那些屬於他人的）是不可見的建構物，且我們與作為有心靈之生物的他人交往，最初（或是僅僅）涉及將這種隱藏的狀態歸屬於他們的問題，這真的是對的嗎？我所能看見的是他人的汗水、脹紅的臉、有皺紋的前額、他抽動的雙臂、噘起的唇、握緊的拳和發抖，而不是恐懼、困窘、欲望和挫折，真的是這樣嗎？當面對一個啜泣的人，我首先知覺到數滴液體從她眼中滾落出來、她臉部的肌肉扭曲、斷斷續續的聲音，只有在一連串的推展之後才知道這個人正在悲傷，

真的是這樣嗎？現象學對移情同感的看法提出了對這個假設的懷疑。

　　雖然拉維爾對以下的論述或許是對的：理論理論不必然支持這樣的觀點，且事實上能認可心靈狀態的可見性——只要它能夠在理論上站得住腳。但是如此的推移會形成相當顯著地離開了原來理論理論信條的局面。並非巧合的是，普雷馬克和伍德洛夫在他們的重要論文中強調，將心靈狀態歸於自我和他人要求推論的系統，也就是，他們所謂的心靈理論，正是因為這些狀態並不是直接可觀察的。（Premack 和 Woodruff 1978: 515）

　　比較下述三種說明。第一種說明否認，我們始終能夠直接地、立即地理解他人的心靈狀態；我們所能接觸到的只有行為，任何對他人心靈狀態的歸屬都將涉及最佳解釋的推論，這基本上超出了由被設定為不可觀察的存在物而給出的經驗。第二種說明論述，我們需要背景知識才能掌握和分辨可直接接觸者。第三種說明論述，我們對另一個人的心靈狀態之直接親知是透過各種次人格的推論過程才得以可能。我認為，我們應該要承認它們之間的關鍵性差異（那並不是否認第三者可以與前兩者相容），而不是強調這些說明之間的類同性。這三種說明中的第一種首先是現象學的提案要對抗和反對的（參閱 Zahavi 2005）。

　　然而，甚至就拉維爾的說明來看，心靈狀態的可觀察性預設了必須獲得一適當的理論。在輸入和輸出之間仍然有著認識論上的缺口，即一個必須藉由理論知識密合的缺口。我們是在與時俱進中逐漸成了解讀他人心靈的專家。在獲致此一專長之後，我們傾向於立即看到事物，即使我們所看到的事實上是複雜的理論過程的結果。我們利用累積的理論知識，但我們的專長使我們沒有覺察到推論

的過程，使我們相信我們的理解是非中介的、非推論的（Gopnik 1993）。毫無疑問地，我們確實將某些表達和某些表達行為的形式理解為學習過程的結果（雖然有人可能對於學習過程是否應該從理論的獲取這方面來描述仍保有懷疑）。了解一種外文或具有高度獨特性的或宛如法典般的表達形式都是明顯的例子。雖然，問題在於我們是否必然地經歷了一個發展的階段，在這個階段中，還未獲得理論和專長，因此，對我們而言，他人所有的心靈狀態是不可觀察的和難以領悟的。再透過我們對語言的理解來想想看。在我們獲得必要的技能之前，我們逐句抄錄的文字和句子實際上是無意義的。反之，當我們獲得那些技能之後，文字和句子就被理解為有意義的。但是，類似的發展確實在我們與他人的互動中被發現嗎？而那似乎是拉維爾看法所暗示的。

　　依據許多解讀，擁有心靈理論和能夠指出他人的心靈狀態是關乎我們擁有對他人的（和自己的）心靈狀態的信念的問題，因此也涉及了後設表徵和次階的意向性。有一段時間，有能力去擁有對他人的錯誤信念，這種能力被認為是獲得心靈理論的關鍵里程碑。粗略的推論如下：為了能對他人產生錯誤信念（和對他自己），小孩必定能夠了解到信念可能不同於──因此有別於──真實世界的事件和情境。小孩對人有錯誤信念的理解因此提供了令人信服的證據，去證明小孩能夠領會世界與心靈之間的區別、真實與對真實的信念之間的區別，從而擁有心靈理論。並不令人驚訝的是，接著也會宣稱，不能通過標準的錯誤信念測驗而因此缺乏心靈理論的個人也是心靈盲目的，並且不能將他人體驗為有心靈的生物（Carruthers

1996b: 262; Frith 和 Happé 1999: 1, 7; Baron-Cohen 1989）。[9]

　　然而，今天普遍承認的是，即使通過錯誤信念測驗的能力可能構成重要的里程碑，此一針對我們對其他人的行為進行超然中立的、反思性的預測之能力的測驗是否特別善於衡量這類支持一般社會理解的心理能力，這點仍然相當可疑（Gallagher 2005）。簡言之，雖然將錯誤信念歸諸他人的能力的確在社會理解中扮演角色，卻完全不可能成為支持我們將他人體驗為有心靈者的基本能力。一如接下來的研究所顯示，不但相較於標準的錯誤信念測驗，有許多其他信念測驗更早地能被小孩所解決，還有大量的證據顯示，早於孩子們有能力去了解（錯誤）信念，他們對於其他人的知覺、注意力、欲望、意圖和情緒就已有某種理解。的確，更早於小孩開始想知道你的特定信念內容以前，她就已經和你互動，並且將你看成社會夥伴。

　　舉例來說，仔細想一下希柏樂（Csibra）對其發現的討論。在一篇 2010 年的論文中，希柏樂論述，嬰兒能夠認出某人的溝通意向正指向他們，早於能具體說明那些意向是什麼，也就是說，他們對於溝通意向出現時的敏感度早於他們能夠知道那些意向的內容（Csibra 2010: 143）。他將這種與生俱來的能力視為溝通技巧發展的重要來源之一，然後強調三種即使是新生兒也能分辨的刺激（這些刺激明確說明了嬰兒是溝通行動的收訊者）：眼睛的凝

9　記住這一點很重要，即：許多理論理論者明確地論述，我們知道自己的信念和正在發生的心靈狀態，一如我們知道他人的信念和經驗。在這兩種情況中，使用著相同的認知機制、相同的讀心過程（Gopnik 1993; Carruthers 和 Smith 1996）。對這個觀點的批評，可參閱 Nichols 和 Stich（2003）和 Zahavi（2005）。

視、「媽媽語」、行動輪替的遇合（turn-taking contingency）（Csibra 2010: 144）。未滿月的嬰兒已經表現出偏好於尋找那些用眼神與他們接觸的臉孔（而不是那些閉著眼睛或避開眼神的臉孔）。一如眼神的接觸，「媽媽語」的韻律向嬰兒指出他是這種說話方式的收訊者，並引出對這種刺激的來源的優先傾向和積極感受（Csibra 2010: 148）。然而，更重要的也許是，我們在行動輪替的偶然性中所發現的互動回應和互補。一如莫瑞（Murray）和崔瓦琛（Trevarthen）在他們 1985 年的著名研究中所揭示，幼小的嬰兒對於持續互動本身的偶然性結構是相當敏感的。在他們的實驗設定中，媽媽和六到八週大的嬰兒被安排在不同的房間，但是透過閉路電視保持聯繫。如此，雙方都可以看見和聽見另一個人的正面的、真人大小的錄影畫面。只要錄影的呈現是「實況的」（live），互動便能正常地進行。然而，如果互動的第一分鐘是錄影，然後把媽媽的錄影影像倒轉重播在嬰兒的螢幕上，雖然嬰兒看見了同一個媽媽、同一個手勢，流露出的疼愛一如剛才，嬰兒的反應卻戲劇化地改變了。一反最初的、同步的互動時，嬰兒一直很高興、積極地投入的情況，他們現在轉身離開媽媽的影像，呈現憂傷、皺眉、苦惱的跡象。嬰兒在重播中所表現的憂傷顯然是由媽媽的回應和他們的回應之間的不搭所造成；也就是說，嬰兒不但能夠察覺到互動已經走調，他們還比較喜愛這些互動的遇合結構，而不是隨機的刺激（Murray 和 Trevarthen 1985）。

從很早開始，嬰兒便能區辨有生命的和無生命的對象，也能區別生物性的移動和非生物性的移動（Reid 和 Striano 2007）。眼神接觸和臉部表情對幼小的嬰兒來說，也是最重要的。在一篇論嬰兒期社會認知發展的調查暨概論性的論文中，羅夏（Philippe Rochat）

和史崔安諾（Tricia Striano）總結道，嬰兒對社會刺激表現出實質上與生俱來的敏感性，從大約二個月起，就已經有早期的主體際性形式在運作著，嬰兒有與他人共享經驗及互惠的感覺（Rochat 和 Striano 1999: 4），並且「對發生在幼小的嬰兒與其照顧者之間相應互動中之影響、感受和情緒的回響」是「發展較為高階的社會認知（包括心靈理論在內）的必要元素」（Rochat 和 Striano 1999: 8）。除了某些病理學形式，沒有一個起初階段，嬰兒在其中所遭遇的是無意義的行為；毋寧是，嬰兒具備一種與生俱來的、自動的、前反思的能力，能獲取並回應他人所表達的行為。幼小的嬰兒當然還不能領會到他的母親具備第一人稱特性的心靈，但只要這個嬰兒對他的母親有所覺察，他就會覺察到她不同於他的奶嘴和枕頭。無疑地，這個小孩還需要很長一段時間才能理解其中的差異到底是什麼，但是除非他覺察到媽媽和奶嘴、枕頭是不一樣的，否則他不會對母親採取他所採取的行為方式。

　　初步看來，此類發現很難與社會認知是徹底由理論所中介的宣稱相調和。但是理論論者顯然有一種迴避這個挑戰的方式，即選擇另一種有關理論的觀點。不是論述心靈理論獲得的方式一如科學理論，將小孩視為小科學家，會在接踵而來由經驗所得到的與料光照下，積極地建構和修正理論，[10] 而是論述常民心理學理論的核心是內置的、與生俱來地作為我們演化繼承物的一部分而被給與，並在次人格的層次上運作著。

---

10 哥普尼克和威爾曼（Wellman）將發生在兒童三歲與四歲間對心靈的理解之過渡比喻為哥白尼（Copernicus）的**天體運行論**和克普勒（Kepler）發現橢圓形軌道之間的過渡（Gopnik 和 Wellman 1995: 242）。

　　然而，這個推移並非沒有自身的困難。首先，次人格機制真的涉及值得以理論化名之的慣常程序嗎？避免下述謬誤是重要的：單純假定人格層次理論化和次人格層次理論化是同構的過程，其主要差異是它們各自與意識經驗的關係。[11] 用理論化這個詞來代表次人格過程也許會增加次人格過程是無所不在的這個宣稱的可信性，但卻讓理論化這個詞的意義更不清楚，反之，只要理論化這個詞代表人格層次的過程，要了解它意味著什麼，便相對容易。

　　其次，我們已經了解拉維爾如何論述任何知識性視覺，任何對於某物**作為**某物的視覺，都要求理論。此一宣稱明顯的問題是，要避免所謂的**無限制性反對意見**（*promiscuity objection*）變得相當困難（Blackburn 1995）。幾乎每個事物都變成理論的和由理論中介的，包括將鬆餅看成是鬆餅，或把門把看成是門把。因此，任何程度的背景知識——不論多麼沒有系統、沒有結構——都被等同於理論（Jackson 1999: 93），導致理論的概念因遭到如此稀釋而變得相當空洞。[12] 有人可能會納悶，是否這不單純標示著徹底的失敗，

---

11 對於「模擬」這個詞作為次人格鏡像過程的標籤來使用，可提出有點類似的反對意見。細想那經常被斷言的宣稱：因為我們在他人身上所辨識到特定的情緒活化了在我們自己體驗到這一同類的情緒時同樣活躍的腦區塊，第三人稱情緒歸屬便涉及歸屬者與被歸屬者之間相符的情緒。將人格層次的語詞——諸如生氣、快樂、悲傷、恐懼和厭惡——應用到無意識、次人格的機制，宣稱一特定神經活動的出現——甚至在相關的經驗和行為都未顯現時——足以構成相關情緒的個例，這真的有意義嗎？反之，如果一特定無意識的過程只是必然的、使成為可能的條件，而不是充足條件，那麼，只因為神經活動的相配，便論及歸屬者與被歸屬者相符的情緒，便不再是合法的，談論模擬也因此不再是合乎常情的。

12 這也是為什麼某些理論論者一直只是硬著頭皮，接受更強的理論定義。舉例來說，波特列爾（Botterill）論述，每個理論必然涉及伴隨著違反事實投射的

但即使不是這樣，很明顯地有著這樣的意涵：較諸通達於環境中的物，通達於他人的心靈不再更引人注目地具有挑戰性（Dretske 1973）。我們對他人意圖和情感的了解就會直接（間接）地一如我們對檸檬和螺絲起子的知覺一樣。不論此提案的優點是什麼，至少應該再次澄清了，我們已經相當程度遠離了最初表述的問題，遠離了心靈理論理當要解決的問題。為什麼最初會提出社會認知涉及理論的推論？典型的解釋是，我們需要這樣的過程以便解釋某些認知的成就，也就是說，解釋從輸入（那些就心理學而言無意義的、諸如對臉部肌肉的扭曲這類的物理素質與其變化的知覺）到輸出的推移（亦即將比如快樂或悲傷的心靈狀態歸屬於他人）。簡言之，為了替輸入增補來自他處的資料，以便於產出所要求的輸出，推移的過程是需要的。關於認知步驟的情況，意見分歧，這取決於我們要在目前討論的理論中，選擇人格層次或次人格層次的版本，但在所有的狀況中，對於待解釋者，卻是看法一致。相較之下，如果我們承認，並沒有從對單純行為的知覺到對隱藏心靈狀態的歸屬之轉換，而是我們從一開始就將行為知覺為有心靈的，那麼，我們不只是離開了一般被認為心靈理論立場的標準觀點，我們也同時改變了待解釋者。若宣稱這種改變不會影響理論理論偏好的機制所具有的解釋力，這便是支持一種對於待解釋項與解釋項之間關係的特異觀點。如果現象學的分析告訴我們，知覺所觀察到的表達現象已經滲透了心理學的意義，而這是有待解釋的一部分，我們可能會想要再

解釋和預測的力量。他也提及不可觀察的存在物的引入，以及對反覆出現的概念的模糊定義。他總結論述，透過將資料整合入小量的一般原則，生產出認知經濟，理論從而被賦予了特性（Botterill 1996: 107-9）。

次考慮設定應可橋接不存在的缺口的機制（即涉及從對無心靈身體
的知覺推論其心靈狀態，或是將自身經驗投射到這無心靈的身體上
的過程）。

　　宣稱對另一個人臉部的厭惡表情有同感的了解，其理論化的程
度，就像透過感官將某物理解為花園的椅子（反之亦然），且在這
兩種情形下，知覺得以可能且得到鞏固，是透過涉及各種不同的次
人格認知過程，如：基於規則對符號表徵運用；此宣稱不只改變了
心靈理論論爭中關鍵者的特性。將此次人格認知過程的存在理解為
對現象學之直接同感理解觀點的反對意見，也是誤解了後者宣稱的
本性。現象學對於移情同感的解釋並非訴諸於拒絕此一觀點，即：
移情同感之所以可能，是透過各種不同的次人格機制或無意識過程
（一如知覺哲學中的直接實在論不必然反對因果上的中介者存在）。
將移情同感說成涉及直接通達於他人的心靈，是對意向對象和更一
般性的意向性結構做出宣稱。如前文所指出，把直接性與脈絡性想
成是互相排斥的選項，這是錯誤的。我們可能會承認，我們對他人
的典型理解是脈絡性的，無須下述觀點來背書：我們與作為有心靈
之生物的他人打交道，這涉及到原初地、根本地將隱藏的心靈狀態
歸屬於他們的問題。同樣地，把直接性想成必然地對反於複雜性，
也是一個錯誤。說我們能夠直接了解他人的某些心靈狀態，並不因
此就是論述這個容許直接領會的過程必然一定是簡單的。[13] 重點是
──而且是「直接」這個詞所應該要抓住的：我領會的對象──他

---

13 在胡塞爾對知覺意向性的分析中，可以發現此一說明。雖然胡塞爾確實主張
　 知覺意向性是直接的，他的分析同時也顯示知覺意向性涉及且透過若干複雜
　 的動覺和時間的過程才有可能。

人的心靈狀態——是我主要的意向對象。正是這個我正在面對的狀態本身，沒有什麼東西擋在前面；這個狀態被體驗為實際向我呈現。正是這一點區別了移情同感與其他較為間接的社會認知形式。

　　以一種使人想起胡塞爾在《邏輯研究》中所做思索的方式，崔斯基指出，日常口語的確暗示了另一個人的恐懼、發怒、挫折和困窘是可見的。畢竟，我們經常會說，我們可以看見他人眼中的怒氣，看見他不斷增強的恐懼或挫折，或者他的困窘（Dretske 1973: 36）。然而，根據崔斯基，重要的是，要區分「我們能夠看見『某人是快樂的、有興致的、惱怒的或厭煩的』**這些狀況**」這一宣稱，以及「我們能夠看見『別人的快樂、興致、惱怒或厭煩』」這一宣稱。畢竟，雖然情感和思想本身可能不是可見的，它們卻可以用特定的方式來修改我們所看到的那個人的那些部分，從而使得前者的呈現很容易被辨別。因此，我們必須區分宣稱我們可以藉由看見對象自身（瑪莉的快樂）而直接看見某事成立（如，「瑪莉是快樂的」成立），以及宣稱我們可以毋須看見對象自身、而是看見其他事物（如瑪莉的臉的顏色、她的嘴的形狀等等），而看見某事成立。根據崔斯基，我們應該認可後面的宣稱，而拒絕前者。但是，雖然崔斯基的說法確實允許我們能夠**看見**他人是生氣的、沮喪的、緊張的或困擾的，他的提案最後還是忠於不可見性宣稱，因其「沒有進一步的論證」便假定「構成一個人的心靈的元素——不論其在存有學上的確切位置是什麼（狀態、情節、過程、事件）——都是他人無法看見的」（Dretske 1973: 37）。

11.4 行為主義的幽靈

至此，有人可能會反對說：雖然一個人對另一個人的意向或情緒的了解，可以藉由其對另一個人有目的的、表達性的行為的觀察而被告知與影響，但我們必須區分其中的結果和原因。表達性的行為由潛在的心靈狀態所引起，前者並不構成後者（Jacob 2011: 531）。簡言之，直接地把握到他人的意向或情緒的條件是，他人以身體的行為構成那些意向和情緒。如果身體的行為沒有構成這些意向和情緒的話，那麼，很清楚地，我們無法藉由對前者的知覺來知覺到後者。但是如果身體的行為的確構成了意向和情緒，那麼，這個提案基本上就等於是一種（不可接受的）行為主義的形式（Jacob 2011: 531）。

前述提案是一個受到現象學影響的提案，而初步來看，指控這類提案為行為主義是有些奇怪的。畢竟，現象學對於意識探究進路的若干特點之一便是其一再強調主體性的重要性和意識的第一人稱特性。從未曾有現象學家接受過以下宣稱：心靈的語詞或概念若不是應該被翻譯成行為的概念，要不就應被加以排除。因此，我想要換個說法來談這個核心的問題。與雅各所宣稱的相反，我不認為問題在於身體的表達性是否耗盡了我們的心靈生活。倒不如說，爭議點在於，身體的表達性是否有其本有的心靈學意義，或者是否任何它所具有的心理學意義都是衍生的。雅各似乎認為，身體的表達性將任何它所具有的心理學含義只歸於下述事實：它與各種不同的隱藏的心靈狀態之間有著某種因果關係。這一直備受現象學家爭議，因為他們皆反對行為主義者偏好的、對於行為的簡略設想方式（Leudar 和 Costall 2004: 603）。

　　無論如何，這個提議顯然從不將心靈狀態等同於或降低到行為或行為的傾向。對心靈而言，有著較其可由眾人通達的行為表現更多的東西——這不但適用於複雜的抽象概念，也甚至適用於單純的意願與基本的情緒。但是，從「特定主體心靈狀態的某些面向無法直接為他人所通達」的這個事實出發，我們無法推論，特定主體的心靈狀態沒有任何面向是他人可直接通達的。可以完全合法說的是：我們能夠同感地理解另一個人的心靈狀態，即使這個狀態中的許多面向並不是可以同感地被通達。因此，我們不應該混淆宣稱有可能同感地了解他人的情緒或意向，以及宣稱有可能同感地了解他人的情緒或意向的所有面向。附帶一提，這對日常對象的知覺也一樣適用。看見一張桌子和看見一張桌子的全部之間是有區別的。我能看見一張桌子，即使我不能看見它的所有部分和性質。

　　可能會有人反對：在此兩者之間有著非常重要的不可類推性。沒錯，我能看見一張桌子，即使我沒看到它的所有部分，但是對我來說，為了要看見這張桌子，我仍然必須看見這張桌子充分獨特的部分。問題是，心靈狀態的真正定義的和區辨性的特性——也就是說，它們的現象特性——始終保持著不為他人所通達。然而，對於為什麼我們應該抗拒這條推論的路線，有各種不同的理由。首先，當然這是謝勒一直大聲疾呼的：主體經驗的現象特性完全不容許其他所有人進入，這點絕非顯著的。當同感地理解另一個人的怒氣、精疲力竭、挫折、羨慕或歡樂時，我並不只是紀錄或偵測到他人處於某種心靈狀態中，卻對於他或她處於該狀態中時會經歷什麼感覺毫無線索。對我而言，同感於另一個人的歡樂相當不同於同感於另一個人的挫折或精疲力竭。即使當我所能同感地理解的是有所限制時（我不能同感地理解品嚐鞋油會是什麼滋味），他人經驗的某些

面向或許對我仍是可通達的；舉例來說，我或許能夠了解這個經驗
的強度，或者是否它是一個快樂的或不快樂的經驗。其次，我們對
於各種不同的意動或情感狀態的了解，我們對於意欲或恐懼某個事
物、生氣、羞愧或忌妒意味著什麼的了解，會很自然地將他們身體
的、表達的和行為的面向所提供的參考包括進去，如果被要求為上
述現象提供定義，僅聚焦與提及它們的現象特性會是相當奇怪的。
事實上，根據近來具影響力的研究進路，情緒是要素構成的諸多過
程，它們包括主體的感受、具表達力的動力行為（expressive motor
behaviour）、認知評估、生理喚起（physiological arousal）和行動
的就緒（action readiness）（Niedenthal et al. 2006: 6-7）。當然，有
人可能會反擊說，定義正應該要聚焦在必要的和充分的條件，而裝
腔作勢和斯多噶式（stoic）的克制已經顯示表達的行為既不是必然
的，也不是充分的。但是無疑地，這些例子是例外，而非規範。很
難了解為何我們應該只從這些例子中，得出表達的與具意向的行為
缺乏本有的心理學含義的結論。[14] 再者，基本的假定——未被表達
的經驗就像已表達的經驗一樣，亦即，即使沒有身體的和語言的表
達，經驗仍然會是一樣的——難道不會被經驗的證據所挑戰？許多

---

14 此外，有人可能也會堅持需要做進一步區分。格林（Mitchell Green）論述，
一個「表達出苦惱、卻並不苦惱的人是在執行一個**表演**苦惱而沒有表達**他的**
苦惱的行為」（Green 2007: 26），而歐沃加則捍衛一種選言（disjunctive）理
論，論述：「真正發洩他的怒氣的人和假裝生氣的人之間的差別，不是前者
有一個生氣的行為加上生氣的感受，而後者只有行為（或者更確切地說，例
如，加上一個欺騙的意圖）。倒不如說，即使這兩種行為對外在的旁觀者而
言，都是一個動作接著一個動作而無法區辨，它們卻是**不同類**的過程。在第一
個例子中，可見的行為是一個人開始應付這個令人生氣的世界；在另一個例
子中，則非如此。」（Overgaard 2012: 476）

研究顯示，當主體被引動採取特定的臉部表情或姿勢時，他們是體驗到相對應的情緒。同樣地，當身體的表達性被限制時，人們會報導被削弱的情感經驗。因此，根據所謂的臉部反饋假說（facial feedback hypothesis），臉部表情能夠影響和調整已經存在的情緒的強度，就像它們可能引起相對應的情緒經驗（Niedenthal 2007; Laird 2007）。壓制或移除情緒的表達面向從而似乎改變了情緒經驗本身的現象特性。

史坦茵在其博士論文中寫道，未被表達的情緒是不完全的情緒（Stein 2008: 57）。她將表達視為情緒的體驗性的外在化，論述此兩者「形成一個自然的統合體」（Stein 2008: 87），「藉由本性和意義──而非因果地──關聯起來」（Stein 2008: 59）。在心靈現象和行為之間成立的表達的關係強於只是偶然的因果連結，這樣的觀點也得到梅洛龐蒂的支持，他在 1948 年的文本中寫下：

> 想像著我在某人面前，不知甚麼原因，這個人很惱怒我。
> 和我說話的人生氣了，我注意到他正透過攻擊性的話語、
> 手勢和叫囂來表現他的怒氣。但是這個怒氣在哪裡？人們
> 會說，它在那個和我說話的人心中。這意味著什麼？並不
> 完全清楚。因為如果將我的對手的手勢、話語和身體排除
> 的話，我就不能想像從他的外表可以辨識出敵意和殘忍。
> 這不會發生在某個來世的領域、某個位於生氣之人身體之
> 外的聖所。這個怒氣確實在這裡──在這個房間裡面，在
> 這個房間的這裡──爆發了。就在我和他之間的空間中，
> 怒氣展露出來。我承認，我的對手的怒氣在他的臉上的感
> 覺，並不同於他瞬間淚流滿面或者臉部嘴角變硬的感覺。

然而，怒氣充滿了他，蔓延到他蒼白或紫色的臉頰、他充
血的眼睛和喘氣的聲音。（Merleau-Ponty 2004: 83-4）

這些觀點並非只對來自現象學傳統的哲學家們是獨一無二，同時
也可見於那個時代的其他思想家們。舉例來說，在《符號形式之
哲學》（ *Die Philosophie der symbolischen Formen* ）一書中，卡西勒
（Cassirer）捍衛這樣的觀點：對表達現象的理解是原始的，甚至比
對知覺現象的理解或對特定對象的知識還要基本（Cassirer 1957:
63, 65）。根據卡西勒，謝勒最大的成就是展示了類比理論和投射同
感理論二者在現象學上的弱點。這兩個理論均未能認識到表達的維
度是真正的本源現象。但是錯失了表達的現象就是關上了所有通達
內在經驗世界的通道；如此等於切斷了唯一能引導我們進入「你」
（the thou）之領域的橋樑。確實，一如卡西勒接著說道：

> 任何以較高階的功能——不論是智性的或感性的功能——
> 來取代表達的**初階**功能的企圖都只會導致不適當的替代
> 品，絕對無法達成初階功能所要達到的。只有在預設表達
> 的初階經驗層的絕對本源形式的範圍內，這類較高階的功
> 能才是有效的。（Cassirer 1957: 87）

卡西勒要求我們小心任何一種使表達的現象從屬於隨後而來的詮釋
活動的理論。事實上，這樣一種看法正在翻轉資料的順序。當它透
過將知覺改變成僅是感覺內容的複合體，然後透過投射的行為而使
之重新活化時，它首先除掉了知覺（Cassirer 1957: 65）。我們必須
做的是去翻轉探問的順序和方向：

> 不是去問透過什麼樣的邏輯推論或感性投射的過程使物理

> 事物**成為了**精神事物，而是順著知覺回到這一點：知覺不
> 是對事物的知覺，而完全是對表達的知覺，從而，它是內
> 在與外在合而為一的。（Cassirer 1957: 84; 譯文有所更動）

如果我們一開始就否認某些表達和身體的動作就心理學來說是
有意義的，就社會學來說是顯著的，如果我們選擇了麥克庫勞
（McCulloch）所謂的「拒絕行為的心靈主義」（behaviour-rejecting
mentalism）（McCulloch 2003: 94），我們也要面對關於他心問題的
各種不同的說法。一種說法如下：如果行為本身就心理學來說是無
意義的，如果這個說法能從純粹物理分析的觀點來解釋，就像雪花
的掉落或汽車在風中改變方向一樣，那麼，會是什麼激發我們去尋
求行為的心理學解釋呢？如果我們一方面以被觀察到的行為作為基
礎而推論其背後的心靈狀態，另一方面，又求助於背後的心靈狀
態以收集行為的意義，那麼，我們會不會落入循環呢（Malle 2005:
27）？另一種說法會是所謂他人心靈的概念問題。在最初的情況
中，如果我的自我經驗之本性純粹是心靈的，亦即，如果我的身
體行為在我將（某些）心理狀態歸給自己時並不扮演根本的角色，
而我將心靈狀態歸屬於他人卻完全是基於他們身體的行為，那麼，
實際上，保證我們正在將同一類型的狀態歸於自我和他人的將會是
什麼？我們究竟是如何擁有一個同樣適用於不同主體的真實普遍的
心靈概念（Merleau-Ponty 2012: 391; Davison 2001: 207; Avramides
2001: 135, 224）？解決他人心靈的問題較可行的一個策略是拒絕懷
疑論者對被給與者的想法，而不是試圖主張，從明顯的行為到隱蔽
的內在狀態的推論步驟事實上是得到證成的。
　　表達和表達的現象是複雜的主題，更適切的描述需要要求更多

詳細的研究，遠非我在此處所能提供。容我在此再次強調，將這樣的研究限制在或限定在自動的或非意願性的表達，這是錯誤的。就標準的定義來說，表達指的是口語的和非口語的行為，諸如臉部的表情、手勢、身體的姿勢或發出的聲音，透過這些行為，心靈狀態被顯示、呈現或傳達給他人（Niedenthal et al. 2006: 116）。因此，我們不應該忘記許多日常互動涉及為了溝通的目的所使用的意願性表達，以及我們自然表達形式的溝通效果不但可以受惠於風格化、戲劇化或以其他方式的修正，我們的這個表達**和**經驗的全部內容也能夠透過此種慣例的使用而被生動地擴展開來。

當我們轉移研究的焦點，將意願性的和常規的表達包括進來的時候，顯然需要將我們也可能無法適當地表達思想、感受和意圖列為重要因素。但如果，我們獲得成功，我們表露那些狀態，並使其可為他人所通達。無論如何，重要的是，它們將只能為那些擁有必要背景知識的人所通達和理解。從而，即使這類常規的表達的使用可能會允許新的可通達性形式，我們也不再談論基本的或原始的人際理解型態。

截至目前為止應該清楚的是，我並非為任何事物均公開可見或他人是完全透明的宣稱辯護。我並不是論述他人心靈生活的**每一個**面向都是直接地可通達的，而只是論述，根據現象學的提案，我們可以直接地得知他人心靈生活的某些面向，當代關於社會認知的研究應該要嚴肅地看待此提案。如我們所見，如此觀點在行為主義的圈子裡一直以來備受爭議（Jacob 2011: 531）。我不認為這個批評是正確的。再者，我認為這個觀點比批評者所了解的還要分布廣泛。不只來自各種不同傳統的為數不少的哲學家持有類似的觀念（Rudd 2003; Overgaard 2005; Cassam 2007; Green 2007; Newen and Schlicht 2009; Smith 2010; Stout 2010），而且還可將托馬瑟羅的社會認知的三個形式考慮進來。我們能夠裡解他人（1）作為有生命的存有者，（2）作為有意向性的行動者和（3）作為心靈的行動者。依照托馬瑟羅的觀點，這個三分在存有起源上的關聯性是明確的。鑑於嬰兒一出生就能夠區分有生命的存有者和無生命的存有者，從大約九至十二個月起，他們能夠察覺到意向性——即有目的的行為，諸如協同專注（joint attention）、視線跟隨、共享參與和模仿的學習等現象所證明的；他們在大約四至五歲的時候，能覺察或許不同於自己的他人是擁有信念的心靈行動者。依托馬瑟羅，為什麼最後一個階段要花更長得多的時間呢？一方面，他引起我們留意表達行為的不同角色。然而，他人的有生性是直接地表達在他們的行為上，意向性也表現在其行動中，但同時又與兩者有點分離，因為有時可能會不表達或是以不同的方式表達。最後，當要表達思想和信念時，可能會完全缺乏自然的行為表達（Tomasello 1999: 179），這會使其更加困難被理解。現在，我們當然可能會質疑托馬瑟羅對這些術語的選擇（有意向性的行動者和心靈行動者的區分是有問題的，根據這種區分，可能會導致有目的的行動是無心的，以及思想與信念是無意向性的），和質疑他所提出的有關發展的時間架構（例如，比較於 Onishi 和 Baillargeon 2005），但他區分了不同層次的社會理解，包括他聚焦在嬰兒與生俱來的、自動的和前反思的能力如何調整與回應著他人的表達行為（應該包括早期對情緒表達的敏感性），似乎相當可以與我們此處所捍衛的觀點相容。另一方面，托馬瑟羅論述，越是高階的社會認知形式出現得越晚，因為它有賴長期真實生活的社會互動（Tomasello 1999: 198）。為了瞭解其他人對世界有不同於他們自己的信念，小孩必須加入對話，在對

話中，這些不同的觀點變得清楚明白──無論是在不同意、誤解、要求澄清或反思的對話中（Tomasello 1999: 176, 182）。正如沃登菲爾斯（Bernhard Waldenfels）曾經評述：對話的本性是多中心的（polycentric）。當我加入對話的時候，他人對我說話，我因此同時從多重的觀點中體驗到實在。這個同時性的經驗不同於且先於我透過想像採取他人觀點的能力（Waldenfels 1971: 203）。現在看來，托馬瑟羅無疑地是對的，他指出我們對他人的理解是逐步變得更為細緻的，而心靈有部分維度較諸其他維度更為不易通達。再者，在指出這個發展過程的文化和社會維度上，他也是對的。並非某種與生俱來的認知模組自動成熟的結果，將這些較為細緻的社會認知形式視為與日益複雜的社會互動形式一前一後協力發展而成的能力，似乎是合理的。

　　從這些發現得出一個結論是，社會認知以許多不同的形式達到，其中有些在相當早的時候就出現。確實，使用單一種類的機制或過程以試圖解釋有關社會認知的一切，如尼寇斯和司迪奇所做的，有點像試著將圓形的釘子釘入不規則的梯形孔（Nichols 和 Stich 2003: 101）。因此，我們應該小心整體的進路，因為它們傾向於忽略上述理論所不能解釋的那些形式。

　　並不令人驚訝地，已經出現了下述爭辯：是否有可能以一種更為簡約的方式來解釋這些發現中的一些，亦即，以不將任何所謂讀心的能力歸屬於嬰兒的方式。也許嬰兒不是透過推論得知不可觀察的心靈狀態，而只是非常善於解讀行為（behaviour-reading），亦即，他們對可觀察的行為很敏感，且能夠推論這樣的行為（舉例來說，一種讓他預測和預期某種結果的方式）（Apperly 2011: 151）。然而，這個有關嬰兒是否真的在讀心或僅只是在解讀行為的爭論似

乎以下述預設為前提：主體際性、社會理解和以他人為指向的意向性都涉及讀心的某些形式；讀心必然牽涉到有關純粹內部的、私有的狀態，亦即，在有意義的行動和表達的行為中不可見的狀態。有鑑於此一心靈性概念，便有充分的理由使人相信，小孩只能在相對晚期的階段才能精通此一能力。但是，明顯且關鍵的問題是，為什麼我們一開始會想要選擇此一對心靈所採取的狹隘心靈主義式理解呢？一般來說，現象學家對於理解他人和主體際性的問題是採取具身的進路。我們從承認他人的身體以不同於任何其他物理存在物的方式呈現自身，因此，我們對他人身體呈現的知覺也不同於我們對一般物理對象的知覺。

　　顯而易見的是，雅各在表述他對現象學關於移情同感的看法的批評時表示，行為者具意向性的行為或表達的行為可以說「洩漏」了引起行為者動作的意向和情緒（Jacob 2011: 534）。在這個脈絡中，使用「洩漏」這個詞，引起我們應該以玩撲克牌遊戲的印象——當玩家的眼睛抽動時，或許可以說洩漏了他的緊張——作為社會理解的典型例子。我們是否也可以說，躺在手術臺上未被麻醉的病人的尖叫只是行為，必須嚴格地與真正的痛做出區分，雖然前者洩漏了後者，或者媽媽的擁抱洩漏了她的疼愛，雖然前者必須嚴格地區別於後者？工整地將皺眉、親吻、或微笑等現象與其心理的和行為的部分分開，真的有意義嗎？撫摸難道不是疼愛的具身表達，而非僅只是因果效應嗎？我們可能會不遲疑地同意，以疼愛來說，總有比可見的表現更多的東西，並同時主張，保留為完全不可見的疼愛是有點不完整的。

　　我會建議一條較為出人意料的探究路線，帶我們超出解讀行為和讀心的二分法（Sinigaglia 2008），最後免除掉這整個解讀的意

象。走出二分法，改變這個挑戰的本質。決定性的問題不再是如何在可見、但無心的行為和不可見、卻不具身的心靈之間搭橋，而是了解移情同感基於知覺的早期形式和更為細緻的人際理解形式之間的連結。了解這個連結本身可能會提出許多挑戰，但是用心靈哲學的術語來說，這個挑戰將會是有關社會認知的簡單的問題，而不是困難的問題。如梅洛龐蒂所說，如果他人主要被理解為一個在世界中有意向性的舉止——一種意向和理解我們周遭世界的方式，而不是被理解為完全陌異的心理，那麼要解決我如何能了解他人的這個問題，就變得容易太多了（Merleau-Ponty 1964a: 117）。

第十二章
主體性與他者性

在本書的這一部分，我已經論證對於移情同感的檢視可以闡明他我關係，以及在經典的現象學研究之中可以找到的重要洞見。最後，我將提及前述討論跟第一部分的討論主題有關的一些含意，並強調我的分析有一個重要的侷限。

我探究早期現象學對於移情同感的探索的主要目的，並不是要去透過解決「移情同感」這個語詞應該如何被定義與使用，以便為術語上的爭論有所貢獻，而是要指出在這些探索當中可以獲得的一些洞見——與當代關於社會認知的討論相關的洞見。其中包括強調人際理解之多面性、對於我們關於他人心靈有基本感知力的承認，當然也包含了對於我們可以在多大程度上直接親知他人經驗的強調。接受這些觀點，是否就有必要將現有的理論進行大規模的修正？這是有爭議的，但即使這不是必要的，接受這些觀點仍可以激發對於一些經驗性發現的新的、不同的解釋，以及對於什麼應該被當作是社會認知的範例的重新考量。

如今應已變得相當明白的是，我對於以下觀點抱有同情，即詢問「我是誰」這個問題，同時也是在詢問對我而言什麼是重要的，因此「我是誰」這個問題無法獨立於我對自己的理解而得到解決。但是，我不認為這個進路可以單獨地成立；它需要藉由一個對第一

人稱視角有更為公正處理的理論來加以補充。這就是為什麼我之前要論證必須要採取一個比起敘事論者（narrativists）所認可的自我概念還要更為原始與基本的自我概念的原因——這個自我概念是無法透過敘事的結構得到掌握的。同時，我也認為敘事進路必定會遺漏了一個關於「作為他人意味著什麼」的重要向度，而這點可以藉由回到夏普來說明。對夏普來說，屬人的生活是捲入到諸多故事之中的生活；生活中沒有任何部分脫離於故事，並且這樣的故事是唯一能夠通往自己與他人的途徑（Schapp 2004: 123, 126, 136, 160）。更具體地說，他宣稱對他人來說，重要的是他們的故事。與有血有肉的他人的接觸，即具體的面對面接觸，沒有使得故事增添其他重要的意義，也沒有超出敘事的範圍外。實際上，夏普堅信這個隱喻並論證，臉也可以講述故事，並且與他人面對面的相遇，就如同閱讀一本書一樣。當我們認識他的這些故事時，我們才認識他這個人。親身認識或遭遇一個人，只不過是遇到了新的故事，或是證實了舊的故事（Schapp 2004: 105-6）。這個進路可能會遭到一個被稱為是對他者性的馴化（a domestication of otherness）的批評：此進路將他人化約成為可以在敘事之中被掌握的東西；但是從而無法去認識到他人精準地展現了他者性的特徵，而這個他者性抗拒或超出我們套用在他身上的任何敘事。

　　一個顯而易見的問題是，敘事進路的這兩個限制是否有著系統性的關聯？答案似乎很直截了當。為什麼他人具有著一個特定的超越向度的理由，以及為什麼他人是另一個人的理由，正是因為他或她是另外一個有著其自身所擁有的、無法被取代的第一人稱視角的體驗自我。我確實會將對於意識的第一人稱特徵的堅決支持——也就是對於經驗的對我性的堅決支持——加以考慮，這不是要阻止對

於主體際性提出合理解釋，而是這個特徵是任何這類解釋都需要的必要條件。

有一些人宣稱，解決主體際性的問題與避免獨我論威脅的唯一方法是，將自我與他人的差異設想為從某個基礎衍生出來的差異，即從未分化的匿名生命中產生出來的差異。然而，現在應該可以明白地看出來，這個「解決方式」並沒有解決主體際性的問題，而是解消了它。說有一個基本的匿名性是先於自我與他人的任何區別，這混淆了需要被澄清的事情，也就是主體際性是被理解為多個主體性之間的關係。在這個基本匿名性的層面上，沒有所謂的個體化、自我性、差異化、他者性、超越性可言，因此也無主體性與主體際性可言。換句話說，基本匿名性的論點危及的不只是呈現給自我的主體的概念，也危及了不可被化約的他人的概念。因此，強調體驗生活之個體化是固有的與根本的，必須被看作是正確地掌握到自我與他人的關係與差異的先決條件，而不是在妨礙提出令人滿意的主體際性的理論。在古典與近期的移情同感理論中有一個反覆出現的觀點，即移情同感預設了自我與他人之間的分離是被感受到的，移情同感也預設了自我與他人的相異得到保存、而不是被克服或消除。確實如我們所見，對現象學家來說，移情同感是作為一種意向性的形式，它包含了明顯的自我的超越，以及與他人的決然抗衡。在這個推論中的一個基本預設是對於有己論之意識理論的堅信。基於這個理由，任何堅決的非有己論之意識理論——其中也顯然地包含許多佛教中無我的理論——都可能會因為它們無法對於移情同感（並擴及到對於憐憫）提出有說服力的解釋而出錯。以下透過實例來說明，讓我們來比較下列兩段陳述：

覺悟者是完全無私的，是對於所有有情眾生都展現出同等的關愛與憐憫的。但是，如果我的痛苦與你的痛苦之間**存在著**深切的差異——即便只是體驗上的差異，那麼上述說法如何說得通呢？如果我們之間確實存在著深切的差異，我如何能夠將某人的苦難視為就只是**某人的**苦難，而不是我的或是你的苦難？為了使得我對包括我自己在內的所有有情眾生展現出同等的關愛與憐憫這件事具有意義，我們必須假定，作為覺悟者的我將不再把某個人設想為深刻意義下的「我」。我將不再把我自己體驗**為**我自己，而是體驗為匿名的「某人」。（Fink 2012: 295）

因此，同情並非如叔本華與哈特曼（von Hartmann）所斷言的那樣宣告了諸個人在本質上的同一性，而實際上是，同情預設了一個在人跟人之間純粹的、本質性的**區分**……如果如我們先前所見，透過掌握與**他人本身**的同等地位來消除獨我論的錯覺是真正同情之職務，那麼同情就不能在此同時只是昏暗不明地知覺到下列事實而已：我們每個人都並未真實地存在著，而只存在著某個第三方，我們都只是取決於這個第三方的個別函數而已。（Scheler 2008: 65-6; 譯文有所修改）

從前面的討論可以很清楚地看出為什麼我會在這一點上支持謝勒。自我性與移情同感之間的關聯性——以及對於移情同感的現象學解釋中的一個核心原則的良好表述——可以在謝勒另一段引文中找到；順帶一提，胡塞爾、史坦茵與舒茲都可以沒有任何疑慮地接受這點。

我們無法不在覺察到自己的狀況下覺察到某個經驗，這件事是直接地基於個人與經驗之間能夠直觀到的本有聯繫。……由此得出的必然結果是，其他人——就像我們自己一樣——擁有無法被給與我們的、絕對專屬個人的私有領域。但是，**在**諸表達現象中，給與我們的是有「諸多經驗」在那裡發生著——這給與不是經由推理，而是直接地作為一種原初的「知覺」。正是**在**臉紅中，我們知覺到羞愧；**在**大笑中，我們知覺到愉悅。說「我們的唯一的初步資料是身體」，這是完全錯誤的說法。這僅僅對醫生或是科學家才是如此，也就是說，只有對**人為地**從具表達現象抽離開的人才是如此，而這些表達現象有著完全原初的被給與性。（Scheler 2008: 9-10）

如我在第 10.1 章中扼要提及的，在現象學中，將表達性與移情同感當作焦點並非毫無爭議。例如，在海德格的觀點中，就可以找到強烈的保留意見；他認為，如果一個人試圖在移情同感的基礎上來理解主體際性，就會對自我的本性有著嚴重的誤解：

如果這個詞（移情同感）要保留住意義，那麼也只會是基於這個預設：「我」在一開始是在自我領域中，然後必須進入另一個自我的領域中。這個「我」並不是突破自我領域而出，……因為它本來就是在外面的，它也並不會突入另一個自我的領域，因為它已經在外面與他人相遇了。（Heidegger 2001: 145）

根據對這個概念的如此理解，移情同感的概念被引入，是為了要

解釋一個（孤立的）主體如何能夠相遇與理解其他（孤立的）主體。即使移情同感的進路不會與類比論證犯下相同的錯誤，即使這個進路可以擺脫任何投射主義者的傾向，它仍然會誤解主體際性的本性，因為它將主體際性的最重要特點當成是個體之間的顯題化的相遇；在這顯題化相遇之中，人試圖去掌握他人的內在經驗與情緒（這個含義在德語詞 *Einfühlung* 中尤其明顯）。正如海德格指出，這種顯題地把握他人經驗的嘗試，只是例外，並不是規則。在一般情境下，我們透過共享參與在共同世界中，就足以好好理解彼此。事實上，作為在世存有，我們是不斷地依賴著他人，並且與他們的共存是被共同蘊含於我們的日常活動當中。海德格甚至主張，此在（Dasein）是以同樣本源的方式同時與世內物共存（*Sein bei*），以及與其他此在共在（*Mitsein*），且這一點在存有論上是必然的（Heidegger 1975: 394）；此外，不論他人是否事實上在場，這都是真的。正如具有影響力的現象學精神病學家賓斯萬格（Ludwig Binswanger）隨後指出的：

> 藉由展現這個存有論的聯繫，海德格已經使得論述移情同感問題、知覺陌異者本身的問題、「陌異自我的構成」問題等等的圖書館內收藏的論著全都變得過時了，因為後者想要證明與解釋的東西已經在證明與解釋中先行預設了；這個預設本身無法被解釋，也無法被證明，而只能在存有學─現象學上「開顯出來」。（Binswanger 1953: 66）

顧爾維奇對此有相似的保留意見。他樂於承認表達現象的重要性，但他批評謝勒的進路過於片面，然後顧爾維奇論證道，若是我們希望了解是什麼使得我們將其他人當作人來相遇，那麼表達現象之

領域既不是唯一要考慮的，也不是主要被考慮的維度（Gurwitsch 1979: 33）。在他的觀點下，我們主要且通常不會將他人作為認知的顯題化對象來與其相遇；反而是，我們在我們的日常生活世界中與他們相遇，或者更準確地來說，我們在世間情境中與他人相遇，而且我們彼此共處與彼此理解的方式，就其意義而言是被切身情境共同決定的（Gurwitsch 1979: 35-6, 95, 106）。舉例來說，顧爾維奇分析了兩個工人正在鋪路的情境。在這個工作情境中，一個工人放下石頭時，另一個工人就將石頭敲入定位。每一個工人在他的活動與舉動中都關係著他人。當一個工人理解另一個工人時，這個理解不蘊涵對於隱藏的心靈事件的掌握。在此沒有他心問題；沒有一個孤立的自我要如何聯繫到另一個孤立自我的問題。毋寧是，這兩個工人在共同情境下藉由他們各自扮演的角色來理解彼此（Gurwitsch 1979: 104, 108, 112）。

　　海德格與顧爾維奇都強調主體際的理解是鑲嵌在社會與文化中的。然而，目前還不清楚為什麼人們不能承認——例如，像舒茲一樣——我們對於他人典型的理解是脈絡性的，還仍然堅持著移情同感的相關性與面對面相遇的重要性。再者，致力於移情同感問題的現象學家並不認為移情同感是一個人試圖闖入另一個人內在領域的過程，也沒有將其視為兩個本質上封閉的內部空間之間建立聯繫的過程。反倒是史坦茵與胡塞爾皆強調了這點：當我同感地理解他人時，他人並不是作為一個經驗的純粹核心被給與我，而是作為意向性的中心，作為我也寓居其中的世界的一個不同視角而給與我。這並不是將他人作為孤立的對象，而是他的意向性將會吸引我，並使我協同專注於他所意向的世間對象。如梅洛龐蒂所說：「我的視線落在一個展現出行為的活生生的身體上，並且環繞著該身體的

對象立刻就接收到一層新的意義：那些對象不再只是我能操作的對象，它們也是這個行為將要去操作的對象。」（Merleau-Ponty 2012: 369）與此同時，海德格自己的進路似乎面臨了一些重要的限制。如同沙特早先指出的，去淡化或忽略面對面的相遇，以及去強調在多大程度上我們日常與他人相關的相互共在（our everyday being-with-one-another），二者是具有匿名性與可替代性的特徵——如海德格所說，他人就是那群某人與之共存、卻「大部分情況**不把自身與之區分**」的人（Heidegger 1986: 118），此乃是忽略主體際性中真正重要的問題與核心：與極端他者性的相遇與對抗。[1]同樣的批評可以應用在海德格所說「此在本質上具有共在的（being-with）特徵」這個宣稱上，因為這錯誤地將我們與他人的原初關係詮釋成一個間接模糊的相互依存性，而不是作為「正面的對立」（frontal opposition）（Sartre 2003: 270）。根據沙特的觀點，任何關於主體際性的有說服力的理論，都必須尊重自我與他人之間不可消除的差異，必須尊重他人的**超越性**。據沙特所言，任何透過強調自我與他人之間的相似性、無差別性與先行的交互聯繫來連結自我與他人的嘗試，都會一直處在一種最終會無法與獨我論區別開的一元論的危險之中。

　　但是沙特的批評並不止於此。雖然現象學的移情同感理論家們認為，其中一個決定性任務是對移情同感的具體意向性結構進行分析，以及探討在多大的程度上有可能以保持他人的超越性與他者性的方式來經驗他人，但是沙特認為這個路線是被誤導的，反而提議要反轉探究方向。根據沙特，區分我所知覺到的他人與知覺到我

---

[1]　更多關於沙特對於海德格的批評，參見 Zahavi（1996）。

的他人是非常重要的；也就是說，作為對象的他人與作為主體的他人的區分是重要的。與另一個人相遇的真正獨特之處在於，我遇到了一個能夠去知覺到且將**我**對象化的另一個人；這個他人恰就是我在他或她的面前作為對象出現的人。因此，比起聚焦在他人作為移情同感的特有對象，沙特要主張的是，在作為他人的對象的經驗之中，可以找到更本源和本真的主體際性關係；只有在這個方式上，他人才可以完全或純粹的作為主體呈現。因此，他人本身最本源的呈現在場，就是他或她作為「看著我的那個人」呈現在場（Sartre 2003: 293; 比較於 2003: 280, 294）。

沙特強調他人的他異性與超越性的觀點，後來被列維納斯更加極端化；列維納斯也將主體際性的問題視為主要是與極端的他者性相遇的問題。他明確地否定任何形式的意向性（包括移情同感）能夠促成這種相遇。對列維納斯來說，意向性是一個對象化的過程，並且要透過化約他人為其所不是之物——即對象（object），才能讓我們與他人相遇。因此，列維納斯論證道，與他人的真正相遇是無法被概念化或是分類的相遇。「如果一個人可以擁有、掌握和瞭解他人，那後者就不會是他人。」（Levinas 1987: 90）這是一種無法言喻、極端外部性的相遇。他人不受我的能力範圍內的任何事物所限制，而是僅僅從外部作為一種顯靈式的造訪或啟示、獨立於所有系統、脈絡與視域來提供自身（Levinas 1979: 65）。在採取這個特別的步驟時，列維納斯進一步論證說，與他人本真的相遇，不是知覺或是知識論上的，而是本質上**倫理的**（Levinas 1979: 47）。

沙特與列維納斯的主體際性理論並不是沒有受到挑戰。一個常見的反對意見是，我永遠不是跟孤立的他人相遇，而是總是在脈絡當中與他人相遇。我是在一個有著開始與方向的歷史情境框架中與

他人相遇。再者，沙特在刻畫我們與他人相遇時對於對抗性的過度
強調——一個人不是將他人對象化，就是被他人對象化——也經常
受到批評（參見 Zahavi 2002）。但是，雖然沙特與列維納斯都被認
為是忽略了人際共存的某些特徵，但我也認為他們成功地凸顯了一
些我們與他人相遇時的重要事情。這是一個不只是在海德格的理論
中缺乏的特徵，那些試圖去透過投射與模仿來解釋人際理解的理論
大多也都忽視了這點，並且，最重要的是，在這個脈絡下，我先前
對於移情同感的探究也沒有充分地考量到這一點。主體際性是主體
之間的關係；是一個主體－主體的關係。但我的關連到作為主體的
他人，即是我的關連到某個帶有他或她自身的第一人稱視角的人。
當我們與作為進行體驗活動的主體之他人相遇時，我們即是與真
正的他人本身相遇，而這表示這些主體不只從某個視角看待對象世
界，也從某個視角看待我們。

　　這就是先前所談到有所保留的地方。以舒茲對單邊與交互汝向
態度的區別來看，先前討論主要聚焦於前者，而對前者而言，對於
他人的同感理解並沒有與他人有任何形式的交互來往。但這必定錯
過了某些他我關係中重要的事情。引用佛里斯（Chris Frith）的話：

> 當我們面對面彼此相遇時，溝通不是一個從我至你的單向
> 過程。你回應我的方式會改變我回應你的方式。這是一個
> 溝通的循環。……這和我跟物理世界的互動有著很大的不
> 同。物理世界對我去詮釋它的任何嘗試都是完全漠然的。
> 但當兩個人面對面互動時，他們之間意義的交換是一種
> 合作事業。這個流動永遠不會只是單向的。（Frith 2007:
> 175）

因此，我們應該要認識到，發展完整之關於主體際性與社會生活的現象學，不會只包含能用對於移情同感的分析來處理的那些主題。然而，這是所有現象學家都認可的（Zahavi 2001），而且先前的探究並沒有意圖要成就一個關於主體際性的全面性現象學理論。毋寧說，我對移情同感的聚焦是被另外三個考量所驅使的。第一，我想要去證明體驗自我的主張，並沒有蘊含著否定直接親知他人體驗生活的可能性；且這也沒有蘊含著對於社會理解之高度中介的推論主義之堅信。恰恰相反地，事實上，我已經指出體驗生活之固有的與根本的第一人稱特徵，是正確了解對他人之經驗所具有之獨特性的先決條件。第二，藉由聚焦在移情同感上，可以有建設性地參與到對於社會認知的當代討論當中，以表明在現象學傳統中發現的見解如何豐富這個討論與如何對這個討論有著貢獻（反之亦然）。第三，或許是最重要的，雖然聚焦在移情同感上，可能會在與他人的顯題化相遇並沒有窮盡主體際性的角色與貢獻的意義下而受到侷限，但是這是接下來所要開展的討論的必要跳板，我們接下來將探討一種涉及疊代同感（iterative empathy）、並經由社會來媒介的特別形式之自我（經驗）。換句話說，將重點放在與他人顯題的面對面相遇為第三部分鋪了路；第三部分將自我作為社會對象進行了一些分析。雖然不可能對於這個廣泛的主題做出全面性的探究，但是接下來的探究將會強調自我的人際維度（雖然它是在構成上依賴於他人，同時又使我們超越了體驗自我，但仍必要與敘事地延展的自我區分開來），並且這些探究也對更具交互形式的自我與他人之相互依賴關係做出了結論式的評論。

第三部分

人際自我

第十三章
作為社會對象的自我

13.1 神經科學的複雜因素

讓我從第一章曾觸及的一個主題來開始我的探究的最後一部分。正如我當時所指出的，對於自我的探索不再只是哲學家的特權。來自神經科學等眾多不同的經驗學科領域的研究者目前也正在研究自我的發展、結構、功能與病理學。毫不意外地，對於自我進行神經科學研究的既定目標之一，是去辨識與定位它關聯到哪些神經區域。在〈自我是特別的嗎？對實驗心理學與認知神經科學證據的批判性回顧〉（Is Self-Special? A Critical Review of Evidence from Experimental Psychology and Cognitive Neuroscience）一文之中，吉里漢（Gillihan）與法拉（Farah）這兩位神經科學家討論了神經科學最近提供的諸多不同建議。他們的結論有點令人沮喪，因為過去許多不同的研究者提供的理論所指向的是大腦的不同區域（Gillihan and Farah 2005）。

什麼可以解釋在這裡缺乏共識的原因？在第一部分討論中的一個結果是，對自我的滿意描述必須要認識到自我的多面向的特性。自我是一個多維度且複雜的現象，如果我們要為它的複雜性做出公正的探究，就必須整合各種互補的解釋。在這種情況下，考慮到當

前理論的辯論中對自我之多樣的互補與相競概念的共存，如果沒有
同時辨明自己在操作哪個自我概念，以及辨明為何自己將這個概
念、而非那個概念做為出發點，那麼討論自我關聯到什麼神經區域
就沒有多大的意義。的確，吉里漢與法拉的記錄之所以缺乏共識的
一個可能理由正是不同的實驗者操作著不同的自我概念；另一個理
由則是人們對自己所使用的自我概念經常缺乏明確的討論與澄清。
引用克萊因的話來看，確實「大多數的研究者藉由讀者多年來對於
『自我』這個詞的熟稔來迴避這些困難，從而讓讀者對於明白作者
所指涉者有著信心（在我看來，這是錯誤的）」（Klein 2010: 173）。
然而，所使用概念的不明確將會導致問題的不明確，因此也使得應
去回答這些問題的實驗設計變得不明確。在接下來的討論中，讓我
透過仔細考察關於臉部自我辨識的神經科學研究來例示與證實這個
結論。驅使我選擇這個議題的動機，不只是在於它可以清楚展現研
究自我時跨領域合作的需要，也將引導我們進入第三部分的主要議
題：一個社會地中介的與構成的自我（經驗）。更具體的說，我將
會論證臉部自我辨識中所例示的自我經驗並不是如通常那樣被認為
是缺乏社會性的。

13.2 臉部自我辨識與鏡像

在如〈自我在大腦的何處？〉（Where in the Brain Is the
Self?）、〈我在哪裡？自我與他人的神經學關聯〉（Where Am I? The
Neurological Correlates of Self and Other），以及《鏡中的臉孔：我
們如何知道我們是誰》（*The Face in the Mirror: How We Know Who
We Are*）等文章與書籍當中，吉南（Keenan）與其同事們對於自我

所處的腦神經位置的探尋促成了關於臉部辨識的研究。典型的假設
是，如果一個人辨識出自己的臉時，大腦中某些區域會表現出更為
顯著的活動（相較於一個人辨識出其他熟悉臉孔時的活動來說），
那麼大腦中的相應區域——或至少是其核心部分——必定會構成自
我的神經關聯。吉南報導中的一個不斷出現的發現是，右前腦側的
活動於自我的臉部辨識中，相較於熟悉臉孔的辨識，其活動量高
出兩倍以上（Feinberg and Keenan 2005: 673），而吉南宣稱這個經
驗證據為他所謂的「自我覺察的右半球模型」（the right hemisphere
model of self-awareness）提供了支持（Platek et al. 2004: 119）。在
閱讀這些不同的文獻時，人們會立即對於在這些討論中，幾乎完
全缺少對自我與自我覺察二者給出實際可運作的定義而感到震驚。
於《鏡中的臉孔：我們如何知道我們是誰》一書中，儘管可能有一
個定義已經得到承認，而這個定義主張的是，自我覺察等同於高階
意識與後設認知（Keenan et al. 2003: xi, xx, 54, 57）。但是，該書同
時也有陳述說，意識可以視為是自我覺察的同義詞（Keenan et al.
2003: xix, xxi）。稍後我們將看到，這些定義遠非是無害的。

　　一個首先要問的問題是，為什麼自我臉部的辨識如此重要？
為什麼它應該會告訴我們關於自我的一些重要訊息？不難看出，吉
南對於臉部自我辨識的研究受惠於一個在發展心理學與比較心理學
當中較老、但仍有影響力的範例，即是讓孩童、黑猩猩、大象、海
豚與喜鵲等接受鏡像自我辨識測驗，藉以測試自我覺察的存在。確
實，吉南也明確承認他承蒙這個範例的幫助，他指出蓋洛普的經典
著作，尤其是在 1970 與 1982 年發表的文章，為他提供了理論框架
（Platek et al. 2004: 114）。

　　在蓋洛普的著名實驗中，已與鏡子相處十天、從而熟悉了鏡

子的反射性質的黑猩猩被注射鎮靜劑後，於其無意識狀態下，在牠其中一個眉毛的上部與另一邊的耳朵標記了無味的染料。黑猩猩回到籠中並完全恢復之後，被觀察三十分鐘，以檢視牠們是否有任何自發性地去觸摸被標記處的行為。接著重新放入鏡子，再來觀察牠們針對標記所進行的行為。蓋洛普的調查顯示，麻醉後沒有引入鏡子的期間與麻醉後有引入鏡子的期間相比，黑猩猩針對標記所進行的行為之發生次數自一次提升到四至十次（Gallup 1970）。根據蓋洛普的解釋，通過鏡像標記測試就證明了能對鏡像進行自我辨識，因此也為概念上的自我覺察之出現提供了經驗性與可行的證據（Gallup 1977: 337）。更具體的說，對蓋洛普而言，能成功通過鏡中自我辨識測試並成功地將鏡中反射成像的來源解釋為自己的先決條件是，所論及的生物具有著「自我概念」（Gallup 1970:87）。

以蓋洛普的觀點來看，鏡像自我辨識證明了觀察者與被觀察者的完美相符。如他所言：「鏡像刺激的獨特特徵是觀察者的身分與他在鏡中的反射成像必然是同一個。」（Gallup 1977: 334）因此，在蓋洛普理論中，強調鏡像的曝露並無法引起自我意識這點是很重要的。反而是，能正確地**推論**出觀察者與其映像的同一性之能力預設了進行觀察的生物已經擁有一種自我同一感。正如蓋洛普所說，鏡子只不過是用來表明進行觀察的生物已經知道的東西的一種手段。

蓋洛普不只強調鏡像自我辨識與自我覺察之間的關係，他還將通過鏡像測試視為是否擁有意識的試金石。於〈靈長類中的自我覺察與心靈突現〉（Self-Awareness and the Emergence of Mind in Primates）一文中，蓋洛普宣稱意識是雙向的（bidirectional）；它既允許個人向外注意世界中的事物，也允許個人向內注意與監視自己

擁有的心靈狀態。在此範圍內，意識涵蓋且包含了覺察與自我覺察（Gallup 1982: 242）。這個說法進一步地在〈我們之外的物種存在著心靈嗎？〉（Do Minds Exist in Species Other than Our Own?）一文中發展，蓋洛普主張，有意識的經驗必然預設了自我覺察，並且缺乏監測自身心靈狀態能力的生物也會缺乏有意識的心靈。一個人要不是覺察到自己有所覺察，要不就是沒有覺察到自己有所覺察，而後者等同於處於無意識（Gallup 1985: 638）。根據這個推論，蓋洛普得出以下結論：雖然大部分的生物行為**彷彿**是有意識與心靈的，但是在有能力通過鏡像測試所佐證的自我覺察出現之前，他們是沒有心靈的。他們缺乏有意識的經驗，只具有無意識的感覺、疼痛等等（Gallup 1982: 242; 1985: 638）。有些人可能會反對說，缺乏支持自我覺察的證據不能就證明沒有自我覺察，但是蓋洛普很快地就透過論證同樣的邏輯也適用在聖誕老人與牙仙子來嘲笑這種擔憂（Gallup 1985: 632）。

蓋洛普的想法很顯然地跟正在進行的心靈理論之辯論有關。這點也展現在蓋洛普指出心靈的擁有（與監測自己心靈狀態的能力）關聯於推斷與歸屬心靈狀態於他人的能力的著作段落中。他宣稱，將心靈狀態歸屬於他人的能力預設了那個做出這種歸屬的個體有著能夠監測這些狀態的能力（對於他人的經驗在此程度上依賴於反思的自我經驗）（Gallup 1982: 243），並且他據此主張，我們可以將前者的出現作為後者出現的證據（Gallup 1985: 634）。

雖然吉南並沒有明確支持這種觀點，但他自己的定義似乎是指向了同一個方向。他已先用反思的後設認知來定義自我覺察，並且也已表明意識是這種自我覺察的同義詞；他由此結論出，沒有能力進行這種反思的後設認知的生物是沒有意識的。據此，吉南的初步

定義使他支持了一個有爭議的意識的高階表象理論，而根據這個理論，一個生物只有在能夠反思自己心靈狀態的情況下，才能夠有著有意識的經驗。

　　或許吉南會避開這種觀點。至少這個觀點所蘊含的諸多主張並不是他有明確推斷出來與支持的。所以，讓我們回到他的核心主張。吉南不斷宣稱，通過鏡像自我辨識測試的能力就展現了自我覺察的能力。但是這個相關性應該要有多強？毫無疑問他選擇了一個很強的主張，這也符合蓋洛普在此問題上的看法。這就是為什麼吉南宣稱，鏡像自我測試的通過與自我覺察的各個指標都高度相關，並且缺乏鏡像自我辨識也關聯於缺乏其他的自我覺察行為（Keenan et al. 2003: 22）。[1] 但是，仍不清楚吉南自己的研究發現是否真的支持了這些說法。以他也討論過的、有著以「鏡像徵象」（mirror

---

1　順帶一提，吉南認為自己的說法與像是拜倫—柯恩、弗里斯和哈普等研究自閉症之研究者的心靈理論進路相符，而且他明確寫道，經驗研究的發現表明有著自閉症的個人是缺乏自我覺察的（Keenan et al. 2003: 209）。為了支持這點，吉南提到了一個較早期的研究，這個研究指出自閉症的兒童難以通過鏡像測試（Spiker and Ricks 1984）。事實上，該研究確實報告在接受檢查的兒童中，有 69% 表現出鏡像自我辨識的證據，而在 1984 年的另一個研究中的結論是：「自閉症兒童並沒有在自我辨識上表現出特定缺陷。研究中的大多數的自閉症兒童，即使是在較小的年紀，在鏡像測驗中也表現出對自我辨識的明確證據。」（Dawson and McKissick 1984: 392）在一個近期的關於自閉症兒童通過鏡像自我辨識測驗之能力的研究中，也得出了相似的結論（Reddy et al. 2010）。但是，讓震驚的是——我也很快會回頭說到這點，通過鏡像測試的自閉症兒童在情感表達上往往是中性的，並且很少表達出對於一般兒童來說典型的羞怯或尷尬跡象。如霍柏森（Peter Hobson）所述，他們似乎缺乏將自己視為他人評價的潛在對象的感知。事實上，他們去除紅色標記（或是黃色貼紙）的動作似乎並不是由擔心別人會如何看待他們而引起的（Hobson 1990: 174; 2002: 89; Hobson et al. 2006: 42）。

sign）聞名的妄想性錯認症（delusional misidentification）的人們為例。受這種症狀困擾的人們，雖然通常保留著在鏡中識別他人的能力，但是他們會錯認鏡中的他們自己（Postal 2005）。因此，他們無法通過鏡像自我辨識的測試，且這個失去通過鏡像測試能力的理由是與自我辨識的問題特別相關的，而不只是由於某種形式的臉盲症才失去能力。如果認真對待吉南的理論，那麼上述這些無法通過鏡像測試的人，也會缺乏自我覺察與自我反思的能力，但顯然並非如此。

　　更重要的是，要對於「我們辨識自己臉部的視覺表徵之能力應該構成了一種特別核心或基本形式的自我覺察」這個觀點提出一般性的反對意見並不是很困難。雖然臉部自我辨識可能證明了存在某個形式的自我覺察，但是不能識別自己的臉，肯定沒有證明所有形式的自我覺察都不存在。換句話說，對臉部自我辨識的缺乏可能和其他（較不複雜的）自我覺察形式的存在是完全相容的。確實，在我看來，蓋洛普與吉南對於鏡像測試的解釋所面臨的一個決定性的問題是，他們兩個對於自我經驗都抱持著一個過於狹隘與受限的定義，因此低估了它真正的複雜性與多變性。他們沒有考慮到現象意識可能涉及到一個弱義的自我意識，而這個弱義的自我意識指的是擁有經驗的主體會對自身某物有所感受，也就是說，現象意識的第一人稱特性就等於是一個低階形式的自我意識（比對第二章）。不僅如此，在我們要將經驗——即具有現象特性的心靈事件——歸屬於嬰兒和所有無法通過鏡像自我辨識測驗的動物時，蓋洛普所做的明確結論有著戲劇性的（且非常反直覺的）涵義。在高階表象理論的某個特定解釋中，蓋洛普的觀點可能是可以理解的，但是他從未提供支持這些觀點的理論論證，並且意識的高階表象理論在近

年來受到愈來愈多批評（Zahavi 2004a, 2005; Kriegel and Williford 2006）。再者，蓋洛普與吉南二者似乎都忽略了嬰兒可能在有能力通過任何鏡像自我辨識的測驗之前，就已經感覺到自己的身體是有組織的、嵌入環境中的存在物，並因此在知覺與行動中有著自己是具有身體的早期感覺。所以，正如許多發展心理學家已經指出的，從出生不久後，嬰兒們就已經區辨出了「與自我有關者」和「與跟他們互動的他人有關者」（Rochat 2001: 30-1, 41）。一個明顯的問題是：如果我們並未已經擁有對於我們**自己的**身體動作與姿勢的本體感，那麼我們是否有能力識別出自己的鏡像（因為鏡像可能是取決於是否偵測到在我們自己的身體動作與鏡像的動作之間跨越模態的相符合和時間上的關聯性）？如果一個人缺乏身體上的自我覺察，是否會更難在鏡像中認出自己？甚至有些人宣稱，這種身體上的自我覺察構成了能夠認出鏡中自我的基本必要條件。例如，米契爾認為，只需要對於個人自身身體的動覺（主觀的自我覺察）、將動覺與視覺對應起來的能力，以及對於鏡像對應性的理解，就能通過鏡像自我辨識（Mitchell 1997a: 31; 1997b: 41）。洛夫蘭（Katherine Loveland）同樣認為，了解反射表面的性質可能比任何對於自我性的了解都更為關係著鏡像自我辨識（Loveland 1986）。如果是這樣，那麼顯然地會使得蓋洛普與吉南對於鏡像自我辨識需要內省能力的宣稱無效。然而，他們的宣稱無論如何都還是可疑的，因為正如米契爾所評論，目前還不清楚一個生物在鏡子中認出自己時會是注意到什麼樣的心靈狀態（Mitchell 1997a: 23）。最後，關於以針對標記之行為作為鏡像自我辨識的證據的宣稱，也並非沒有爭議。有一些孩童會在目睹他們母親鼻子上的標記之後觸摸自己的鼻子，這一事實表明通過鏡像測試可能只是假陽性的表現（Mitchell 1993:

304）。

　　在這所有的討論並不是要說鏡像自我辨識毫不重要。問題是在於，是否吉南與在他之前的蓋洛普已經瞭解到它的真正意義。如先前所述，蓋洛普以鏡像自我辨識來證明觀察者與被觀察者之間的完美對應。如他所說：「鏡像刺激的獨特特徵是觀察者的身分與他在鏡子中的反射成像必然是同一個。」（Gallup 1977: 334）此外，他也一再強調社會性的回應（social responsiveness）與自我指向的鏡像行為之間的區別，並宣稱在辨識到自己的鏡像時，個人停止對自己的鏡像進行社會性的回應（Gallup 1970: 86）。但這是否真的是對的呢？

　　令人震驚的是，對蓋洛普來說，鏡像自我辨識是如此單一向度的。生物要不是有能力，要不就是沒有能力去完成這個任務。從未有過嘗試要進一步去區分我們所發現有能力通過此測試的那些生物，他們所具有的鏡像經驗有何不同；也就是說，以蓋洛普的觀點，人類所經驗的鏡像自我經驗與黑猩猩所經驗的鏡像自我經驗之間沒有顯著的差異。但是從發展的角度來看，我們不應該忽視鏡像自我經驗並不是一個高潮頂點，而是連續的、多層次的經驗（O'Neill 1989: 70; Rochat 2003）。事實上，特別重要的是要認識到嬰兒對於鏡子的行為與情感表達的反應歷經了顯著與引人注目的改變（Amsterdam 1968, 1972; Tomasello 1999）。安斯特丹（Beulah Amsterdam）的經典研究指出，嬰兒在三到二十四個月大之間展現了三個主要的發展階段。第一階段的特徵是對於鏡像的社交行為。介於三至十二個月的嬰兒傾向將他的鏡像視為是玩伴。在超過百分之八十五的受測嬰兒身上，皆發現了這樣的行為。大約十三個月大時，第二個階段開始。在此階段，有百分之九十的嬰兒在退縮

行為上有顯著的增加：嬰兒會哭泣、躲避、避免注視鏡子。到這時期即將結束時，大約二十個月大的時候，安斯特丹指出，有百分之七十五的孩童開始在面對鏡子時出現尷尬與羞怯的跡象。最終，在第二年末，第三個階段開始，而於此階段孩童可以通過鏡像自我辨識測試。這些變化揭示了在兒童發展的早期階段中，認知發展與情感發展的複雜交互作用（Amsterdam and Levitt 1980）。為了充分理解與評價鏡像自我經驗的重要性與其意義，這些變化必須被加以說明。

　　為了開始發掘鏡像自我經驗的複雜本性，讓我回到我在第六章提過的梅洛龐蒂的長篇論文〈兒童與他人的關係〉。正如我們當時看到的，梅洛龐蒂認為，要恰當的解決我們如何與他人建立聯繫與理解他人的問題，就必須重新定義心理與身體的傳統概念。在這個脈絡下，他開始分析鏡像自我經驗，並且論證，鏡子（與其他能反射的平面）為孩童提供了他自己的身體的視覺呈現，而這與他自己能夠獲得的自己身體的視覺呈現截然不同（Merleau-Ponty 1964a: 125）。因此，鏡像並不只是提供了多餘的訊息，它不是單單複製了已經掌握的知識。直到見到鏡子之前，孩童從未看過自己的臉或是整個身體的視覺完形。鏡子不只讓孩童可以知覺到自己的臉部特徵，也提供孩童一個相較於從內感受、本體感、外感受等來源所獲知者而言，對於她自己身體統一性的不同的理解（Merleau-Ponty 1964a: 119, 126）。梅洛龐蒂一開始以對象化的語詞來討論身體的這種新的、統一化的顯現（Merleau- Ponty 1964a: 119），並描述了孩童透過自己的鏡像來與自己相遇，是如何讓他可以藉由將她的身體呈現為有清楚輪廓的對象，而來覺察到他自己的孤立（insularity）與分離（separation）（Merleau-Ponty 1964a: 119）。接下來，梅洛龐

蒂對這個對象化進行了更仔細的研究。孩童要辨識這個鏡像是她自己的鏡像，孩童就要變成她自己的觀察者。這樣做所採納的對己視角或觀點是等同於他人能夠對他所採取的視角或觀點。這是認識到個人不只是對他自己可見，對其他人也可見（Merleau-Ponty 1964a: 136）──而在這裡可能有必要比梅洛龐蒂更為小心地區分出幾個發展步驟來。簡言之，鏡像可以允許孩童以如同她被他人觀看的方式來觀看自己，並有可能讓她清楚地了解到，她是以她在鏡中看見的那個相同的視覺樣貌來呈現給他人。梅洛龐蒂寫道：

> 影像在使得關於自我的知識成為可能的同時，也使一種陌異化成為可能。我不再是我直接所感受的自己；我乃是鏡子所給出的那個自我影像。用拉岡（Lacan）的話來說，我被我的空間影像「捕獲」。於是，我離開了我所親歷的**我**的實在性，以便不斷地將我自己交託給那理想的、虛構的或是想像的**我**，而鏡像是對於後者的最初勾勒。我在這個意義下從我自己中被撕裂出來，鏡子裡的影像使我準備好去進行另一個更嚴重的陌異化，這將會是由他人造成的陌異化。對於他人而言，他們只有我的外部影像，而這類似於在鏡中看到的我的影像。因此，比起鏡子，他人將會更加肯定地，把我與我直接的內在（immediate inwardness）分離開來。（Merleau-Ponty 1964a: 136）

讓我試著來揭示這個想法。梅洛龐蒂的中心主張是，鏡像的自我經驗例示了一種令人煩惱的自我知識形式。在鏡子中認出自己不只是蘊含將在這裡被感受到的我與在那裡被知覺到的我辨識為同一；而更重要的是，它還包含著一種恍然大悟地、又令人不安地的理解，

即理解到那個被感受到的我有一個可以被他人所見到的外部維度（Merleau-Ponty 1964a: 129, 140）。簡言之，鏡像自我經驗所造成的決定性與令人不安的衝擊，並非是我成功地將鏡像辨識為自己，而是關鍵地我理解到我是存在於一個主體際的空間之中。我在其中現身，並對他人是可見的。考量我在鏡中所看到的臉孔也是我與他人互動時他們所看到的臉孔。確實，人們之所以花如此多的時間在鏡子之前整理形象，其中一個理由就是因為人臉的高社會價值。當我在鏡子之中看到自己時，我是如同他人看我一樣地看著我自己。我面對的是我向別人展現的外表。事實上，不僅我是如同他人看我一樣地看著我自己，我彷彿也是個他人一樣地來看待自己；也就是說，我正對自己採取一個陌異化的觀點。[2] 鏡像自我經驗的神秘和不可思議的特性正是由於這種自我與他人的混合。我在鏡子裡看到的是我，但我所看到的我並沒有我從直接經驗中所知道的我中所具有的那種熟悉性和直接性。我在鏡子裡看到的那個我是遙遠的卻又親近的；它既被感受為他人，也被感受為我自己。如羅夏所言：「審視著鏡中的自己，並辨識到這是『我』（"Me"）在那裡，這是一種『脫離身體的經驗』（"out-of-the-body experience"）。」（Rochat 2010: 334）即使鏡像可能看起來像任何他人，它仍然保留其與我牢不可破的連結。我無法擺脫這種外部性，因為每當我照鏡子時，它都會出現。對於為什麼嬰兒在面對她的鏡面形象時，最初的快樂會被警惕和尷尬所取代的，其中一個解釋是因為這突現的是一種更為複雜和更加矛盾的、有著熟悉與疏離的奇怪組合的自我經驗形式。

2　值得注意的是，胡塞爾與史坦茵都宣稱對我們自己的鏡像的辨識必須以移情同感為前提（Husserl 1952: 148; 1973b: 509; Stein 2008: 71）。

　　為辯護這個主張，還需要更多討論。尤其必須考慮能成功通過鏡像自我辨識的人類與非人類動物之間的關係。但是，這兩者並不清楚是否可被相提並論，而且也不清楚黑猩猩或喜鵲的鏡像自我辨識是否對應到通過此測試的小孩所展現出來的認知與情感上的自我意識（Rochat and Zahavi 2011）。就目前而言，我想要否認的只是，對於自己臉部的視覺表徵的辨識是自我意識的一種典範性的、基本的示例，而且我也想要否認，對於兒童而言，這樣的辨識如經常被說成的那樣是在社會與文化上內容貧乏的。對於自己鏡像的辨識，並非等同於一種原始與基本類型的自我經驗，也並非只是單單確認已經存在的自我同一，而是一種跨越了距離與分隔而發生的、經中介的複雜類型之自我辨識。再者，與蓋洛普所宣稱的相反，當人們辨識出自己的鏡像時，並不會停止對它做出社會性的回應（Gallup 1970: 86）。即使是將某事物指認為自己的影像這個看起來很簡單的運作，也比起單單將自我與他人進行對比來得更加複雜。這涉及到將一個對自我進行對象化後的產物的挪為己用，因此這蘊含著一個在體驗到自我作為對象與體驗到自我作為主體之間的關鍵緊張關係（Legrand 2007）。這正是在人們與他人互動時如何體驗自己與發展自己的複雜模式中的一個特殊情況。

　　羅夏、布勒許（Broesch）及共同研究者進行的一些有趣的研究支持了這個解釋。在某個研究中，他們將超過兩百名十八至七十二個月大的兒童對經典鏡像測試的反應進行了比較，這些兒童在具高度對比的文化與社會經濟背景下成長（美國中產階級、肯亞（Kenya）農村、斐濟（Fiji）、格瑞納達（Grenada）、秘魯（Peru）農村、加拿大）。他們在此研究中發現了明顯的差異。在農村和更傳統的環境中，兒童表現出明顯較少的觸摸或移除標記的行

為，而通常他們在面對自己的臉部鏡像時表現出僵住、壓抑與迴避。例如，在肯亞一個農村村民的八十二個孩子的樣本中，只有兩個孩子藉由觸摸或移除他們在臉上發現的標記而通過了鏡像測試（Broesch et al. 2011: 1022）。這些作者們認為，這些孩子很有可能了解到自己正是在鏡中的人，但是他們不確定可接受的回應方式是什麼，因此他們不敢去觸摸或是去除意料之外的標記。如果這是正確的，那就不僅表明未通過標記測試可能會是假陰性。這也表示，透過抑制自己的行為而「通過」測試的孩童們有一種特殊的自我意識，亦即他們覺察到了他們相對於周圍的成人們的身分（Broesch et al. 2011: 1026）。孩童的鏡像自我經驗與通過鏡像標記測試的能力在多大程度上取決於規範性壓力和社會性服從，在另一個研究中被進一步展示出來；這個研究評估了八十六位十四至五十二個月大孩童於兩種不同的社會脈絡下使用鏡像標記測試的自我辨識：情況或是受測的孩童是唯一臉上帶有標記的人，或是實驗者與所有環繞這位孩童的成人們在測試期間也都在額頭上帶有相同標記。當他們是唯一一個臉上有標記的人的時候，有相當多的孩童藉由觸摸與移除標記而通過了鏡像測試。當周圍每個人也被標記時，孩童在觸摸與移除額頭上的標記（黃色的便利貼）時表現出明顯的猶豫，通常他們會將它放回去，來嘗試符合於在測試室中被建立起來的社會規範。這些發現也說明了社會情感因素（socio-affective factors）在鏡像自我經驗中扮演的角色。當孩童開始對鏡子表現出明確的自我辨識時，很少只參考自己的具身自我，他也會參考其他人可能會如何知覺與評價他。簡言之，在典型發展中的孩童中的鏡像自我經驗，並非獨立於孩童對社會環境的覺察而發展的，而是包含了社會性的覺察與對於自我呈現和公眾形象的關注（Rochat et al. 2012: 1496;

並見註 1)。因此,測試臉部自我辨識並不是測試自我本身,而是測試與探索一個非常特定的自我維度,也就是作為社會對象的自我。這個觀點與限制在標準的解釋中並沒有得到充分的考量。

對此批評的一個可能的反對意見是:在蓋洛普與吉南的研究中,人們偶爾會發現對於庫利(Cooley)和米德的正面引用(Gallup 1977: 335; Keenan et al. 2003: 41),後二者既明確且一貫地將自我作為社會對象來看待。庫利著名的論證是,主張人類的自我是一個人際的存在物,因此依賴於與他人的社會互動。沿著類似的思路,如前面所提到的,米德主張一個人只能以一種間接的方式才能變得具有自我意識(在成為自己的對象的意義上),也就是說,只能藉由採用他人對於我的態度才能具有自我意識,而這是只能在社會環境中發生的事情(Mead 1962: 138)。為了支持這個庫利—米德假說,蓋洛普甚至提到對孤立飼養的黑猩猩的研究:即使在大量接觸鏡子的情況下,黑猩猩也無法展現出自我指向的行為。為了進一步檢驗社會經驗的重要性,兩隻原先飼養的黑猩猩在獲得了三個月的群體經驗之後,牠們開始出現了自我辨識的反應。蓋洛普認為,這個變異是來自於黑猩猩得到了從他者的角度看待自己的機會(Gallup 1977: 336)。因此,重要的是去注意,雖然吉南的研究受惠於蓋洛普的研究,但蓋洛普的自我辨識理論恰恰是受到了先前米德與庫利觀念的影響(參見 Gallup et al. 1971; Gallup 1975, 1983)。然而,在仔細審視之後,蓋洛普提及米德與庫利卻是令人費解的,因為他自己的說法與他們的觀點完全相互矛盾(更仔細的分析參見 Mitchell 1997a)。雖然庫利與米德認為,自我知識預設了對他人的知識,且自我概念是從一個人以他人的視角來看他自己才產生的(Cooley 1912: 246; Mead 1962: 138),但是蓋洛普與吉南卻都辯

護，對於他人的知識預設著自我的知識與發展完全的自我概念。蓋洛普寫道，將心靈狀態歸屬於他人的能力預設著進行歸屬的個人擁有監測這些狀態的能力（Gallup 1982: 243），而吉南則主張，因為我知道我自己的想法，所以我才可以預測或推斷另一個人的心靈狀態（Keenan et al. 2003: 78）。

　　到目前為止應該很清楚，臉部自我辨識的神經科學研究所依賴的理論框架有悠久（且受到部分扭曲）的歷史。當談到這項研究對於意識、自我覺察與自我等核心概念進行更為根據原則的反省與分析時——這些概念已經形塑了實驗的設計，並且持續影響著對於經驗研究成果的解釋，這些概念顯然是不適當的，而且在許多方面認可了富有爭議的論點。對於自我辨識與自我經驗的大腦關連區域的神經科學研究，很明顯地需要進行仔細的概念分析，而不是移除掉進行概念分析的需求。自我與自我意識的複雜性必然需要跨領域的合作——跨越理論分析與經驗探究之間的鴻溝來進行合作。無論是哲學或是神經科學，認為單一學科對於自我的研究有著獨佔性，這都僅僅是傲慢與無知的表現而已。

　　在諸多出版著作中，吉南與其同事們曾宣稱，尋找自我在大腦中的所在之處一直是數世紀以來意識研究的目標（Feinberg and Keenan 2005: 661），而這個問題仍是科學、哲學與心理學中的最大謎團之一（Keenan et al. 2003: 99）。然而在〈自我在大腦的何處？〉一文之中，作者們謹慎地修改他們最初的主張，不僅承認了大腦的模組並非是孤立存在的，並主張人們必須將大腦視為整體來看待，他們也承認右腦半球在自我的某些層面上佔有主導地位，而不是做出較強的宣稱來表示自我就在右腦半球之中（Feinberg and Keenan 2005: 673, 675）。我顯然同意這個看法。將對自我的神經關聯區之

探詢視為是對於那些能夠實現自我辨識和自我經驗的神經結構和機制的探尋，比起將其描述為在大腦中定位自我的嘗試，顯然前者要比後者好得多。後者相當於是一種範疇錯誤（在這裡我支持諸如丹奈特和哈克（Hacker）等哲學家；雖然他們經常意見分歧（Dennett 1992; Bennett and Hacker 2003）。因此，「自我在大腦的何處？」這個問題的答案只能夠是「不在任何地方（nowhere）」。但是，去說自我不在大腦中的任何地方，並不表示「沒人曾是或曾擁有一個自我」（Metzinger 2003: 1）；有可能既否認自我是一種可以在大腦中定位的東西，卻不否認自我的實在性。

第十四章
羞恥

　　羞恥一般被理解為一種針對並關涉自我之整體的情緒。在羞恥中，自我受到全面性貶低的影響，而感受到自己有缺陷、令人反感、受到譴責。但感受到羞恥這個事實告訴了我們哪些關於自我的本性？羞恥能證實如自我概念、（失敗的）理想自我和批判性自我評量能力等等的存在嗎？抑或──如某些人所言──指明了自我中一部分是社會建構的這個事實（Calhoun 2004: 145）？羞恥主要應被歸類為自覺情緒，還是一種顯著的社會性情緒，又或者這些選項有其誤導之處？以下我將探討這些問題，最後並提議：深入研究像羞恥這類複雜情緒可為我們對自我的理解增添重要面向，並有助於為本書第一部分所討論的兩個自我概念──對體驗自我的極小化概念與對敘事地延展之自我的較豐富概念──之間搭起橋樑。

14.1 羞恥與自我意識

　　情緒有各式各樣；情緒研究花了許多時間去探討艾克曼（Paul Ekman）所稱的六種基本情緒：快樂、恐懼、悲傷、詫異、憤怒和厭惡（Ekman 2003）。一般認為這些情緒在人類發展的早期就出現；它們有其生物基礎和典型面部表情，而且是跨文化普遍共有

的。但很明顯的，這些基本或原初的情緒並未窮盡我們情感生活的豐富性——只要想想如難為情、羨慕、羞恥、罪惡感、驕傲、嫉妒、悔恨和感激等較為複雜的情緒就很清楚。根據路易斯（Michael Lewis）的說法，一種有效分類不同情緒的方式是使用自覺情緒與非自覺情緒之區分。原初情緒不牽涉自我意識，而更為複雜的情緒則牽涉自我意識（Lewis 2007: 136）。的確，路易斯認為後者涉及複雜的認知機制；這類情緒都從自我反思產生，而且它們都涉及和需要自我的概念。因此，一個孩童要能經歷這類情緒，一個在發展上的必要條件是他已具有自我概念或是自我表徵，而根據路易斯的看法，這只有在他十八個月大以後才會發生。路易斯進一步區別兩類自覺情緒。這兩類皆涉及自我揭露和客觀的自我意識（也就是自我反思），而差別在於第一類涉及了非評價性揭露，第二類則涉及自我揭露與評價。第一類在約十八個月大時出現，包含了像是難為情和羨慕等情緒。第二類則約在三十六個月大時出現，包含了羞恥和罪惡感；這類情緒有賴對標準、規則與目標的運用及內化的能力，以及將自身行為與這類標準比較並作出評價的能力（Lewis 2007: 135）。

　　精確來說，路易斯是如何理解自我意識或自我覺察？他所依據的，是對主觀自我覺察與客觀自我覺察的區分。在他看來，從最簡單到最複雜的所有生命系統都會監控與調節自身。他為此提供的例子包括身體如何追蹤血液中二氧化碳含量，以及 T 細胞是如何將自身與外來蛋白質作區分（Lewis 2007: 279）。路易斯認為，這類自我調節和他我區分有賴於某種程度的主觀自我覺察，雖然這種形式

的自我覺察是無意識的（Lewis 1992: 16, 27）。[1]

　　所有生命系統都擁有主觀自我覺察；但只有極少的生命系統達到客觀自我覺察的層次——這層次代表了更複雜的表徵能力。一旦達到此層次，經驗和情緒變得有意識；只有在這之後，經驗與情緒才會對我們而言有經歷到的感覺。因此，路易斯認為，只有在當我們有意識地對自身反思，只有當我們將注意力向內集中於自身，並內在地將我們自己的心靈狀態當作注意之對象來關注時，這些心靈狀態才變得有意識（Lewis 1992: 29）。路易斯用以下的例子來說明這個想法：一響大聲的噪音可能使我進入驚駭狀態，但我只有在反思這個狀態時，才會有意識地體驗到這個狀態；反思前，此驚駭維持在無意識狀態。從發展的觀點來說，路易斯主張在客觀自我意識萌生之前，也就是，在一個嬰兒發展出自我概念與客觀自我表徵前，她可能會有情緒狀態，但是這些狀態都並非是有意識的（Lewis 2004: 273-4），就如同她不會有任何其他的意識經驗一般。

　　客觀自我覺察基於增強的認知能力而成為可能，也因此，路易斯認為，這使如難為情、移情同感和羨慕等這類自覺情緒成為可能。一旦配合更高階對標準、規則與目標的認知理解力時，自覺的評價性情緒如驕傲、罪惡感和羞恥便也成為可能。路易斯後來將後面這些情緒定義為：當一個人經驗到攸關某種標準的失敗，感覺應負起責任，並相信這個失敗反映出一個受損的自我時，所引發的強烈負面情緒。雖然他認為此失敗是否公開與難為情這個情緒有關，他卻否認其與羞恥、罪惡感和驕傲等情緒的相關性（Lewis 1992:

1　如果路易斯談的是非意識自我調節和自我區分，而非無意識主觀自我覺察，也許會清楚一些；要理解白血球擁有主觀自我覺察這個想法還真有些困難。

127）。

作為對比，現在來考慮哈雷（Rom Harré）對羞恥所提出的說法。簡短來說，哈雷認為難為情不同於羞恥，前者的引發是因為意識到他人發現其行為違反習俗或一般行事準則，而後者則是由於意識到他人發現其行為違反了道德所引發（Harré 1990: 199）。

我認為這兩個看法都有問題。雖然我們也許都同意，難為情沒有羞恥那麼嚴重和痛苦，也比較明顯地與令人尷尬的社會性曝光有關（因為拉鍊沒拉、肚子發出聲響、不適當的衣著等等），而非對個人重要價值的侵害，但哈雷的定義與過分簡潔的區別並不令人滿意。他不只太過強調觀眾實際在場──彷彿如果獨自一人就不會感到羞恥，彷彿人只有在被揭發時才會覺得羞恥，他對道德違規和違反習俗的區分似乎也有問題。作為一個例子，我們可以考慮以下這個被雅各比（Jacoby）所記述的小故事：一個男孩和他的班級一起去校外教學，回程火車上他得了急性腹瀉，但由於廁所被佔用，他最後排便在褲子上──而這被整班同學發現，並因此被嘲笑（Jacoby 1994: 7）。如雅各比後來的解釋，這整個事件對這個孩子成為一個創傷經驗，即使在成年之後他仍深受其影響。似乎不能將這經驗歸類為一種暫時的難為情感受；但另一方面來說，把它歸類為道德違規也不合理。雖然人們會因為違反道德而感到羞恥，人們當然也會因為跟道德無關的事物感到羞恥。的確，羞恥不需要由自身有意的行動所引發，人們可能為自身身體上的障礙、血統或膚色感到羞恥。因此，與其將羞恥與難為情各自連結到對道德價值與社會習俗的違反（這種企圖也與以下事實相悖：不同的人經歷同樣的事件，也可能會有羞恥或難為情等不同反應），我想一個乍看之下較可信的、將羞恥與難為情作區別的標準是，將羞恥（而非難為情）

與「一種自尊或自重的全面性減損，以及一種對個人缺陷與不足的痛苦覺察」相連結。這也會與史卓森的觀察相符合：雖然過去的難為情可以變成日後關於自己的笑話，過去的羞恥和羞辱卻很少能夠如此（Strawson 1994）。[2]

　　而路易斯的說法也有許多值得斟酌之處。他對初階和次階情緒的區分就是其中一點。路易斯寫道：

> 我建議可以根據自我在其中扮演的角色來分類情緒。恐懼、快樂、厭惡、詫異、憤怒、悲傷和興趣不需內省或自我指涉即可引發；因此，我們將這些情緒歸為一類。嫉妒、羨慕、移情同感、難為情、羞恥、驕傲與罪惡感則需要內省或自我指涉來引發；這些情緒構成另一類。……所以，我提議初階與次階情緒的差異應在於次階情緒牽涉了自我指涉。次階情緒將被指稱為**自覺情緒**；羞恥是一種自覺情緒。（Lewis 1992: 19-20）

初階情緒是否的確為非自覺的，並缺乏自我指涉？我認為，針對這個主張至少有兩條途徑可提出質疑。第一條途徑是藉由認可「前反思自我意識」這個概念。如果我們認可這個概念（而我的確認為我們應該如此），那麼將複雜情緒區隔出來稱為自覺情緒便不合理，因為所有的情緒——只要是主體以第一人稱方式體驗到的——都會是自覺的。當然，路易斯可能會抗辯說，至少在將初階情緒本身當

2　如史卓森後來指出，童年時期的羞恥可能是少數的例外。難道我們在回想時，不會覺得當初為了如此瑣事覺得羞恥，本身還挺有趣的？然而，我懷疑這種能對過去的羞恥感到有趣的能力本身，與我們不再如此強烈地認同過去的自我有關。

成反思對象前，人們對恐懼、憤怒和喜悅等情緒的經驗並非有意識的。路易斯採取這樣的論述方式，是將客觀自我意識視為現象意識的一個先決條件，他也同時會認為，像動物和嬰兒因為缺乏高階表徵技能，也會缺乏具現象特性的經驗；對他們來說，痛、筋疲力盡和挫折等經驗都不會有「感覺起來像什麼」這個部分。但是，雖然也不只是他抱持這種看法（如我們已經看到的，蓋洛普和卡拉瑟斯跟他一樣有這個看法），這個看法卻實在很有問題。

　　質疑路易斯所作區別的第二條途徑是去論證情緒——以一種甚至比知覺或認知還要更明顯的方式——關涉自我。我們一般會對重要的、我們所在乎的、感興趣的事物有情緒反應。在這個意義下，我們可能可以說，情緒涉及對「什麼對我具有重要性、意義、價值和關聯」的一種衡量。這不僅對罪惡感、羞恥或驕傲等複雜情緒是如此，而當然對像是快樂、厭惡、憤怒和恐懼等情緒也是如此。如果這是正確的，這並非主張憤怒和恐懼這類情緒與羞恥和悔改這類情緒之間沒有重要差異，而只是讓我們懷疑兩者的差異其實並不在於這些情緒是否為自覺的，或是否關涉自我。

　　但如此一來，我們應在哪裡尋找兩者的差異？一個相當明顯的可能性是主張不同的情緒涉及自我的方式不同，也許對某些情緒來說自我是注意的焦點，或者某些情緒是在更重要的意義上由自我構成。

　　再看一次路易斯的書名《羞恥：被揭露的自我》（*Shame: The Exposed Self*）。路易斯對副標題的解釋是：「本書的副標題是『被揭露的自我』。被揭露的自我是什麼？自我又是對誰揭露？自我是對其自身揭露，也就是說，我們有能力觀看自己。有能力自我反思的自我，是人類所獨有的。」（Lewis 1992: 36）簡言之，這裡路

易斯將「揭露」界定為對自身的揭露。也就是說，當他談及被揭露的自我時，他指的是我們自我反思的能力。但這難道不是弄錯了重點嗎？與此相對，我們來比較達爾文（Darwin）以下的說法：「我們會臉紅，並非僅因反思了自身的外表這樣簡單的舉動，而是因為我們在想著他人是怎麼想我們的。」（Darwin 2009 [1872]: 345）像路易斯這樣在定義羞恥時僅將注意力集中在個人自身的負面自我評價，所面對的一個問題是：難以將羞恥與其他負面自我評價（如對自己失望或自我批評）區隔開來。如此強調我們對自身的可見性，所要面對的另一個問題是，這似乎忽略了一種重要的羞恥，也就是，那種因為我們的公共形象與社會性自我認同被貶低所造成的羞恥——因為「我們所主張的自己」和「被他人所看見的自己」之差距被揭露所造成的羞恥。任何對羞恥的說明都應該解釋，為什麼有些個人失誤在私下場合即使被認出也會被當成小問題而被容忍，一旦在公開場合被揭露卻會令人感到羞恥。

然而，我對路易斯和哈雷的批評似乎指向相反的方向：我批評哈雷太過誇大真實觀眾的必需性，又批評路易斯不夠強調社會性的重要。這些批評如何能同時成立？讓我們繼續往下，考慮一些現象學中對羞恥所提出的不同看法。

14.2 羞恥的各種樣態

如我們在第二章所見，沙特區分了兩種自我意識：前反思的與反思的。第一種有其優先性，因為它可以獨立於後者而存在，然而反思的自我意識總是必須預設前反思的自我意識。在《存有與虛無》的第三部，沙特又提出有第三種的、主體際地中介的自我意

識，由此使問題更為複雜；這第三種自我意識以他人作為其可能存在的條件。沙特聲稱，雖然某些意識狀態維持嚴格地為己，也就是，有前反思自我意識的特點，卻指向一個截然不同的存有結構類型。更明確來說，他作了一個有些神秘的主張，聲稱有些意識狀態雖然是屬於我的，卻對我展現出一個是我的、卻又不是為我的存有（Sartre 2003: 245）。讓我們來考慮沙特自己介紹的一個例子，也就是羞恥的感受，來幫助我們更了解沙特到底想說什麼。

根據沙特的看法，羞恥是一種具意向性的意識。這是對某物抱著一種羞恥的感受，而且這某物剛好是我自己。我對我自己是什麼感到羞恥，而在這個程度上羞恥例示了一種自我關係。然而，如沙特所指出，羞恥不主要是、也並非本源地就是一種反思下出現的現象。我會對我的失敗進行反思，並因此感受到羞恥，我也可以對我的羞恥感進行反思，但我在反思前其實就可以感受到羞恥。如他所說，羞恥最初是「一種立即的、無需任何言語準備就從頭到腳貫穿我的一種顫慄感受」（Sartre 2003: 246）。誠如他所言，而且更重要的是，在其最主要的形式，羞恥並非一種靠我自己透過反思活動就可以引發的感受；羞恥是在他人面前對自身感到羞恥（Sartre 2003: 246, 312）。羞恥預設了他人的介入，這並不只是因為我是在他人的面前感到羞恥，更重要的，是因為我所感到羞恥的事物必然是在我與他人的相遇中被構成，也是通過我與他人的相遇而構成。因此，雖然羞恥例示了一種自我關係，根據沙特的看法，羞恥是一種本質上具有中介形式的自我關係，是一種他人介於我和我自己之間的自我關係。換個方式說，與其說羞恥主要是牽涉到負面自我評價的自我反思性情緒，對沙特來說，羞恥更應被理解為一種揭露我們的關係性、我們的「為他人存有」（being-for-others）的情緒。沙特因此

會反對稱羞恥僅只是一種自覺情緒，或僅只是社會性情緒。對他來說，羞恥兼具兩者特性。

　　羞恥讓我察覺到「不在控制下」和「自身的基礎在自身之外」。他人的凝視傳達給我一種我所不熟悉、並在那個瞬間對其無能為力的真相（Sartre 2003: 260）。因此，根據沙特的看法，感受到羞恥就是去辨識和接受他人的評價——即使僅是短暫的。感受羞恥即是去認同他人所觀看和評論的那個對象（Sartre 2003: 246, 287, 290）。並且，對沙特來說，他人的評價是正面或負面，在這裡並沒有差別，因為是那種「對象化」本身引發了羞恥。他寫道：

> 純粹的羞恥並非對於作為這個或那個有罪的對象的感受，而是對於作為**一個**對象的感受：也就是說，在這個為他存有的、一個被貶低的、被固定的和依賴他人的存在中**辨識出我自己**時所產生的感受。羞恥是對一種**本源的沉淪**（*original fall*）的感受，並不是因為我可能犯了這個或那個特定錯誤的這個事實，而單僅因為我「沉淪」到了這個世界，落入一切事物之中，而我需要他人的介入來成為我所是者。（Sartre 2003: 312）

在羞恥中，我將他人視為使我得到「客體狀態」（objecthood）的主體。然而在沙特看來，這種認知採取了某種相當特殊的形式。雖然我經驗到他人所提供給我作為客體的自我認同——他人的凝視凍結了我的自由，並將我化約為一組僵固的確定性；我**就是**、也僅是他人眼中看到的樣子——這「客體」的明確本性卻永遠無法被我掌握。我既無法控制、也無法確知我是如何被他人評價。為什麼？一部分是因為我基本上不可能採取他人的觀點。由於我與自我間缺乏

必需的距離，我無法如同他人一般無情地將我自身對象化。因此，雖然羞恥感讓我知道我為他人而存在，也可被他人看見，雖然它讓我認識到我（部分地）由他人構成，而我的存有的一個面向是由他人提供，但根據沙特的看法，這是我無法以如他人所能採的方式而去知道或直觀到的我自身的一個面向。我們也因此可以理解，為什麼沙特將「為他人存有」稱為存有的一個**出神的**（*ecstatic*）或**外在的**維度，並談及由遭逢他人所造成的**存在性的陌異化**（*existential alienation*）（Sartre 2003: 286, 292, 320）。

在現象學對羞恥的解釋中，雖然沙特的分析最廣為人知，卻既非最早出現，也不是範圍最廣泛的。在 1933 年，史特勞斯（Erwin Straus）出版了一篇具有啟發性的短文〈羞恥作為一個歷史學問題〉（Die Scham als historiologisches Problem），而在此之前二十年，謝勒已寫了一篇長文〈論羞恥與羞恥感〉（*Über Scham und Schamgefühl*）。[3] 注意史特勞斯和謝勒的原因之一是，他們都對沙特的分析進行了補充和提出了挑戰。而且，在過去幾年謝勒的理論重新得到關注，也在比如娜絲寶（Nussbaum）（2004）和德奧納（Deonna）等（2011）的最近幾本書中得到正面的評價。

史特勞斯和謝勒的一個共通點在於，他們都強調應區別羞恥的不同種類。沙特幾乎完全專注在 *honte*（羞恥）之上，但是法文

---

[3] 除了沙特和謝勒，列維納斯是另一位現象學中很早就處理羞恥議題的重要人物。他最早的分析是出版於 1935 年的《論遁逃》（*De l'évasion*）。在他較晚期的作品、出自 1961 年的《總體與無限》（*Totalité et infini*）中，列維納斯主張，羞恥是一種與他人倫理性遭逢後所產生的反應——在這種遭逢中，他人挑戰我與我的未被證成而任意的自由，從而來打斷並擾亂我的寧靜（Levinas 1979: 83-4）。

中區分了 *honte* 和 *pudeur*（羞怯），而德文則區分 *Schande*（恥辱）和 Scham（羞恥）。兩種意思都可以在《牛津英語詞典》（*Oxford English Dictionary*）中的 shame 詞條中找到。《牛津英語詞典》將「對意識到自己行為中某種不光榮或不名譽所感受到的痛苦情緒」與「羞恥感」（我們對何為不光榮或不名譽的知覺）兩者區別開來。謝勒和史特勞斯兩者都反對僅將羞恥視為一種負面、具壓迫性、而應從人生去除的情緒（比較於 Schneider 1987），他們因此會反對坦尼（Tangney）和狄林（Dearing）為羞恥提供的全面性特徵描述，即將羞恥界定為一種「對人際行為有負面影響的、極度痛苦而醜惡的感受」（2002: 3）。在史特勞斯這方面，他區別了涉及對私密之邊界的敏感度與尊重這種具保護形式的羞恥，以及和維持社會聲望較有關的、具隱藏形式的羞恥（Straus 1966: 220）。想想關於你生活的私密細節被公開時你所感受到的羞恥，這會是符合史特勞斯所言「具保護形式的羞恥」的一個例子。在這個情況下，即使大眾並未對這些細節進行批判，你可能還是會覺得羞恥，僅僅因為這些細節被揭露了。為了處理同樣這種現象，博爾諾（Bollnow）則是將羞恥與「想要保護我們自己最隱私的核心不被外界詳查侵犯」這種欲望二者連結起來（Bollnow 2009: 67, 91）。

　　對謝勒來說，不僅在某些情況羞恥的感受可以是令人愉悅的，更重要的是，他認為對羞恥的敏感度和能感受羞恥的能力在道德上有其價值，並將之連結到良心的萌現——如他所指出，聖經創世紀中明確將羞恥與善惡知識相連結絕非巧合（Scheler 1957: 142）。謝勒關於羞恥具令人愉快的特性這個看法，與他所作的一個區分相關（這個區分也與史特勞斯所作的區分相符）。謝勒將嬌羞處女所有的、具期待與保護性的羞赧——根據他的看法，這種羞赧的特點是

令人憐愛的溫柔——與慚愧（*Schamreue*）這種痛苦經驗作區別；後者是一種往回看、充滿尖銳灼人與自我厭惡的羞恥感受（Scheler 1957: 140）。至於羞恥的道德價值這一點，謝勒強調，當我們對某事感受到羞恥時，這種羞恥反應必須以先於感受羞恥之情況前、我們既存的對某規範的忠誠為依據來理解（Scheler 1957: 100）。這種羞恥感受會發生，就是因為一個人持續所認可的價值與實際的情況發生差距。誠然，對羞恥的焦慮——對於造成羞恥的情況的恐懼——可以被理解為尊嚴的守護者。它讓我們對沒有尊嚴、會使我們（和他人）落入造成羞恥的情況的那些行為有警覺性。[4] 如柏拉圖在《法律篇》（*Laws*）所指出，羞恥能防止或抑制一個人去做不光榮的事（Plato 1961: 647a）。的確，「無恥」（shamelessness）這個概念即表示擁有羞恥心本身是一種道德上的美德，而缺乏恥感則是使人失去道德能力的一種性質。簡短來說，羞恥並非必然減弱人的能力，事實上，羞恥也可能在道德發展中扮演建設性角色，這不只因為其對社會齊一性的推廣可促進社會化，也因為它可以瓦解我們自滿的心態，修正我們的自我理解，並且在長期來說，會讓我們有動機去調整我們的生活方式（Steinbock 2014）。[5] 除此之外，謝勒主張羞恥的發生也證實了某種自尊與自重的存在；只有因為人期待自

4　以下的例子可以說明這種情況。你在火車上想找廁所。當你找到廁所進去後，你發現裡面有一位老年婦女已經在使用，但大概忘記鎖門了。如果你有羞恥心，你不但會馬上退出門外，甚至會找尋另一間廁所使用，以免這位女性從廁所出來時再遇到你。

5　即使對羞恥的焦慮能在社會化的過程中扮演角色，當然它也能藉由扼殺動機來削弱人的能力：如果我什麼都不做，我就不會冒羞恥地被揭露的風險。同樣的，我們很難在被性虐待兒童所感受到的「有毒的羞恥」中看到任何正面的面向。

己有價值，而此期待落空，人才會感到羞恥（Scheler 1957:141; 也見 Taylor 1985: 80-1; Nussbaum 2004: 184）。

謝勒會同意羞恥本質上是涉及自我的情緒，但他很明確地反對羞恥本質上是必然牽涉他人的社會情緒。他認為有一種自我導向形式的羞恥，而這跟在他人面前所感受到的羞恥一樣基本；他的主張是，羞恥的核心特徵在於其指出「我們的較高的精神性價值」與「我們的動物本性與身體需求」之間的差異或衝突（Scheler 1957: 68, 78）。這也是為什麼謝勒認為羞恥是一種人特有的情緒，神和動物都無法擁有。在他看來，這是一種基本的人類情緒，表現出**人的境況**（*condition humana*）（Scheler 1957: 67, 91）。最近，娜絲寶跟進這種看法，並主張：在我們覺察到在一個特定的社會價值體系中什麼是正常的之前，羞恥就已經存在，而羞恥在最基本的意義上就是關於「我們一方面有渴望達成的目標與理想和另一方面又察覺了自身的有限與無助」這兩者間的張力。羞恥是一種在我們的弱點、缺陷和我們的不完美被展現出來時的情緒反應（Nussbaum 2004: 173）；這種情緒先於任何對社會標準的具體學習，儘管通過教導關於哪種情況應該羞恥的不同觀點，很明顯地不同的社會有足夠的空間來形塑不同的羞恥經驗（Nussbaum 2004: 173, 185）。

另外值得注意的是，羞恥常被與裸露相聯繫，而「shame」這個字的字源可以被追溯到古高地德語裡 *scama* 一詞和原始日耳曼語中的 *skem* 一詞，意思是遮掩。同樣的，希臘文中，生殖器一詞 *aidoia* 與表示羞恥的一個詞 *aidos* 也是相關的（Nussbaum 2004: 182; 也見 Konstan 2003）。附加一句，德文中的羞恥 *Scham* 也是指生殖器，而丹麥文中的陰唇 *skamlæber* 一詞的字面意義就是羞恥之唇。根據謝勒的看法，一個傳統上裸露之所以會聯繫到羞恥的原

因，一個我們為什麼會想遮掩性器官的原因，即是因為它們是動物性、生命有限性與需求的象徵（Scheler 1957: 75）。試想，當我們失去了對身體功能的控制——也許因為生病或是年紀大了，或是當意識到有人在看我們排便，我們都可能會感到羞恥。如沙特後來會說，對在裸露狀態下受到驚嚇的恐懼，是對原初羞恥的象徵性呈現。身體象徵了我們如客體一般毫無防備的狀態。穿上衣服是企圖隱藏我們的客體狀態；是在主張看見而同時不被看見的權利，也就是，成為一個純粹的主體（Sartre 2003: 312）。

14.3 心中的他人

現在我們需要更清楚他人在羞恥中扮演何種角色。「羞恥只在使一個人名譽受損的事對他人揭露時才出現」這種主張並不可信。一個人獨處時當然也可能感到羞恥；也就是說，羞恥並不需依賴觀察者或群眾必須事實上存在。甚至，一個人也可能在確定那件事永遠不會被揭露時，仍然感到羞恥。但這是否表示和他人的關聯並不是重點，而一個對羞恥的解釋不需要社會性維度？我們不必操之過急，先來考慮一些據稱是非社會性羞恥的案例。

1. 你有臉部先天性缺陷，而當你看到鏡子中的自己時感受到羞恥。
2. 你做了某些你覺得不該做的事（或沒做某些你覺得該做的事）。在這種情況中，你的確有可能在事後感到羞恥。你可能對這行動本身有罪惡感，但你也可能為作為會做出（或沒

做出）這種事的人而感到羞恥。[6]

3. 當將你現在變成的樣子與過去的你相比時，你感到羞恥；也就是說，你為自己未能發揮自己的潛質、辜負了自己的潛力而感到羞恥。

4. 你下定決心不再碰酒。但由於一時軟弱，你放縱自己的慾望又開始酗酒，最後失去知覺。當你從昏迷中醒來，你為你自己缺乏自我控制、對自己所認定的低劣本能屈服而感到羞恥。

5. 你和一群同儕在一起。他們開始討論一個政治議題，某種種族歧視的共識迅速出現，而這是你所強烈反對的。然而，對羞恥的焦慮阻止你表達異議，讓你不被嘲笑或被排斥。但在事後，當你單獨一人時，你為你自己懦弱的態度感到深切的羞恥。

這些案例明確展示不需要觀眾事實上存在就可以感到羞恥。然而，沙特也不會否認這點。想想他那有名的偷窺狂例子：在偷窺狂從鑰匙孔偷看時，突然聽到他背後有腳步聲，這時他被一波羞恥感襲捲，全身不寒而慄，但當他直起身望向走廊深處，他了解到這只是虛驚一場，其實四下無人（Sartre 2003: 301）。沙特對這例子的詮釋並非為：羞恥是某種僅靠自身就可以達到的感受。他認為，羞恥的感受將我交付給「作為主體的他人」，而即使在「作為客體的他人」

---

6 根據廣被接受的看法，羞恥感與罪惡感的差別在於，前者是關於缺點，後者則是關於做錯事。罪惡感的焦點是放在自己的具體行動，而羞恥感的焦點則是放在自我本身。然而，堅持區分羞恥感和罪惡感這兩者，當然並不表示兩者不會常一起發生。

不在場時，這個「作為主體的他人」仍能存在。關於這個分析有許
多可以支持或反對的理由，[7] 但目前我只想強調這一點：沙特承認一
個人在獨處時仍能感受到羞恥。儘管如此，如威廉斯所指出，忽
略「想像中的他人」的重要性卻十分不智（Williams 1993: 82）。[8]
在許多情況下，經歷羞恥感的主體雖然是獨自一人（沒有其他人在
場），他（或她）卻是內化了他人的視角；在他（或她）心中有著
他人（Rochat 2009）。此外，羞恥經驗的獨特性也常包括「他人就
不會那樣做」或「他人不會那樣」這類確信；而對於其他人也無法
成功勝任、或是沒有人期待自己能成功的工作，失敗了也較不可能
導致羞恥。想像中的他人因此可能不只扮演一個具批判性的觀察
者，也可能成為一個比較或對照的對象。作為例子，我們來考慮一
下第一個案例。雖然臉部有缺陷的那個人看鏡子感到羞恥時是獨自

7　沙特認為，凝視只是我本源的「為他人而存有」的一個具體例子（Sartre 2003:
　　441）；他人事實上存在於任何地方，而我由此成為客體；這個他我間的根本
　　關係，是使我有可能對具體他人有特定經驗的條件（這就是為什麼「我們與
　　特定他人的具體遭逢」被沙特形容為僅是我根本的「為他人而存有」的一種
　　經驗上的變體）（Sartre 2003: 303-4）。當他提出這些主張，很難不批評他這裡
　　其實就提倡了他自己所批評的海德格之**共在**理論中的先驗論（apriorism）（對
　　這議題更多的討論可見 Zahavi 1996: 114-117）。更總括來說，雖然在沙特對主
　　體際性的分析中可發現許多有價值的洞見，但也有許多可被反駁的部分。這
　　包括沙特對於他我遭逢過於負面的評價與描繪。畢竟，對沙特來說，羞恥並
　　不僅是諸多情緒中的一種，而是最能捕捉到、最能在基礎上表現出我們與他
　　人間關係的情緒。
8　如威廉斯接下來所說，被內化的他人不需是一個特定的個人，或代表某個具
　　社會意義的群體；準確地說，他人也可能以倫理概念來理解。他也許被構想
　　為一個我會尊重其反應的人。有些人可能會宣稱，如果他人是以這種方式被
　　理解，他就不再是一個他人。但是，如威廉斯主張，這是錯誤的結論。雖然
　　他人不需要是一個可被辨識的個人，他仍是潛在的某人，而非什麼都不是，
　　而且是除了我之外的某人（Williams 1993: 84）。

一人，我想很自然的詮釋會是，這羞恥經驗與那人將自己的缺陷視為一種將自己排除在正常之外的汙名這件事有關。

　　然而，在泰樂（Gabriele Taylor）、和德奧納及泰洛尼（Fabrice Teroni）的不同著作中可以找到對這個推理的反對意見。在泰樂《驕傲、羞恥與罪惡感：自我評價的情緒》（*Pride, Shame, and Guilt: Emotions of Self-Assessment*）一書中，她一開始便主張沙特對羞恥的說法過於簡單，只能適用範圍相當有限的案例（Taylor 1985: 59）。在某個程度上，我同意這個評斷，一如我也同意，沙特的分析若能對所謂「羞恥情緒家族」中的成員──包括羞恥、難為情、屈辱等──作更細緻的區分則會更好。泰樂認為，羞恥主要是關於行動者對自己的觀點的改變──具體來說，這種改變會引發對「行動者至今對自身的假設」和「由較為客觀的觀察者所提供的觀點」之間負面差距的領悟（Taylor 1985: 66）。根據泰樂的說法，這種改變一般是由「自身事實上或可能是他人注意力的對象」這樣的領悟所引發。然而這與沙特不同之處在於：對泰樂來說，他人之於這個改變僅只是工具。雖然這負面的判斷──泰樂認為，羞恥是一種相當精密的自我意識類型，相當於反思性自我評價（Taylor 1985:67）──是由於行動者理解到自己的立場如何事實上或可能從觀察者的角度來看而造成，在這最終導向自我的判斷中，卻並未提及旁觀者的觀點。最終判斷只關乎自我；當事者並非僅在相對於特定觀察者或觀眾的意義下被貶低，而是在絕對意義下被貶低（Taylor 1985: 68）。泰樂認為，這指明了羞恥和難為情之間的一個重要的差異：對難為情來說，焦點在於行動者在他人眼中看起來的樣子，在於在這個情況下自己給他人留下的印象。由於此時的考量總是關於自身相對於他人的地位，難為情相較於羞恥來說是較具社會性的情緒。

但是泰樂認為，這也使難為情的經驗比較起來不是那麼令人痛苦和具衝擊性。由於此時焦點僅在於個人在特定處境中、對特定對象如何展現自我，難為情的感受可以經由改變情境與脈絡來舒緩，不像羞恥感則是關乎絕對的失敗，是對個人整體的負面評價，而這也是為什麼即使在造成羞恥的情況已經消失或改變時，羞恥感通常還是會持續存在（Taylor 1985: 70-6）。

　　雖然泰樂在對羞恥的分析中可以指出許多社會維度不那麼明顯的例子，或找出一些不符合沙特所舉典型的反例——例如，她舉了一個由於自己作品不如以往而感到羞恥的藝術家的例子（Taylor 1985: 58），這本身並不足以表明沙特的說法並未掌握羞恥的一個核心類型。事實上，我認為泰樂的理論的一個問題在於她犯了與沙特一樣的錯誤：對羞恥缺乏細緻的區分。

　　在我進一步對這個批評作更清楚的說明之前，讓我也先檢視一下德奧納及泰洛尼的反對意見。德奧納及泰洛尼堅持，我們應仔細區分對「社會情緒」的不同定義。應宣稱（1）羞恥中的對象是明確具社會性的——若不是他人的、就是我們自身的社會地位，或者（2）羞恥感所牽涉的價值是經由與他人的接觸所習得的，或者（3）羞恥的發生總是有賴於對我們自身採取外在觀點，或者（4）羞恥總是在社會脈絡下發生嗎？德奧納及泰洛尼基本上反對這些說法。他們認為，「當我們感受羞恥時總是有事實上或想像中的觀眾」這種看法極不可信；「羞恥感總是和對我們的社會地位的威脅的察覺、或與維持自身社會形象有關」這種主張也是錯的（Deonna and Teroni 2009: 39; 2011）。維持社會形象也許跟他們所稱「膚淺的羞恥」有關，但他們認為所謂「深刻的羞恥」是由個人失敗所造成的感受——比如在反思自身道德缺失時的感受，這也與他人評價無

關（Deonna and Teroni 2011: 201）。哈奇森（Hutchinson）所討論過的一個情況可被視為關於這點的一個具體而極端的例子。這個例子是關於里奧帕爾德（Léopard）──一個在盧安達（Rwanda）種族清洗事件中犯下暴行的人。他幾年之後在獄中接受訪問時，訴說了自己當時是如何感受到了深刻的羞恥，雖然那造成他的同夥對他的蔑視和嘲弄（Hutchinson 2008: 141-3）。要將里奧帕爾德所感受到的羞恥解釋為來自他的同夥的負面評價的確會相當牽強。德奧納及泰洛尼接著同意，羞恥所牽涉的價值也許是在社會中習得，但他們認為這不足以支持「羞恥本質上是社會性情緒」這種說法，因為一些其他非社會情緒的相關價值也是經由社會習得的（Deonna and Teroni 2011: 195）。最後，德奧納及泰洛尼也談及觀點轉變的問題。他們認為，一個人不可能對自己全心投入的事感到羞恥。在這個意義上，羞恥的確涉及一個評價者的批判觀點；但是，他們認為這評價者不必是別人，而觀點轉變也不必須由他人來推動。這裡他們跟路易斯的看法很接近：觀點轉變只不過是從一個「非反思的行動者」轉向「反思的評價者」（Deonna and Teroni 2011: 203）。

德奧納及泰洛尼提出了何種積極的提案？他們認為，羞恥涉及一種對自身的負面評價立場；這立場是因為個人覺察了「其所投身的價值」和「其引以為恥的事物所例示的（反面）價值」這兩者之間的衝突所引發（Deonna and Teroni 2011: 206）。他們因此提議以下對羞恥的定義：

> 羞恥是主體意識到了自身狀態或行事是如此地違反了自己希望展現的價值，以致於使他喪失對此價值投身的資格，也就是，他認為自己即使在最小程度上都無法展現此一價

值。（Deonna and Teroni 2009: 46）

更具體來說，他們認為一個人要感受到羞恥，必須滿足三個條件：

> [1] 她認為她的某種特質或行動展示了與她自身相關的某
> 種價值的反面。[2] 她認為這表明了自己針對這個價值
> 所作要求的某種無能為力。[3] 這種無能為力的特點在
> 於：即使在最小程度上亦無能展現此價值。（Deonna et al.
> 2011: 103）

我們應如何評估這些不同的反對意見和種種非社會性定義？首先可以注意到，德奧納及泰洛尼所提供的定義主要是針對高度複雜、自我導向批判形式的羞恥，而這種定義似乎對認知能力的要求相當高——它不只會排除前反思性羞恥，也會排除任何嬰兒的羞恥。另一個憂慮可能是，羞恥其實跟「無法展現與自我相關的價值」比較無關，而比較跟「展現與自我相關的缺陷」有關；也就是說，造成羞恥感的並非與理想自我間的距離，而是與不被欲求的自我太過接近（Lindsay-Hartz et al. 1995: 277; Gilbert 1998: 19）。

　　泰樂、德奧納及泰洛尼都太關注在找到一個可以納入所有可能的羞恥案例的定義。某種程度上，這努力當然令人敬佩，但這樣的焦點也冒了無法為這種情緒提出足夠具區別性說法的風險；這樣的定義可能會使我們看不到其中重要的區分。我懷疑有任何人會否認羞恥是具多面性的現象，但如我們所見，有些學者會進一步強調應區別不同的、不可彼此化約的羞恥形式。僅提及一些既存研究上可用的區分包括：不榮譽帶來的恥辱和謹慎行事的羞怯、想要隱藏的恥辱與具保護性的害羞、自然羞恥與道德羞恥、與羨慕或嫉妒有

關的羞恥、或是羞恥的身體和心理面向（例如可見 Ausubel 1955:
382; Bollnow 2009: 55-7; Smith et al. 2002: 157; Gilbert 2003: 1215;
Rawls 1972: 444）。更且，我們不應忘記羞恥是屬於一個互相關聯
的情緒家族，不難想像這些情緒的分界在某些案例中會是模糊的。
而針對同一事件，不同的人可能感受到羞辱、羞恥或難為情這些不
同情緒，這使事情更為複雜。終究，我認為米勒（Susan Miller）所
說的相當正確：羞恥或難為情這類概念無法輕易應用在經驗上，不
像門、桌子這些概念能輕易應用在物體上，所以也許最好不要預設
羞恥研究是一種非常清楚而有明確範圍的經驗研究（Miller 1985:
28）。

　　有鑑於此，我將避開那種大膽而也許野心過大的、提供充分條
件與必要條件來清楚定義羞恥的工作。我接下來的目標較為保守。
我不打算否證有非社會性類型的羞恥，而主要的主張會在論證有其
他形式的羞恥（也許甚至是更原型的羞恥）無法在非社會意義下被
適當理解，並藉此顯示那些對羞恥提出非社會性定義分析的企圖都
必然會錯失羞恥中重要的部分。我們可以先來考慮以下五種情況
（以下我的主要的焦點會放在恥辱）：

1. 當在寫最新的一篇論文時，你大量使用了一篇鮮為人知、作
   者最近過世的論文內容。在你的論文被刊出後，你參加了一
   場公開會議並在當場被指控抄襲。你堅決反對這項指控，但
   是指控者（你系上的宿敵）提出無可爭議的證據。

2. 你穿著過時服裝去參加高中學校派對，而被你的新同學鄙
   視。

3. 你申請了某個職位，並跟朋友們誇口說一定會申請上，但在

面試後，你在朋友們面前被任命委員會告知，你要申請這份
工作根本完全不夠格。

4. 你跟你難以管教的五歲女兒吵了很久，最後終於失去耐性打
了她一巴掌。你馬上有罪惡感，然而你也突然發現她的幼稚
園園長從頭到尾都看到了。

5. 你展開了一段新的戀情。過了不久，在一個親密的時機你揭
露了自己的性偏好。你的告白所換來的是伴侶不可置信的注
視。[9]

假設我們考察這五種情況，並接受它們很可能在某些人身上會引發
羞恥經驗（而不僅僅是難為情），那麼我們是否能夠合理宣稱，具
體他人對這種情緒來說只屬偶然、頂多只是其單純的觸發者，而相
同的經驗在私人處境中也可發生？我並不認為這樣的提案是有道理
的。[10] 我並不否認我們可能陷入自我批判而感到羞恥，但我認為這
種自我反思式的、悔改式的羞恥──伴隨其對自己失望、自怨自哀
或甚至自我厭惡的感受──與我們在他人面前所能感受到的那種壓
倒性的羞恥相比，在意向結構與現象性上皆有不同。[11] 在後者的情

---

9 如娜絲寶所指出，我們與他人變得越親密，我們對自己的揭露越多，而我們
也變得更容易經歷到羞恥（Nussbaum 2004: 216）。

10 這對像是代替他人感受到的羞恥（vicarious shame）來說，也明顯是真的。值
得一提的是，《牛津英語詞典》對羞恥的定義中明確提到，在一些情況下，一
個人可能因為意識到某人行動中不名譽、荒謬或不得體部分，而此人又將這
人的名譽（或不名譽）視同自己的，而感到羞恥。

11 在一個有趣的研究中，史密斯與同事要求受試者閱讀對一個可能發生在像他
們這樣的人身上的事件的不同假設性敘述。他們被要求去嘗試想像在這敘述
中核心人物的想法和感受。讀完之後，他們接受測試，衡量他們對這個人物
的經驗的感受。在一個測試中，這些不同的敘述中的主角犯了一個道德上的

況中，會有一種強烈的被暴露與脆弱的感受，並伴隨著想躲起來或消失、想變為隱形或沉入地下的願望。而且也會有很典型的焦點窄化的狀況：當感受到這種羞恥時，你無法仔細注意環境中的細節；恰恰相反，彷彿整個世界向後退，而自己獨自被揭露出來。在沙特的分析中強調了他人的凝視是如何破壞了我對情況的控制（Sartre 2003: 289）。並非簡單地以身體來存在，並非簡單地專注於我不同的計畫和自信地與環境互動，我逐漸痛苦地覺察到我身體的事實性與暴露。事實上，這尖銳的羞恥經驗甚至可能引發類似身體癱瘓的情況。羞恥的行為表現——如頹廢的姿勢、頭往下的動作、避開他人眼光、遮住臉等——也強調了這種情緒的向內性。羞恥的經驗是對自身的經驗，而它是被強加於我們的。無論我們自身意願為何，我們就在聚光燈下。它使我們不知所措，而且在一開始幾乎無法避免、逃避或控制。如尼采在《朝霞》（*Morgenröte*）中所言：

> 如果一個人突然被羞恥所擊倒，那種「我是世界的中心點！」的強烈感受就會升起；他站在原地一如在波濤洶湧的大海中困惑著，頭昏目眩彷彿有一隻凝視著我們、將我們穿透的巨大眼睛從四面八方照過來。（Nietzsche 1997: 166）

錯誤，而故事則根據三個不同情況而改變（私下、或隱性的或顯性的公開揭露）。在第一個情況中，這個錯誤是在私下發生。在第二個情況中，這個犯錯者看到了某個會不同意這個錯誤的人，或是被提醒而想起了這樣的人。在最後一個情況中，這個錯誤事實上被其他人看到。研究結果一致顯示，和私下的情況相比，顯性公開揭露加強了羞恥經驗。如果這個錯誤牽涉對個人標準的違反，在隱性揭露情況中羞恥的感受也會明顯強於私下情況（Smith et al. 2002）。

這種羞恥也會破壞正常的時間流。儘管悔改式的、自我反思式的羞恥是追溯過往的和導向過去的，儘管羞恥伴隨的焦慮——它無論如何都可能比較接近性格傾向而非當下感受——多半是具預期性的和朝向未來的，我目前所聚焦的人際羞恥經驗卻可能最適合被形容成「凍住的當下」（Karlsson and Sjöberg 2009: 353）。未來已經失去，而主體被固定在當下。如沙特所言，在羞恥中我經驗到被困在事實性之中的我自己——作為無可救藥的我（而非有未來可能性、可以成為不同樣貌的一個人），毫無防備地被一道絕對的光所照亮（而沒有任何隱私）（Sartre 2003: 286, 312）。不像罪惡感主要聚焦在對他人的負面影響，包含了一個收回行為的希望，並可能激發修復性行動，人際羞恥的尖銳感受並不為對未來贖罪可能性的探索留下空間。

　　如同之前已經提到的，泰樂認為羞恥（與難為情相比）涉及一種絕對的貶低，而非僅是相對於特定觀察者或觀眾的貶低。儘管一個人針對特定他人可能感到難為情，也就是說，儘管難為情可能是相對於特定他人，以及儘管一個人可能因為這種難為情尋求安慰，甚至與朋友和同伴以此為題開玩笑，羞恥的經驗卻相當不同。羞恥感不僅難以與人溝通，[12] 我們也缺乏讓他人知道（以便獲取同情和安慰）的傾向。而且，雖然羞恥感可能經由我們與特定他人的相遇引發，我們卻不僅是針對他／她才感到羞恥；我們與所有人的關係都受到影響。在這個意義下，與難為情相比，羞恥是一種更具孤

---

12 根據她自己的臨床經驗，米勒敘述了一個嘗試談及羞恥的人，由於在揭露與掩藏的兩種衝動間掙扎，他的語言一開始可能有多麼零散破碎（Miller 1985: 36）。

立性的經驗。但是，與其將這視為他人不扮演任何重要角色的證據（這會是泰樂的詮釋），我認為更合理的說法是，羞恥不僅涉及自尊與自信的全面貶低，本質上也具有影響和改變我們與一般他人間的關係與連結的特性。除此之外，我們也將很快看到他人可能在這種情緒的發展上扮演了核心角色。

14.4 標準與評價

沙特在他對羞恥的分析中強調凝視所造成的影響，但是凝視的性質卻可能有巨大差異。如史特勞斯指出，偷窺者的凝視與愛人間交流的凝視之不同，一如醫療的觸診有別於溫柔的輕撫（Straus 1966: 219）。沙特的分析因此可被批評為有些片面。然而更重要的是，羞恥不只可能由他人的凝視引發，也會由他人有意的忽視引發。霍奈特（Axel Honneth）在他有趣的「不可見性」研究中，討論了不同種的有意忽視作為，範圍從

> 在宴會中忘了跟一位點頭之交打招呼，展現了無害的漫不經心，到一家之主對清潔婦所抱持的心不在焉一無所知——因為她在社交上不具重要性而忽視她，一直到具表明意義的「視而不見」，而對此受影響的那個黑人只能理解為一個羞辱的象徵。（Honneth 2001: 112）

霍奈特先指向一些嬰兒期研究，根據這些研究，許多成人的表情與姿勢——如關愛的笑容、伸出的手、充滿慈愛的點頭等——會讓幼童知道他受注意與關懷；他進一步論述，藉由接受這些前語言表情，這個幼童也成為社會中可見的。相對來說，有意的忽視——使

一個人變成社會上不可見的——其實就是在拒絕對這個人的認可（Honneth 2001）。我們對被他人忽視或忽略會感到羞恥，這個事實告訴我們，羞恥和我們對這類認可的需要、我們對其缺乏的感知兩者之間可能有重要關係。近年心理分析理論中，有學者提出羞恥是對缺乏相互認可的反應（Ikonen and Rechardt 1993: 100）。[13] 若是如此，羞恥將被置於我們的人際生活的核心。儘管難為情一般涉及某種我們所不想要的、不受歡迎的關注，羞恥卻與失去社會認可本身有關。如維爾曼（Velleman）所言，相較於「感到難為情的人覺得他臉上沾到蛋，感到羞恥的人卻覺得他失去了臉——差別就在於成為被嘲笑的對象和根本不成為社會互動的對象」（Velleman 2001: 49）。相較於他人的嘲笑會帶來難為情的感受，他們的憤怒或義憤會帶來罪惡感，他們的蔑視與拒絕則較可能引發羞恥感——至少在這些人是我們所尊敬和欲求他們相應的尊敬時會是如此。

亞里斯多德在《修辭學》（*Rhetoric*）中指出，我們是對那些其意見對我們來說重要的人才會感到羞恥（Aristotle 1984: 1384^{a}25）。的確，觀眾的身分多半是與己有關的。將自己的脆弱面暴露在自己所愛之人面前，和暴露在令自己沒安全感的和沒有感受到被愛的人面前完全不同。不僅對方是親密家人、社群網路中的一員或是陌生人（尤其當對方也不知道你是誰時）會造成差別，所屬階級與社會地位也有其影響。一次公開的低於水準的表現，若被比自己社會地位較高的人注意到，則會被體驗為更加羞恥。比如說，將一個鋼琴

---

13 有鑑於這樣的看法，不難理解有些精神分析師將嬰兒在木然臉實驗中的反應（見本章第五節）詮釋為一種原始羞恥反應（Nathanson 1987: 22; Broucek 1991: 31）。

家在獨自練習時犯錯與在公開演奏會、作曲家又出席的情況下犯錯相比，就很清楚。然而，如蘭德韋爾（Hilge Landweer）所觀察到的，觀者的地位和權威性對羞恥經驗的強度會造成影響；但是，如果觀者對你的能力有期待和看重你，而且如果她又有足夠能力能注意到你的失敗，那麼即使她能力較低和社會地位也比你低，她的現身也可能改變羞恥的特性與強度（Landweer 1999: 94）。

如我們已經看到，沙特認為羞恥主要是在他人面前對自己的羞恥，而這涉及對他人所作評價的接受（Sartre 2003: 246, 287）。這種對所蘊含的「接受」的強調相當符合卡爾森（Karlsson）和舍貝格（Sjöberg）的觀察，也就是，被羞恥所揭露的，雖然不堪，卻會被體驗為對自身真實狀況的揭發（2009: 350）。

然而，這種主張已被許多作者質疑；相對來說，這些作者強調的是羞恥的**他律**（*heteronomous*）特性。比如說，第爾（John Deigh）認為我們必須「納入一些因他人的批評或嘲弄而感到羞恥，但主體本人卻並不接受他人對他們的判斷，也不會對他們自己作出同樣判斷的情況」（Deigh 1983: 233; 比較於 Wollheim 1999: 152）。卡爾洪（Cheshire Calhoun）甚至主張，在與自己共享道德實踐活動的他人面前，即使不同意他們的道德批評，卻也能感到羞恥，這正是道德成熟度的展現（Calhoun 2004: 129）。她也因此批評「成熟的行動者只會在**他們自己眼中**感到羞恥，並且只是因為他們自己沒有達成於自律下（autonomously）所立的標準」這種主張（Calhoun 2004: 129）。

這類對**自律**和**他律**概念的使用不明顯能夠確實釐清這個議題。當我接受沙特的說法，認為一個人只有在接受相關的評價時才會感到羞恥，很明顯地，我並不認為一個人只有在沒有達成自律下所立

的標準才會感到羞恥。這裡關注的重點並不在於相關的標準是否來自於自律（完全獨立於他人）的設定（引用沃爾什（Walsh）的說法：「認為一個人可以完全獨立於他人而行動，或認為他們行動時的心純然不受與他人交往的影響，實在天真」；Walsh 1970: 8），而是在於羞恥的感受是否蘊含著對於那些標準的認可——無論其來源為何。簡而言之，爭議的焦點並非在於他人是否能將外在標準加諸於主體個人之上——對這點基本上沒有爭議，而是在於當事人是否需要認可那些評價才能感受到羞恥。現在，卡爾洪進一步認為，任何「將羞恥的影響力」根植於「行動者對侮辱者之評價的認可」這種做法，「都會無法掌握羞恥明顯的社會性特徵」（2004: 135），因為這種做法最終是將「讓我們感到羞恥的他人」化約為「我們自己的鏡像」（2004: 129）。但我們需要接受這個推論嗎？內化他人的評價難道就不會涉及對新的標準的接受？如果會，將他人變成自己的鏡子就幾乎稱不上是一個問題。

　　不過，我們的確需要更仔細地區分他人的評價與其背後的價值。看看以下這個例子：在你把一個快溺水的女孩救起來對她施行口對口人工呼吸時，路人指控你佔那個女孩便宜。由於你問心無愧，你並不接受這個評價，但你的確認同其背後的價值：不應性剝削一個毫無防備的女孩。根據卡斯泰爾弗蘭基（Castelfranchi）和波吉（Poggi）的看法，在這個情況中，你會在他人眼光下感到羞恥，但不會在自身眼光下感到羞恥（Castelfranchi and Poggi 1990: 238）。這種看法可信嗎？說有些情況中人會在他人眼光下感到羞恥，但不會在自身眼光下感到羞恥，這合理嗎？當然，當當事人不覺羞恥時，其他人有可能會覺得這人應該感到羞恥。但這並非卡斯泰爾弗蘭基和波吉所想說的，而是如之前講過的，他們認為一個人

有可能感受到羞恥，卻不是在自身眼光下感受到。我對這個看法保持懷疑。我認為這種情況其實應被詮釋為難為情而非羞恥。

　　為什麼呢？這主要是因為我認為羞恥不同於難為情，它涉及某種意義上有缺陷的自我，並連結到自尊的全面性貶損，而我不認為以上這個情況（當事人不接受他人的評價，並知道那評價是錯的）會引發這種貶損。另一個原因可能是：如博爾諾所觀察到的，難為情關係到面對他人時的不確定性，這就是為什麼我們不會在獨自一人時感到難為情。重要的是，對這種不確定性、這種難為情的感受，我們一般覺得是惱人的障礙，是我們希望能推開、拋在腦後的東西。而羞恥不同。雖然羞恥很痛苦，但是它不會讓人感受到惱人的限制，而是必須被服從和尊重的（Bollnow 2009 [1947]: 66, 69）。我懷疑卡斯泰爾弗蘭基和波吉所描述的情況真能引發這種感受。

　　也許有人會反對這個評估，而堅持那個情況事實上會引發羞恥感。我同意在某種情況下的確有可能，但即使如此，那也不會支持卡斯泰爾弗蘭基和波吉的詮釋，因為如此一來羞恥感仍然會取決於當事人是否接受他人的評價。這是如何可能？如果在你急救那個女孩的過程中突然被她的美觸動，感受到被她吸引，而甚至有個一閃即逝的念頭覺得她的雙唇很性感。如果是這種情況，我想一個人的確有可能因為路人指控而感到羞恥。這會使人從心裡產生懷疑：是否的確是有一些不適當的性興奮的成分？為了支持這個詮釋，可以考慮對原來故事作一點改變的版本。為了要救這個女士，你必須冒生命危險，因為你很不會游泳。在掙扎著將她救起、開始努力使她恢復知覺後，路人指控你想趁機竊取她的財物。在這個情況下，這個指控實在過於牽強，幾乎不可能被當事者接受；因此我覺得，要

說這會引發羞恥，這是相當不合理的。如果當事者對此會有任何反應，比較有可能會是憤慨。

　　作為對比，考慮以下的例子。在一些國家中，女性被期待要戴面紗，不照做會招來嚴厲的譴責。如果一個女性認同的是世俗價值，也完全不尊敬那些譴責者，我認為這樣的譴責不太可能會讓她感到羞恥。但是如果她事實上尊敬他們，他們的認可對她來說很重要呢？難道她面對他們的責難時不會感到羞恥？而這難道不會支持卡爾洪的看法？我不確定會。與其把這個情況視為支持「即使一個人反對相關標準和評價而還是會感到羞恥」的證據，我認為對她的羞恥感更可能的解釋是：因為她了解到她得罪了自己所敬重的人；而她是接受這部分的評價的。

　　但是，也許有人會繼續堅持質問：難道真的沒有情況是一個人感到羞恥，即使他反對相關標準，不同意他人的評價，也看不起給出評價的他人？想想羞恥與羞辱的關係；後者通常涉及地位的暫時改變──一個人被置於較低的地位或等級，而非較長久的身分改變。而且，其之所以發生通常不是因為當事者自己做了什麼事，而是因為他人對他做了什麼。因此，這通常有賴於另一個行動者，一個比當事者權力更大的人。羞辱人是對一個人主張和施加一種特定的、隱性的控制形式，意圖操縱這個人的自尊和自我評價。事實上，很核心的一點是：被羞辱的人可能常無法維持自身身分不被這個受辱的地位玷汙。他可能會感受到被一個不想要的身分弄髒了、拖累了，也可能甚至開始責怪自己，覺得自己對這樣的地位有責任。在這種情況下，羞恥也會隨之而來（Miller 1985: 44）。我認為，這有可能是為什麼被性侵者可能會感到羞恥的原因，雖然很明

顯地他們是受害者而非作惡者。[14] 但是，在有些案例中羞辱和羞恥可以分開。在某些文化中，被一個較自己低階層的人以平等方式對待可能是一種羞辱，而雖然你可能因此感到被羞辱，卻不表示你接受這個評價。這並不會引發我所認為的羞恥之必然特性——自尊的全面性貶損。舉一個文學中的例子，想想馬克吐溫（Mark Twain）關於王子和窮光蛋的故事。當愛德華王子和乞丐湯姆換了身分，明顯地他不斷經歷了自我評價與他人眼中的他兩者之間的衝突。雖然他人對他的評價遠較他的自我評價負面與低下，這之間的張力並不會引發羞恥。為什麼不會？因為愛德華的自我評價不會因為他人對他的評價而貶損或受到威脅。他們可能視他為一個乞丐，但是他知道他是貴族。只有在他接受了他人對他的評價，愛德華才會感受到羞恥。另一方面，儘管一般來說人們會認為他們的羞恥是應得的和合理的（雖然這種看法當然可能是錯的），人們不見得會認為他們所受的羞辱是應得的。這就是為什麼羞辱通常把焦點放在有害的和不公平的他人，也是為什麼被羞辱的感受通常伴隨了報復的慾望（Gilbert 1998）。

---

14 這個論點並不否認以下情況的可能性：某人在羞辱我，而我隨之感到羞恥。這不是因為我接受並內化了他人貶低的評價，而是因為在覺察到自身處於羞辱的情境，而也許因為害怕身體上的懲罰而接受這個情境，我成為了一個自己所鄙視的懦夫。承認這種情況可能發生，並非就接受了卡爾洪的看法，也不是要放棄沙特的主張背後真正的要點。儘管前者不成立的理由應該相當明顯，但後者為何為真卻也許較不清楚。然而，儘管表面看來不是這樣，這個情況其實是一個自我反思形式羞恥的例子，而沙特從來沒有反對這種羞恥感的可能性，也並不主張那種羞恥感必然涉及對他人評價的接受。

14.5 發展上的考量點

此刻，讓我回到關於羞恥的發展起點的問題。如我們已經看到，路易斯認為羞恥最早是從孩童三歲左右才開始發展。在他看來，要感到羞恥，一個孩子必須擁有客觀自我意識和自我概念。除此之外，她也必須擁有辨識、應用、內化標準、規則與目標的能力，以及將自己的行為與這些標準相比、作出評價的能力（Lewis 2007: 135）。辛克（Zinck）和紐恩（Newen）也為一個類似的看法提出辯護，認為羞恥必須由一個迷你理論作為構成要件，而這個迷你理論包含了自我概念、對情境的認知評斷、關於與他人間的具體社會關係的信念、對一般社會規範的信念，以及關於未來的期待或希望（Zinck and Newen 2008: 14）。與此對照，謝勒主張從出生後就存在羞恥的早期形式（1957: 107），而相似看法也在許多精神分析理論中被發現（Broucek 1991; Nathanson 1994）。為了我們當前的目的，為「羞恥到底是多早就出現」下定論並非極度重要；更具意義的問題乃是關於：羞恥是否真的預設擁有自我概念與反思性自我意識的能力，抑或它是預設了移情同感與對他人評價觀點的敏感度？

路易斯不只反對後者為真；他也認為這樣的敏感度本身也依賴自我概念的持有。確實，路易斯明確反對對他人的覺察的早期形式——包括移情同感與情緒分享，因為這些都預設了嬰孩所缺乏的能力，也就是，預設了概念上的他我的區辨（Lewis 1987: 431）。路易斯並非唯一一位支持這種依賴性的學者。比修夫－科勒（Doris Bischof-Köhler）在她的著作中也嘗試將羞恥和移情同感與自我概念的持有作連結。她的論證是什麼？比修夫－科勒遵循一般說法而

主張，移情同感與情緒感染的差別在於前者保有了他我區辨。雖然，根據她的說法，在移情同感的情況中，同感者必然間接分享其對象的情緒（這讓移情同感與較疏離的、認知上的視角攝取有所不同），這份情緒總是保留著「屬於他人」的這個特質——以他人為中心（Bischof-Köhler 2012: 41）。只要這種他我區辨對移情同感是必要的，比修夫－科勒認為後者也必須預設自我概念的持有，因為一個人只有基於這種概念才能覺察到自我是與他人分開且有別的。她到底是如何理解自我概念的？對她來說，自我概念是指我們所擁有的、關於自己作為客體的概念知識，更準確來說，擁有自我概念就是擁有將自我客體化、認識到自己所展現出的外觀、外部面向是自己（的一部分）的能力（Bischof-Köhler 1991: 254）。在這種自我客體化之前，嬰孩當然會擁有主觀自我經驗（這裡比修夫－科勒的想法不如路易斯那麼極端），但是嬰孩缺乏在心理上區辨自我和他人的能力；她會持續對他人作為與自己分開且有別的經驗主體無所覺察，也因此持續只能經歷情緒感染（Bischof-Köhler 1991: 254, 260）。在比修夫－科勒的看法中，移情同感因此需要一種特殊的、具客體化性質的自我辨識。這對羞恥來說也是一樣，羞恥可被理解為對這種自我客體化的一種情緒反應（Bischof-Köhler 1989: 165）；順帶一提，她認為這對鏡像自我辨識也是一樣，這就是為什麼她主張移情同感的出現與通過鏡像自我辨識測試的能力兩者間有相當直接的相關性。因此，擁有自我概念最終被認為是移情同感、羞恥與鏡像自我辨識等三者的決定性先決條件。[15]

---

15 比修夫－科勒主張這個假說可由實驗發現所確認，因為被研究的孩童中，沒有任何人在鏡像自我辨識失敗，卻表現出可稱為移情同感的行為（Bischof-

　　針對這些看法也不乏反對意見。一些學者認為，擁有自我概念與概念性自我知識並非主體際性的先決條件，而是本身必須預設社會性互動。舉例來說，如托馬瑟羅和霍柏森（Hobson）所論證，概念是可一般化的，可適用到超過一個它們所選出的事物之上。學習自我概念，意味著學習到這個概念可以應用在自己和他人——這表示能看出自我和他人的相似性（Hobson et al. 2006: 132）。但是

────────

Köhler 1991: 266）。比修夫－科勒是如何測量移情同感的？她的設計涉及一群年約 16-24 個月大的孩童。在母親的陪伴下，他們逐一遇到一位帶著一隻泰迪熊的成年玩伴。過了一會，這個玩伴「不小心」使泰迪熊失去一隻手臂。這個玩伴開始哀傷啜泣，然後用語言表達出她的哀傷，說：「我的泰迪熊壞掉了。」與此同時，泰迪熊與他的手臂都在孩子面前的地上。如果這個孩子嘗試改變這個玩伴的處境而去安慰她、嘗試修理泰迪熊或請自己的媽媽幫忙，都會被歸類為一個同感者（1991: 261-2）。因此比修夫－科勒在實驗設計中是針對利社會性介入（prosocial intervention），並主張這是在此發展階段唯一可行的移情同感的操作化方式（1991: 260）。這有些令人驚訝，考量到她自己應相當清楚移情同感和憐憫兩者必須被區分，而移情同感並不必然是利社會性的（1991: 259）。此外，在其論著中，比修夫－科勒事實上區分了兩種不同的引發移情同感的方式；移情同感可由他人的表達行為引發（表達誘發性同感），或是由他人所處的情境而引發（情境誘發性同感），而她視前者為比較原始而基本的移情同感形式（1991: 248），後者則涉及較為複雜的非自願觀點轉換（1991: 269）。然而，她自己承認她的實驗設計最可能是針對情境誘發性同感（1991: 269）。因此，比修夫－科勒真正在測量的，其實是「鏡像自我辨識」與「情境誘發性同感所導致的利社會性介入的存在」這兩者之間的相關性。但是，這類介入的缺乏似乎也和較為原始的、卻沒有導致利社會性介入的表達誘發性同感的存在相容，而如果是這樣，就很難論證說實驗結果顯示移情同感一般預設自我概念和自我客體化的能力。除此之外，如德拉吉－羅倫斯（Draghi-Lorenz）和其同事指出，在比修夫－科勒的實驗中無法被歸類為同感者的年紀較小的嬰兒並不能獨立活動，而由於那個哀傷的人在他們搆得著的範圍之外，而他們又通常對如何幫助一個哀傷的人所知有限，因此他們的無動於衷不應被看成缺乏同感關懷和憐憫的證據（Draghi-Lorenz et al. 2001: 266）。

我們並不是僅靠檢視自己的經驗才注意到這個相似性，而是靠對自己採取他人的觀點，嬰孩才能將自己視同他人一般，像是眾人中的一個人，而由此獲得真實的自我概念（Tomasello 1993: 181）。因此，比較於路易斯所辯護的四階段發展路徑理論——（1）我知道；（2）我知道我知道；（3）我知道你知道；（4）我知道你知道我知道（Lewis 2011），霍柏森和托馬瑟羅不但主張嬰孩在能反思地將自己視為一個客體之前，已能覺察到自己與他人處在關係中，而且主張自我概念並非社會理解與主體際性的先決條件，而是出自主體際性，並且是文化學習的產物。因此，只有具社會性或某種特殊人際性的生物能形成這種自我概念（Tomasello 1993: 174; Hobson et al. 2006: 132-3）。[16] 更具體地，托馬瑟羅和霍柏森並都進一步提出：在文化學習中發展出的認知形式以個體從他人視角理解事物的能力為主要特點（Tomasello 1993, 2001; Hobson 1993, 2002）。不單是視角攝取上更高的彈性能促成較複雜的理解（視角攝取為同時對同一事物採取多種視角的能力），內化他人對自己所採觀點最終也會使自己能批判性監控自身的行為與認知。簡單來說，藉由採取他人觀點，我們能對自身取得足夠的距離，使我們能自我批判（Tomasello 1999: 172, 198; Hobson 2002）。

　　這裡的討論很大程度和我們認為自我概念和概念性自我知識究竟是什麼有關。托馬瑟羅和霍柏森似乎採取了一個較比修夫－科勒嚴格的定義，因此，最保險的方法可能還是堅持應採取一個有區

---

16 應強調的是，這個主張是關於正常發展。它並沒有要排除以其他補償性方式來形成自我概念，比如患自閉症的孩童所採用的方式（Hobson 1993; Loveland 1993）。

分差異的模型。羅夏認為，嬰兒在與物品的互動過程中，以及透過探索自身行動在知覺上的效果，早已參與外在化自身活力感受的過程，而此過程可被理解為一種早期的自我客體化（Rochat 1995: 62），也因此可以被理解為比修夫－科勒所說的早期自我概念化。不過，羅夏也認為，與社會互動相比，這個過程對自我客體化的貢獻可能是相當有限的（Rochat 1995: 64）。

　　但是，前語言期的嬰孩擁有了哪種與他人的經驗，可以提供這種特殊的、社會性介導的自我經驗形式？讓我們來看一些相關的發展心理學研究。

　　先來考慮崔瓦琛為了指明剛出生嬰兒與他人進行二元、富含情感的互動的能力所提出的「初階主體際性」（primary intersubjectivity）概念（Trevarthen 1979）。如之前已經提到的，嬰兒剛出生即對眼神接觸有敏感度。新生兒較常、也用較長時間凝視一張有著直視目光的臉（與有著避開目光的臉相比），一如他們也用較長時間凝視一張張著眼睛的臉（與閉著眼睛的臉相比）（Farroni et al. 2002）。即使在非常早期，嬰兒就能對（太多的）注意作出負面反應，也會在嘗試避開、卻失敗後表現出焦慮苦惱（Stern 1985）。長時間的眼神接觸對嬰孩是一種非常強烈的刺激——很明顯這持續到成年都是如此。在二到三個月大，嬰孩就開始藉由微笑和發出聲音與他人展開初始交談，並展現改變與其交談對象之溝通時機與強度的能力。這種早期互動的目的似乎是互動本身，參與者在其中與他人產生情感共鳴。一段時間後，嬰孩會發展出崔瓦琛所稱的「次階主體際性」（secondary intersubjectivity）。她現在不僅開始注意到世界中的事件、人們與其行動，也能結合這兩者——注意到他人如何與世界互動，並逐漸注意到他人如何能

注意到自身也正在注意的**同一**部分的世界（Trevarthen and Hubley 1978）。這種三元協同專注的產生常被認為是發展出成熟的人類社會認知與社會互動的前身。它在語言習得中也扮演重要的角色（要習得一個新的字彙，嬰孩必須能理解對方用這個字的時候，注意力焦點是放在哪裡），而語言本身則使更複雜而完善的協同專注形式──共享思想──成為可能。

但是，協同專注究竟是什麼？一般認為協同專注不只是兩個無關的人同時看著某物，就算其中一人的注意力是被另一人的眼神方向所影響也還是不夠（狗、羊和烏鴉都被觀察到已有此現象）。協同專注要能發生，這兩個人（或更多人）的注意力焦點不能只是往同一個方向運作：「協同」的意義在於一起分享；也就是說，它必涉及對「一起在注意」這個事實的覺察。就是這個特點讓協同專注不同於任何我們獨自可以有的經驗。協同專注的典型例子不只包括了孩子靜靜地注意著他人，也包括嬰孩通過前語言的指向手勢積極邀請其他人來分享他的注意焦點。在這兩種情況中，嬰孩通常都會在他人和物件間來回看，並從對方的臉上的回饋來確定協同專注是否被實現。很重要的是，這種注意力的協同性並不主要表現於單純的交替凝視，而是表現於共享的情感，例如以會意的微笑來表達。對此的一個說法是：人際間協調下的情感狀態可能在協同性的建立中扮演了發展上的關鍵角色（Hobson and Hobson 2011: 116）。另一個提議則是將協同專注視為一種溝通式的互動。根據這種說法，是「溝通」──比如可以是具深意的一眼（不必然採語言形式）──使得共同經驗的事件真正具有了協同性（Carpenter and Liebal 2011: 168）。

關於協同專注於多早時出現還是有爭議。常見的主張是約九

至十二個月的嬰孩才開始覺察到他人的注意力；這看法也被他們這時期進行社會性參照、模仿式學習等能力漸強的現象所支持。然而，如雷迪（Vasudevi Reddy）所指出，在例示協同專注與社會參照的種種形式時，一直以來學界傾向將焦點放在涉及嬰孩、成人和一個與前兩者有一定空間上距離的物體三者間的多元交叉，但因此我們可能會忽視了協同專注的其他種種形式，包括當注意對象是其他人，或距離我們的身體很近的物體，或對象就是我們身體的一部分，或情況是——最簡單也最重要的——他人的注意對象就是嬰孩本身（Reddy 2008: 97-8）。雷迪指出，若嬰孩只有在快滿一歲時才開始覺察他人的注意力，為什麼他們早在二至三個月大時就已經開始與他人從事複雜的臉對臉互動？若後者並不涉及對「他人在注意自己」的覺察，又能表示什麼（Reddy 2008: 91）？ [17] 雷迪認為，嬰兒一開始會覺察到他人的注意力，是當這注意力是放在自己身上——她認為這是我們所能擁有關於注意力的經驗中最強烈的，而她主張，嬰兒是後續才覺察到他人投注在世界其他事物上的注意力——也許是投注在面前的事物、手中的事物或是遠方的事物之上（Reddy 2008: 92, 98）。雷迪認為，嬰孩於是在二至四個月大時會對他人的注意力展現出逐漸擴展的覺察；他們對他人的注意力報以興

---

17 儘管托馬瑟羅承認人類嬰孩從一出生就是社會性生物——他甚至稱他們為超級社會性（ultra-social），並接受約當嬰孩兩到三個月大時開始與他人進行二元互動，有來有往地輪流表達情緒，他卻也同時堅持，這些早期社會互動形式尚不等同於真的主體際性，根據他的看法，後者只有在嬰孩約九個月大左右才開始出現，他並將其直接連繫到嬰孩視他人為經驗主體的這種理解上（Tomasello 1999: 59-62）。托馬瑟羅的理論因此預設了對社會性和主體際性的區別，而我認為這個區別有可能使人混淆，也不如崔瓦琛對初階與次階主體際性的區別能提供較多資訊。

趣、愉悅或焦慮，他們藉由發出聲音來吸引注意力，也似乎期待人們主動與他們配合來維持與調整他們之間的臉對臉互動——一個對這類現象的記錄是**木然臉實驗**（*still-face experiment*）。在這個實驗中，一位成人首先與嬰孩有正常的臉對臉互動，然後有一段時間成人變得沒有反應、面無表情（一臉木然）。這段木然臉期過後，一般又會開始另一段正常的臉對臉互動。嬰孩們（最小是兩個月大）都對木然臉展現出很明顯的反應：他們對這種社會互動的中斷很敏感，他們不僅會藉由對對方笑、發出聲音和作手勢等方式嘗試重新喚回對方的注意力，在這一切努力都失敗時，他們便會轉頭逃避對方目光、開始感到難過（Tronick et al. 1978）。對此研究發現的一般的詮釋是：不僅他人的凝視中的某個東西對嬰兒來說重要到足以引發強烈情緒反應，而且嬰兒對臉對臉互動應以什麼方式進行、互動同伴應有如何的反應等等也都有所期待（Rochat and Striano 1999）。部分因為這類研究發現，雷迪否認嬰孩要到晚期才會發現他人的注意力，而主張從嬰孩早期開始就已經以情感形式經驗到了（Reddy 2008: 144）。

　　無論我們是將真正的協同專注的發生年紀定在二到三個月或是九到十二個月大，無論我們是如何看待二元協同專注（有時被稱為相互注意）和三元協同專注之間的關係，協同專注的研究與關於社會認知的論爭明顯息息相關；舉例來說，這些研究讓我們懷疑一些對於協同專注開始時間較保守的估計。畢竟，早至兩個月大的嬰孩似乎就能對其社交對象的心理特性（而非僅行為表現）——如對方的注意力和情感——作出反應。這當然並不是指嬰孩已經對他人的觀點擁有反思性或概念性的理解，但是，如巴雷西（Barresi）和摩爾（Moore）所言，他們可能在了解「分享經驗」是什麼之前就

已經有了分享的經驗，就如同他們可能在了解「注意力」這個概念前，就已經體驗到他人的注意力（作為某種讓社會互動成為可能的功能特性）（Barresi and Moore 1993: 513）。同樣的，孩童採取他人觀點的能力先於後來發展出的、更複雜的面對和比較不同觀點的能力，兩者不能混為一談（Moll and Meltzoff 2012: 394）。

　　協同專注的研究表明，在很大程度上我們是靠與他人分享事物與事件來理解他們的。莫爾（Moll）與其同事主張，身處於共同參與的情境中、成人直接與之對話和參與其行動的年幼嬰孩，能夠學習到的事物與展現的技能都較多（Moll et al. 2007: 883）。這個發現明確讓我們對「在單面鏡背後的觀察者和一個與那些她嘗試解釋的人互動的某人沒有差別」這個假設產生懷疑（對照 Butterfill 2013）。的確，已有人建議嬰孩們並非「經由冷靜、從外在觀察『他』或『她』」來了解社會世界，而是「從與他們一起互動、從事有共通目標、有共享注意的共同活動的『你』」來了解（Moll and Meltzoff 2012:398）。附帶一提，這個主張與之前所提到胡塞爾和史坦茵的一個看法非常相符；他們不只強調對他人的經驗與共享世界的構成兩者之間的相互關聯，也論證了我們對他人的同感經驗一般涉及協同專注於他們的意向對象（見 10.3.4）。這也呼應舒茲的想法，認為我群關係涉及了我們共享我們各自意識流相互聯結於其中的脈絡，而在這種情況下我們可以享有一種非基於理論或想像的、理解他人之形式（見 10.4）。誠然，如果他人的觀點已在你作為協同專注者時對你顯明，你又何必再透過想像或推理的方式來理解這些觀點（Roessler 2005: 231）？

　　一部分是基於這類研究發現，使得德拉吉—羅倫斯和他的同事質疑路易斯對初階（基本）和次階（自覺）情緒的說法，並批評

他不加思索地排除了在嬰孩一歲時出現嫉妒和羞怯等情緒的證據。他們認為，他並未根據穩固的經驗發現來排除這些證據，而是根據其對「自我經驗及主體際性都在晚期才萌現」的先驗預設（Draghi-Lorenz et al. 2001）。這並不是要否認發展會帶來改變和成熟這個事實，當然孩童比起嬰兒有更豐富與複雜的體驗生活。這裡的重點只是我們也應認知到這些更為複雜的經驗有其發展上的前驅。在一歲時便出現的眾多複雜情緒如害羞、難為情、羞怯與扮小丑、炫耀、取笑等行為，指明了這個年紀的嬰孩已經有了作為他人評價目標的自我感，而且這些評價對他來說是重要的（Tomasello 1999: 90; Hobson 2002: 82; Reddy 2008: 126-7, 137, 143）。事實上，與其主張自覺情緒預設了自我概念和涉及反思性自我評量，與其把這些情緒稱為自覺情緒，不如把這些情緒稱為「自我—他人意識情緒」（self-other-conscious emotions），因為這些情緒讓我們覺察到一個關係性的存有者：這些情緒是關於「與他人關係中的自我」（Reddy 2008: 145）。在其發展的初階形式中，這些情緒揭露了自我暴露在外的、人際的本性；他們被「作為他人注意對象的自我的可見性」所調控。這個對自我的被暴露本性的看法很明顯與路易斯所提出的解釋不同，但我認為更加中肯。

14.6 承受羞恥的自我

雖然目前尚缺乏一個精準無爭議的對羞恥的定義，前述的分析已提供充分解釋，足以回答我一開始所提出的問題：「我們能感受到羞恥」這個事實告訴了我們什麼關於自我的本質？哪種自我會被羞恥感影響？

在本書第一部分，我為一個對自我的極小化概念進行辯護，並論證體驗自我扮演了一個基礎的角色。然而，我同時也強調這個自我概念所能說明的有其限度。這個自我性概念相當單薄；是一個缺乏深度的自我。深入這對羞恥的延伸討論的原因之一，便是為了闡明這個體驗自我的概念的限制。羞恥證實了我們的暴露性、脆弱性和可見性，並重要地連結到諸如隱藏與揭露、社會性與陌異化、分離與互相依存、差異與聯結等議題。承受羞恥的自我並不僅是體驗性的核心自我；或更正確地來說，能夠承受羞恥的自我是一個比極小的體驗自我更複雜的（與被複雜化的）的自我。

如前所提，德奧納及泰洛尼使用了膚淺和深刻羞恥的區分（2011: 201），並論證只有前者與我們的社會身分有關。他們的用字強烈表明了他們將我們存有的內在核心——我們的真實身分——當成「前」或「非」社會性的，而他們認為我們社會面向的身分只是膚淺的、表面的。他們這種說法和以下這段話相當接近：

> 任何在自己面前不會比在別人面前更感到羞恥的人，在身處一個困難的情境、遭受人生痛苦的考驗時，最終將會以某種方式成為人們的奴隸。在他人面前比在自己面前更感羞恥，難道不就是比起對存有而更對表象感到羞恥嗎？
> （Kierkegaard 1993: 53）

這種看法與「如果我們想發現我們實在本真的自我——我們真正是誰，就應拋棄社會秩序和我們偶然的社會身分」這樣的主張非常接近。雖然我對社會建構論的確多有批評，但我真心希望行文到此已很清楚：我對體驗自我的辯護絕對不會致力於上述這種浪漫的想法；雖然我的確認為我們的自我性的一個核心面向是前社會的，但

我不認為深刻羞恥所攸關的是這個體驗性的自我概念。

　　也許可以參考米德的看法，進一步釐清這個議題。如之前提到，根據米德的看法，我們不是憑個人權利而有自我，而是憑藉著我們彼此間的關係。對米德來說，自我性的問題主要在於一個人如何能在經驗上突破自身，而能對他自己成為一個對象。他認為，一個人只能間接地——意即只能透過採納他人對自己的態度——對自己成為一個對象，而這只會在社會環境中發生（Mead 1962: 138）。米德進一步主張，採納他人對自己的態度這種方法不僅使一個人的自我意識成為可能，也使自我批評、自我控制、自我統一能夠發生。米德指出，藉由採納他人對自己的態度，一個人可以「將自身作為一個客觀的整體帶入他自己的經驗範圍中；而因此他能有意識地整合和統一他自身的不同面向，以形成一個單一一致而融貫、有組織的人格」（Mead 1962: 309）。

　　在沙特對羞恥的分析中，我們也可以找到相關的看法。對沙特而言，羞恥對我揭露了我為他人而存在、並可見於他人的事實。沙特也將我的「為他人存有」描述為存有之出神的和外在的面向，並談及在我遭逢他人中所引發的**存在性陌異化**。他人的凝視使我覺察到我的身體是受他人觀點影響之物。這便是為什麼沙特將我的身體說成某種「從所有方向逃離我之物」，一個我最私密「內在」的永恆「外在」（Sartre 2003: 375）。從他人的視角領會我自己，即是去領會在世界中被看到的我自己，作為眾多事物中的一個事物——擁有著我的、卻並非由我選擇的性質與確定性。他人的凝視將我推進世間的空間與時間。我對我自己來說不再是世界的時間與空間的中心。我不再只是在這裡，而在門旁邊，或在沙發上；我不再只是現在，而是為時已晚（Sartre 2003: 287, 291, 451, 544）。

　　然而沙特並非第一個有這類想法的現象學家，胡塞爾也有注意到一種特別而極為重要的自我意識形式，於其中我經驗到正在經驗著我的他人。根據胡塞爾，這種疊代同感的情況——於其中我對他人的間接經驗與我的自我經驗重合——可被形容為一個我經由他人的眼來看到我自己的情況（Husserl 1959: 136-7）。當我理解到，我可以如同他人被給與我那樣而向他人給與，也就是說，當我理解到，我自己是對於他人的他人，我的自我理解也會隨之轉化。只有在我將他人理解為「在理解我」，並將我自己視為對於他人的他人，我才能以理解他們的同樣方式來理解我自己，並覺察到他們所覺察到的那個存在物就是作為一個人格人的我自己（Husserl 1954: 256; 1973b: 78）。因此對於胡塞爾來說，作為一個人格人而存在，就是被社會化到一個社群界域當中而存在，在其中，個人的對己關係是從他人那裡挪用過來的（Husserl 1973b: 175; 1954: 315; 1952: 204-5; 1973c: 177, 603）。胡塞爾有時區別兩種陌異化的自我理解。經由另一個主體，我可以學會將我自己理解為人格人中的一個，也就是，我可以學會對自己採取一種**人格主義**的態度。然而，我也可以學會將我自己視為萬物中的一個因果決定的物，也就是，學會對自己採取一種**自然主義**的態度。藉由採取他人對我施予客體化的觀點，我學會將自己同時作為一個人格人和自然人來理解，也就是同時作為人文學與社會科學研究對象的一個社會化主體和作為一個心理的或心理物理的實體——即作為自然科學研究對象的一個自然化主體（Husserl 1959: 71; 1952: 142-3, 174-5）。這兩種態度都不是可直接達及的；兩者都蘊含了一種由他人引發、對自身態度的基本改變——是他人教我從第三人稱視角來理解自己作為文化與自然性質的承載者。如胡塞爾所說，我無法直接經驗我自己主體際的**現實形**

式（*Realitätsform*），而只能由移情同感介導，而這導向了自我陌異化（Husserl 1952: 90, 111, 200; 1973a: 342, 462; 1973b: 418; 1973c: 19, 589, 634）。

我並不是在主張米德、沙特和胡塞爾意見完全一致。事實上，他們之間一個重要的差異就在於：米德明確區分意識和自我意識，甚至主張在自我意識萌生之前，我們是將自己的感受與感覺當作是環境的一部分——而非是我們自己的——來體驗（Mead 1962: 171）；胡塞爾和沙特兩者卻都會主張，我們的體驗生活從一開始即具有某種原始形式的自我意識。雖然有這個重要差異，我認為他們三位卻都在重視某些自我（經驗）形式在何種程度上是由他人構成。他們都注意到，「我們對於他人對我們的態度的覺察和後續的採納」這點對我們自我的發展所造成的巨大影響。

再次來考慮體驗自我與敘事自我這兩個概念間的差異。很明顯地，這兩個概念在光譜的兩個端點；一方面，我們對自我採取極小式的看法，希望以第一人稱視角來理解它，另一方面，我們則對自我採取豐富而具規範意義、存在於文化與歷史中的看法。極小的自我概念掌握了我們體驗生活中一個重要而前社會的面向，而敘事自我的概念當然包括社會面向——但卻是藉由強調語言在其中的角色而成立。這兩個自我是如此不同，我們很自然會想知道這中間的發展軌跡。我們如何從一個自我發展到另一個自我？一個同時表明體驗自我與敘事自我這兩個概念都需要被補充的可能答案，在於考慮對自我形成與發展皆有直接影響的社會性前語言形式。更明確來說，我的建議是：我們對於他人對我們的態度的經驗和後續的採納，亦即我們透過他人達及的自我理解，對構成自我性的新面向有重大貢獻——這個新面向帶我們超越體驗自我，卻又不等於完全成

熟的敘事地延展的自我。[18] 是在這個討論脈絡下，各種「自我─他人意識情緒」才變得相關；對它們的研究讓我們可以探索奈瑟所謂的**人際自我**，也就是，在與他人的關係中和互動中的自我（Neisser 1991: 203-4）。與體驗自我相比，人際自我很明顯是一個社會構成的自我。我們不僅是透過我們與他人的互動和對他人的情緒反應來體驗自我，也藉著體驗和內化他人對我們的觀點，我們成為了社會性的自我。這個人際自我會投入後來發展，是形成被規範豐富了的、具歷時延展性的敘事自我的重要前身，而因此可被視為前面兩種重要自我面向間的橋樑。但是，這個自我也有其重要預設，包括（而這很明顯反映在這本書的結構中）擁有第一人稱視角和移情同感的能力。

　　如果我們現在回到對羞恥的討論，我並**沒有**要主張羞恥是發展人際自我性的必要條件，或任何主體基於任何原因缺乏羞恥經驗會無法發展出人際自我。我也並不否認「許多羞恥經驗是深植於文化中和預設敘事能力」這點在我看來是相當明顯的事實。然而，就其發展之初階形式而言，羞恥在學習具體社會標準之前即出現。它是那揭露自我的暴露性與社會可見（與不可見）性的自覺情緒的一個有力例證。這也是為什麼我質疑「羞恥的特殊性就在於一種特殊的**個人內在**（*intrapersonal*）評價的出現，一個主體對自身採取的評

---

18 讓我補充一下，沙特和米德兩者都會主張，對自身採取他人觀點也在我們的語言使用中大量出現。沙特指出，語言卓越地表達了我的為他存有，因為語言賦予我其他人已找到字詞來表達的意義（Sartre 2003: 377, 395）；而米德則主張，語言處理過程對自我發展是必要的，而其關鍵重要性來自於溝通要求了一個人必須對自身採取他人的態度這個事實。如米德所說，一個在說話的人是在對自己說他會對他人說的話；否則他不會知道他在說什麼（Mead 1962: 69, 135, 142, 147）。

價觀點」這種看法（Deonna et al. 2011: 135）。我不認為我們能僅藉由注意承受羞恥的主體被拋回自身這個事實就能掌握羞恥的特性。如賽德勒（Seidler）所指出，而我認為這應被視為必要的洞見：「承受羞恥的主體是『自己完全在場』、卻又同時『在自身之外』。」（Seidler 2001: 25-6）我認為，這也是沙特的基本看法。沙特認為羞恥涉及存在性陌異化；我會同意這個看法——至少在我們將之理解為意味著「對自身觀點的決定性改變」的情況下。有時，這陌異化的力量是其他的主體，而沙特所形容我們從他人評價性凝視下所承受到的前反思羞恥感便是一例。有時，羞恥感來自我們對自身的評價，但即使在這種情況中，還是存在某種暴露性與自我陌異化的形式——某種自我觀察與自我遠離。換句話說，在他人在場的情況下，羞恥的經驗可能是前反思的，因為那陌異的觀點是一同存在的。當獨自一人時，羞恥的經驗會具有較為反思性的形式，因為那陌異的觀點必須由一種反思性自我遠離的形式來提供。

　　我因此堅持羞恥內含**他異性**這一種重要的組成元素。[19] 這在羞恥是由他人評價所引發的反應這種情況下很明確，但是即使在過去導向的、自身反思性的羞恥感和未來導向的、對羞恥的焦慮都包含這個面向。這並不僅是因為與其相關的自我遠離和雙重觀點，也是因為他人對我們自身標準的發展與形成有所影響。在這個程度上，他人的評價觀點可能在情緒結構中扮演重要角色，即使在他人並不真正在場，或不被明確想像出來的情況下也是（Landweer 1999:

---

19 除了檢視羞恥這種情緒，還有其他探索自我內在之他異性的方法。如我在《自我覺察與他異性》一書中所論證，對意識時間性與身體性的進一步探討表明，即使是前反思自我意識的最基本形式都包含了他異性的初期元素。

57, 67)。然而更重要的是，即使有人能夠論證那種因為我們沒有達成自己設定的標準而感受到的羞恥並非是直接由社會介入（顯然你不會只在丟臉的時候才會感到羞恥，而讓我們感到羞恥的也不一定總是包含他人的評價），我們仍不應忽視個人**內在性**與**人際間**羞恥之間的關係這個問題。我不但已經拒斥了後者能化約到前者或以它為基礎來解釋這種看法，我也會主張個人內在性羞恥其實是後於人際間的羞恥（並以其為條件）。是由於我對他人的注意力的同感覺察，以及我後來對那個外來觀點的內化，讓我最終能取得會造成自尊降低的那種批判性自我評價所需要的自我遠離。如沙特所言：「雖然某些從羞恥衍生的複雜形式可能出現在反思的層面，羞恥本源上並非反思的現象。事實上不管一個人獨自通過對羞恥的虔誠**實踐**可以達成什麼成果，羞恥的主要結構乃是**在某人之前**。」（Sartre 2003: 245）簡而言之，我認為典型的羞恥經驗提供了具他人介導形式的自我經驗的生動例子，而這是為什麼我會爭辯在羞恥中我們所能找到的自我關係並非——如路易斯、德奧納及泰洛尼所主張的——是全然自給自足、內在導向的。

　　一個進一步探索這個主張的有效性的明顯方式，是檢視自閉症患者的羞恥感的研究。由於他們的社會性障礙，自閉症患者缺乏對他人眼光中的自己的關心，很難想像自己在他人心中的樣子，一般預測會是他們會缺乏一般的羞恥經驗。很不幸地，至今關於這個主題的系統性研究很少。但是，在 2006 年的一個研究中，霍柏森和他的同事們向年幼自閉症兒童的父母詢問他們的孩子是否表現出羞恥。根據他們的研究結果，沒有任何自閉症兒童被報告有明確的羞恥表現——對照非常不同於控制組中的大部分兒童。少數幾位自閉症兒童被報告表現出一些模稜兩可的羞恥的跡象，但是即使在這些

不明確的案例中，還是有些無法確定父母是在報告羞恥或是罪惡感的情況，以下的例子也許可以說明：

> 是的，當他做了錯事，他會隱藏這個事實然後說：「你會對我大吼大叫，你會對我大吼大叫。」……他知道他做了什麼，而且會有懲罰與之相連。我想比起事實上造成那些傷害，他對後果比較害怕；這是我的想法。（Hobson et al. 2006: 66）

關於羞恥的許多面目還有很多可以說的（更別提及社會自我的許多其他面向）。一個對羞恥更全面性的說明還應該包括比如以下等等的進一步研究：它的發展軌跡（它是多早開始；嬰兒的羞恥——如果存在——和成人的羞恥有多相像；它在青春期與人生其他面臨獨立與相互依存間的掙扎時期中扮演何種角色？），它與人格特質的關係（自信與對羞恥的易感度之間的連結為何？），和它的文化特殊性（造成羞恥的情境、羞恥經驗本身和可用的對應技巧在何種程度上會因文化不同而有所改變？）。像是羞恥這類情緒比基本情緒更有其文化特殊性並非不重要，而為了能對這些情緒的複雜度有充分的了解，文化觀點的帶入可能會是不可或缺的。[20]

---

20 比如說，中文應包含了 113 個和羞恥有關的詞，並有特殊的詞對應「丟臉」（losing face）、「真丟臉」（truly losing face）、「丟臉死了」（losing face terribly）、「羞死人了」（being ashamed to death），以及「羞到連祖宗八代都知道了」（being so ashamed that even the ancestors of eight generations can feel it）（Edelstein and Shaver 2007: 200）。有關羞恥的文化心理學會是什麼樣子的進一步考慮，可見 Shweder（2003）。

第十五章
你、我和我們

在 1995 年的一篇文章中，梅特佐夫（Meltzoff）和摩爾避開了兩個有歷史影響力的觀點；這兩個觀點談論的是自我在嬰兒期的地位。按照第一個屬於皮亞傑（Piaget）的觀點，自我和他人之間起初並沒有橋樑；兒童毋寧是在一個相對晚期的階段才逐漸發現他人作為各自存在物的存在。按照第二個屬於社會建構論的觀點，嬰兒起初是沒有自我的，他們唯有經過社會互動才逐漸獲得自我性（Meltzoff and Moore 1995: 88）。梅特佐夫和摩爾所提供的替代選項與我在前面那些章節所提到的觀點十分相近，甚至或許可當作我主要論點的一個簡要總結：

> 新生兒在與人剛開始互動時帶著與生俱來的結構，而與其他個體的互動深深改變了自我的觀念。對自我發展理論的挑戰是要說明這種與生俱來的結構和它後來重整的方式。一個錯誤刻畫新生兒的發展理論是有缺陷的；一個關於與生俱來面向卻忽視了發展面向的模型，便遺漏了人重新設想事物、甚至是重新設想我們自己的能力。（Meltzoff and Moore 1995: 88）

在這個結尾的章節中，我不會在總結與摘要裡面提出更多東西。反

之，我將以回顧的方式來收尾。自我和他人間的關係與糾結遠比我在前面那些章節所能含括的東西更多。讓我藉由思考如何把我一直在展開的基本架構用於闡明**我群**（the We）的結構，來做個總結。

社會存有學中仍在爭議的一個問題是關於我群地位的問題。我群意向性的主體是誰呢？在斟酌可得答案時，並不令人意外的是，某人對於我群和第一人稱複數的解釋通常取決於他對自我和第一人稱單數的解釋。

舉例來說，想想對人格同一性的規範性解釋，據之，人格同一性是來自於若干規範性的承諾，而非關於統一的第一人稱視角。正是當我讓若干規範性原則左右我的意志，正是當我認可、欣然接受並且肯定它們時，我才使它們成為我自己的原則，從而決定成為哪種人。就如蘿瓦（Carol Rovane）所說：「個體的理智由特定的規範要求所界定，只要堅定依循這些要求去生活，就是個體的人格人。」（Rovane 2012: 20）蘿瓦為一種人格同一性的意志論式（voluntarist）想法辯護，據之理性行動者正是藉由劃定深思熟慮的種種界線來確定他們自己的身分。根據她的觀點，因此正是藉由讓自己致力於把某些態度視為進行推論和行動的規範性基礎，正是藉由按照自己加諸自己的準繩來生活，理性行動者才開始有其獨特的觀點，從而有其自己的身分。重要的是，對蘿瓦來說，這樣的堅定立場也可在一個人類群體內產生，從而形成「包含其中所有人的一個**群體人格人**（group person）」（Rovane 2012: 21）。蘿瓦的規範性解釋於是蘊涵了群體人格性的可能性，因為構成身分的挪用行為能夠而且可能出現在不同的範圍內，因而產生不同規模的人格人。透過個別參與者的刻意努力，一個新的群體身分就能被打造出來，它可以且應該受到像任何個別人格人那樣的對待。蘿瓦也的確明白主

張，一個群體擁有普通個別人格人一樣獨特的倫理意涵（Rovane 2012: 29）。

　　到向我群的規範性路線是一個選項。另一條路線則是我們在瑟爾那裡所看到的方法論式的個體主義（methodological individualism）。按照瑟爾的看法，並不存在像是群體心靈——我們的心靈是其碎片——這樣的東西。應該說，所有意向性——包括我群意向性在內——都必須位於個體的心靈中。因此，每當人分享一個意向時，每個個人都有他或她自己的意向，且就這個詞的簡明意義而言，由諸多參與者分享的一個（個例的）意向並不存在。根據這個提案，我群意向性並不包括一個單一的分享的意向狀態，而是包括若干個體狀態，由於這些個體有一種特殊形式，而不同於表現出極為普通意向性的狀態。所以，瑟爾主張，我群意向性是內在於一單一個體心靈的一種帶有**我群意向**形式的意向性，他並宣稱，即使沒有其他行動者存在，一個個體仍可進行我群意向。瑟爾接著考慮到獨我論式的我群意向性，且堅持一個個體可擁有我群意向性，即使他只不過是一個桶中之腦（Searle 2002: 96）。

　　瑟爾大致上可能比蘿瓦更關心現象意識，但這不表示，他的解釋與他所偏好之方法論式的個體主義必然與在現象學傳統中可見的幾個觀點相一致。在《社會實在的建構》（*The Construction of Social Reality*）的導論中，瑟爾評論說，二十世紀早期的偉大的「哲學家與社會學家」缺少適當的工具來處理我群視角的問題，尤其是缺少一個充分發展的意向性理論（Searle 1995, p. xii）。瑟爾提到韋伯（Weber）、齊美爾（Simmel）和涂爾幹（Durkheim）的作品，但遺忘了舒茲；而舒茲於 1932 年的論文《社會世界之意義構成》與瑟爾的計畫之間，比起光看標題，有更多近似之處。我們在

舒茲和在他所屬的現象學傳統中所看到的，不只有對於意向性、自我與主體際性十分細緻的分析，也有對於我群意向性及其對社會實在的構成之貢獻的一個專門研究。要思考的一個明顯問題是，現象學是否可以對我群提供一個比瑟爾的解釋更有關係性的解釋，而同時保有一個體驗性的第一人稱基礎，亦即不成為像蘿瓦的解釋那樣全然是規範性的？

想想卡爾（David Carr）的作品。在〈我們思，故我們在：第一人稱複數的意向性〉（Cogitamus Ergo Sumus: The Intentionality of the First-Person Plural）那篇文章中，卡爾問道：說群體是一個集體的主體是否是合理的？他的答案是肯定的，且他提出現象學將會支持這樣的一個裁定。例如，我不把一段經驗或一項行動歸屬於我自己或你，而是把它歸屬於我們，也就是歸於一個我群。以上那種例子就如同在我兒子和我旅途歸來的例子中，當看到一個共同的朋友，我大叫「我們看到它了！我們發現那隻刺蝟了！」；在這樣的例子中，那段經驗不僅作為我的經驗，而是作為我們的經驗而被給與我；該行動不僅被作為我的行動，而是作為我們的行動而被給與我。

不可否認的是，第一人稱複數有許多用處。在某些情況下，「我們看到那隻刺蝟」這個用語可以僅是暗指一個共同對象。如果我們各自在不同時間，或甚至同時看到那隻刺蝟而不知道彼此在場，我們就可以以「我看到那隻刺蝟且你看到那隻刺蝟」絲毫不差地取代「我們看到那隻刺蝟」。但在其他情況下，我們說「我們」，是為了表達我們對一個群體的認同及我們在該群體中的成員身分（Carr 1986a: 525）。如果我們一起發現那隻刺蝟，且如果我們各自都覺察到另一人也看到它，某些重要的東西就會因分配性的重新表

述而喪失掉了，因為使用「我們」一詞所意圖要捕捉的不只是「曾有一個共同對象」這個事實。我們一起發現那隻刺蝟，雖然我沒有透過我兒子之眼看到那隻動物，牠被他看到卻是我關於牠的經驗之部分。如卡爾所釐清的，不只是我有這種複合經驗，我的兒子也有。因此，我們各自都有一段同時結合與包含了若干視角的一段複合經驗。那段複合經驗只能被歸屬於一種主體，即複數的主體——我群。它無法被歸屬於一個單一個體。重要的是，之所以無法如此歸屬的一個理由正是因為，該經驗含括了那個個體不能直接達致的種種方面和視角（Carr 1986a: 526）。這是一個重要論點，因為卡爾藉之清楚強調我群（必然涉及保持甚至承認複數性和差異的）有別於某種更大規模的我（Carr 1986a: 532）。

按照卡爾的說法，我群是與他人共在的一種特殊方式的標籤，即一種社會存在的特殊形式的標籤。因而非常重要的是，我群不是從外部觀察到的某種存在物，而是我從內部依我的成員身分和參與所體驗到的某種東西。當採用我群視角時，我們並不拋離第一人稱的觀點；應該說，我們只是將其單數形式改換成複數形式。卡爾接著強調，對第一人稱複數或我群主體的思考如何開啟了對社會存在和行動的一個嶄新描述。社會群體的種種經驗與行動不再需要被視作是第三人稱的現象，而正可從參與者的視角來確切加以考量（Carr 1986a: 530）。因此重要的是去區分客觀的群體成員身分與身為我群的一份子。無論某人是否知道或關心，他都可能依出生（或依其權利）而為某個群體（家庭、階級、國家、種族等）的一員，就如同局外人可能將某人歸類為某個群體的一員，而全然無涉被歸類者自己對此的看法。但這種群體成員的身分並不相當於一個我群。要使一個我群出現，成員們必須認同並參與該群體。重要的是

他們對彼此（與對他們自己）的態度（Carr 1986b: 161）。這麼說絕不就是表明，對於我群的認同與參與總是自願發生的；這點只是意指它以一些重要方面涉及、而非迴避自我理解與涉及團體的第一人稱視角。

　　總結卡爾解釋的一種方式可以這麼說：對他而言，我群意向性既是關係性的又是不可化約的。按照這樣的說法，我群意向性沒有單一的所有者（既非一個個體也不是一個群體心靈），而是出現在諸多參與個體之間的互動，且是由此互動維持的某種東西。也就是說，我群意向性的擁有者地位必然是複數的；它不能獨立於個體的諸般意向而存在，也無法化約為後者。

　　比起瑟爾和蘿瓦的方案，我更贊同這個方案，但這三個解釋都遺漏而未能充分確立與說明的是，我群意向性在認知上和情感上的若干預設。瑟爾一度承認，中心預設之一是一個「在生物學上原始的、對他人作為可分享意向性者的覺知」（Searle 1990: 415）。同樣地，卡爾提出一個個體可藉由成為一個經驗者社群的一員而被加入一個我群主體，且這需要對該群體有某種程度的認同。但若我群意向性包括某種認同和／或與他人分享，它預設了何種對他人的覺察？這是瑟爾與卡爾（乃至於蘿瓦）都沒有解決的一個問題。

　　在這點上，很容易從第二和第三部分所看到的討論獲益。首先像是對協同專注的發展性研究。有人不時宣稱，幼童不能體會經驗主體的分離性，且他們對心靈狀態的覺察包括一個無分別的**我們**——不可分解為**我**和**你**。如果這欲意指的是，嬰兒對他人心理性質的理解，不容許他們自己和他人觀點間有任何分歧，那就如羅斯樂（Roessler）所指出的，早期協同專注中的諸般互動提供了直截了當的反證，因為前語言手勢的唯一目的就是要使某人的注意焦點與他

自己的相一致（Roessler 2005: 247）。

接著想想情緒感染、移情同感與經驗分享之間的區別。鑑於前二者不構成或不等於任何我群視角，經驗分享或許讓我們更接近我們所要尋求的東西。如我們已看到的，有一些好的理由可以反駁移情同感涉及分享這個看法。但經驗分享本身是怎樣的？用斯贊拓（Szanto）最近提出的幾個語詞來說，經驗分享同時要求一個複數性和一個整全性條件（Szanto 2015）。分享與融合無關，與一個合併的統一體無關。[1] 分享涉及複數的主體，但其所涉及的不僅是總和或聚集：必須也要有一種特別的整合。經驗分享不僅是個別經驗加上相互的知識；應該說，我們所追求的是一種情況，在其中諸個

1　有人或許會反駁說，這個想法直截了當地與謝勒在《同情的本質與諸形式》的立場相抵觸，我們在該書中可看到下列段落：「父母站在一個心愛孩子的遺體旁邊。他們共同感受到『相同的』悲傷，『相同的』痛苦；並非 A 感受到這個悲傷而 B 也感受到它，且他們都知道他們正在感受它。不是的，這是一種**共同的感受**（feeling-in-common）。在此 A 的悲傷對 B 來說並非『客體性的』（objectual），不像是對他們的朋友 C 那樣——他在他們旁邊，並『為他們』或『對他們的悲傷』感到難過。相反的，他們一起感受到它，在他們共同感受和經驗的意義上，不只感受到完全自我同一的價值情況，也感受到同樣強烈的相關情緒。作為價值內容的悲傷和作為作用關係之特徵的悲痛在這裡是**一個且同一的**。」（Scheler 2008: 12-13; 翻譯經修改）我們可能會很想這樣詮釋謝勒，即在兩個個體都能以第一人稱進入該同樣經驗的意義上，情緒分享例示了一個個例經驗被兩個個體分享的一個情況。但這樣一種看法似乎蘊涵著兩個個體至少在關於該經驗片段上已結合或融合為一，就此而言，我們便可以質問是否一個可被雙重擁有或分享之個例狀態的概念基本上並非是不融貫的。然而，為何這在任何情況中都是對謝勒的錯誤詮釋，這裡有一個理由。在《同情的本質與諸形式》稍微後面之處，謝勒回到悲傷父母的例子，接著寫道：「父親和母親的感受過程是在各自狀況中被分別給與的；唯有他們所感受到的——那一種悲傷——及其價值內容是立即呈現給他們為同一的。」（Scheler 2008: 37）如果感受過程是分別被給與父母的，那麼謝勒應該要替同樣個例經驗乃是由若干個體分享的看法辯護，這點就確實是不明顯的。

體的經驗得到共同調整且在構成上結合在一起，也就是說，個體只擁有他們依其與彼此的相互關係而獲得的經驗。此外，似乎也有感受到親密無間的某種需求（Walther 1923: 33），亦即某種對彼此的認同。[2]

　　由於經驗分享包含了他人理解的要素，以及蘊涵一個對差異和複數性的保存，它與情緒感染明顯不同。不過，正是由於共同調整和相互性，它也不同於移情同感。像是我朋友和我正在一起欣賞一部電影這個情況。我們不只各自觀看與欣賞那部電影，我們也同感地經驗到另一人正協同專注於、且欣賞著那部電影，而這影響了我們自己樂趣的結構與質性。就如舒茲所寫的，我們因而「活在**我們共同的意識流中**」（Schutz 1967: 167）。這裡並不蘊涵一形上的融合，舒茲在此所想的是這個事實：即我們各自的意識流在這樣的情況中是**緊密扣連**著的，所以我們各自的每個經驗是由我們相互牽連而受到影響（Schutz 1967: 167, 180）。

　　從這些不是非常嚴謹的評論中可以顯露一件事，即我群意向性似乎預設且涉及自我意識和對他人的意識兩者。這顯然與任何將我群視作一原始的、無條件的現象之提案截然不同。然而，說我群視角保留而非廢除自我和他人之間的差異是一回事，需要更進一步理解的是，那種自我與他人之間必須要具有的、以使我群得以出現的關係。讓我提出最後一個建議，那就是，我群意向性本身也涉及一種特殊的相互性，而這種相互性要求要採取所謂**第二人稱視角**的能

2　必須加入這個條件要求，以排除明顯的反例——包括那些涉及顯然不算被分享之構成上獨立經驗的情況。例如，殘酷成性的強暴犯的樂趣是因受害者的恐懼而得到助長，且在構成上取決於受害者的恐懼，反之亦然。

力。

　　想想舒茲關於汝向態度的討論。舒茲對於單方面「社會觀察」與我們在面對面遭遇中看到的相互往來之間所做的區分（Schutz 1967: 165-6, 173），預告了最近在社會認知中有關第二人稱視角的本性的爭論。就如我已談到的，最近幾年有個持續進行的爭論是關於：心靈理論爭論中兩個佔優勢主流立場——（不同版本的）理論理論與（不同版本的）模擬理論——是否是相斥的，且是否足以掌握社會認知的基本形式。偶爾有人會主張，兩個傳統立場都有一個限制，即他們要不著重第一人稱視角（這是一種版本的模擬理論），要不著重第三人稱視角（這是理論理論），而我們真正需要的是明確指向第二人稱視角的一個理論。不過，關於第二人稱視角確切是什麼，仍莫衷一是。在希爾巴赫（Schilbach）及其同事們所寫的《行為和腦科學》（*Behavioral and Brain Sciences*）中的一篇目標文章中，可以看到一個有影響力的解釋。對他們來說，第二人稱視角關涉到直接與他人互動、且帶有情緒地與他人往來（而非只從遠處觀看他們）這樣的議題。因此，第二人稱視角不同於所謂「旁觀的位置」（spectatorial stance）（Schilbach et al. 2013）。但是，有個面向在希爾巴赫及其同事的文稿中或許沒有受到充分強調：即相互性的角色。或許第二人稱視角最獨特的特色不是行動的部分，不是某人因為與他人往來互動而覺察到他人心靈狀態這個事實，而是相互的關係（de Bruin et al. 2012; Fuchs 2013）。有人可能會主張，第二人稱視角涉及我和你之間的一個關係；在其中，把你當作你來理解的獨特之處在於，你對我也有一個第二人稱視角，也就是說，你把我當作你的你。在那個程度上，沒有一個單一的你存在：總是必須至少有兩個你存在。簡言之，採取第二人稱視角就是進入一個

主體與主體（你與我）的關係，在其中我覺察到他人且同時隱然覺察到直接受格的我自己，如同由他人所關注或稱呼那樣（Husserl 1973b: 211）。[3]

　　這點有一個含意顯然是，當舒茲提到社會觀察作為單邊汝向態度時，他是錯的。與舒茲所言相反，只藉由注意到某人而把他挑出來，只把意識歸屬於我所直接經驗到的某人，這還不算是進入到一個汝向態度，因為如果沒有他人那部分的互相往來，就不會有任何汝向態度。

　　現在，這個想法確實需要進一步詳述。但我的建議是，若我們想獲得對我群更進一步的理解，我們應更仔細思索「你」，因為對於理解第一人稱複數來說，第二人稱單數是重要的。採取第二人稱視角並且處於你與某個他人的關係中，就同時會修改且豐富你自己的自我經驗。但這正是諸項條件之一。為了加入和參與到一個我群經驗，你不能只將就於你平常的自我經驗；僅觀察那些從事於你也能達成的行動的他人，這也是不夠的。你所需要的是某種程度的自我陌異化——減少你與他人的距離，使你更像他人。你需要去體驗他人對你的那些視角，你需要覺察到他們覺察到你，且透過他們的眼睛看見自己，如此你才能以你體驗他們的同樣方式體驗你自己。如此一來，你就能開始覺察到自己是他們之一，或更確切地說，你就能開始覺察到你自己是我們之一。後面這種自我經驗並不會取代你的前反思自我意識：它予以補充。

　　就如已經指出的，對傳統現象學來說，這不是一個全然陌生的看法。例如下列來自舒茲的引文：

―――――

3　附帶一提，這就是為什麼談論你我關係要比談論我汝關係更好的原因。

我以一種他向態度看待我的夥伴，而他反過來朝向我。我立即且同時掌握到這個事實，即就他而言，他覺察到了我對他的注意。在這樣的實例中，我、你、**我們**生活在社會關係自身中，且這之所以為真是由於指向夥伴的那些活生生活動的意向性。我、你、我們藉由這種方式、在注意力對相互導向於彼此的狀態所造成的特定改變中，從一個時刻被帶到下一個時刻。因此，我們所生活於其中的社會關係，正是藉由注意力對我的他向態度所造成的改變而得以構成。我立即且直接在後者〔我的他向態度〕內掌握到夥伴作為反過來朝向我的人之活生生的實在。（Schutz 1967: 156-7）

舒茲也堅持，我群關係在面對面情況中，不是可透過反思方式達致的東西，而是前反思所體驗到的某種東西（Schutz 1967: 170）。如果我們欲思考且顯題地觀察我們的關係和我們共同擁有的種種經驗，我們就必須從彼此退回，從而離開面對面的關係（Schutz 1967: 167）。

若我們談到胡塞爾，他在許多研究手稿中主張，某個重大的事情，它超越了移情同感而發生在我朝向他人、開始對他人說話的時刻。如他所說，當我試圖影響他人時，當他人覺察到有人對他說話時，以及當他回應時，以及我們都開始覺察到我們被另一人所經驗和理解時，我們在此面對的正是建立我群這種更高階的人際統一體的溝通活動，藉之世界獲得真正社會世界的特性（Husserl 1973c: 472; 1952: 192-4）。胡塞爾因而強調溝通與對話的中心地位，並也突顯出當相互性是關於我群的出現時，它有多重要。在他若干文本

中，他稱注意力為一種特殊形式的自我意識，它藉由採取他人對自己的視角而發生。不令人驚訝的是，胡塞爾通常聲稱，這種類型的自我領會是由一複雜且間接的意向性結構所刻畫的，我在那透過他人而得到反思。但如他也明言，只有當我初次且在適當意義上是一個他人對面的我，才因此處在一個可說「我們」的立場上（Husserl 1952: 242, 250）。

　　儘管胡塞爾對此過程的描述或許讓它聽起來過於複雜，我們並不明顯地正在處理一個僅在發展後期發生的過程。或者換句話說，我們不應忘記，第二人稱視角的最先進形式之採取有一些發展的先驅。這些年來，霍柏森主張，在人類發展中，「認同於」（identifying-with）的過程因為構造出「帶有他我區分與連結的兩極的社會經驗」而扮演一個非常早期和中樞的角色（Hobson 2008: 386）。在一篇共同執筆的論文中，此過程更進一步被描述如下：「認同於某個他人，就是從他人的視角或立場來連結到某個他人的行動和態度，如此一個人就吸收他人對世界的取向，包括對自我的取向，從而這個取向成為那個人自己的心理功能之特性。」（Hobson and Hobson 2007: 415）重要的是，霍柏森也認為，認同的關鍵在於情感分享，他主張，幼兒與他人的情感交流已經提供他們種種人際經驗，包括相似與差異、聯繫與區分之間的一種互動（Hobson 2007: 270, cf. Reddy 2008）。

　　按照我提出的解釋，我群（經驗）並不優先於，或是與自我（經驗）或他人（經驗）同等原初。應該說，我群意向性的種種原型形式是建立在移情同感和協同專注之上，且需要一特殊的相互的第二人稱視角。他我差異、自我和他人的區別因此先於我群的出現而保留在我群中。我強調一下，這並非是一種化約式的宣稱。此宣

稱不是說，後者可以被化約為前者，或者它可以藉由對你我關係的分析來加以徹底解釋。此宣稱只是說，你我關係是一個必要構成要素。

事實上，或許重要的是去分辨為彼此存在（*Füreinandersein*）和彼此共在（*Miteinandersein*）。你我關係可以是二元的，但我群在典型上包括三元結構，其中的焦點是一個共享的對象或計畫。不只可以有你我熱烈互動的種種事例，像是強烈的口頭爭吵或爭論，其中尚未（或不再）有一個我群在場，而且甚至在更融洽的情況中，過度關注於他人可能會中斷所分享的視角。一起欣賞電影的夫婦可當作這點的一個好範例。他們注意的焦點是電影而非彼此。因此，我群通常是在場的，並且在反思地顯題化之前，前反思地體驗著種種行動和經驗（Schmid 2005: 99）。不過，這不是說經驗的分享是獨立於且先於任何對他人的覺察，就如史密特（Schmid）似乎也如此主張那樣（Schmid 2005: 138）。我們不應錯誤地把意識等同於顯題的或有焦點的意識。畢竟，我能保持著覺察到我的夥伴，即使我沒有顯題地覺察到她，且我發現，如果完全缺少對他人的覺察的任何形式，就很難理解共享經驗的意思。

然而，目前我一直聚焦在出現在面對面互動中的那種我群，它蘊涵了一個對他人作為不同個體的覺察。但我們也應該承認，這個十分短暫的、必定是此處此時的我群只是其中一種我群。一方面，我們可以看到遠為非人格的、匿名的且由語言中介之種種形式的我群意向性。舉例來說，一個物理學家宣布：「我們終於發現希格斯玻色粒子（Higgs boson-like particle）」，儘管她自己絕未直接加入歐洲核子研究組織（CERN）實驗，或者反抗戰士在面向行刑隊時大喊：「我們將會打敗你們」，因而認同於一個將在他生後出現的

團體。這裡重要的是要去確定：種種認同過程在這種形式的我群意向性中扮演什麼角色，以及這些更加非人格形式的我群意向性，是否只是寄生在那種應是基於面對面的更基本形式的我群意向性，或者它們是否有其自己的本源性與不可化約性。[4] 另一方面，有人主張，許多形式的我群意向性是比我一直聚焦的那種形式更原始。舉例來說，某些形式的行動協調是全然獨立於任何導向他人的意向性或共同計畫而發生的，例如，若干行動者因受到同樣的知覺提示與慣常動作所驅使，開始像是一個單一協調的存在者而行動。我想到的幾個例子是，觀眾一致地鼓掌，行人進入同樣的行走模式，或者兩人在搖椅上不由自主地同步其搖晃的頻率（Knoblich et al. 2011）。如果這種突現的行動協調足以作為一種我群意向性，我們可以質疑的是，它是否可以按照上述提出的那些方式來加以分析。因此，有一個選項是引入並使用一個更極小化的我群意向性形式。另一個就我看來更具吸引力的選項則是：承認突現的行動協調可能確實是很基本的，但同時也堅持，比起真正的分享，它與運動擬態和感染更為相似，這就是為什麼它終究不等同於或是構成一個我群經驗的真正例子。

　　正如對羞恥的討論，關於我群還有更多可以討論的事。例如，根據透納（Turner）和他的同事宣稱，「正是在群體間差異（intergroup differences）容易被知覺為比群體內差異（intragroup differences）更大之處，我們傾向把自我歸類於『我們』而非

4　即使前者是真的，它顯然並不蘊涵某人與他所認同之群體成員的所有個體之間，必然已經有具體的你我關係。重點應該是，在某人能加入更匿名形式的我群意向性之前，某人得要已具有某些你我關係。

『我』，且把包含其中的他人視作相似的而非不同的。」（Turner et al. 1994: 457）簡言之，**他們**的角色為何？而在多大程度上人們在遭遇群體外的成員與迥異的群體時，會更加傾向於將自己經驗為我群的一份子、經驗為我們之一？我無法在這裡進一步追究這些重要問題，但我希望這個關於我群的簡短總結討論對關於自我和他人之先前研究的理論效益已做了示範。我同意那些宣稱來自社會認知和社會存有學諸領域的結果可以對心靈哲學中的若干基本假定施加壓力。在前面那些領域的研究發現可迫使我們修正、甚至拒斥對心靈和自我的極度獨我論式和脫離現實的一些解釋——如果後者最終與真正我群現象的存在最終並不相容的話。這點我同意，但我拒絕下面這個提案：在發展使人信服的我群理論時，要有進展就必須把諸如主體、主體性、我、你、受格我、自我、他人等概念一併拋棄掉。那樣做不只是如諺語所言般將嬰兒與洗澡水一起拋掉；那也意味著堅信於笛卡兒式主體構想，而它是我們據說正嘗試去克服的。

西文與中文人名對照表

Albahari, M. 阿爾巴赫瑞 13-4, 17, 21, 76-84, 94

Althusser, L. 阿圖塞 26

Amsterdam, B. 安斯特丹 327-8

Apel, K. 阿佩爾 1

Apperly, I. 亞佩利 168, 283, 301

Aristotle 亞里斯多德 57, 83, 362

Arnauld, A. 阿諾德 57

Atkins, K. 亞特金斯 98, 100, 103

Atkinson, A. P. 亞特金森 182-3, 173

Baron-Cohen, S. 巴倫 - 柯恩 20-1, 31, 168, 286

Barresi, J. 巴雷西 375-6

Battaly, H. D. 巴特利 241, 247

Becchio, C. 貝奇歐 260 n.2

Bergson, H. 柏格森 127 n.4, 185

Binswanger, L. 賓斯萬格 310

Bischof-Köhler, D. 比修夫 - 科勒 368-9, 370-2

Blanke, O. 布蘭克 72

Boghossian, P. A. 柏格西安 66

Bollnow, O. F. 博爾諾 347, 357, 365

Borg, E. 柏格 260

Botterill, G. 波特列爾 289 n.12

Brentano, F. 布倫塔諾 35 n.4, 40, 57

Broesch, T. 布勒許 331-2

Bruner, J. 布魯納 96-7, 102, 104-6, 274

Calhoun, C. 卡爾洪 361-2, 337, 363-4, 366-7

Campbell, J. 坎貝爾 70-1

Campos, J. J. 坎波斯 16

Carnap, R. 卡納普 233

Carr, D. 卡爾 102, 107 n.7, 390-2

Carruthers, P. 卡拉瑟斯 33, 52 n.3, 285-6, 342

Cassirer, E. 卡西勒 209 n.8, 297-8

Castelfranchi, C. 卡斯泰爾弗蘭基 364-5

Cooley, C. H. 庫利 333

Crick, F. 克里克 18-9

Csibra, G. 希柏樂 286-7

Currie, G. 克里 279-81

Dainton, B. 丹頓 41-2, 117-21, 123, 125, 127, 153-4

Damasio, A. 達瑪西奧 106

Darwall, S. 達沃 171, 193

Darwin, C. 達爾文 343

De Preester, H. 德普雷斯特 229 n.15, 230, 257

De Vignemont, F. 德維尼蒙 171-3, 242-6, 266, 269

Dearing, R. L. 狄林 347

Decety, J. 迪西堤 171, 173, 275

Deigh, J. 第爾 363

Dennett, D. 丹奈特 50 n.2, 89, 103, 186, 335

Deonna, J. 德奧納 346, 353-6, 378, 383-4

Derrida, J. 德希達 2, 263

Descartes, R. 笛卡兒 56 n.6, 56-7, 85, 246

Dilthey, W. 狄爾泰 97-8, 185

Draghi-Lorenz, R. 德拉吉-羅倫斯 370 n.15, 376-7

Dretske, F. 崔斯基 58-9, 63-4, 290, 292

Dreyfus, G. 傑弗斯 82-4, 112, 132

Dreyfus, H. 德雷弗斯 49-50

Durkheim, E. 涂爾幹 389

Eisenberg, N. 艾森堡 171

Ekman, P. 艾克曼 181, 337

Epley, N. 艾普立 281

Farah, M. J. 法拉 319-20

Fasching, W. 法勳 81 n.1

Finkelstein, D. H. 芬克爾斯坦 66

Flanagan, O. 弗拉納根 32

Fogassi, L. 弗加西 253

Foucault, M. 傅柯 26

Frankfurt, H. 法蘭克福 92-4, 142

Frith, C. 佛里斯 314

Frith, U. 弗里斯 20, 31, 286, 324 n.1

Gallagher, S. 蓋勒格 71, 102, 251, 263, 278, 286

Gallese, V. 加里斯 169, 171-2, 178-9, 184-5, 252-5, 257, 260-4

Gallup, G. 蓋洛普 30, 321-7, 331, 333, 342

Ganeri, J. 蓋納瑞 82, 84

Geiger, M. 蓋格 174, 185

Gergely, G. 哥格里 53 n.4, 157

Gibson, J. 吉布森 15

Gillihan, S. J. 吉里漢 319-20

Goldie, P. 果迪 96 n.4, 99, 172

Goldman, A. 高曼 169, 178-85, 246, 252, 256, 265, 278

Gopnik, A. 哥普尼克 168, 278-9, 285-6 n.9, 288 n.10

Gordon, R. 戈登 169, 171, 265

Green, M. 格林 273, 295 n.14, 299

Groos, S. 格魯斯 174

Gurwitsch, A. 顧爾維奇 57, 85, 185, 187-8, 201, 236, 266, 273-4, 277, 310-1

Habermas, J. 哈伯瑪斯 1, 161

Hacker, P. M. S. 哈克 270, 335

Happé, F. 哈普 20, 31, 286, 324 n.1

Harré, R. 哈雷 340, 343

Heal, J. 希爾 265

Hegel, G. W. F. 黑格爾 25

Heidegger, M. 海德格 1, 83, 233, 251, 267, 277 n.8, 309-12, 314, 352 n.7

Henrich, D. 亨瑞希 57

Henry, M. 昂希 2, 30 n.2, 38, 57

Hobson, P. 霍柏森 84, 324 n.1, 370-1, 373, 377, 384-5, 398

Hoffman, M. L. 霍夫曼 172

Honneth, A. 霍奈特 237 n.17, 361-2

Hopkins, G. M. 霍普金斯 41, 44

Hume, D. 休謨 43, 56 n.6, 100, 173-4

n.2

Husserl, E. 胡塞爾 1-2, 6-7, 25, 27, 29-30, 33, 35, 37, 50 n.2, 57, 61-2, 97-8, 113-7, 129-130 n.5, 135, 137, 139-49, 161, 164, 185, 187-191, 204-8, 210-34, 227-32, 234, 236, 246, 248, 250-1, 255-9, 263-4, 272, 275, 277, 291-2, 308, 311, 330 n.2, 376, 380-1, 396-8

Iacoboni, M. 艾亞可伯尼 182, 184-5, 255-8, 263, 265

Ingarden, R. 英加敦 185-6

Jack, A. 傑克 248, 289

Jacob, P. 雅各 242-6, 251, 260, 266, 277-8, 293, 299, 302

Jacoby, M. 雅各比 340

James, W. 詹姆斯 74, 155

Janzen, G. 君森 36, 86-7

Jaspers, K. 雅斯培 16

Kant, I. 康德 42, 129

Karlsson, G. 卡爾森 363

Keenan, J. P. 吉南 320-7, 333-4

Kenny, A. 肯尼 145 n.2

Keysers, C. 凱瑟斯 182 n.3, 183, 252, 262-4

Klawonn, E. 克拉翁 38, 47, 128, 133-4

Klein, S. 克萊因 22-3, 105-6, 320

Korsgaard, C. M. 柯斯嘉 90-2

Kriegel, U. 克里格 32-6, 39-41, 63, 326

Landweer, H. 蘭德韋爾 363, 383

Lane, T. 藍亭 70, 72-3

Lavelle, J. 拉維爾 265 n.4, 279-81, 284-5, 289

Leibniz 萊布尼茲 229

Levinas, E. 列維納斯 202, 233, 313-4, 346 n.3

Levine, J. 李維 39-41

Lewis, M. 路易斯 338-9, 341-43, 355, 368-9, 371, 376-7, 384

Lichtenberg, G. C. 利希登堡 85

Lipps, T. 利普斯 7, 145 n.2, 173-8, 181-2, 184-90, 250, 255, 257-8, 261, 263

Locke, J 洛克 57, 130-1

Lohmar, D. 婁瑪 257

Loveland, K. 洛夫蘭 326, 371

Lyyra, P. 里拉 52, 56

MacIntyre, A. 麥金泰爾 95, 97-9

Margolis, J. 馬戈利斯 47

McCulloch, G. 麥克庫勞 298

Mead, G. H. 米德 25,155-6, 333, 379, 381, 382 n.18

Meltzoff, A. N. 梅特佐夫 385

Menary, R. 門諾瑞 102, 104

Merleau-Ponty, M. 梅洛龐蒂 1-2, 6, 30 n.2, 57, 60, 135-40, 148-9, 162-3, 175, 185, 201, 220, 224, 229 n.15, 251, 255, 258-9, 262-3, 274-5, 277, 297-8, 303, 311-2, 328-30

Metzinger, T. 麥琴格 13-4, 17, 21, 69, 72, 83, 89, 156, 335

Miller, B. L. 米樂 17-8

Miller, S. 米勒 357, 360 n.12, 366

Minkowski, E. 閔考斯基 17

Mitchell, R. W. 米契爾 265, 278, 281, 326

Mohanty, J. 莫漢帝 55 n.5

Moll, H. 莫爾 376

Montaigne, M. 蒙田 83

Moore, C. 摩爾 375-6

Moore, M. K. 摩爾 387

Moran, R. 莫倫 91-2, 142, 271

Murray, L. 莫瑞 287

Neisser, U. 奈瑟 15-6, 84, 155, 382

Newen, A. 紐恩 368

Nichols, S. 尼寇斯 169, 264-5, 282-3, 286, 301

Nietzsche, F. W. 尼采 100, 359

Nussbaum, M. C. 娜絲寶 346, 349, 358 n.9

Olson, E. 歐森 21-2

Overgaard, S. 歐沃加 270, 295 n.14

Parnas, J. 帕那斯 17

Petit, J. L. 裴提特 257

Piaget 皮亞傑 387

Plato 柏拉圖 348

Poggi, I. 波吉 364-5

Praetorius, N. 普雷托里亞斯 56

Premack, D. 普雷馬克 167, 284

Prinz, J. 普林斯 41-3

Prinz, W. 普林次 156-7

Ramachandran, V. S. 拉瑪錢德朗 260

Reddy, V. 雷迪 84, 324, 374-5, 377, 398

Reid, T. 瑞德 130-1, 287

Riceour, P. 呂格爾 110, 117, 143

Rizzolatti, G. 里佐拉堤 253

Robbins, P. 羅賓斯 248

Rochat, P. 羅夏 84, 287-8, 326-7, 330-2, 352, 372, 375

Roessler, J. 羅斯樂 376, 392-3

Rosenthal, D. M. 羅森泰 33-4

Rovane, C. 蘿瓦 388-90, 392

Rowlands, M. 羅蘭茲 44

Royce, J. 羅益斯 25

Rudd, A. 拉德 95, 106-9, 299

Ryle, G. 萊爾 185

Sacks, O. 薩克斯 183 n.5

Sartre, J. P. 沙特 1-2, 27-9, 33, 35, 50 n.2, 57, 67, 85-6, 115 n.1, 164, 202, 233, 236, 266, 312-4, 343-6, 348-54, 359-61, 363, 367 n.14, 377, 379-84

Sass, L. 薩斯 17, 72

Saxe, R. 塞克斯 282

Schacter, D. 夏克特 131-2

Schapp, W. 夏普 103, 306

Schear, J. K. 薛爾 51-2, 56

Schechtman, M. 謝赫曼 99-101, 106, 108-9

Scheler, M. 謝勒 7, 136, 138, 149, 175, 185, 189-204, 216-8, 227, 233-4, 246, 251, 294, 297, 308-10, 346-50, 393 n.1

Schilbach, L. 希爾巴赫 395

Schmid, H. B. 史密特 399

Schopenhauer, A. 叔本華 195, 308

Schutz, A. 舒茲 7, 164, 185, 191, 233-41, 246, 308, 311, 314, 376, 389-90, 394-7

Searle, J. R. 瑟爾 42, 163, 389-90, 392

Seeley, W. W. 希利 17-8

Seidler, G. H. 賽德勒 383

Seigel, J. 賽格 55-6 n.5, 83

Shoemaker, S. 休梅克 40-1

Siebeck, H. 席貝克 174

Simmel, G. 齊美爾 389

Singer, T. 辛格 242

Sjöberg, L. G. 舍貝格 363

Smith, A. 史密斯 173 n.2

Smith, A. D. 史密斯 218, 224, 358-9

Spaulding, S. 史博丁 277-9

Stein, E. 史坦茵 7, 30 n.2, 143, 185, 187-8, 191, 204, 206-9, 216-7, 224, 226-8, 230-3, 246, 251, 255, 258, 275, 296, 308, 311, 330 n.2, 376

Stich, S. 司迪奇 169, 264-5, 282-3, 286, 301

Stokes, P. 史多克斯 127

Straus, E. 史特勞斯 346-7, 361

Strawson, G. 史卓森 36-7, 41, 55, 87 n.3, 121-6, 129, 154-5, 341

Strawson, P. F. 史卓生 55

Striano, T. 史崔安諾 288

Stueber, K. 史都柏 173, 178, 188 n.1, 246, 252

Szanto, T. 斯贊拓 393

Taguchi, S. 田口 146 n.3

Tangney, J. P. 坦尼 347

Taylor, C. 泰勒 106, 349

Taylor, G. 泰樂 353-6, 358-9, 360-1

Teroni, F. 泰洛尼 353-6, 378, 384

Theunissen 托伊尼森 220 n.10

Thiel, U. 提爾 56-7 n.6, 131 n.6

Thompson, E. 湯普森 61, 251, 257-8

Titchener, E. 提權納 173

Tomasello, M. 托馬瑟羅 265, 300-1, 327, 370-1, 374 n.17, 377

Trevarthen, C. 崔瓦琛 287, 372-4

Turner, J. C. 透納 400

Tye, M. 泰 58-60

Velleman, J. D. 維爾曼 362

Vischer, R. 費雪 173

Volkelt, J. 伏克爾特 163-4, 174

Wakley, T. 瓦克利 18

Waldenfels, B. 沃登菲爾斯 301

Wallon, H. 瓦隆 139

Walsh, W. H. 沃爾什 364

Ward, J. 瓦德 164

Waytz, A. 魏茲 278, 281

Weber, M. 韋伯 389

Wellman, H. M. 威爾曼 288 n.10

Williams, B. 威廉斯 46-7, 352

Witasek, S. 維塔塞克 174

Wittgenstein, L. 維根斯坦 180, 185, 270-1

Woodruff, G. 伍德洛夫 167, 284

Yamaguchi 山口 220 n.10

Zahavi D. 扎哈維 i, iii, 29, 30-1, 33, 35-6, 41, 57, 63, 71, 88, 104, 114, 117, 134, 206, 231, 233-4, 251, 263, 277, 284, 286, 312, 314-5, 326, 331, 352

Zeedyk, S. 崔狄克 53

Zinck, A. 辛克 368

西文與中文專有名詞對照表

a priori 先驗 139, 377

Accessibility 可通達性 198, 270 279, 299

Acquaintance 親知 47, 54, 56, 151, 163, 196-7, 202, 214-5, 247-8, 261, 266, 269-73,

Adumbration 偏影 212

Alienation 陌異化 72, 137, 232, 329-30, 346, 378-80, 383, 396

Alterity 他異性 1, 223, 263, 313, 383 n.19

Animacy 有生性 276, 300

Anonymity objection 匿名性反對意見 4, 50

Anonymity 匿名性 49, 50, 68, 135, 139, 307, 312

Appearance 顯象 14, 31, 52, 77-8, 128, 136, 224

Apperception 統覺 208, 213, 218-9, 221-2, 225, 228, 228 n.13

Association 聯想 153, 219-20, 228, 259

Atemporal 無時間性 111, 134

Authorship 作者地位 71, 94, 153, 218

Autophenomenology 自我現象學 186

Availability 可達致性 51-2

Being-with; Mitsein 共在 310, 312, 352 n.7, 391, 399

Body 身體 210-1, 222-4, 230-1, 257-9, 326, 328

Compassion 憐憫 192-3, 195, 229 n.14, 249, 307-8, 370 n.15

Conceptual self 概念的自我 15

Conscious experiences 有意識的經驗 9, 323-4

Corporeal body; Leibkörper 肉身形軀 210

Coupling; Paarung 聯對 137, 218-20, 224, 228 n.13, 229 n.15, 232, 255, 258, 264

Dasein 實存 237, 248

Diachronic identity 歷時同一性 5, 99 n.5, 126

Diachronic unity 歷時統一性 5, 111, 117, 128-29, 134

Direct acquaintance 直接親知 235, 249, 269, 272, 275, 281, 284, 305, 315

Disgrace shame 恥辱 347, 356-7

Dispositionality 傾向性 51, 123

Duration 綿延 112-3, 130 n.5

Ecological self 生態學的自我 15

Ego 自我 / 本我 86, 111, 114-5

Egoism 自我主義 194

Egological 有己論的 85

Embodied coping 具身應對 49

Embodied self 具身自我 191

Embodied simulation 具身模擬 185, 252, 254-61, 263-5

Embodied 具身的 259, 276

Embodiment 具身性 7, 202

Emotional contagion 情緒感染 170-1, 186, 188, 194-5, 200, 229 n.14, 242, 244, 263-4, 369, 393-4

Emotional identification; Einsfühlung 情感認同 188 n.1, 194 n.4

Emotional sharing 情緒分享 7, 170, 195, 200, 368, 393 n.1

Empathic concern 同感關心 170-1

Empathic distress 同感苦惱 170

Empathic understanding 同感理解 8, 193, 218, 275, 291, 314

Empathy 移情同感 2, 7-9, 140, 165, 167, 170-8, 184-98, 200, 204-11, 213-6, 218-9, 221, 223-30 232-3, 241-52, 255, 258-9, 261, 263-5, 273-6, 279, 284, 291, 302-3, 305, 307-15, 339, 341, 368-70, 381-2, 393-4, 397-8

Experiential self 體驗自我 3, 5-6, 9, 38, 43, 47, 75, 86-8, 107, 111, 124, 126-9, 132, 134, 154-5, 157, 161-3, 306, 315, 337, 378, 381-2

Experiential subjectivity 體驗的主體性

Expression(s) 表達 / 表情 136, 175-6, 181, 192-204, 227-8, 233-5, 244, 261-2, 266, 271, 285, 295-302, 337

Expressivity 表達性 7, 211, 215, 259, 276, 293, 296, 309

Exteriority 外部性 223, 313, 330

Facticity 事實性 104, 359-60

First-person givenness 第一人稱被給與性 48, 54-5, 66-7, 73, 87, 114, 133

First-person perspective 第一人稱視角 9, 40, 46-7, 52, 54-5, 72, 93, 99-100, 103-5, 116, 126-8, 148, 237, 271, 306, 314, 381-82, 388

First-person plural 第一人稱複數 9, 388, 390-1, 396

First-personal character 第一人稱特性 v, 3, 6-8, 29, 38-9, 45, 47, 54, 58, 63, 67, 71, 73, 75, 88, 103-4, 108-9, 116, 129, 145-8, 151-3, 163, 186, 216, 248, 288, 325

Folgewelt 繼後世界 238

For itself 為己的 28

For-me-ness 對我性 4, 39, 41, 44-8, 50, 54-6, 58, 68, 70-4, 86-8, 108-9, 126, 151-3, 161, 306

Fremde ego 陌異自我 206, 310

Fremderfahrung 陌異經驗 191

Fremdwahrnehmung 陌異知覺；Perception of others 對他心的知覺 190

Givenness 被給與性 7, 28, 45, 52, 55,

43, 103, 106

186, 208, 214-6, 225

Guilt 內疚 16, 26

Heterophenomenology 異質現象學 50
n.2, 186

Higher-order representationalism 高階
表象論 33-4, 36, 49, 57, 68, 118

Homunculus 腦內小人 82

Horizon 界域 212, 272, 380

Identification 認同 / 同一化 93-4, 390-
92, 398-400

Illusion 錯覺 13-4, 76-8, 80

Illusory 虛幻的 76-82, 90, 129

Imaginative projection 想像投射 7, 168
n.1, 170, 186, 241

Imitation 模仿 7, 173, 176-7, 181, 184-
6, 188-90, 197, 246, 252, 255,
257-8, 261, 263, 270, 281, 299,
314

Impressional consciousness 印象意識
29

Individuality 個體性 26, 47, 141-3, 149,
199 n.7

Individuation 個體化 vi, 45, 115 n.1,
138, 141, 143, 146, 148, 307

Inner consciousness 內意識 29

Inner self 內在自我 15 n.1

Inner time-consciousness 內時間意識
2, 113, 115-7, 147

Instincts 本能 91, 176, 187, 199 n.7, 351

Intelligibility 可理解性 95

Intentional object 意向對象 57, 61-2,
188, 195, 226, 229 n.14, 230 n.15,
269, 291, 376

Intentionality 意向性 7, 28-9, 39, 55

n.5, 62-3, 162, 167, 206, 219, 226,
230, 248, 252-3, 255, 266, 268,
285, 291, 300, 302, 311-3, 344,
388-9, 397-8

Intercorporeity 肉身際性 255

Interiority 內部性 162, 223

Interpersonal self 人際自我 155, 382

Interpersonal understanding 人際理解
2, 164-5, 172, 180, 228, 233, 235,
238, 240-1, 250, 259-60, 264, 275-
6, 305, 314

Intersubjectivity 主體際性 v, 1-2, 6,
8, 53, 57-8, 140-1, 144, 149, 161,
163-4, 191, 205-6, 231, 233, 234
n.16, 251, 255, 257, 265, 302, 307,
309-10, 312-5, 370-72, 374 n.17,
377, 390

Introspection 內省 1, 20, 30, 32, 47, 53
n.4, 54, 58-9, 64, 66, 69, 79, 133,
175, 277-8, 326, 341

Invisibility 不可見性 276, 281-2, 292,
361

Ipseity 自我性 28, 223

I-qualia 我的感質 41

Iterative empathy 疊代同感 315

Joint attention 協同專注 23, 300, 311,
373-6, 392, 394, 398

Life-world 生活世界 90, 205, 234 n.16,

Lived body 肉身 215, 222-5, 227-31

Mentalizing 心智化 261, 265, 278

Meta-cognitive 後設認知的 4, 323

Mimicry 擬態 7, 170-1, 179, 182, 186,
188, 194 n.4, 242, 400

Mind science 心智科學 258

Mind-blind 心靈盲目 20, 65, 68, 285

Mindedness 心思 49

Mind-reading 讀心 168-9, 178-81, 184, 242-5, 276-7, 282-3, 285 n.9, 301-2

Mineness 屬我性 4, 39, 41, 43-4, 50-1, 53, 68-74, 87, 105, 119 n.2, 126, 146-8, 161

Minimal 極小的 5, 31, 38, 75, 87, 110, 119 n.2, 121, 123, 134

Minimalist 極小化的 27, 31, 74, 84, 119 n.2, 123, 400

mirror neuron system 鏡像神經元系統 255, 261

Mirror self-recognition 鏡像自我辨識 321-22, 324-8, 331, 369

Mirror 鏡像 9, 30-1, 138-9, 173, 186, 320-32

Mirroring 鏡映 / 鏡像 7, 53 n.4, 232, 249, 255-6, 262-3

Mitwelt 共同世界 230, 238-40, 310

Monad 單子 138, 229

Motor mimicry 運動擬態 170-1, 188, 400

Nachfühlen 情感再造；reproduction of feeling 感受的再造 190

Nachleben 體驗再造；reproduction of experience 經驗的再造 190

Nacherleben 體驗再現；visualizing of experience 經驗的形象化 190

Narrative account of self 敘事自我理論 5, 94

Narrative 敘事的 20, 84, 96, 98-101, 103, 107-8, 154

Naturalizability 可自然化 41

Naturalized 被自然化 40

Non-egological 無己論的 8, 85

Normativity 規範性 vii, 5-6, 75, 90-2, 94, 153-4, 162, 332, 388-90

No-self 無我 v, 75-6, 80-3, 307

Object-consciousness 對象意識 34-5, 36 n.4, 66, 212

Objectivity 客觀性 / 客體性 164, 206, 231

Other-awareness 對他人的意識 9, 139, 216, 394

Other-illumination; paraprak a 他照 57

Otherness 他者性 221, 263-4, 305-7, 312-3

Other-orientation, Fremdeinstellung 他向態度 236, 397

Ownership 擁有 / 擁有者地位 ii-iii, 4, 42, 71, 76, 94, 154

Persistency 持續存在性 5, 100, 112, 122, 127, 132, 134

Personal ego 人格自我 142-3

Personal identity 人格同一性 5, 22, 56 n.6, 130-1, 133-4

Personal ownership 人格層次的擁有 76-7, 80, 94

Personhood 人格性 199, 388

Perspectival ownership 主觀呈現層次的擁有 73, 76-7, 105, 152

Perspective taking 視角攝取 170, 245, 250, 255, 369, 371

Phenomenal consciousness 現象意識 3-4, 31-3, 36, 39, 41, 44, 46-7,

49, 51-2 n.3, 54, 56, 59, 63-4, 68, 70, 88, 128, 151-2, 157, 163, 325, 342, 389

Phenomenal externalism 現象外在論 60-1, 63

Phenomenality 現象性 60-1, 65, 68, 154

Possessive ownership 財物的擁有 76

Pre-predicative 前述謂 239

Pre-reflective self-consciousness 前反思的自我意識 1, 55, 67, 86, 109, 146, 154

Primal consciousness; Urbewußtsein 原意識 146-7

Primal I; Ur-Ich 原我 144-7

Primal impression 原初印象 113-6

Primary 初階 / 原初 iii, 16

Private self 私有的自我 15

Projection(s) 投射 7, 72, 137, 165, 167, 175-8, 184-6, 188-91, 198, 201, 211, 220, 225, 246, 249, 258, 262-3, 270, 272, 275, 281, 289 n.12, 291, 297, 314

Protention 預指 113-6

Psychological state 心理狀態 118, 185-6, 200, 202, 215, 236, 266, 269-71, 298

Pure ego 純粹自我 37, 141-3, 145

Qualitative character 質性特性 39, 58

Rationality 理性 39, 49 n.1, 90, 142, 388

Reductive 化約式 35 n.4

Reflection 反思 55 n.5, 66-7

Reflexivity 反身性 46, 55 n.5, 86, 92,

161, 232

Retention 留存 113-6

Second person singular 第二人稱單數 9, 396

Second-person perspective 第二人稱視角 394-5

Self 自我 ii- viii, 1-6, 8-10, 13-23, 25-9, 36-38, 42-3, 83-5, 97-100, 103-5, 108-10, 217

Self-awareness 自我覺察 v, 1, 8, 20, 30-1, 33, 52-3, 70, 82, 88, 119 n.2, 321-26, 334, 338-9, 383 n.19

Self-conscious emotion(s) 自覺情緒 vi, 9, 16, 23, 337-9, 341, 345, 377, 382

Self-consciousness 自我意識 1-2, 9, 20, 25, 27-36, 49-57, 66-8, 72, 86, 88, 90-2, 107-9, 114, 126, 134, 146-7, 151-4, 325, 333-4, 337-8, 341-4, 379-81, 394, 396, 398

Self-disorders; Ichstörungen 自我失調 16-7

Self-entity 自我實體 5, 78

Self-evaluation 自我評估 26

Self-experience 自我經驗 13, 16, 23, 25, 36-7, 47, 54, 56, 83-4, 100, 121-2, 130, 134, 143, 155, 161-2, 165, 176, 201-2, 204, 218-20, 222-3, 225, 232, 248, 269, 298, 320, 323, 325, 327-8, 330-2, 334-5, 369, 372, 377, 380, 384, 396

Self-familiarity 自我熟識 25

Selfhood 自我性 vi, 2-3, 5, 14, 17, 19, 25-30, 36-8, 40, 54, 75-6, 78, 80-

1, 84, 88, 90, 94-7, 101, 103-4, 106-11, 116-7, 126-7, 130, 133-4, 146, 151-7, 161-2, 307-8, 378-9, 381-2, 387

Self-illumination; svaprakāśa 自照 57

Self-intimation 自我暗示 40, 44 n.7

Self-knowledge 自我知識 20, 22, 51, 95-6, 105, 143, 232, 272 n.6, 329, 333, 370-1

Self-objectification 自我客體化 / 自我對象化 139, 175, 369, 370 n.15

Self-other 他我的 8, 368

Self-other-conscious emotions 自我─他人意識情緒 377

Self-recognition 自我辨識 8-9, 320-2, 324-8, 331-5, 369

Self-reflexive 自我反身性的 4

Self-regulation 自我規約 26

self-representation 自我表徵 / 自我表象 15, 35-6 n.4, 338

Self-specifying 自我指明 15

Sense-data 感覺與料 60

Sensual empathy 感性同感 227

Shame 羞恥 i, vi- vii, 16, 88, 128, 337-69, 377-9, 382-5, 400

Simulation 模擬 169, 172, 179-85, 236, 242, 246, 249, 252-65, 272, 274, 276-9, 289 n.11,

Simulation theory 模擬理論 2, 8, 168-9, 178-9, 184, 221, 251, 256, 259, 261, 264-5, 277, 279, 281, 295

Social cognition 社會認知 2, 8, 164-5, 167, 170-1, 173, 175, 180, 193, 200, 206, 250-2, 256, 260, 262,

265 n.4, 268-9, 271, 276-7, 279, 281, 287-8, 292, 299-301, 303, 315, 375, 395, 401

Social constructivism 社會建構論 3, 155-7, 161, 165, 378, 387

Social emotion 社會情緒 vi, 9, 349, 354-5

Solipsism 獨我論 148-9, 164, 307-8, 312, 389, 401

Sosein 如此存在 237

Soul-substance 靈魂實體 13, 37, 89, 151

Still-face experiment 木然臉實驗 362 n.13, 375

Stream of consciousness 意識流 4, 29, 38, 45, 71, 82, 111-2, 114-5, 117-8, 120, 124-9, 141-2, 146, 235, 376, 394

Subjectivity 主體性 26, 47-8, 52-3, 75

Sympathy 同情 7, 136, 173 n.2, 185, 189, 191, 193-5, 200, 217, 229 n.14, 244, 249, 308, 393 n.1

Temporality 時間性 101, 108, 111, 113, 116-7, 123, 134, 236, 383 n.19

Temporally extended self 時間中延展的自我 15

the non-reflective consciousness 非反思意識 27

the thin self 單薄的自我 122, 155

the we 我群 9, 388-94, 396-401

Theory of mind 心靈理論 2, 6, 31, 52 n.3, 167-8, 278, 282, 284-5, 288, 290-1, 323, 324 n.1, 395

Theory-theory 理論理論 2, 8, 168-9, 179,

251, 265, 277, 279, 281, 284, 286
n.9, 290, 395

They-orientation 他群取向態度 239-40

Thin 單薄 9, 31, 56, 88, 122-5

Thou-orientation, Dueinstellung 汝向
態度 236-7, 239, 353-6

Time-consciousness 時間意識 29, 113

Transcendence 超越／超越性／超越者
142, 198, 221

Transcendental philosophical 超越論哲
學的 142 n.1

Transitivity Principle 及物性原則 34-5

Transparency 透明性 4, 49, 55 n.5, 58-
60, 63 n.9, 68

Umwelt 周遭世界 84, 231, 238, 240

Vorwelt 前人世界 238

We-experience 我群經驗 9, 396

We-intentionality 我群意向性 9, 247,
388-90, 392, 394, 398, 400

We-relationship 我群關係 237, 376,
397